«*El nacimiento de la Tri*[...] una clasificación simple. ¿Es exegético? ¿Es teológico? [...] La respuesta a cada una de estas preguntas es contundente: "¡Sí, y mucho más!" Dejando a un lado las opiniones mayoritarias y mantenidas durante mucho tiempo sobre el desarrollo cristológico o el adopcionismo, o sobre la teología trinitaria como una intrusión en la fe bíblica procedente de la filosofía helenística, Bates insiste en que la alta cristología primitiva y la propia comprensión cristiana de la Trinidad se cultivaron mediante la lectura dramática de las Escrituras de Israel. Para los estudios bíblicos y teológicos por igual, éste es un punto de inflexión convincente».
—**Joel B. Green**, Profesor de Interpretación del Nuevo Testamento, Fuller Theological Seminary

«Este libro es arriesgado y ambicioso, desafiando las convenciones disciplinarias y seguramente generará debate sobre los argumentos que presenta. No obstante, Bates realiza una contribución significativa al resaltar cómo los primeros cristianos percibían la voz y la persona de Jesús en sus escrituras ("Antiguo Testamento"), y al argumentar que esto representó una modalidad crucial de reflexión teológica en el camino hacia la doctrina de la Trinidad».
—**Larry W. Hurtado**, Profesor Emérito de Lenguaje, Literatura y Teología del Nuevo Testamento, University of Edinburgh

«En este estudio novedoso y fascinante, Matthew W. Bates recupera una corriente del pensamiento trinitario primitivo que con demasiada frecuencia ha sido olvidada: el énfasis particular en las continuidades entre los estilos de los propios escritores del Nuevo Testamento al abordar a los agentes divinos ya anticipados en las Escrituras de Israel, así como en las formas de exégesis trinitaria que siguieron siendo centrales a lo largo del período cristiano primitivo».
—**Lewis Ayres**, Profesor de Teología Católica e Histórica, Durham University

«En este estudio tan audaz como erudito, Matthew W. Bates sostiene que Jesús y sus seguidores llegaron desde el principio a conclusiones trinitarias no sólo leyendo las Escrituras (el "Antiguo Testamento") de forma teodramática o prosopológica. Eruditos y estudiantes encontrarán

aquí una nueva y apasionante forma de investigar los orígenes cristianos. Este es un libro de referencia».
—**Matthew Levering**, Profesor de Teología de la Fundación Perry Family, Mundelein Seminary

«Una vez cada diez o veinte años, según parece, entra en escena un libro que promete derrumbar un paradigma largamente sostenido y a menudo muy apreciado. No es que el viejo paradigma se abandone necesariamente, sino que deja paso a otro diferente e igualmente válido. El título *El nacimiento de la Trinidad* anunciaba tal cambio y, para mi mayor deleite, cumplió esa promesa».
—**Paul Y. Hoskisson**, BYU Studies Quarterly

«Raramente nos encontramos con un libro que destaque tan notablemente en nuestra comprensión de cómo los autores del Nuevo Testamento interpretan el Antiguo Testamento, que arroje luz significativa sobre las prácticas de interpretación de los primeros padres de la Iglesia y utilice estos resultados para presentar un argumento persuasivo sobre los orígenes de la doctrina de la Trinidad. Sin embargo, esto es precisamente lo que logra Bates en *El nacimiento de la Trinidad*. Este libro representa un logro asombroso, ofreciendo un argumento sólido sobre los orígenes de la doctrina trinitaria a través de un análisis detallado de las prácticas de interpretación de la Iglesia primitiva y los autores del Nuevo Testamento».
—*Themelios*

EL NACIMIENTO DE LA TRINIDAD

PUBLICACIONES KERIGMA
Ἐν ἀρχῇ ἦν ὁ Λόγος

EL NACIMIENTO DE LA TRINIDAD

Jesús, Dios Y Espíritu
en el Nuevo Testamento y en las primeras
interpretaciones cristianas del Antiguo Testamento

MATTHEW W. BATES

PUBLICACIONES
KERIGMA
Ἐν ἀρχῇ ἦν ὁ Λόγος

© 2015 Matthew W. Bates
© 2024 Publicaciones Kerigma

El nacimiento de la Trinidad: Jesús, Dios y Espíritu en el Nuevo Testamento y en las primeras interpretaciones cristianas del Antiguo Testamento

Publicado originalmente en inglés bajo el título: *The Birth of the Trinity: Jesus, God, and Spirit in New Testament and Early Christian Interpretations of the Old Testament*, por Oxford University Press

Traducción: Janin Díaz y Saúl Sarabia
Edición y diseño de Portada: Publicaciones Kerigma
Revisión y maquetación: Mario Salvatierra

PUBLICACIONES
KERIGMA
Εν ἀρχῇ ἦν ὁ Λόγος

© 2024 Publicaciones Kerigma
Salem Oregón, Estados Unidos
http://www.publicacioneskerigma.org

Todos los derechos son reservados. Por consiguiente: Se prohíbe la reproducción total o parcial de esta obra por cualquier medio de comunicación sea este digital, audio, video escrito, salvo para citaciones en trabajos de carácter académico según los márgenes de la ley o bajo el permiso escrito de Publicaciones Kerigma.

2024 Publicaciones Kerigma
Salem Oregón
All rights reserved

Pedidos: 971 304-1735

www.publicacioneskerigma.org

ISBN: 978-1-962296-29-8

Impreso en los Estados Unidos
Printed in the United States

*En ningún otro lugar se puede experimentar con más alegría
el amor del Dios trino
—personas en íntima comunión—
que en la vida familiar cristiana.
Por lo tanto, en alabanza a ese Dios trino, dedico este libro
a mi amada esposa,
Sarah Nicole Bates,
y a nuestros cinco encantadores hijos:
Thaddaeus, Ezekiel, Adeline, Lydia y Evelyn*

Contenido

Agradecimientos 15

Abreviaturas 17

Introducción 19

    San Agustín hace tres advertencias 21

    Diálogos divinos y orígenes trinitarios 23

    La historia del Dios que habla — tesis y contenido 26

    Propósitos y presupuestos 28

1 La interpretación como nacimiento—el surgimiento de la Trinidad 33

    Cuatro enfoques del crecimiento de la doctrina de la Trinidad 35

        Trinitarismo por el encuentro con el Jesús histórico 35

        Trinitarismo por imposición filosófica helenística 38

        Trinitarismo como consecuencia del monoteísmo judío mediado 42

        Trinitarismo por continuidad en la exégesis prosopológica 50

    La exégesis prosopológica y el nacimiento de la Trinidad 51

        Tertuliano y el concepto de «persona» 51

        Erudición previa relacionada con la exégesis prosopológica 53

        Los antecedentes grecorromanos de la exégesis prosopológica ... 56

        Una descripción antigua de la exégesis prosopológica 57

        Tres escenarios dentro del teodrama 59

        De la exégesis prosopológica al dogma trinitario establecido 62

2 Diálogos divinos desde el inicio de los tiempos 69

El Jesús históricamente verosímil 70
Una conversación sobre el engendramiento preexistente —Salmo 110
.... 73
    El contexto subversivo 74
    El Salmo 110 como una conversación teodramática trina 77
    La preexistencia y la exégesis prosopológica 80
Desde el vientre materno, antes del inicio, te engendré 82
    Escogido de antemano —Sacerdote y Mesías 85
Probabilidad histórica, historia de la recepción e intertextualidad ... 87
Otras interpretaciones del Salmo 110 centradas en la persona 91
    El Salmo 110 y Melquisedec 91
    Lecturas teodramáticas cristianas del Salmo 110 93
Un discurso relatado sobre el engendramiento divino —Salmo 2:5-9
.... 95
    El bautismo como afirmación de una conversación previa 96
    Jesús, la interpretación de las Escrituras y la formación de la
    identidad 97
    Un teodrama relatado dentro de un teodrama 101
    Una conversación relatada —historia de recepción 102
Promesa y persona —Hechos 13:32-5 106
    El Salmo 2:7 en Hechos 13:32-3 106
    Isaías 55:3 y Salmo 16:10 en Hechos 13:34-5 109
    Exégesis prosopológica en Hechos 13:32-5 111
Cristología no adopcionista 111
    En «ti» me complazco —Isaías 42:1 115
«*Hagamos*»: la pluralidad divina en la creación 116
    El sentido literal de las Escrituras 117

    Lectura trinitaria e intención autorial 118
3 Estratagemas teodramáticas —la misión del Hijo 123
    Conversaciones sobre la misión encarnada 124
        El cuerpo que me has preparado 124
        Me ha establecido como una roca firme 126
    Diálogo sobre el enviado 128
        La alta cristología primitiva 130
    Enviados para llevar a cabo las buenas nuevas 132
        Sobre mensajeros y Mesías 132
    Representando del guion mesiánico —Lc. 4:16-21 134
    Conversaciones entre el siervo —hijo y el padre 136
        Te he dado como pacto —Isaías 42:1-9 136
        El Siervo-Israel regresa, los gentiles son bienvenidos —Isaías 49:1-12 142
        ¿Acerca de sí mismo o de alguien más? —Hechos 8:26-40 153
4 Conversaciones en torno a la Cruz 159
    Se acumulan nubes de tormenta 159
        Me odiaron sin razón 160
        El celo por tu casa me consumirá 163
    Conversaciones en torno a la cruz 168
        El Hijo como sacrificio sustitutivo del Padre 168
        Extiendo mis manos sobre ti 171
    Interpretaciones teodramáticas del Salmo 22 173
        Dios mío, ¿por qué me has abandonado? 174
        El gusano burlado 177
        Una parábola mística representada 179

Un guion habitado —otros detalles en torno a la cruz 180

El clamor de abandono y la honestidad relacional trinitaria 182

5 Alabanza por el rescate 185

El Hijo expresa confianza y alabanza al Padre 186

Proclamaré tu nombre 186

Pondré mi confianza en Él 191

Confié, por eso hablé 198

Te proclamaré entre las naciones 202

El Padre a la diestra del Hijo 206

6 Palabras triunfantes 211

Encarnación y entronización —Romanos 1:3-4 211

La coronación del Hijo 215

Teodrama y entronización en el sermón de pentecostés de Pedro
.... 215

De elegido a entronizado —una cristología no adopcionista 216

El Espíritu Santo como un orador distinto —Hebreos 1:8-9 218

Conquista 221

Gobernarás sobre tus enemigos 222

Los gobernará con cetro de hierro 224

Consumación 226

Ellos serán transformados —tú permanecerás inmutable 226

Creación y nueva creación 228

7 Interpretando a Dios correctamente 233

Exégesis teodramática gnóstica 236

Una historia gnóstica 236

Descripciones de las estrategias de lectura gnósticas 239

Heracleón y Orígenes sobre la interpretación teodramática 240

La estrategia interpretativa de Ireneo 243

    Versos homéricos reordenados 244

    Un rey y un edificio 248

    Ireneo sobre la correcta interpretación de las Escrituras 249

Oscilación prosopológica 250

Interpretación teodramática y normatividad 251

    Presuposiciones habilitadoras 252

    Bloqueos absolutos 256

    Controles críticos 258

EPÍLOGO: el Dios interpretado 267

    El nacimiento trinitario a través del diálogo del Antiguo Testamento 268

Referencias 271

    Fuentes primarias: ediciones y traducciones seleccionadas 271

    Fuentes secundarias: obras citadas 273

Agradecimientos

En mi proceso de llevar este libro a su conclusión, tengo el privilegio de agradecer a muchas personas que me han ayudado en el camino. Además de los dos revisores anónimos de Oxford University Press, los mayores elogios pertenecen con razón a aquellos que leyeron el manuscrito completo en varias etapas de borrador y brindaron críticas muy necesarias: Daniel L. Smith, profesor asistente de Estudios Bíblicos en la Universidad de Saint Louis; Matt Lynch, Decano de Estudios y Profesor de Antiguo Testamento en el Westminster Theological Centre; Jonathan K. Miles, profesor asistente de Filosofía en la Universidad de Quincy; y Zeke Nelson, pastor de la Iglesia de la Cruz en Delhi, California. Además, varias personas dieron comentarios útiles sobre partes del manuscrito: Bradley C. Gregory, profesor asistente de Estudios Bíblicos en la Universidad Católica de América; Kent J. Lasnoski, profesor asistente de Teología en la Universidad de Quincy; Eric Rowe, Profesor Docente Postdoctoral en la Universidad de Notre Dame; y Greg Barnhill, un estudiante de posgrado. Varios de mis estudiantes avanzados de pregrado en la Universidad de Quincy también optaron por leer un borrador preliminar del manuscrito para cumplir con los requisitos de mi curso de Nuevo Testamento en el semestre de primavera de 2013. Sin duda, sus comentarios centrados en el estudiante contribuyeron a hacer que este libro fuera más accesible tanto para los lectores como para las aulas: Jamie Grady, Michael Crotteau, Elizabeth Cramsey y Paul Blum. El equipo editorial de Oxford University Press también merece reconocimiento por su excelencia, hicieron que la experiencia de publicación fuera verdaderamente encantadora: Tom Perridge, Karen Raith, Alexander Johnson, Rachel May, Caroline Hawley, Aimee Wright, Sylvie Jaffrey y otros. Estoy especialmente agradecido con mis padres, Mike y Linda Bates, quienes han brindado un apoyo constante, buen humor y aliento incansable a lo largo de mi vida. ¡Muchas gracias a todos ustedes!

Abreviaturas

AB	Anchor Bible
ABRL	Anchor Bible Reference Library
AGJU	Arbeiten zur Geschichte des antiken Judentums und des Urchristentums
AnBib	Analecta biblica
ANF	Ante-Nicene Fathers
AT	Antiguo Testamento
BDAG	*A Greek-English Lexicon of the New Testament*, editado por Danker, 3rd edn.
BHT	Beiträge zur historischen Theologie
BIS	Biblical Interpretation Series
BZNW	Beihefte zur Zeitschrift für die Neutestamentliche Wissenschaft
CBET	Contributions to Biblical Exegesis and Theology
CBQ	*Catholic Biblical Quarterly*
Comm.	*Communio*
EKKNT	Evangelisch-katholischer Kommentar zum Neuen Testament
ICC	International Critical Commentary
Int.	*Interpretation*
JBL	*Journal of Biblical Literature*
JR	*Journal of Religion*
JSNT	*Journal for the Study of the New Testament*
JSNTSup	Journal for the Study of the New Testament: Supplement Series

JTI	*Journal of Theological Interpretation*
LCL	Loeb Classical Library
LXX	Septuaginta
MT	Masoretic Text
NICNT	New International Commentary on the New Testament
NIGTC	New International Greek Testament Commentary
NT	Nuevo Testamento
OTL	Old Testament Library
PDLI	Padres de la Iglesia
PG	Patrologia graeca
PGL	*A Patristic Greek Lexicon*, editado por Lampe
PTS	Patristische Texte und Studien
RB	*Revue biblique*
RevQ	*Revue de Qumran*
SBL	Society of Biblical Literature
SBLDS	Society of Biblical Literature Dissertation Series
SBLMS	SBL Monograph Series
SBLSymS	SBL Symposium Series
SBLWGRW	SBL Writing from the Greco-Roman World
SC	Sources chrétiennes
SPCK	Society for Promoting Christian Knowledge
SupNovT	Supplements to Novum Testamentum
TGl	*Theologie und Glaube*
THNTC	Two Horizons New Testament Commentary
TS	Theological Studies
TynBul	Tyndale Bulletin
WBC	Word Biblical Commentary
WUNT	Wissenschaftliche Untersuchungen zum Neuen Testament
ZNW	*Zeitschrift für die neutestamentliche Wissenschaft und die Kunde der älteren Kirche*

Introducción

Cuando el autor de Hebreos retoma la letra del salmista: «A ti no te complacen sacrificios ni ofrendas, pero has abierto mis oídos para oírte», el autor identifica abiertamente a Cristo como el orador de los versos poéticos que ha recitado. Pero, ¿cómo? ¿Por qué? Cristo no aparece como un personaje manifiesto o evidente en el propio salmo del Antiguo Testamento; de hecho, no se le menciona en absoluto. Entonces, ¿qué podría haber llevado al autor de Hebreos a plantear que el Cristo es el orador? Si nos limitamos a acariciar la cáscara exterior del problema, puede resultar tentador concluir que el autor de Hebreos era un incompetente o un escritor descaradamente tendencioso. Sin embargo, incluso cuando se indaga más a fondo y se empieza a intuir que la estrategia de análisis del autor es más refinada de lo que podría indicar una lectura superficial, en lugar de disiparse inmediatamente la turbiedad, surgen otros enigmas. Por ejemplo, si el Cristo habla en este salmo, ¿*cuándo* se pensó que hablaba? y ¿para *quién* pensó el autor de Hebreos que el Cristo pronunciaba estas líneas?

Aunque persisten muchos enigmas, al menos podemos dar una respuesta razonablemente segura a esta última pregunta: ¿*a quién*? El contexto más amplio de Hebreos indica que las palabras del Cristo se han tomado como dirigidas a Dios (el Padre), de modo que podríamos parafrasear la sorprendente interpretación del autor de estas líneas del salmo así:

JESUCRISTO (dirigiéndose a *DIOS*): *A ti* no te complacen sacrificios ni ofrendas, oh *mi Señor*; en su lugar, *me preparaste* un cuerpo, es decir, *para mí, tu Hijo*.[1]

Es decir, el autor de Hebreos, con la afirmación «me preparaste un cuerpo», nos muestra que la ha interpretado como un diálogo entre el Hijo y el Padre sobre la encarnación.[2] Cuando el autor de Hebreos y algunos de los primeros cristianos leyeron este salmo y otros pasajes del Antiguo Testamento como si contuvieran conversaciones entre Jesucristo, Dios (el Padre) y otros, ¿qué permitió este movimiento imaginativo? ¿Puede decirse algo sobre la calidad o la legitimidad de tales interpretaciones? Y lo que es más importante, ¿qué implicaciones teológicas y cristológicas pueden extraerse respecto a cómo veían a Dios los primeros cristianos? Éstas son las cuestiones generales que nos ocuparán en este libro.

Mi tesis es que una técnica específica de lectura antigua, mejor denominada *exégesis prosopológica*, que se evidencia en el Nuevo Testamento y en otros escritos cristianos primitivos fue irreductiblemente esencial para el nacimiento de la Trinidad. Dado que en este momento la exégesis prosopológica sigue siendo en gran medida desconocida, incluso en los círculos transitados por eruditos bíblicos y teólogos experimentados, se explicará plenamente a su debido tiempo. Que yo sepa, nadie ha explorado sistemáticamente la dinámica interna trinitaria o la cristología en el Nuevo Testamento y el cristianismo del siglo II desde este ángulo. En consecuencia, este libro pretende ofrecer una visión panorámica de la relación entre Padre, Hijo y Espíritu tal y como se conceptualizó a través de un modo específico de interpretar los diálogos del Antiguo Testamento en la Iglesia primitiva. En esencia, intento contar la historia del interior de la vida divina tal y como la percibieron los primeros cristianos.

Como tal, este libro está escrito para lectores generales de teología, historia y religión, así como para eruditos profesionales y estudiantes. Aunque el lector general tendrá que esperar a que se desarrolle la historia para conocer a los principales protagonistas y posturas, los especialistas deben reconocer de inmediato que, al debatir cómo llegó Jesús a ser considerado Dios, el modelo de *cristología de las personas divinas* que favorezco difiere de, pero está relacionado con, la

---

[1] Heb. 10:5 citando el Sal. 40:6 (= Sal. 39:7 LXX).
[2] Para un análisis detallado de Heb. 10:5, véase «me preparaste un cuerpo» en el cap. 3.

cristología de la identidad divina propuesta por Richard Bauckham y fomentada por N. T. Wright. Al igual que este último modelo, al abogar por una cristología elevada temprana, mi propuesta se sitúa a considerable distancia del esquema de retroceso de la cristología que apoyan James D. G. Dunn, Bart Ehrman y otros. En cuanto a los estudiantes, los instructores que prefieren enseñar a través de monografías integradoras en lugar de libros de texto tradicionales pueden, es de esperar, encontrar este libro adecuado para cursos y seminarios que hagan hincapié en la Trinidad, la cristología, la teología del Nuevo Testamento, la teología bíblica, el uso del Antiguo Testamento en el Nuevo Testamento, y similares. Sin embargo, al comenzar a explorar juntos el gran misterio trinitario, sostengo que todos los lectores que estén dispuestos a prestar atención a los consejos de san Agustín encontrarán algo provechoso. Yo mismo, desde luego, he procurado prestarle cuidadosa atención mientras escribía este libro.

San Agustín hace tres advertencias

Si la teología fuera una cordillera, muchos teólogos considerarían que *Sobre la Trinidad (De Trinitate)* de san Agustín no es sólo una colina cubierta de hierba o un pico tallado, sino el pináculo más alto de la montaña más majestuosa de la cordillera. Agustín suele ser considerado el mayor teólogo cristiano postbíblico, y *Sobre la Trinidad*, en la que trata de forma completa y directa el misterio cristiano más central, es su *magnum opus*. Sin embargo, dado que este misterio es tan valioso y vital para la Iglesia, Agustín se ve obligado a abrir su discusión con una advertencia a su lector sobre tres tipos de personas que han errado involuntariamente o han conspirado intencionalmente para distorsionar una concepción verdadera del Dios trino, es decir, una advertencia tan importante ahora como entonces.

El primer tipo se deja «engañar por un irrazonable y equivocado amor a la *razón*», es decir, en su prepotente preocupación por dejar que el pensamiento racional les enhebre a través del laberinto del misterio divino, confunden las cosas físicas con la verdadera naturaleza eterna de Dios, creyendo, por ejemplo, que Dios Padre tiene un rostro real tangible, ya que las Escrituras afirman que Adán y Eva se escondieron del rostro de Dios. Del mismo modo, el segundo tipo aplica de forma simplista descripciones de estados de ánimo humanos a Dios, como los celos, basándose en el testimonio bíblico, pero al no apreciar la metáfora y otros recursos literarios, este grupo cae presa de *«reglas de interpretación* distorsionadas y engañosas», es decir, fracasan hermenéuticamente cuando intentan sintetizar el testimonio bíblico.[3]

De hecho, cualquiera que sea la forma en que aparezcan, el racionalismo equivocado y los medios inadecuados de interpretación de las Escrituras pueden dar lugar realmente a valoraciones erróneas de Dios. En cierta medida, este libro representa mi esfuerzo por corregir lo primero en la historia de la erudición, revaluando aspectos pasados por alto en lo segundo. Es decir, la doctrina de la Trinidad no surgió como una imposición filosófica tardía basada en supuestos helenísticos, como han postulado Adolf von Harnack y los herederos de su legado. Tampoco surgió predominantemente como una extensión del concepto de agencia divina o intermediarios divinos dentro de la matriz del monoteísmo judío, como han argumentado James Dunn y otros. Más bien, en conjunto con las primeras experiencias cristianas de Jesús y ciertos factores filosóficos y mediadores, la idea de personas separadas en comunión atemporal e íntima dentro de la Divinidad —Padre, Hijo y Espíritu— fue especialmente fomentada y alimentada por una *técnica de interpretación específica* que los primeros cristianos utilizaron al comprometerse con sus antiguas Escrituras judías. Aunque en su momento se ofrecerá una explicación más sofisticada, en pocas palabras esta técnica —*la exégesis prosopológica*— consistía en asignar caracteres dramáticos a discursos de otro modo ambivalentes en textos inspirados como método explicativo. Además de su presencia en la Iglesia primitiva, también es perceptible en la erudición homérica antigua y en el judaísmo filosófico, aunque la técnica aún no ha sido reconocida adecuadamente por la erudición bíblica.[4]

Sin embargo, para Agustín, en cuanto a los que yerran respecto a la Trinidad, existe una tercera categoría de personas —quizá la más perniciosa—, las que «*se esfuerzan por elevarse por encima del universo creado*», que está «tan ineluctablemente sujeto al cambio», con la esperanza de poder escapar por completo de sus limitaciones creaturales, obtener una posición ventajosa trascendente sobre el Dios inmutable y, desde esa elevada altura, hablar entonces de Dios al margen de cualquier analogía creatural.[5] La advertencia lanzada por Agustín es tan fresca y oportuna para los estudios bíblicos y teológicos

---

[3] Agustín, *Trin.* 1. 1 (§1); trad. Hill, el énfasis es mío. Para los ejemplos concretos, sobre el rostro de Dios, véase *Trin.* 2. 4 (§§17-18; cf. Orígenes, *Princ.* 4. 3. 1); sobre los celos de Dios, véase *Trin.* 1. 1 (§2). 1 (§2). Todas las abreviaturas siguen a Patrick H. Alexander et al., (eds.), *The SBL Handbook of Style* (Peabody, Mass.: Hendrickson, 1999).
[4] Véase el capítulo 1 para una discusión sobre la erudición.
[5] Agustín, *Trin.* 1. 1 (§1); trad. Hill, el énfasis es mío.

contemporáneos de hoy como lo fue hace unos 1,600 años. Existe un peligro real, de hecho, una arrogancia radical, cuando los eruditos pretenden decretar con autoridad sobre la verdadera naturaleza de Dios, como si el teólogo contemporáneo pudiera —sin ayuda de la revelación especial— ascender por encima del orden creado para obtener una perspectiva verdadera de Dios.

El autor de un libro con un título tan audaz como *El nacimiento de la Trinidad* es especialmente sensible a estas preocupaciones. Los constructores de la torre de Babel pretendían alcanzar los cielos, e independientemente de si esperaban invadir la propia corte divina, como sospechaban muchos intérpretes antiguos, o simplemente pretendían hacerse un nombre de alguna forma más inocua, sin duda este relato previene al teólogo contra una arrogancia presuntuosa con respecto al Santo.[6] Por mucho que desee poder, como dice Annie Dillard, «trepar por la cúpula azul en blanco» del cielo y «con un cuchillo de acero abrir una brecha en la cima» para asomar la cabeza y contemplar maravillada todos los misterios divinos, eso no es posible.[7] Desde luego, no creo que yo personalmente sea capaz de escapar de algún modo de los confines cósmicos que Dios ha considerado mis adecuadas limitaciones mortales para obtener una visión trascendente de los asuntos divinos. Ni yo ni nadie como humanos finitos podemos hablar de Dios sin un lenguaje metafórico criatural adecuado. Como tal, al hablar del «nacimiento de la Trinidad», no me refiero al punto de partida «real» u ontológico último de la Trinidad —tradicionalmente, los cristianos han afirmado que el Dios trino es eterno, sin origen en el tiempo, y este estudio encuentra en última instancia muchos testimonios cristianos tempranos que apoyan esa afirmación. Más bien, al hablar del «nacimiento de la Trinidad» me refiero a la llegada y el marco sociolingüístico inicial de esta doctrina en la historia de la humanidad por parte de la iglesia naciente.

Diálogos divinos y orígenes trinitarios

Sin embargo, esta llegada, este nacimiento trinitario, no se produjo en el vacío, sino, como argumentaré a lo largo de este libro, en gran medida a través de un método específico de lectura del Antiguo Testamento.

---

[6] Para el leitmotiv de la torre de Babel como medio de guerra contra Dios, véase James L. Kugel, *Traditions of the Bible: A Guide to the Bible as It Was at the Start of the Common Era* (Cambridge, Mass.: Harvard University Press, 1998), 229.
[7] Annie Dillard, *Pilgrim at Tinker Creek* (Nueva York: Bantam Books, 1975), 33.

Porque no sólo Agustín, sino también los primeros cristianos estaban convencidos de que unos pocos humanos especiales del pasado habían obtenido de hecho una visión de otro mundo de los hechos divinos: los antiguos profetas hebreos. Para los primeros cristianos, estos profetas —Isaías, Jeremías, David y otros— eran capaces de ascender a través de una grieta divinamente ordenada entre el cielo y la tierra, con el fin de escuchar por casualidad y conocer ciertas conversaciones celestiales. Como tales, estos visitantes proféticos podían escuchar cómo Dios Padre hablaba con el Hijo preexistente, cómo el Padre, por ejemplo, describía amorosamente la forma en que le estaba preparando un cuerpo humano. O más a menudo, según creían los primeros cristianos, los propios profetas *participaban* realmente en las conversaciones como actores, asumiendo alternativamente la persona del Hijo y luego la del Padre, mientras, por ejemplo, el Hijo ahora glorificado rememoraba con su Padre celestial la preocupación que sentía por el Padre cuando estaba soportando la agonía de la cruz. Los primeros cristianos creían que los antiguos profetas habían adquirido de hecho una visión sobrenatural de lo divino, ya que estos profetas participaban en lo que podríamos denominar «un gran teodrama», asumiendo diversas *prosōpa* (personas, máscaras, personajes) —y estos cristianos eran propensos a leer las antiguas Escrituras judías de forma centrada en la persona para recuperar la información trascendentalmente revelada sobre la naturaleza de Dios latente en ellas.[8]

Aunque innumerables teólogos han examinado minuciosa y repetidamente los primeros escritos cristianos —el Nuevo Testamento, los Padres Apostólicos y los primeros apologistas— en busca de afirmaciones prototrinitarias, como las que se encuentran en el Evangelio de Juan, «Yo y el Padre, *uno somos*» (10:30), o la gran comisión de Mateo, «Por tanto, vayan y hagan discípulos de todas las naciones, bautizándolos en el nombre del *Padre y del Hijo y del Espíritu Santo*» (28:19), o la mención de los tres por parte de Pablo en Gálatas, «Ustedes ya son hijos. Dios ha enviado a nuestros corazones el Espíritu de su Hijo, que clama: *"¡Abba! ¡Padre!"*» (4:6), y una miríada

---

[8] Aunque comparto el término teodrama con Hans Urs von Balthasar (*Theo-Drama: Theological Dramatic Theory* [trad. Graham Harrison; 5 vols.; San Francisco: Ignatius, 1988-98]) y con Kevin J. Vanhoozer (*The Drama of Doctrine: A Canonical Linguistic Approach to Christian Theology* [Louisville, Ky.: Westminster John Knox, 2005]), entre otros, me propongo algo decididamente más específico. Por teodrama me refiero al mundo dramático evocado por un lector antiguo de las Escrituras cuando interpretaba que un profeta hablaba desde, o cuando observaba la persona (prosōpon) de un personaje divino o humano. Para una explicación más detallada, véase «La exégesis prosopológica y el nacimiento de la Trinidad» en el cap. 1.

de otros textos, nunca ha habido un estudio detallado que examine específicamente los supuestos trinitarios y las implicaciones de las estrategias de lectura centradas en la persona cuando estos autores cristianos de los siglos I y II se ocuparon de lo que llegaría a denominarse el Antiguo Testamento, la misma matriz interpretativa que primero dio ímpetu al dogma trinitario.

Así pues, me atrevería a afirmar que, sorprendentemente, aún no se han sondeado algunos de los aspectos más profundos y ricos de la vida interior de las personas que más tarde llegarían a ser identificadas como miembros de la Trinidad, tal y como se expresan en las propias páginas del Nuevo Testamento. Por ahora, un ejemplo más debe bastar. Pablo, al tratar de reconciliar a las facciones fuertes y débiles de las iglesias (casas) romanas, escribe: «Cada uno debe agradar al prójimo para su bien con el fin de edificarlo. Porque ni siquiera Cristo se agradó a sí mismo, sino como está escrito: "Sobre mí han recaído las burlas de los que te insultan"» (Rom. 15:2-3 citando el Salmo 68:10 LXX]).[9] Aunque, por supuesto, Pablo habría entendido que David era el autor del Salmo 68 LXX, en esta audaz interpretación prosopológica, Pablo ha interpretado el Salmo 68:10 LXX asignando como hablante a un personaje inesperado. Para Pablo no es David quien habla, sino el Cristo, a quien no se menciona directamente en absoluto en este texto del Antiguo Testamento. Y si para Pablo es el Cristo quien habla, entonces David escribía necesariamente como profeta inspirado por el Espíritu, hablando del futuro sufrimiento del Cristo en la cruz. Sin embargo, esto a su vez implica para Pablo que el Cristo preexistía en comunión con el Padre durante los días de David de tal manera que *el Espíritu* podía hablar a través de David en la persona *del Cristo* desde su posición futura en el drama divino (de forma anticipada) a *su Padre* sobre los sufrimientos que había padecido en el pasado. Por eso Pablo lee este pasaje del Salterio:

> **EL CRISTO** (hablando a **DIOS**): Las burlas de los que *te* insultan, *oh Padre*, cayeron sobre *mí*, sobre *el Cristo, el Hijo*, cuando estaba en la cruz.

Es decir, Pablo lee estas palabras como pronunciadas en el pasado por David, pero no obstante como conteniendo una conversación futura

---

[9] En la versificación de la Biblia en español —que difiere de la empleada en las ediciones modernas de la Biblia en hebreo antiguo y griego— la referencia es al Salmo 69:9.

real entre el Padre y el Hijo facilitada por el Espíritu que mira hacia atrás en el tiempo sobre la crucifixión. Sin embargo, desde el punto de vista de Pablo, este futuro ya ha llegado y se ha ido, este fragmento de diálogo entre el Padre y el Hijo ya ha transcurrido, por lo que ya forma parte del pasado cuando Pablo lo incorpora a su carta a los romanos.

De la lectura que Pablo hace de este salmo puede extraerse información vital sobre el Padre, el Hijo y el Espíritu, y su relación mutua: brevemente, que el Hijo ama tanto al Padre, que el Hijo, hablando a través del Espíritu en tiempo pasado como si la cruz fuera un hecho consumado, le dice al Padre que soportó voluntariamente en la pasión los insultos injuriosos con los que los impíos maldecían al Padre. Se revela así una íntima preocupación mutua entre las personas divinas de la Divinidad, hasta tal punto que el Hijo está dispuesto a sufrir intensamente no por su amor a la humanidad en sí, sino porque ama tanto a su Padre que quiere llevar la carga de las palabras hostiles dirigidas contra él. Este pasaje no se analiza en detalle en ninguna de las principales obras sobre la Trinidad de las que tengo conocimiento, lo que demuestra que es precisamente este tipo de rico fruto trinitario —conectado con la exégesis prosopológica del Antiguo Testamento— no sólo en los últimos Padres de la Iglesia, sino también en el Nuevo Testamento y en el siglo II, el que aún no ha sido aprovechado por la erudición.

La historia del Dios que habla — tesis y contenido

Cuando se descubre esta estrategia de lectura en los primeros escritos cristianos, se revela una riqueza teológica al otorgar el privilegio de escuchar las conversaciones íntimas entre las personas de la Divinidad. Por ejemplo, por la agencia personal del Espíritu, se descubre que el Hijo preexistente habla por adelantado al Padre sobre su sufrimiento en la cruz; el Padre habla del Hijo como su engendrado y amado; el Hijo expresa su confianza obediente en el Padre; el Hijo alaba apasionadamente al Padre en medio de la asamblea reunida al dar testimonio de la capacidad del Padre para rescatar a los que confían... y mucho más. Al desplegar la lógica y las implicaciones de la exégesis del Antiguo Testamento centrada en la persona en el Nuevo Testamento y en la Iglesia primitiva posterior al Nuevo Testamento mediante una exposición teológicamente afinada de pasajes selectos, lo que emerge no es una Divinidad definida filosóficamente y diferenciada internamente por procesión o subordinación, como la que retratan los modelos eruditos dependientes de la época patrística tardía, sino más bien un Padre, un Hijo y un Espíritu que se caracterizan por un afecto y una preocupación implacables el uno por el otro. Esto, por supuesto, no quiere decir que estos modelos filosóficos posteriores sean erróneos o innecesarios, sino más bien muestra que el énfasis en la Iglesia primitiva se encuentra en otra parte. En otras palabras, la exégesis prosopológica afirma y desarrolla la noción de que para los primeros cristianos el Dios de Israel se había revelado como un Dios *personal*.

Así pues, lo que se ofrece en este libro es una ventana a la vida interior de Dios tal y como se discernía a través de la lectura centrada en la persona del Antiguo Testamento en la Iglesia primitiva. Además —y ésta es la tesis central que deseo argumentar—, la exégesis prosopológica contribuyó decisivamente al desarrollo del concepto de la Trinidad, ya que fue esta forma de lectura la que condujo especialmente a la consolidación del lenguaje «persona» para expresar el misterio *tres en uno*. En consecuencia, con respecto a la divinidad de Jesús, es mejor hablar de una cristología de personas divinas. Esta tesis se contextualiza en términos de otras erudiciones y modelos teóricos en el capítulo 1, «Interpretación como nacimiento —el surgimiento de la Trinidad».

Las conversaciones trinitarias centradas en las personas en la Iglesia primitiva entre el Padre, el Hijo y, a veces, incluso el Espíritu, con el Espíritu siempre suministrando las palabras, abarcan toda la gama cronológica de la vida divina revelada, desde antes de la creación hasta la consumación final, y el corazón del libro, los capítulos 2 a 6, traza este drama divino en desarrollo. En otras palabras, tomando prestada la distinción económica/inmanente de Karl Rahner, la interpretación centrada en la persona quita el velo de la Trinidad *económica*, es decir, la autorrevelación trina de Dios mediante su compromiso activo con el mundo a través del flujo del tiempo. Esto, a su vez, nos proporciona información veraz, aunque no exhaustiva, sobre la Trinidad *inmanente* —a saber, la existencia eterna del Dios trino dentro del propio ser de Dios.[10] Más concretamente, el capítulo 2 explora las primeras

---

[10] Karl Rahner, *The Trinity* (trad. Joseph Donceel; Nueva York: Seabury, 1974), 21-4. Más concretamente, el dictamen de Rahner sobre la Trinidad es: «*La Trinidad "económica" es la Trinidad "inmanente" y la Trinidad "inmanente" es la Trinidad "económica"*» (p. 21). Yo calificaría esta regla de afirmación ontológica en la medida en que la Trinidad económica revela con toda seguridad la Trinidad inmanente, pero dada (entre otras limitaciones) la naturaleza acomodaticia (analógica) del lenguaje de Dios de las Escrituras y el testimonio de éstas sobre la trascendencia de Dios más allá de lo que puede conocerse mediante una economía limitada en el tiempo, la Trinidad económica no revela de forma inequívoca y exhaustiva la Trinidad inmanente. Es decir, hay aspectos de la propia vida intradivina de Dios que no se nos han revelado plenamente, como una descripción completa de todos los detalles de lo que precisamente el «amor

interpretaciones cristianas del Antiguo Testamento que presentan conversaciones entre el Padre y el Hijo relativas a sucesos ocurridos en el alba de los tiempos o antes de ella. El capítulo 3 examina momentos del diálogo del Antiguo Testamento entre el Padre y el Hijo que los primeros cristianos consideraban que tenían relación con la misión única del Hijo. El capítulo 4 se adentra en la más íntima de las conversaciones intradivinas, cuando el Hijo sufriente pronuncia palabras de angustia y confianza a su Padre desde la cruz, y el Padre declara su amor por el Hijo. En el capítulo 5, el Hijo pronuncia palabras de alabanza al Padre por la liberación, mientras toda la familia humana es invitada a unirse al coro exultante. La historia divina culmina en el capítulo 6, donde se exploran las discusiones relativas a la entronización del Hijo, la conquista final del mal y la nueva creación. De este modo, para la Iglesia primitiva, el diálogo intradivino abarca todo el espectro de la vida de la Divinidad tal y como se revela económicamente en el Antiguo Testamento.

El libro concluye en el capítulo 7, «Interpretando a Dios correctamente», con una reflexión sobre las cuestiones hermenéuticas que plantea el estudio. Por ejemplo, cuando la Iglesia primitiva leyó sus Escrituras —principalmente el Antiguo Testamento griego— de esta forma centrada en la persona, ¿fue una buena lectura? En consonancia con el tono histórico de este libro en su conjunto, esta cuestión de la normatividad interpretativa se aborda mediante una exploración de los procedimientos y principios de la exégesis prosopológica dentro del gnosticismo del siglo II y la ortodoxia emergente.

Propósitos y presupuestos

Aunque mi objetivo básico en este libro es sencillamente describir el nacimiento de la Trinidad tal y como se manifiesta en la matriz teológicamente rica pero poco explorada de la interpretación teo-

---

al otro» podría haber implicado en la propia vida de Dios antes de la creación del cosmos por parte de Dios. Así pues, a mi juicio, la segunda mitad del dictum de Rahner («la Trinidad "inmanente" es la Trinidad "económica"») no es válida como afirmación ontológica, aunque sí describe con precisión el límite epistemológico de la teología constructiva, en la medida en que no podemos hacer afirmaciones definitivas y positivas sobre la Trinidad inmanente más allá de lo que se nos revela económicamente. Un dictum más preciso que mezcle las preocupaciones ontológicas y epistemológicas sería: «La Trinidad económica revela verdaderamente la Trinidad inmanente, por lo que la Trinidad inmanente no puede ser menos que la Trinidad económica, sino que es indudablemente más, aunque no podamos conocer ni describir este "más"».

dramática de las Escrituras del Nuevo Testamento y del cristianismo primitivo, tengo intenciones subsidiarias.

Tipos, tipología y exégesis prosopológica. En primer lugar, al recuperar un modelo histórico antiguo de cómo se entendía que Cristo conversara con el Padre en el Antiguo Testamento, deseo mostrar que, contrariamente a un consenso generalizado en la erudición bíblica, la estrategia interpretativa empleada por la Iglesia primitiva con respecto a estas conversaciones *no* era generalmente *tipológica*, sino más bien *prosopológica* o *teodramática*. Por ejemplo, el principal y más elocuente defensor del modelo tipológico de cómo habla Cristo en el Antiguo Testamento, Richard Hays, cree que la iglesia primitiva consideraba a David como un *tipo* o patrón del futuro Cristo, mientras que al mismo tiempo, debido a que el rey encarnaba las penas y esperanzas nacionales de Israel, también era un tipo en el sentido de símbolo corporativo, lo que permitía a los primeros cristianos ver una correspondencia imitativa entre David, Israel y el futuro Cristo. De modo que, según este modelo tipológico, los primeros cristianos consideraban que Jesucristo podía ser asignado apropiadamente como el verdadero locutor de las palabras de David.[11] Aunque hay mucho razonamiento y propuestas en torno a los «tipos» en el Nuevo Testamento en general (y Hays es una guía excepcional), el modelo tipológico aplicado al caso especial de Cristo como el locutor del Antiguo Testamento, a mi juicio, tiene grandes debilidades — especialmente la falta de pruebas de que los primeros cristianos tuvieran suficiente interés en el sufrimiento de David como para proporcionar un vínculo imitativo. En consecuencia, este libro, mediante la fuerza acumulativa de los ejemplos presentados y las pruebas de la historia de la recepción, pretende abogar por una nueva forma de entender la lógica interpretativa de la Iglesia primitiva:[12] Cuando se descubrió que el Cristo hablaba o era mencionado en el Antiguo Testamento, ello se debió generalmente a que los primeros cristianos leían estos textos concretos de forma prosopológica y no tipológica.

Hacia la conexión de los estudios bíblicos y la teología. En segundo lugar, escribo como cristiano confeso y erudito formado en el judaísmo del Segundo Templo y los orígenes cristianos, que ha experimentado la frustración de la división artificial y limitante entre los estudios bíblicos

---

[11] Richard B. Hays, «Christ Prays the Psalms: Israel's Psalter as Matrix of Early Christology», *The Conversion of the Imagination* (Grand Rapids: Eerdmans, 2005), 101-18.
[12] Sobre el método, véase «Probabilidad histórica, trayectoria de recepción e intertextualidad» en el capítulo 2.

y la teología. Aunque hay signos extraordinarios de un saludable acercamiento que brota en todas direcciones, especialmente las intensas conversaciones sobre la interpretación teológica de las Escrituras, aparte de una serie de logros dignos de mención, la recompensa práctica ha sido hasta ahora escasa.[13] Espero que este libro muestre algo de mi propia visión de cómo ambos pueden entrelazarse en una síntesis mutuamente beneficiosa. Estoy convencido de que la interpretación teológica de las Escrituras importa profundamente a la Iglesia y al mundo, por lo que si de algún modo este libro ayuda a estimular a los lectores para que hagan intentos afines de volver a conectar el estudio minucioso de las Escrituras y de los primeros Padres cristianos (y de cualquier Madre relevante pero descuidada) con la empresa teológica más amplia, entonces estaré agradecido.

De acuerdo con mi deseo de tender puentes interdisciplinares, he intentado que el libro sea lo más accesible posible para el no especialista sin dejar de hacer plena justicia a las sutilezas de los textos antiguos. En otras palabras, aunque he hecho un amplio uso de las lenguas antiguas relevantes al escribir, aportando con frecuencia mis propias traducciones, siempre proporciono inmediatamente una traducción de cualquier lengua antigua que aparezca en el cuerpo principal del libro, al tiempo que restrinjo la discusión técnica a las notas siempre que es posible.[14] En consecuencia, mi esperanza es que el libro resulte útil no sólo a los profesionales y al clero, sino también a los lectores en general y a los estudiantes. Se ha dado más importancia a los propios textos antiguos que a la asombrosamente voluminosa literatura secundaria de otros eruditos sobre la Trinidad, la cristología primitiva, el Jesús histórico, el Nuevo Testamento y asuntos relacionados, por lo que mi compromiso con otros eruditos es más ilustrativo y representativo que exhaustivo, aunque yo haya leído más

---

[13] Para una visión concisa de la interpretación teológica, véase Daniel J. Trier, *Introducing Theological Interpretation of Scripture: Recovering a Christian Practice* (Grand Rapids: Baker Academic, 2008). Entre los logros prácticos excepcionales en interpretación teológica se incluyen la serie *Two Horizons New Testament Commentary* (ed. Joel B. Green y Max Turner; Grand Rapids: Eerdmans, 2005-), Brazos Theological Commentaries on the Bible (ed. R. Reno; Grand Rapids: Brazos, 2005-), y la fundación de la nueva y excelente *Journal of Theological Interpretation* (ed. Joel B. Green; Winona Lake, Ind.: Eisenbrauns, 2007-). Véase la justificación de la serie THNTC en Max Turner y Joel B. Green (eds.), *Between Two Horizons: Spanning New Testament Studies and Systematic Theology* (Grand Rapids: Eerdmans, 2000), 1-22.

[14] A lo largo de este volumen todas las traducciones son mías a menos que se indique lo contrario, con la excepción de la *Epideixis* de Ireneo. Dado que la *Epideixis* existe principalmente en armenio, todas las traducciones son las de John Behr (trad. e intro.), St. Irenaeus of Lyons, *On the Apostolic Preaching* (Crestwood, NY: St Vladimir's Seminary Press, 1997).

ampliamente. Pido disculpas a aquellos cuyo trabajo merece mayor atención pero no ha sido abordado en esta discusión.

Cosmovisiones e investigación histórica. Por último, puesto que soy un cristiano que investiga, enseña y escribe en un contexto confesional —anteriormente en la Universidad de Notre Dame y ahora en la Universidad de Quincy—, me gustaría decir unas palabras sobre esta «situacionalidad» para un historiador y teólogo profesional. Para muchos, la libre indagación intelectual sobre los orígenes cristianos es muy polémica y emocionalmente tensa. Incluso hace veinticinco años se habría considerado inapropiado en un trabajo erudito de reconstrucción histórica que un autor fuera franco al afirmar que piensa y escribe sobre cuestiones relativas a los orígenes cristianos desde un marco cristiano, porque esto se habría visto como un sesgo distorsionador que impedía una indagación verdaderamente crítica. En consecuencia, a pesar de la afirmación de «yo soy simplemente un historiador» que ofrecen algunos que trabajan en este campo, agradezco que vivamos en una época en la que cada vez se reconoce más que no existe un terreno neutral, objetivo e independiente, que no esté manchado por compromisos previos y cosmovisiones, sobre el que cualquier historiador pueda situarse al examinar estas cuestiones. Con respecto al estudio de cualquier cosa, incluidos los orígenes cristianos, *todos* están igual de posicionados intelectualmente al emprender la tarea: los que están fuera, dentro, en la valla, declaradamente neutrales, amargados, «enamorados de Jesús», intrigados, simpáticos, hostiles. Sin embargo, este ineludible perspectivismo al hacer teología histórica no debe convertirse en una excusa para la falta de imparcialidad o de rigor intelectual en la búsqueda de la verdad. Lo mejor que podemos hacer es tratar de ser honestos con nosotros mismos y con los demás acerca de las lentes que llevamos, ejercer una sana sospecha de nosotros mismos, y luego perseguir la verdad hacia dondequiera que nos lleve.

* * *

Por razones que quedarán claras en el cuerpo del propio libro, mi propio análisis de la cristología primitiva y de los orígenes trinitarios me ha llevado, como historiador, a rechazar la opinión de especialistas como James D. G. Dunn y Bart Ehrman, que afirman que los primeros cristianos creían que Jesús fue adoptado como «Hijo de Dios» (considerado originalmente sólo como un título mesiánico) en su resurrección, pero que no preexistía como tal, sino que sólo más gradualmente llegó a ser considerado como preexistente y engendrado antes de tiempo. Por el contrario, concluyo que es más probable que los primeros cristianos consideraran a Jesús tanto una persona divina distinta en relación con Dios Padre como el Hijo engendrado antes de los tiempos, quizá, aunque esto es mucho más especulativo, incluso a partir del propio Jesús histórico. De hecho, creo que la hipótesis adopcionista ha prosperado en parte porque los eruditos aún no han llegado a apreciar las sutilezas de la estrategia de lectura prosopológica desplegada por la Iglesia primitiva en una serie de pasajes cruciales del Nuevo Testamento.

Al concluir este estudio, afirmo con aún mayor convicción el dogma trinitario tal y como se describe tradicionalmente en la síntesis del credo niceno-constantinopolitano: hay un solo Dios que subsiste como tres personas distintas —el Padre increado, el Hijo engendrado eternamente y el Espíritu enviado.

1

La interpretación como nacimiento —el surgimiento de la Trinidad

En el último siglo se ha producido un renacimiento significativo del interés por la Trinidad dentro de la teología sistemática,[1] y sin duda hay un número incalculable de formas en las que la doctrina de la Trinidad ha influido y sigue dando forma a la teología sistemática y constructiva.[2] Sin embargo, en términos de la línea argumental básica del desarrollo *histórico* o surgimiento de esta doctrina tal y como puede

---

[1] Aunque los principales interlocutores de este libro son quienes se dedican al estudio de los orígenes cristológicos y trinitarios en el NT y la Iglesia primitiva, de vez en cuando echaremos miradas de reojo a los edificios teológicos construidos por los principales arquitectos trinitarios de la teología contemporánea, e.g., Barth, Rahner y Moltmann. Sin embargo, la mayoría de estos esfuerzos se centran menos en el surgimiento y desarrollo del trinitarismo en sí mismo en las fuentes más antiguas, y más en las conclusiones teológicas constructivas que surgen una vez que se asume el dogma trinitario como punto de partida necesario —e.g., la noción de Barth del Dios trino que se revela a sí mismo; la íntima vinculación de Rahner de la Trinidad inmanente con la Trinidad económica; el énfasis de Boff en la Trinidad como base de la auténtica comunidad y relacionalidad humanas. Para un excelente estudio, véase Stanley J. Grenz, *Rediscovering the Triune God: The Trinity in Contemporary Theology* (Minneapolis: Fortress, 2004). Stephen R. Holmes, *The Quest for the Trinity: The Doctrine of God in Scripture, History and Modernity* (Downers Grove, Ill.: IVP Academic, 2012), también examina breve pero hábilmente el renacimiento trinitario contemporáneo en la teología dogmática, al tiempo que demuestra que muchas de estas contribuciones recientes se apartan sustancialmente de la articulación clásica del dogma trinitario.

[2] Algo de la vertiginosa diversidad actual puede verse en las partes V-VII de la reciente contribución en Gilles Emery y Matthew Levering (eds.), *The Oxford Handbook of The Trinity* (Nueva York: Oxford University Press, 2011).

discernirse en el Nuevo Testamento y otras fuentes antiguas, pueden distinguirse cuatro posturas básicas. Las tres primeras son bastante conocidas y se representan y describen con facilidad, pero la cuarta se asemeja más a los restos de un buque de guerra hundido. Unos pocos conocen su ubicación aproximada y su posible valor —y sus sondeos iniciales así lo han indicado a la comunidad erudita en general—, pero nadie ha intentado realmente extraer los bienes sumergidos para poder evaluar su valía.

Hay, por supuesto, una saludable medida de verdad en las cuatro narraciones eruditas sobre la forma en que Padre, Hijo y Espíritu llegaron a ser considerados como diferenciadores del Dios único para los primeros cristianos, de modo que en un grado significativo los enfoques se solapan y son mezclados por la mayoría de los eruditos. De hecho, existe cierto peligro en asociar a eruditos concretos con cualquier enfoque singular, dadas las sutilezas finamente elaboradas de sus posturas. No obstante, una heurística puede ayudarnos a identificar las corrientes dominantes, aunque en última instancia estas corrientes estén entrelazadas para prácticamente todos los eruditos. Este no es un intento exhaustivo de describir la historia de la erudición sobre los orígenes y el crecimiento de la doctrina de la Trinidad o de cómo Jesús y el Espíritu llegaron a ser vistos como plenamente divinos junto al único Dios de Israel o dentro de él, ni mucho menos. Sobre todo porque, al centrarme en el impulso inicial y no querer pisar demasiado terreno ya bien cubierto por otros, aparte de unas brevísimas palabras de orientación cerca del final de este capítulo, no digo prácticamente nada sobre Nicea, Constantinopla y otros desarrollos cruciales posteriores a Tertuliano;[3] más bien es un medio de organizar la erudición y ejemplificar brevemente los enfoques principales para ayudar al lector a discernir precisamente dónde este estudio espera hacer una contribución

---

[3] Para un relato estándar conciso pero preciso del desarrollo del dogma trinitario, véase Franz Dünzl, *A Brief History of the Doctrine of the Trinity in the Early Church* (trad. John Bowden; Londres: T&T Clark, 2007). Una selección de fuentes primarias es recogida por William G. Rusch (trad. y ed.), *The Trinitarian Controversy* (Filadelfia: Fortress, 1980). Sobre la época entre el siglo I y el IV, aprecio especialmente John Behr, *The Way to Nicaea: The Formation of Christian Theology, Volume i* (Crestwood: NY, St Vladimir's Seminary Press, 2001), sobre todo por el énfasis en el papel de las Escrituras en el desarrollo doctrinal. Para síntesis recientes especialmente destacadas de Nicea y sus secuelas en lo que respecta a la Trinidad, véase Lewis Ayres, *Nicea and Its Legacy: An Approach to Fourth-Century Trinitarian Theology* (Oxford: Oxford University Press, 2004) y Khaled Anatolios, *Retrieving Nicaea: The Development and Meaning of Trinitarian Doctrine* (Grand Rapids: Baker Academic, 2011).

única.[4] Mi afirmación específica es que la preferencia final de la Iglesia por hablar principalmente de la *unicidad* de Dios en términos de *personas* distintas —en lugar de, digamos, poderes o luminarias— se estableció predominantemente mediante una lectura prosopológica de ciertos cambios dialógicos en el Antiguo Testamento, y que esta estrategia interpretativa fue ampliamente desplegada por los autores neotestamentarios y cristianos del siglo II.

Cuatro enfoques del crecimiento de la doctrina de la Trinidad

Trinitarismo por el encuentro con el Jesús histórico

El primer enfoque podría denominarse «trinitarismo por el encuentro con el Jesús histórico», y sus partidarios suelen ser acérrimos defensores del florecimiento pleno de la doctrina de la Trinidad, hasta el punto de que tienen especial interés en demostrar que esta doctrina está incipientemente presente, aunque no del todo formada en el Nuevo Testamento. No se trata sólo de una semilla desnuda salpicada de tierra y esperanza: ha surgido un capullo y, aunque éste no se haya abierto del todo, el capullo ya ha aparecido y está empezando a extenderse. La afirmación principal es que la teología trinitaria se desarrolló porque *la experiencia del encuentro con Jesús*, y quizá también con el Espíritu enviado posteriormente, *forzó la cuestión*. Es decir, sencillamente, el Jesús histórico afirmó e hizo cosas que ningún humano corriente podría haber hecho, culminando en la resurrección. Esto obligó a sus primeros seguidores a venerarle como *persona* divina y estimuló un movimiento ineludible hacia la plena flor trinitaria de tres personas que tienen la misma esencia divina.

Este enfoque se ve especialmente favorecido por los estudios más antiguos que abordan la cristología emergente y el auge del dogma trinitario, aunque sigue encontrando eco contemporáneo, sobre todo en las obras de los apologistas cristianos y en los estudios de tipo catálogo que pretenden sobre todo recopilar datos trinitarios como «prueba» en las fuentes escriturarias. Por ejemplo, Jules Lebreton, cuyo estudio clásico sigue siendo el tratamiento más exhaustivo del crecimiento de la doctrina trinitaria antes del Concilio de Nicea (325 d.C.), pone el mayor peso en el «trinitarismo por encuentro con el Jesús histórico» —aunque

---

[4] Para una organización alternativa del campo basada en las diversas formas de monoteísmo, véase James F. McGrath, *The Only True God: Early Christian Monotheism in Its Jewish Context* (Urbana, Ill.: University of Illinois Press, 2009), 5-22.

es muy consciente de otros enfoques— cuando afirma que cualquier historiador imparcial, «atribuirá al propio Jesús el papel decisivo» en la revelación de los dogmas trinitarios y cristológicos, y «prestará en consecuencia una atención primordial al papel desempeñado» por él.[5] De forma similar, esa visión del desarrollo final de la Trinidad también se insinúa, aunque no se haga explícita, en obras apologéticas populares. Por ejemplo, el justamente famoso *trilema* de C. S. Lewis: que el Jesús histórico era necesariamente una de estas tres cosas: (1) un mentiroso, (2) un lunático, como Lewis dice tan memorablemente, «al mismo nivel que el hombre que dice que es un huevo escalfado», o (3) el mismísimo Señor Dios todopoderoso.[6] En resumen, las extrañas afirmaciones y los poderosos actos de Jesús obligaron a reconocer su plena divinidad, estimulando un crecimiento inevitable hacia el dogma trinitario maduro.

Y aunque evidentemente atribuir el crecimiento de la doctrina trinitaria únicamente a un encuentro experiencial con el Jesús histórico sería una simplificación excesiva —como están dispuestos a admitir incluso los que conceden un peso especial a este elemento—, no debe rechazarse ni despreciarse por su ingenuidad, ya que tal punto de vista puede reclamar una amplia garantía en las fuentes primitivas, aunque todavía deban plantearse cuestiones espinosas sobre cómo contribuyen precisamente estas fuentes a un retrato compuesto del Jesús histórico. En consecuencia, los guardias del templo a los que se ordena apresar a Jesús, pero que no se atreven a hacerlo, testifican: «Nunca nadie ha hablado así» (Jn. 7:46). O, como se ve obligado a decir el centurión romano tras observar los extraños acontecimientos que rodean la crucifixión de Jesús: «Verdaderamente este hombre era hijo de Dios» (Mc. 15:39). De hecho, la contundente afirmación de Jesús de que su propia identidad está ligada a Dios, de tal manera que comparte atributos y prerrogativas funcionales que pertenecen apropiadamente sólo a Dios, puede encontrarse no sólo en pasajes cuyo valor histórico podrían cuestionar los críticos de mentalidad escéptica, como Juan 8:58 («Jesús les dijo: En verdad les digo que antes de que Abraham existiera,

---

[5] Jules Lebreton, *History of the Dogma of the Trinity: From Its Origins to the Council of Nicæa, i. The Origins* (trad. Algar Thorold; Londres: Burns Oates & Washbourne, 1939), 191. Lebreton señala que sólo el encuentro con Jesús (y posteriormente con el Espíritu) por parte de sus primeros seguidores, pudo haber amalgamado las diversas tradiciones religiosas y filosóficas judías y helenísticas: «es imposible encontrar en la fe cristiana un solo concepto que no haya sido transformado y elevado por el contacto con él» (pp. xv-xxiii, aquí p. xv).
[6] C. S. Lewis, *Mere Christianity* (ed. rev.; Nueva York: Touchstone, 1996), 52-6, aquí 56.

yo Soy»), sino también en la tradición sinóptica que se considera ampliamente como histórica (e.g., Mc. 14:61-2 y Mateo 19:28).[7]
Además de los estudios más antiguos y de las obras de apologética popular que hacen hincapié en el «trinitarismo por encuentro con el Jesús histórico», los estudios relacionados de tipo catálogo han tendido generalmente a encontrar apoyo para esta noción por sus puntos de partida presuposicionales. El más completo de estos estudios de tipo catálogo del que tengo conocimiento es Arthur W. Wainwright, *The Trinity in the New Testament* (La Trinidad en el Nuevo Testamento). Aquí se encuentra una extensa colección de afirmaciones de la unicidad de Dios (e.g. «Dios es uno» —Rom. 3:30), afirmaciones diádicas (e.g. «*Yo estoy* en el *Padre* y el *Padre está en mí*» —Juan 14:10), agrupaciones triádicas (e.g. «La gracia del *Señor Jesucristo* y el amor de *Dios* y la comunión del *Espíritu Santo* estén con todos nosotros» —2 Cor. 13:14; cf. 1 Pe. 1:2), y similares que sí demuestran que en el Nuevo Testamento puede encontrarse algo que se aproxime al futuro dogma trinitario. Sin embargo, Wainwright ejemplifica este enfoque de estudio al mostrar claramente —al menos desde mi perspectiva— que el Nuevo Testamento menciona al Padre, al Hijo y al Espíritu en términos que implican tres entidades divinas, pero sin profundizar en una explicación sobre el origen y desarrollo de esta doctrina, aparte de las afirmaciones presuposicionales que sostienen una cristología elevada, como «los cristianos creían que Jesús era divino», que se alinean con el «trinitarismo por el encuentro con el Jesús histórico».[8]

Para los firmes partidarios de esta postura, aunque el lenguaje técnico trinitario distintivo —*hypostasis, ousia, substantia, prosōpon, persona, homoousios* y similares— no se emplearía en la Iglesia para describir la Trinidad hasta siglos más tarde, no obstante, el paso del Nuevo Testamento a los credos niceno y postniceno es minúsculo,

---

[7] Sobre la controvertida y compleja cuestión de la historicidad y Jesús, véase «The Historically Plausible Jesus» en el cap. 2. Sobre la historicidad de Marcos 14:62, véase N. T. Wright, *Jesus and the Victory of God* (Minneapolis: Fortress, 1996), 519-28; sobre la plausibilidad general de que Jesús pronunciara este tipo de logion, véase Dale C. Allison, Jr., *Constructing Jesus: Memory, Imagination, and History* (Grand Rapids: Baker Academic, 2010), 246-7. Sobre Mateo 19:28, véase Allison, *Constructing Jesus*, 68-74; John P. Meier, *A Marginal Jew* (4 vols.; ABRL; Nueva York: Doubleday, 1991-2009), iii. 135-9.
[8] Arthur W. Wainwright, *The Trinity in the New Testament* (Londres: SPCK, 1962), 3. Aunque Wainwright esboza brevemente algunos antecedentes útiles en su segundo capítulo, «The Trinity in Hebrew Religion», su carga principal es demostrar que el problema trinitario —es decir, la cuestión de la naturaleza y la relación entre Padre, Hijo y Espíritu— surgió en la propia época del NT y no en la historia eclesiástica posterior. Como tal, su principal tarea consiste en enumerar y discutir todas las pruebas pertinentes del NT, y esto lo consigue de forma bastante admirable (excluyendo gran parte de los datos prosopológicos que se discutirán en este libro).

porque el dogma trinitario ya está funcionalmente presente a todos los efectos prácticos en las ideas del propio Nuevo Testamento. Como veremos, quizá lo más seguro sea afirmar una versión suave de este planteamiento. El encuentro con Jesús y el Espíritu refractado a través de la memoria cristiana primitiva fue innegablemente indispensable para los orígenes cristológicos y trinitarios, aunque al mismo tiempo hay que reconocer que otros enfoques son necesarios para salvar la distancia entre la Iglesia del siglo I y los credos trinitarios del siglo IV.

Trinitarismo por imposición filosófica helenística

La segunda vía erudita para describir el surgimiento histórico de la Trinidad podría denominarse «trinitarismo por imposición filosófica helenística». Lo que define este enfoque es la afirmación de que el monoteísmo judío fue incapaz de un crecimiento lineal hacia una cristología elevada y concepciones trinitarias al margen del préstamo de un lenguaje y unas categorías filosóficas helenísticas ajenas que retorcieron el cristianismo hacia una forma muy alejada de sus raíces. El defensor incansable y enormemente influyente de esta postura en el siglo XX fue Adolf von Harnack en su obra *History of Dogma,* y las reverberaciones del impacto de Harnack aún resuenan en la actualidad.

Harnack, basándose en el legado de F. C. Baur, argumentó que una historia del dogma cristiano debe presuponer una separación definitiva entre el judaísmo y el cristianismo naciente dentro de las dos primeras generaciones tras la muerte de Jesús. A la luz de esta ruptura definitiva, el cristianismo emergente necesitaba un rico patrimonio cultural mediante el cual pudiera transformarse y alejarse del judaísmo y albergar sus ideas únicas en desarrollo, así: «La Iglesia cristiana y su doctrina se desarrollaron dentro del mundo romano y la cultura griega en oposición a la Iglesia judía».[9]

Como tal, el cristianismo —comenzando especialmente con los apologistas— tomó prestado en gran medida de la filosofía helenística a la hora de conceptualizar a Dios. Por ejemplo, aunque el *Logos* («Verbo») de Juan 1:1 —«En el principio era el *Logos,* y el *Logos* estaba con Dios, y el *Logos* era Dios»— tiene sus raíces en el relato de la creación de Génesis, en el que Dios crea el cosmos mediante el *habla*, la teología del *Logos* de Juan se articuló, no obstante, en un

---

[9] Adolf von Harnack, *History of Dogma* (trad. Neil Buchanan; 7 vols.; Londres: Williams & Norgate, 1894-9), i. 43-50, aquí i. 46. Véanse además las observaciones de Harnack sobre el dominio del «espíritu helénico» (i. 48-9).

La interpretación como nacimiento —el surgimiento de la Trinidad | 39

entorno en deuda con la filosofía helenística anterior. En el estoicismo, el *Logos* es el principio racional que impregna todo el universo, haciéndolo conocible. Mientras, en el platonismo medio, la divinidad trascendente se actualiza en el mundo a través de la «mente», «idea» o *Logos*; poniendo orden en el cosmos. De hecho, para el contemporáneo de Jesús, el filósofo judío platónico Filón de Alejandría, el *Logos,* que podría calificarse como «imagen de Dios» e incluso como «primogénito» de Dios, es la realidad intermedia que se interpone entre el Dios trascendente y el universo material, mientras que el *Logos* también sirve como instrumento a través del cual se organiza el universo.[10]

Dado que los desacuerdos sobre la relación precisa entre el *Logos* preexistente, el Jesús de Nazaret humano y Dios Padre desempeñaron indiscutiblemente un papel central en los desarrollos trinitarios y cristológicos posteriores, la fuerte influencia de las ideas helenísticas en esta coyuntura no puede ser cuestionada seriamente por ningún relato responsable del crecimiento trinitario; de hecho, en la época de Orígenes, el *Logos* podía considerarse como una *hipóstasis* («ser individual distinto») diferenciada y subordinada que media entre el Dios increado y el orden creado, de forma muy similar al platonismo medio.[11]

Las pretensiones del «trinitarismo por imposición filosófica helenística» son muy distintas de las del «trinitarismo por el encuentro con el Jesús histórico»; sin embargo, algunos de los postulados de ambas posturas, aunque no todos, son en principio compatibles entre sí. Por ejemplo, potencialmente se puede llegar a un acuerdo en que la propia persona de Jesús está en el origen del surgimiento del trinitarismo. De hecho, en línea con la versión más suave del «trinitarismo por el encuentro con el Jesús histórico», el propio Harnack consideraba que el Jesús histórico sí desempeñó un papel integral en la inauguración del dogma cristiano[12] —aunque Harnack rechazara personalmente muchos fundamentos ortodoxos como la encarnación y

---

[10] E.g. véase Filón, *Conf.* 146 (cf. *Somn.* 1. 215) para «su *Logos* primogénito [de Dios]» (*ton prōtogonon autou logon*); véase *Fug.* 101 (cf. *Spec. Leg.* 1. 81) para «el *Logos* divino... siendo él mismo una imagen de Dios» (*logos theios... autos eikōn hyparchōn theou*). Sobre el Logos como principal intermediario y agente del ordenamiento cósmico, véase Filón, *Opif.* 19-25; *Sacr.* 8; *Cher.* 127.
[11] Sobre el *Logos* en los Apologistas, véase Harnack, *History of Dogma*, ii. 206-14. Para la reconstrucción que hace Harnack de la transformación de la doctrina del *Logos* a medida que se movía por el entramado platónico alejandrino e interactuaba con el trinitarismo emergente, véase ii. 352-61.
[12] Harnack, *History of Dogma*, i. 42.

la resurrección. Sin embargo, en opinión de Harnack, el movimiento helenista empequeñeció y eclipsó en última instancia (aunque tristemente) cualquier impulso suscitado por las enseñanzas y actividades terrenales de Jesús. Para los defensores de la postura de Harnack, la marcada división y dicotomía entre las ideas del Jesús judío y sus primeros seguidores judíos sobre Dios y las de la iglesia helenista posterior son difíciles de conciliar con el modelo más sencillo del «trinitarismo por el encuentro con el Jesús histórico», en la medida en que sugieren que un judío monoteísta, fiel y corriente no podría haber creído en un Dios trino al margen de una influencia helenista dramática y extranjera.

La reconstrucción de Harnack proyectó una larga sombra en la comunidad erudita dedicada al estudio de los orígenes cristianos, y la sombra aún puede verse hoy en día, a pesar de que —como veremos— muchos de sus supuestos y conclusiones han sido decisivamente socavados. Por ejemplo, la influencia de Harnack puede observarse en la síntesis cristológica de Wilhelm Bousset, *Kyrios Christos*, quien sostenía que los títulos judeocristianos «Cristo» e «Hijo del Hombre» llegaron a ser sustituidos por el título preferido de los cristianos gentiles, «Señor», al servicio de un misticismo incipiente que fusionaba a Cristo y al Espíritu.[13] La asunción similar de un crecimiento dogmático basado en una drástica división entre cristianos judíos y gentiles también está en el corazón de la *Teología del Nuevo Testamento* de Rudolph Bultmann.[14]

Esta misma lógica persiste hoy en día y sigue apareciendo incluso en algunos de los comentarios más prestigiosos del Nuevo Testamento. Por elegir sólo un ejemplo entre muchos, en su contribución a la prestigiosa serie Hermeneia, Robert Jewett sostiene que la comunidad judeo-cristiana prepaulina creía que Jesús no era preexistente ni había nacido de una virgen, sino que fue *adoptado* como Hijo de Dios en su resurrección. Posteriormente, la comunidad helenista trató de socavar este énfasis judeocristiano en las cualificaciones mesiánicas de Jesús acentuando el Espíritu. Para Jewett, en respuesta a este desacuerdo

---

[13] Wilhelm Bousset, *Kyrios Christos: A History of the Belief in Christ from the Beginnings of Christianity to Irenaeus* (trad. John E. Steely; Nashville: Abingdon, 1970).
[14] Aunque Rudolph Bultmann, *Theology of the New Testament* (trad. Kendrick Grobel; 2 vols.; Londres: SCM, 1952-5), i. 35, rechazó de forma decisiva la noción —tan extendida en estudios anteriores— de que la personalidad del Jesús histórico fue decisiva para el desarrollo de la doctrina cristiana primitiva, sí persistió en ver una fuerte dicotomía judío/helenista, como puede verse comparando en el vol. i su cap. 2 (centrado en el escenario escatológico de la iglesia basada en Jerusalén) con su cap. 3 (que describe la iglesia helenística).

cristológico primitivo, Pablo intenta conciliar estas posturas discordantes en su carta a los romanos.[15]

Aunque nadie debería negar que la Iglesia primitiva hizo un uso liberal de la lengua griega y de los recursos filosóficos helenísticos en su lucha con la identidad de Dios, tanto en sus inicios como en los siglos posteriores, no obstante, la tesis del «trinitarismo por imposición filosófica helenística» ha caído justificadamente en saco roto como postura dominante.[16] Porque, en primer lugar, la erudición posterior ha demostrado, de un modo que parecería definitivamente irreversible, el alto grado en que el helenismo había penetrado a fondo en el judaísmo palestino en la época de Jesús, mostrando que la hipótesis de un desarrollo dogmático por fases del cristianismo judío al helenístico es inverosímil.[17] En segundo lugar, no sólo no hay pruebas que apoyen la existencia de facciones judeo-cristianas y helenístico-cristianas herméticamente selladas, sino que la ruptura entre el judaísmo propiamente dicho y lo que más tarde se denominaría cristianismo no parece haber sido tan decisiva como Harnack (y otros) imaginaban; más bien, las comunidades permanecieron algo fluidas mientras polemizaban entre sí como medio de autodefinición, y todo ello mientras ofrecían respuestas divergentes a algunas cuestiones básicas de cosmovisión.[18]

En otras palabras, el crecimiento del dogma trinitario no pudo ser el resultado de una contaminación helenística *ajena*, no porque la tesis de la influencia filosófica helenística fuera espuria, sino más bien porque el

---

[15] Véase Robert Jewett, *Romans: A Commentary* (Hermeneia; Minneapolis: Fortress, 2007), 98, que se basa en su obra anterior: Robert Jewett, «The Redaction and Use of an Early Christian Confession in Romans 1:3-4», en D. E. Groh y R. Jewett (eds.), *The Living Text: Essays in Honor of Ernest W. Saunders* (Lanham, Md.: University Press of America, 1985), 99-122.

[16] Una excepción a esta tendencia es el reciente esfuerzo de Marian Hillar, *From Logos to Trinity: The Evolution of Religious Beliefs from Pythagoras to Tertullian* (Cambridge: Cambridge University Press, 2012). Hillar, que se sitúa en la corriente de la crítica radical, ve el dogma trinitario ortodoxo como una consecuencia platónica media ilegítima de la teología del *Logos*, que favorece una concepción unitaria de Dios. Pero, entre otros problemas, no creo que su posición pueda sostenerse a la luz de la interpretación escrituraria cristiana primitiva.

[17] Véase Saul Lieberman, *Hellenism in Jewish Palestine: Studies in the Literary Transmission, Beliefs and Manners of Palestine in the I Century B.C.E-IV Century C.E.* (Nueva York: Jewish Theological Seminary of America, 1962); Martin Hengel, *Judaism and Hellenism: Studies in Their Encounter in Palestine During the Early Hellenistic Period* (trad. John Bowden; 2 vols.; Filadelfia: Fortress, 1974).

[18] Sobre la fluidez, véase Daniel Boyarin, *Border Lines: The Partition of Judeo-Christianity* (Filadelfia: University of Pennsylvania Press, 2004); sobre polémica y autodefinición, véase Judith Lieu, *Image and Reality: The Jews in the World of the Christians in the Second Century* (Londres: T&T Clark, 1996); sobre las diferencias en la cosmovisión, véase N. T. Wright, *The New Testament and the People of God* (Minneapolis: Fortress, 1992), 444-64.

monoteísmo judío *puro* de Jesús y sus primeros seguidores es quimérico: el helenismo ya había invadido el judaísmo palestino mucho antes de Jesús. Si la iglesia del siglo II (y posteriores) siguiera utilizando recursos filosóficos helenísticos para conceptualizar a Dios, no se trataría de una ruptura con la iglesia primitiva, sino de una extensión de su entorno y prácticas originales. Por último, y lo que es más importante, el tercer enfoque —que se analizará a continuación— ha demostrado para satisfacción de muchos que el propio judaísmo (a través del compromiso helenístico continuo) disponía de recursos más que adecuados que podían dar cuenta de un paso orgánico del monoteísmo judío fiel a la concepción niceno-cristiana de una pluralidad de personas divinas distintas que tienen la misma esencia o ser divino.

Trinitarismo como consecuencia del monoteísmo judío mediado

La tercera forma de describir el origen y el desarrollo de la doctrina de la Trinidad puede denominarse «Trinitarismo como consecuencia del monoteísmo judío mediado». Aquí se hace hincapié en diversos seres que mediaban lo divino, eran cuasi divinos o eran muy venerados como agentes divinos junto a Dios dentro de los límites del judaísmo monoteísta del Segundo Templo. Dichas categorías judías —que según este análisis quizás forzaron pero no rompieron el monoteísmo— incluyen la Sabiduría personificada, el *Logos*, patriarcas superiores, el Hijo del Hombre en Daniel y la literatura enoquista, reyes/mesías, sacerdotes, arcángeles que podrían gobernar desde el trono divino (especialmente como se evidencia en los Rollos del Mar Muerto) y categorías platónicas. Como dice James McGrath, uno de los principales defensores de este enfoque «Numerosos textos judíos permiten la existencia de una "segunda figura" junto a Dios, de alto rango y en ocasiones casi fundiéndose con Dios, pero otras veces claramente subordinada y distinta».[19] Ésta es, con mucho, la explicación más popular hoy en día de cómo Jesús fue elevado a la categoría divina y del desarrollo final de la doctrina de la Trinidad dentro de los estudios sobre el Nuevo Testamento y los primeros cristianos, aunque, por supuesto, puede combinarse (y suele hacerse) con los otros dos enfoques que se acaban de mencionar.

---

[19] McGrath, *The Only True God*, 16.

Aunque rechaza la noción de que cualquiera de estos intermediarios (excepto los ángeles) tuviera un estatus verdaderamente autónomo respecto a Dios, la obra decididamente influyente de James D. G. Dunn ejemplifica bien esto, ya que pone un énfasis definido en las categorías mediadoras judías, viendo las cristologías de la Sabiduría y de Adán como especialmente importantes en la Iglesia primitiva. Pero también argumenta que para los primeros cristianos, Jesús era percibido como designado a la filiación divina sólo el día de su resurrección, no preexistente como tal —lo que se denomina una cristología adopcionista.[20] Para Dunn, la transición de Jesús de la condición humana a la divina en el seno de la Iglesia primitiva, y por tanto el camino hacia cualquier cosa que se acerque al dogma trinitario en toda regla, es un proceso largo, complejo y complicado que, en última instancia, se vio facilitado por el rescate del lenguaje sobre los intermediarios trascendentes de lo divino —como la Sabiduría— en el judaísmo de finales del Segundo Templo al chocar con el helenismo. Como se discutirá en el capítulo 2, creo que hay problemas metodológicos presentes en el estudio de Dunn que socavan algunos de sus resultados.[21]

Trabajando en una trayectoria similar a la de Dunn (pero llegando a conclusiones bastante diferentes), Larry Hurtado ha explorado la interfaz entre la cristología y el monoteísmo judío en una oleada de proyectos estimulantes y cuidadosamente investigados que culminan en su magistral *Lord Jesus Christ*.[22] Para Hurtado, el judaísmo de finales del Segundo Templo en su conjunto se caracterizaba por la creencia en una multitud diversa de agentes divinos exaltados. No obstante, era perfectamente capaz de mantener la creencia en estos agentes sin que los judíos sintieran que su marca única de monoteísmo «exclusivista» se había visto comprometida, porque estos agentes divinos *no eran adorados* junto a Dios. En otras palabras, lo divino podía ser (y era) fácilmente interpretado como mediado en una amplia variedad de formas, e incluso se creía en muchos círculos que Dios tenía un visir

---

[20] James D. G. Dunn, *Christology in the Making: A New Testament Inquiry into the Origins of the Doctrine of the Incarnation* (2ª ed.; Grand Rapids: Eerdmans, 1989), véanse esp. pp. 33-6, 163-212. Para una declaración actualizada que recoge propuestas más recientes, véase James D. G. Dunn, *Did the First Christians Worship Jesus? The New Testament Evidence* (Louisville, Ky.: Westminster John Knox, 2010).
[21] Véase esp. nn. 31 y 32 en el cap. 2.
[22] Larry W. Hurtado, *Lord Jesus Christ: Devotion to Jesus in Earliest Christianity* (Grand Rapids: Eerdmans, 2003). Para su obra anterior, véase especialmente Larry W. Hurtado, *One God, One Lord: Early Christian Devotion and Ancient Jewish Monotheism* (Filadelfia: Fortress, 1988).

principal que representaba a Dios en un sentido relativamente pleno, pero no se sentía que esto violara el principio monoteísta incrustado en el Shemá (véase Deut. 6: 4), que realmente sólo hay un Dios, el Dios de Israel. Este principio se afirmaba concretamente adorando *únicamente* a este Dios singularmente real.

Sin embargo, Hurtado da un giro adicional interesante, porque argumenta que la devoción cristiana más temprana surge del monoteísmo judío exclusivista, tomando prestadas sus categorías conceptuales de la agencia divina, pero muestra un reajuste significativo que puede denominarse binitario (aunque todavía no plenamente trinitario) en la medida en que Jesús fue adorado *desde el principio* en la iglesia naciente junto a Dios de una forma totalmente sin precedentes dentro de los límites del monoteísmo judío contemporáneo. Hurtado se ve obligado a concluir, correctamente en mi opinión, que las fuentes más antiguas indican que el ministerio terrenal de Jesús y las convicciones sobre la realidad de su resurrección y exaltación sirvieron para provocar este cambio explosivamente rápido y sin precedentes. Así pues, Hurtado acepta en gran medida tanto la versión suave del «encuentro con el Jesús histórico» como el enfoque *mediador*, al igual que el presente autor. ¿Cómo se relaciona todo esto con el trinitarismo? Como dice Hurtado al hablar de las síntesis trinitarias posteriores de Nicea y Calcedonia:

> Sería simplista e ingenuo colapsar las distinciones entre estas etapas posteriores de la reflexión cristiana y la etapa fundacional... Pero también sería simplista ignorar el hecho de que la compleja y a menudo acalorada discusión doctrinal que condujo a estas formulaciones posteriores se puso en marcha bastante temprano en el movimiento cristiano mediante la apropiación de la categoría de agencia divina.[23]

Es decir, para Hurtado y otros fueron las experiencias de los primeros cristianos con Jesús, combinadas con las concepciones judías de la agencia divina (tal como mutaron en el culto binitario a Jesús en el cristianismo más temprano), las que impulsaron a la iglesia en la dirección trinitaria. En resumen, aunque tanto Hurtado como Dunn coinciden en que las categorías judías de la agencia divina fueron vehículos importantes para expresar la cristología primitiva, para

---

[23] Hurtado, *One God*, 127.

Hurtado frente a Dunn, el acento se pone en la explosiva inmediatez del ascenso de Jesús a la categoría divina más que en un proceso gradual y de desarrollo.

Este enfoque mediador se acerca a su extremo en el reciente libro de Adela Yarbro Collins y John J. Collins, *King and Messiah as Son of God* (Rey y Mesías como Hijo de Dios), en el que argumentan, correctamente, que el título «Hijo de Dios» era una forma bastante corriente de hablar del rey o del emperador en el entorno del antiguo Oriente Próximo en el que floreció el judaísmo de finales del Segundo Templo.[24] Por lo tanto, sostienen que el título Hijo de Dios aplicado a Jesús fue al principio un título mesiánico sin connotaciones ontológicas reales y literales. Es decir, concluyen que aunque Pablo, el primer autor cristiano, habla de Jesús como el mesías preexistente, el título «Hijo de Dios» llegó a implicar algo más que mesianidad sólo como parte de un desarrollo gradual en la iglesia primitiva. En la obra de divulgación de Bart Ehrman, *How Jesus Became God* (Cómo Jesús se convirtió en Dios), se llega a una conclusión muy parecida.[25] Sin embargo, creo que una evaluación adecuada de la cristología expuesta en nuestros documentos cristianos más antiguos (sobre todo en lo que respecta a la exégesis escritural centrada en la persona, como se expone en los capítulos siguientes), no permite llegar a estas conclusiones de desarrollo.

Si Yarbro Collins y Collins avanzan mucho por el camino, el cenit completo del trinitarismo como consecuencia del desarrollo de las figuras mediadoras dentro del judaísmo del Segundo Templo ha sido alcanzado ahora por Daniel Boyarin. Para Boyarin, la doctrina de la Trinidad es en última instancia simplemente una noción judía: «Las ideas de Trinidad y encarnación, o ciertamente los gérmenes de esas ideas, ya estaban presentes entre los creyentes judíos mucho antes de

---

[24] Adela Yarbro Collins y John J. Collins, *King and Messiah as Son of God: Divine, Human, and Angelic Messianic Figures in Biblical and Related Literature* (Grand Rapids: Eerdmans, 2008).

[25] Bart D. Ehrman, *How Jesus Became God: The Exaltation of a Jewish Preacher from Galilee* (Nueva York: HarperOne, 2014). Hay que elogiar a Ehrman por reconocer que Pablo identifica realmente a Jesús como un ser preexistente. Sin embargo, Ehrman cree que Pablo consideraba a Jesús como un *ángel* preexistente (véanse las pp. 252-4, 267-9), lo que es dar demasiada importancia a un detalle idiosincrático capaz de varias explicaciones contrapuestas en Gál. 4:14, y restar importancia de forma inapropiada a una categoría mucho más obvia que está presente de forma ubicua e inequívoca en las cartas de Pablo: Pablo no considera a Jesús como un *ángel*, sino como el *Hijo* de Dios (e.g. Rom. 1:3; 1:9; 5:10; 8:3; 8:29; 1 Cor. 1:9; 15:28; 2 Cor. 1:19; Gál. 1:16; 2:20; 1 Tes. 1:10; etc). No se necesita ninguna categoría adicional más allá de Hijo para dar sentido a los datos relativos a la preexistencia en Pablo, así que ¿por qué multiplicar las categorías innecesariamente?

que Jesús entrara en escena para encarnar en sí mismo, por así decirlo, esas nociones teológicas y asumir su vocación mesiánica».[26] Según Boyarin, por tanto, las ideas centrales de figuras divinas adicionales junto a Dios (el Padre) ya estaban muy desarrolladas en la época de Jesucristo, ¡así que la Trinidad es tanto (¿o más?) un concepto judío como cristiano!

Mientras tanto, a pesar de la enorme popularidad del enfoque de Dunn, Hurtado, Yarbro Collins y Collins, Ehrman, Boyarin y otros en la erudición reciente —lo que yo he llamado «el trinitarismo como consecuencia del monoteísmo judío mediado»—, un destacado erudito se muestra escéptico de que esta vía pueda explicar suficientemente las concepciones superpuestas de Jesús y Dios en las fuentes más antiguas. Richard Bauckham, en su obra *God Crucified*, no niega que en el judaísmo de finales del Segundo Templo existieran numerosas figuras mediadoras que ocasionalmente se creían capaces de ser intermediarias del Dios único; es más, piensa, en esencial acuerdo con Hurtado, que la «unicidad de Dios» se acentuaba en general en este periodo. Sin embargo, Bauckham se separa de la mayoría al afirmar que las figuras intermedias son idiosincrásicas y de importancia tangencial más que central: «Las figuras intermedias que pueden o no participar de la divinidad no son en absoluto características de la literatura del judaísmo del Segundo Templo».[27] Así pues, en términos generales, Bauckham niega que el crecimiento orgánico de los papeles mediadores facilitara la elevación cristiana primitiva de Jesús a la categoría divina, favoreciendo en cambio la idea de que Dios y Jesús estaban directamente correlacionados en la Iglesia primitiva porque se consideraba que tenían la misma *identidad personal única*.[28]

N. T. Wright, en su monumental estudio *Paul and the Faithfulness of God* (Pablo y la fidelidad de Dios), ha dado un rotundo respaldo a la propuesta de la cristología de la identidad divina de Bauckham, al tiempo que trata de profundizar en ella.[29] Al igual que Bauckham,

---

[26] Daniel Boyarin, *The Jewish Gospels: The Story of the Jewish Christ* (Nueva York: The New Press, 2012), 102.

[27] Richard Bauckham, *God Crucified: Monotheism and Christology in the New Testament* (Grand Rapids: Eerdmans, 1998), 5. Ha ampliado este estudio seminal añadiendo ensayos suplementarios en Richard Bauckham, *Jesus and the God of Israel: God Crucified and Other Studies on the New Testament's Christology of Divine Identity* (Milton Keynes: Paternoster, 2008).

[28] Nótese, sin embargo, que Bauckham, *God Crucified*, 20-2, 26, sí incluye la Sabiduría y la Palabra dentro de la identidad divina única de Dios. En este sentido, su cautela respecto a los agentes divinos como punto central para establecer una cristología elevada debe ser moderada.

[29] N. T. Wright, *Paul and the Faithfulness of God* (2 vols. en 4 partes; Minneapolis: Fortress, 2013), ii. 3. 644-56 esp. 651. Nótese que la enorme monografía de Wright apareció con

Wright sostiene que la erudición ha iniciado su investigación en la dirección equivocada. La erudición previa ha analizado con minucioso detalle las categorías de exaltación que existían en el judaísmo precristiano con la esperanza de mostrar cómo es que estas categorías podrían explicar el movimiento ascendente de Jesús hacia el estatus divino. Wright se cuestiona provocativamente: «¿Por qué no empezar, por el Dios Único, y no por las "figuras exaltadas" que podrían asimilarse por así decirlo al Dios Único? ¿Tenía el judaísmo alguna creencia, historia, idea *sobre Dios mismo* en la que pudieran haberse basado para decir lo que ahora querían decir sobre Jesús?».[30] Para Wright, la respuesta es explícitamente «sí», el judaísmo sí tenía historias sobre el Dios único en las que se basaron para demostrar que Jesús participa de la identidad divina. Para Wright, que insiste correctamente en que los judíos del Segundo Templo (incluidos los primeros cristianos) eran monoteístas escatológicos, es sobre todo el relato del «esperado regreso de YHWH a Sión», la idea de que Dios regresaría en persona para estar con su pueblo, lo que constituye «la pista oculta del origen de la cristología».[31]

Bauckham y Wright han avanzado propuestas innovadoras y apasionantes, y en general simpatizo con sus análisis detallados de textos específicos y sus críticas a enfoques eruditos anteriores. En resumen, estoy de acuerdo con ellos en que los relatos sobre Dios dentro del monoteísmo escatológico primaron sobre (pero no obviaron) las categorías mediadoras prefabricadas con respecto a los orígenes cristológicos. Sin embargo, al menos hasta que se realicen más estudios, al mismo tiempo recomendaría cautela a la hora de abrazar una cristología de la identidad divina tal y como está formulada en la actualidad por tres razones.

¿Una inminente crisis de «identidad»? En primer lugar, como él mismo reconoce con franqueza, Bauckham está utilizando una categoría moderna —la identidad— que carece de una clara contrapartida antigua.[32] Y aunque esto no es problemático en sí mismo, en este caso concreto causa dificultades para el modelo general. Como Dunn ha señalado correctamente, la «identidad» no se interpreta a sí misma, y la introducción de este término moderno probablemente plantea más

---

posterioridad a la redacción de mi manuscrito completo, por lo que, aparte de algunas breves notas aquí y en otros lugares, lamentablemente no he podido interactuar con su totalidad.
[30] Wright, *Paul and the Faithfulness of God*, ii. 3. 653.
[31] Wright, *Paul and the Faithfulness of God*, ii. 3. 654.
[32] Véase Bauckham, *Jesus*, 6 esp. n. 5.

preguntas de las que responde.[33] Por «identidad personal única», según lo que puedo discernir, Bauckham pretende algo parecido a la identidad personal humana en la medida en que ésta se forma para una persona humana a través de un viaje en el tiempo, que da como resultado ciertas cualidades de carácter, acciones, relaciones, papeles, etc.[34]

Dios como eternamente diferenciado. En segundo lugar, al formular su modelo de cristología de la identidad divina, Bauckham hace hincapié en la identidad forjada *a través del tiempo* y, consciente o inconscientemente, resta importancia a la relación óntica («ser») entre el Padre y el Hijo *fuera del tiempo*. Esto disminuye la validez del concepto de «persona» divina distinta a la hora de considerar cómo se diferencia *eternamente* el Dios único. Si descubrimos en las fuentes más antiguas que las personas divinas hablan entre sí más allá de los límites ordinarios del tiempo, ¿cómo puede el modelo de identidad dar cabida a esas conversaciones? En otras palabras, si las fuentes más antiguas indican que la Trinidad económica apunta a una Trinidad inmanente, entonces ¿cómo se integra este resultado con el modelo de identidad a través del tiempo?[35] Creo que estas preguntas pueden responderse potencialmente —quizá Bauckham lo aclare en publicaciones posteriores—, sin embargo, en la actualidad no estoy convencido de que las respuestas no se proporcionen de manera óptima manteniendo el lenguaje niceno-constantinopolitano de tres personas que subsisten en una esencia divina. Así pues, incluso para nuestras fuentes cristianas más tempranas apoyo actualmente lo que quizá se denomine mejor una *cristología de personas divinas*, señalando que la exégesis prosopológica (y su naturaleza dialógica multipersonal) fue esencial tanto para una alta cristología temprana como para el desarrollo dogmático trinitario. Mientras tanto, sigo abierto a nuevas conversaciones sobre cómo, a partir de los relatos sobre el Dios de Israel, podemos hablar mejor de la esencia o naturaleza de Dios.

La primacía sobre la metáfora de la persona. En tercer lugar, quiero levantar otra bandera de advertencia con respecto a una cristología de la identidad divina en lo que se refiere a la metáfora de la persona. Por mucho que aprecie las contribuciones generales de Bauckham y Wright, creo que este estudio demuestra que todas las

---

[33] Dunn, *Did the First Christians*, 141-4.
[34] Bauckham, *God Crucified*, 3-13. Bauckham también se muestra especialmente receloso ante la percibida necesidad de elegir entre una cristología funcional y una óntica, considerando la elección como un falso dilema que pone un énfasis malsano en categorías ajenas a la Iglesia primitiva (pp. 40-2).
[35] Sobre la Trinidad económica e inmanente, véase la n. 10 de la Introducción.

propuestas trinitarias que se alejan del concepto consagrado de que las *personas* tienen la misma esencia divina son, al menos en cierto modo, poco lícitas. ¿Por qué? Porque corren el riesgo de cortar el hilo exegético centrado en la persona que conectaba a los primeros cristianos con sus antiguas Escrituras, ocultando cómo la iglesia primitiva llegó a la comprensión de que el Dios único subsiste como tres *personas* distintas. El esquema de la cristología de la identidad divina no es el único modelo que oscurece la primacía de la metáfora de la persona con respecto a los orígenes trinitarios. Por ejemplo, Karl Barth socava la metáfora de la persona de forma aún más radical cuando sustituye alegremente el modelo estándar de persona en favor de «modos de ser» (*Seinsweise*), y también cuando utiliza términos como «revelación», «Escritura» y «proclamación» en lugar de los nombres tradicionales de Padre, Hijo y Espíritu.[36] Puede que modelos más nuevos, como una cristología de la identidad divina, puedan suplantar o armonizarse con éxito con el modelo tradicional de tres personas que comparten una divinidad-esencia; desde luego, estoy abierto a esa posibilidad. De hecho, la reflexión sobre la exégesis prosopológica cristiana primitiva podría resultar útil para aclarar lo que significa realmente el «en persona», por ejemplo, en la afirmación habitual de N. T. Wright según la cual la cristología de la encarnación se desarrolló a partir de la promesa del Dios de Israel de regresar «en persona» para rescatar a su pueblo y al mundo.[37] Pero sostengo que hay que trabajar más para mostrar cómo esos esquemas cristológicos pueden dar cuenta de la aparición de la doctrina de la Trinidad en unión con la exégesis prosopológica tal y como se practicaba en la Iglesia primitiva.

Así que, en resumen, aunque no apruebo la propuesta identitaria de Bauckham tal y como está formulada actualmente, sí comparto con Bauckham, Wright y otros una reticencia en ciertos aspectos hacia la explicación dominante del «trinitarismo como consecuencia del monoteísmo judío mediado».[38] Más concretamente, aunque considero que los defensores de este enfoque han demostrado de forma

---

[36] Karl Barth, *Church Dogmatics* (4 vols.; Edimburgo: T&T Clark, 1956-75), i. 1. 121.
[37] Para este lenguaje «en persona» en conjunción con el retorno de YHWH, véase e.g. Wright, *Paul and the Faithfulness of God*, ii. 3. 653, 655, 688, y passim.
[38] Además de Bauckham y Wright, véase David B. Capes, *Old Testament Yahweh Texts in Paul's Christology* (WUNT 42; Tubinga: Mohr [Siebeck], 1992), quien demuestra que en sus citas bíblicas Pablo aplica deliberadamente los textos veterotestamentarios de Yahvé a Jesús, afirmando que Jesús es en cierto modo una manifestación directa de Yahvé. Por su parte, Chris Tilling, *Paul's Divine Christology* (WUNT 323; Tubinga: Mohr [Siebeck], 2012), considera que la clave de la cristología divina de Pablo es una superposición única en los patrones de lenguaje relacional con respecto al Cristo y el Señor.

convincente que los primeros cristianos recurrieron a categorías conceptuales judías de la agencia divina, como la Sabiduría, para describir el estatus exaltado de Jesús (e.g. Col. 1:15-20), creo que los relatos sobre Dios dentro del monoteísmo escatológico reelaborados a la luz de la experiencia de Jesús y el Espíritu explican mejor los orígenes de la cristología. Así pues, aunque Hurtado en particular ha hecho un trabajo maravilloso desacreditando muchas de las conjeturas excesivamente especulativas sobre los mediadores sin dejar de demostrar que estas categorías desempeñaron un papel vital en la descripción de las primeras experiencias cristianas,[39] estoy de acuerdo con Bauckham y Wright en que los relatos sobre el propio carácter y las acciones de Dios proporcionan el marco general en el que tendieron a funcionar las categorías mediadoras.

No obstante, a pesar de todo el valioso trabajo que ya han realizado otros eruditos con respecto a la historia de cómo Jesús de Nazaret llegó a ser descrito como Dios, estoy convencido de que algo crucial está siendo descuidado por todos los enfoques cristológicos y trinitarios que hemos discutido hasta ahora. Es decir, el impulso dado por la exégesis prosopológica fue igualmente esencial para allanar el camino al Credo niceno-constantinopolitano. El nacimiento de la Trinidad se sitúa mejor en la confluencia de la exégesis prosopológica con factores experienciales, mediadores y filosóficos, todos los cuales conformaron colectivamente los modelos metafísicos más completos de los siglos III y IV y posteriores. Así pues, cuando se matiza adecuadamente para afirmar la primacía de los relatos sobre el propio ser de Dios y las primeras experiencias de Jesús y el Espíritu, considero que el paradigma principal del «trinitarismo como consecuencia del monoteísmo judío mediado» es útil para explicar cómo los primeros cristianos llegaron a describir a Jesús y al Espíritu como divinos, pero también se extralimita de tal modo que requiere una complementación urgente.

Trinitarismo por continuidad en la exégesis prosopológica

Por último, el cuarto enfoque para describir el crecimiento evolutivo de la doctrina de la Trinidad —y este es el enfoque que comparé con el cargamento de un barco hundido que es conocido por unos pocos, pero que aún espera ser explorado y recuperado por completo— es el

---

[39] Véase especialmente el debate cuidadosamente matizado sobre los agentes divinos personificados, los patriarcas exaltados y los ángeles elevados en Hurtado, *One God*, 41-92.

«trinitarismo por continuidad en la exégesis prosopológica». Aunque hay excepciones ad hoc (principalmente los eruditos de la época patrística de los que hablaremos momentáneamente), esta vía de aproximación a la doctrina de la Trinidad ha sido casi totalmente descuidada por la erudición neotestamentaria y cristiana primitiva. Tengo la esperanza de que el presente estudio aporte al menos una pequeña contribución en la dirección de la recuperación y la iluminación, y constituye la carga de este libro mostrar cuánta información sobre las relaciones intradivinas se puede espigar prestando atención a esta estrategia de análisis tal y como se utilizaba en la Iglesia primitiva. Como tal, este estudio en su conjunto no pretende abarcar el mismo terreno ni suplantar de algún modo los numerosos estudios excelentes, sofisticados y útiles sobre el monoteísmo judío, la cristología primitiva y el surgimiento del trinitarismo que han elaborado otros eruditos, sino más bien complementar, extraer implicaciones y mostrar que es necesario hacer ciertas correcciones. Así pues, en lo que resta del presente capítulo pretendo describir con cierto detalle el «trinitarismo por continuidad en la exégesis prosopológica», un enfoque que complementa en gran medida el de Hurtado y otros, pero que también sugiere que son necesarias ciertas revisiones de la historia erudita del crecimiento trinitario y cristológico.

La exégesis prosopológica y el nacimiento de la Trinidad

Tertuliano y el concepto de «persona»

Tertuliano ha sido reconocido durante mucho tiempo como el padre de la doctrina de la Trinidad, ya que fue él quien utilizó por primera vez el término «Trinidad» (en latín: *trinitas*) y quien acuñó gran parte de la nomenclatura trinitaria distintiva que posteriormente llegaría a dominar la teología occidental. Sin embargo, el propio Tertuliano era heredero de una sólida tradición exegética que configuró su discurso trinitario. Esto puede ilustrarse observando el curioso método que emplea para interpretar el Antiguo Testamento, como en *Contra Praxeas* (escrito hacia 213), que puede demostrarse que se basa en tradiciones aún más antiguas, como las que pueden encontrarse en el *Diálogo con Trifón* de Justino Mártir (hacia 160) y en *Contra las herejías* de Ireneo (hacia 185). En este punto lo más importante no es sólo la dependencia de Tertuliano de una tradición exegética anterior, sino la estrategia de análisis centrada en la persona que él y sus predecesores emprendieron: la asignación de hablantes o destinatarios dramáticos no identificados y, de hecho, en algunos casos, aparentemente totalmente ajenos al texto del Antiguo Testamento. Por ejemplo, Tertuliano interpreta así su Antiguo Testamento:

> No, pero casi todos los salmos que sostienen el papel [*personam*] de Cristo representan al Hijo como hablando al Padre, es decir, a Cristo como hablando a Dios. Observe también al Espíritu hablando en tercera persona respecto al Padre y al Hijo: *El Señor dijo a mi señor: Siéntate a mi derecha hasta que ponga a tus enemigos al estrado de tus pies* [Sal. 110: 1]. De nuevo, a través de Isaías: *Así dice el Señor a mi señor Cristo* [Isa. 45: 1]...
>
> Así pues, en estos textos, aunque son muy escasos, se expone claramente el carácter de la Trinidad [*Trinitate*]: pues es el Espíritu mismo quien hace la declaración, el Padre a quien la hace y el Hijo de quien la hace. Así también el resto, que son declaraciones hechas a veces por el Padre acerca del Hijo o al Hijo, a veces por el Hijo acerca del Padre o al Padre, a veces por el Espíritu, establecen a cada una de las diversas Personas [*personam*] como siendo ella misma y ninguna otra.[40]

Como menciona Tertuliano, cuando interpreta su texto del Antiguo Testamento —y éste no es más que uno de los muchos ejemplos posibles que podrían utilizarse para Tertuliano— el Espíritu realiza el enunciado profético básico, obviamente a través del médium humano, que entonces adopta diferentes personajes o roles de actuación, y como tal entra en el papel del Padre como orador, a veces en el papel del Cristo, y en otras ocasiones el Espíritu habla como el propio yo del Espíritu —de hecho, la persona a la que se dirige el orador también cambia. En resumen, para Tertuliano, hay rastros de conversación divina en el Antiguo Testamento. ¿Sobre qué base realizaban y justificaban tales asignaciones de papeles los primeros intérpretes cristianos como Tertuliano? y ¿cuáles son las implicaciones teológicas de tales asignaciones? Y, lo que es vital, ¿*cuándo* empezó la Iglesia a utilizar esta estrategia de lectura para conceptualizar a Dios? Aquí quiero introducir al lector más a fondo en un vehículo que, argumentaré, fue irreductiblemente esencial para el nacimiento de la Trinidad: una

---

[40] Tertuliano, Prax. 11; trad. Evans (ligeramente modificado).

estrategia de lectura teodramática mejor denominada «exégesis prosopológica».

Erudición previa relacionada con la exégesis prosopológica

En 1961, el histórico estudio de Carl Andresen, «Zur Entstehung und Geschichte des trinitarischen Personbegriffes» («Hacia el origen y la historia de las concepciones trinitarias de la persona»), puso en primer plano el grado en que la exégesis cristiana primitiva contribuyó al surgimiento del dogma trinitario, llamando la atención de los teólogos patrísticos y sistemáticos sobre esta dimensión crítica.[41] Andresen demostró que la exégesis escrituraria de Tertuliano fue definitiva para su formulación de las personas (en latín: *personae*) de la Trinidad, y argumentó que esta estrategia de lectura —que Andresen denominó *prosopographische Schriftexegese* («exégesis prosopográfica»)— tenía raíces tanto en la Iglesia antigua como en la antigüedad pagana. Y aunque las ideas de Andresen estimularon diversos estudios en teología sistemática y patrística, explorando cómo el concepto de «la persona» influyó en el crecimiento del pensamiento trinitario desde Tertuliano hacia adelante en el tiempo,[42] sorprendentemente, ningún estudio serio a gran escala del que yo tenga conocimiento ha tratado de rastrear este concepto hacia atrás en la Iglesia primitiva que precedió a Tertuliano, aunque ha habido algunas breves reseñas que señalan que tal intento es factible y deseable. Marie-Josèphe Rondeau, que ha introducido la nomenclatura *exégèse prosopologique* («exégesis prosopológica») que prefiero utilizar por razones que se mencionarán a su debido tiempo, dedica unas páginas sugerentes a los orígenes de la exégesis

---

[41] Carl Andresen, «Zur Entstehung und Geschichte des trinitarischen Personbegriffes», *ZNW* 52 (1961): 1-39.
[42] Véase e.g. Aloys Grillmeier, *Christ in Christian Tradition: From the Apostolic Age to Chalcedon* (451) (trad. John Bowden; 2ª ed. rev. Atlanta: John Knox, 1975), 125-7; Helga Offermanns, *Der christologische und trinitarische Personbegriff der frühen Kirche: ein Beitrag zum Verständnis von Dogmenentwicklung und Dogmengeschichte* (Berna: Herbert Lang; Fráncfort del Meno: Peter Lang, 1976); Marie-Josèphe Rondeau, *Les Commentaires patristiques du Psautier (3e-5e siècles), i. Les Travaux des Pères grecs et latins sur le Psautier: Recherches et bilan; ii. Exégèse prosopologique et théologie* (2 vols.; Orientalia Christiana Analecta 220; Roma: Institutum Studiorum Orientalium, 1982-5); Basil Studer, «Zur Entwicklung der patristischen Trintitätslehre», *TGl* 74 (1984): 81-93 esp. 85-6; Hubertus R. Drobner, *Person-Exegese und Christologie bei Augustinus: Zur Herkunft der Formel Una Persona* (Leiden: Brill, 1986); Bernd J. Helberath, *Der Personbegriff der Trinitätstheologie in Rückfrage von Karl Rahner zu Tertullians «Adversus Praxean»* (Innsbruck; Viena: Tyrolia-Verlag, 1986); Cardenal Joseph Ratzinger, «Concerning the Notion of Person in Theology», *Comm.* 17 (1990): 439-54 esp. 440-3; David J. Downs, «Prosopological Exegesis in Cyprian's De opere et eleemosynis», *JTI* 6 (2012): 279-93.

prosopológica en el Nuevo Testamento y en Justino Mártir.[43] Michael Slusser trata sucintamente a Justino Mártir, y Stephen Presley explora útilmente a Ireneo.[44]

Mientras tanto, en el frente de los estudios bíblicos, A. T. Hanson,[45] Richard Hays,[46] y Harold Attridge[47] han realizado valiosos intentos de descifrar lo que ocurre cuando se descubre que Jesucristo habla a través de una cita del Antiguo Testamento. Y aunque ninguno de estos últimos estudios se basa en el modelo prosopológico antiguo que yo defiendo, todos ellos ofrecen perspectivas seminales útiles. Yo mismo he

---

[43] Sobre la preferencia por la terminología «exégesis prosopológica» frente a «exégesis prosopográfica», véase Rondeau, *Les Commentaires patristiques*, i. 8 n. 7; sobre los orígenes del NT, véase ii. 21-4; sobre Justino, véase ii. 24-9.

[44] Michael Slusser, «The Exegetical Roots of Trinitarian Theology», *TS* 49 (1988): 461-76 esp. 466-8 sobre Justino Mártir; Stephen O. Presley, «Irenaeus and the Exegetical Roots of Trinitarian Theology», en Paul Foster y Sara Parvis (eds.), *Irenaeus: Life, Scripture, Legacy* (Minneapolis: Fortress, 2012), 165-71.

[45] Aunque sin duda una plétora de eruditos bíblicos han sugerido ideas relacionadas, el único intento (relativamente) exhaustivo de analizar cómo contribuye el «diálogo profético» a los orígenes cristológicos y trinitarios del que tengo constancia es el de Anthony T. Hanson, *Jesus Christ in the Old Testament* (Londres: SPCK, 1965), *passim* pero esp. pp. 37-47, 75-82, 139-60. En general, Hanson no ha sido seguido, probablemente debido a su preferencia por la conjetura frente a la probabilidad histórica demostrada. Por ejemplo, Hanson no explica cómo o por qué los primeros cristianos podrían haber identificado la «presencia real» de Jesús en los diálogos proféticos del AT (p. 8). Este libro pretende establecer la exégesis prosopológica como una alternativa históricamente fundamentada.

[46] Richard B. Hays, «Christ Prays the Psalms: Israel's Psalter as Matrix of Early Christology», *The Conversion of the Imagination* (Grand Rapids: Eerdmans, 2005), 101-18. Para una visión general del modelo tipológico de Hays, véanse mis observaciones en la Introducción.

[47] Harold W. Attridge, «Giving Voice to Jesus: Use of the Psalms in the New Testament», en Harold W. Attridge y Margot E. Fassler (eds.), *Psalms in Community: Jewish and Christian Textual, Liturgical, and Artistic Traditions* (SBLSymS 25; Atlanta: SBL, 2003), 101-12, aquí 102, explora ejemplos del NT «en los que la voz del salmista se convierte en la voz de Jesús». El artículo de Attridge rebosa de ideas innovadoras, pero además de las objeciones sobre algunos detalles exegéticos, yo ofrecería cuatro macrocríticas. (1) Además de ver correctamente que David era interpretado como un profeta, Attridge no ofrece realmente un modelo teórico convincente de por qué los primeros lectores cristianos sentían que Jesús estaba expresando los salmos. No lo relaciona con la prosopopeya, ni con las estrategias de lectura antiguas en general, ni con la exégesis patrística emergente (salvo sus comentarios casuales sobre los desarrollos posteriores de la teología del *Logos* de Justino Mártir -p. 107). (2) Attridge postula un *Sitz im Leben* litúrgico para este fenómeno, pero lo que quiere decir exactamente con «litúrgico» sigue siendo vago. Un *Sitz im Leben* más amplio de lectura interpretativa concuerda mejor con las pruebas. (3) La desconcertante afirmación de Attridge de que este fenómeno aparece «sólo en textos que se centran en la pasión de Jesús» (p. 102) en el NT no puede sostenerse. De hecho, el propio Attridge proporciona varios ejemplos que no concuerdan con esta afirmación. (4) Attridge es impreciso al delinear la forma en que los salmos fueron utilizados literariamente por una persona para hablar en nombre de otra, al decir: «Jesús se convierte en David y David en Jesús» (p. 107). Mi estudio sugiere que no es que al Hijo de David «se le dé la persona de su supuesto antepasado» (p. 102), sino más bien, argumentaría yo, sistemáticamente al revés: los primeros lectores cristianos sentían que David había adoptado proféticamente la persona del Cristo, y si Jesús desempeñó ese papel posteriormente, fue con este reconocimiento.

intentado demostrar en mi libro anterior, *The Hermeneutics of the Apostolic Proclamation*, mediante un compromiso detallado con las fuentes primarias, que el método de lectura prosopológico estaba definitivamente vigente en el mundo grecorromano del siglo I d.C., como demuestran el filósofo judío Filón y varios intérpretes de Homero,[48] y además que el apóstol Pablo utiliza este método en numerosas ocasiones.[49] El uso de Pablo es vital porque sitúa el método prosopológico en el estrato más antiguo de la literatura cristiana que poseemos. De ahí que este libro se base irreductiblemente en el trabajo teórico y práctico fundacional sobre la exégesis prosopológica que ya he emprendido en *The Hermeneutics of the Apostolic Proclamation*. Pretende explorar más ampliamente la exégesis prosopológica en el Nuevo Testamento y en la Iglesia del siglo II, poniendo a prueba su potencial para describir la cristología, los orígenes y el crecimiento trinitarios; y llenar así el vacío general en los tratamientos eruditos de este fenómeno en la Iglesia primitiva.[50]

---

[48] Sobre sus raíces en el mundo grecorromano, especialmente para la interpretación de Homero, véase Hans Dachs, Die λύσις ἐκ τοῦ προσώπου: *Ein exegetischer und kritischer Grundsatz Aristarchs und seine Neuanwendung auf Ilias und Odyssee* (Erlangen: Junge & Sohn, 1913). Esta técnica de lectura también se evidencia en Heráclito, *Allegoriae*; Ps-Plutarco, *De vita et poesi Homeri*; las obras de Filón; y en otros lugares —para más pruebas, véase Matthew W. Bates, *The Hermeneutics of the Apostolic Proclamation: The Center of Paul's Method of Scriptural Interpretation* (Waco, Tex.: Baylor University Press, 2012), 209-12.

[49] Bates, *The Hermeneutics of the Apostolic Proclamation*, caps. 4-5; véase también Matthew W. Bates, «Prosopographic Exegesis and Narrative Logic: Paul, Origen, and Theodoret of Cyrus on Psalm 69:22-23», en Daniel Patte y Vasile Mihoc (eds.), *The Greek Fathers' and Eastern Orthodox Interpretations of Romans* (Romans through History and Culture 9; Londres: Bloomsbury [T&T Clark], 2013), 105-34.

[50] Cabe destacar el esfuerzo de Simon J. Gathercole, *The Preexistent Son: Recovering the Christologies of Matthew, Mark, and Luke* (Grand Rapids: Eerdmans, 2006), demuestra que se necesita un modelo más sólido para explicar los «diálogos proféticos» del AT (por utilizar la frase de Hanson, *Jesus Christ in the Old Testament*, 140). El propio Gathercole parece, según mi lectura, estar en conflicto sobre la utilidad de los diálogos proféticos. Por un lado, cita palabras específicas de Heb. 1:10 (Sal. 101:26 LXX) y 10: 7 (Sal. 39:8 LXX) como pruebas a favor de la preexistencia (pp. 34-5), pero luego continúa en un excursus (pp. 43-5) para afirmar que, aunque la noción de preexistencia en los diálogos proféticos de Hebreos es «en cierto modo atractiva» (p. 44), dicha conclusión es arriesgada porque el autor de Hebreos utiliza el AT para construir un diálogo entre Dios y el creyente en Heb. 13: 5-6. Gathercole concluye que el autor de Hebreos «utiliza el AT como un guion dramático para construir líneas imaginarias o partes hablantes para Dios, el Hijo y los creyentes cristianos» (p. 45). Sin embargo, más adelante Gathercole utiliza diálogos proféticos en Marcos 1:2-3 (pp. 249-52) y Marcos 12:35-7 (pp. 236-8) como parte de un argumento a favor de la preexistencia, al tiempo que declara que el diálogo profético es «potencialmente un dispositivo exegético fascinante» que merece más atención por parte de los expertos (p. 252). Todo esto indica, creo, que Gathercole (y presumiblemente otros) encuentra algo intrigante en estos momentos de diálogo profético, pero que un modelo explicativo plausible sigue siendo un desiderátum. Para los criterios que podrían utilizarse para demostrar que Hebreos 1:10 y 10:7 son casos plausibles de exégesis prosopológica, pero Hebreos 13:5-6 no lo es (abordando así la

Los antecedentes grecorromanos de la exégesis prosopológica

En el teatro griego antiguo, la caracterización se lograba mediante el uso de una máscara, un *prosōpon*, con el fin de establecer las expectativas del público. Además, en el drama antiguo eran frecuentes los cambios de diálogo entre los personajes hablantes. Al pasar del escenario a la sala del tribunal o al foro público, los retóricos empleaban a veces discursos en personajes como técnica persuasiva; por ejemplo, Cicerón, en medio de un discurso, podía asumir temporalmente el personaje de toda la nación de Italia como forma de aumentar el interés del público y añadir un atractivo emocional.[51] Esta estrategia retórica —llamada prosopopeya (literalmente «creación de personajes»)— se analizaba ampliamente en los manuales de retórica de la antigüedad.[52] De hecho, como ejercicios de práctica, se obligaba a los estudiantes a escribir discursos adecuados dentro del personaje, elaborando oraciones ficticias y poniéndolas en boca de personajes antiguos para adquirir práctica con la técnica.[53] Este recurso dramático llegó a ser utilizado por los autores antiguos, a veces sin que la técnica estuviera marcada explícitamente, de modo que los lectores antiguos tenían que leer con cuidado para identificar los cambios dialógicos, es decir, tenían que dedicarse a la exégesis prosopológica. El uso de esta técnica para interpretar textos antiguos está atestiguado a partir del siglo II a.C.[54] Para un tratamiento mucho más completo de las raíces helenísticas de la exégesis prosopológica (y sus orígenes como estrategia de interpretación autoconsciente parecen ser principalmente helenísticos y no judíos), véase el capítulo 4 de mi obra *The Hermeneutics of the Apostolic Proclamation*.

---

preocupación metodológica de Gathercole), véase Bates, *The Hermeneutics of the Apostolic Proclamation*, 219-20.

[51] Quintiliano *Inst.* 9. 2. 32; cf. Cicerón *Cat.* 1. 11. 27.

[52] Para referencias de fuentes primarias y una discusión concisa pero extremadamente útil, véase R. Dean Anderson, Jr., *Glossary of Greek Rhetorical Terms Connected to Methods of Argumentation, Figures and Tropes from Anaximenes to Quintilian* (CBET 24; Lovaina: Peeters, 2000), 106-7.

[53] E.g. Aelius Theon (probablemente del siglo I de nuestra era) da algunos ejemplos concretos de posibles ejercicios de composición en los que interviene la prosopopeya: «¿Qué palabras diría un hombre a su mujer al salir de viaje? ¿O un general a sus soldados en un momento de peligro? También cuando se especifican las personas; por ejemplo, ¿Qué palabras diría Ciro al marchar contra los masagetae?». Texto en Leonardus Spengel (ed.), *Rhetores Graeci* (3 vols.; Leipzig: Teubner, 1854-6), ii. 115; George A. Kennedy (trad.), *Progymnasmata: Greek Textbooks of Prose Composition and Rhetoric* (SBLWGRW 10; Atlanta: Society of Biblical Literature, 2003), 47.

[54] Dachs, *Die λύσις ἐκ τοῦ προσώπου*, 8-11, encuentra que esta técnica de «solución mediante la persona» fue utilizada para interpretar a Homero por Aristarco de Samotracia (c.214-144 a.C.), que sucedió a Apolonio al frente de la biblioteca de Alejandría c.153 a.C.

Eruditos del Nuevo Testamento conocen bien el recurso retórico de la *prosopopeya*; de hecho, se acepta generalmente que Pablo hace un amplio uso de él.[55] Lo que resulta novedoso en este estudio (basado en mi libro anterior sobre la hermenéutica paulina) para los eruditos bíblicos, al menos hasta donde yo sé, es la afirmación de que la *prosopopeya* no era sólo una estrategia retórica adoptada por los autores del Nuevo Testamento para persuadir al público, sino que también fue empleada por estos autores como técnica de interpretación teodramática frente al Antiguo Testamento.[56]

Una descripción antigua de la exégesis prosopológica

Ya hemos visto, aunque brevemente, un ejemplo práctico de la naturaleza dialógica de la interpretación teodramática en Tertuliano, *Contra Práxeas* 11, y tendremos más oportunidades de explorarlo en los capítulos posteriores. Pero, ¿cómo podemos hacernos una idea de lo que los antiguos practicantes de la exégesis prosopológica pensaban que estaban haciendo tanto en términos *del cómo* así como *del por qué*? Afortunadamente, no nos quedamos completamente solos conjeturando, porque disponemos de algunas afirmaciones teóricas de la antigüedad que explican la técnica. Aunque existen otras explicaciones del método, la declaración más completa, clara y temprana de nuestras fuentes procede de Justino Mártir en su *I Apología*:[57]

---

[55] Para la prosopopeya en Pablo, véase Rom. 2: 1-5, 17-29; 3: 1-9; 3: 27-4: 2; 7: 7-8: 2; 10: 6; y 11: 19. El estudio pionero de la prosopopeya en Pablo fue Stanley K. Stowers, *The Diatribe and Paul's Letter to the Romans* (SBLDS 57; Chico, Calif. : Scholars Press, 1981); una importante síntesis y réplica a las críticas puede encontrarse en Stanley K. Stowers, «Romans 7:7-25 as Speech-in-Character (προσωποποΐα)», en T. Engberg-Pederson (ed.), *Paul in His Hellenistic Context* (Edimburgo: T&T Clark, 1994), 180-202. Para un intento reciente creativamente radical (aunque a mi juicio inverosímil) de ampliar el número de textos que emplean la prosopopeya en Romanos sugiriendo que Pablo re-presenta las palabras de sus oponentes, véase Douglas A. Campbell, *The Deliverance of God: An Apocalyptic Re-Reading of Justification in Paul* (Grand Rapids: Eerdmans, 2009), esp. pp. 532-3.

[56] Cuando presentaba una ponencia, «When Jesus Speaks in the Old Testament: A Theodramatic Proposal» (Cuando Jesús habla en el Antiguo Testamento: una propuesta teodramática), en la conferencia nacional de la SBL en Baltimore (noviembre de 2013), me llamaron la atención sobre una disertación reciente que aborda el uso de la prosopopeya como estrategia de lectura del AT para el autor de Hebreos: Brian C. Small, «The Characterization of Jesus in the Book of Hebrews» (tesis doctoral, Universidad de Baylor, 2012), véanse esp. pp. 188-92, 208-10, 262-72. Dado que mi libro ya estaba redactado en su totalidad independientemente del compromiso con Small, me pareció mejor mantener esta independencia. Así que no interactúo con su disertación en ninguna de mis propias exégesis, pero quiero alertar al lector sobre su trabajo.

[57] Para otras descripciones teóricas antiguas, véanse las fuentes dadas sobre la interpretación homérica antigua por Dachs, Die λύσις ἐκ τοῦ προσώπου, esp. pp. 8-11. Para otras afirmaciones

Pero cuando oigas hablar los dichos de los profetas *como de una persona* [*hōs apo prosōpou*], no debes suponer que los dichos son dichos de las propias personas inspiradas, sino del *Logos divino* [*theiou Logou*] que las mueve. Porque a veces habla como quien anuncia de antemano cosas que van a suceder; a veces habla como desde la persona de Dios, el Maestro y Padre de todos; a veces como desde la persona de Cristo; a veces como desde la persona del pueblo que da respuesta al Señor y a su Padre; tal como se ve en nuestros propios escritores, cuando una persona es el escritor del todo, *pero muchas personas se presentan como participando en el diálogo [prosōpa de ta dialegomena pleiō parapheronta]*. (36. 1-2)[58]

Es necesario señalar una serie de cosas. Ante todo, está claro que *distintas personas divinas* (*prosōpa*) son interpretadas por Justino como participando en diálogo (*dialegomena*) entre sí, tal como se refleja en el texto, a través del agente inspirador divino —el *Logos*— y todo ello en la época en que se escribió el Antiguo Testamento.

Sobre el término «exégesis prosopológica». En primer lugar, Justino identifica al agente inspirador —aquí interpretado como el *Logos*— que habla a través del *prosōpon,* la persona o el personaje; de ahí *exégesis prosopológica*.[59] Al reconocer que el *Logos* no es el único ni siquiera el nombre habitual para este agente inspirador, podríamos comparar esto con la afirmación de Tertuliano dada anteriormente, «pues es el Espíritu mismo quien hace la declaración» (*Prax.* 11). Lo fundamental es darse cuenta de que el agente inspirador divino era considerado el orador más primigenio y que este agente hablaba a través del profeta humano en la apariencia de otras personas —frecuentemente como el Padre y el Hijo. Veremos a su debido tiempo que Justino no es en absoluto el primer lector cristiano que interpreta de este modo, aunque sí proporciona la explicación más franca de su método y

---

metodológicas, véase Ireneo, Epid. 49-50; Orígenes, *Comm. Rom.* 2. 11. 2; *Philoc.* 7. 1-2. Para más información, véase Bates, *The Hermeneutics of the Apostolic Proclamation,* 215-19.

[58] Con respecto a Justino, todos los textos griegos se citan según Marcovich, PTS 38/47, mientras que las traducciones siguen siendo mías a menos que se indique lo contrario.

[59] El término «exégesis prosopológica» no es un término emic de primer orden utilizado por los antiguos practicantes, sino más bien una designación etic moderna. El uso de un término etic contemporáneo se justifica porque no existía una nomenclatura coherente para describir esta técnica de lectura en la Antigüedad, aunque esta práctica de lectura era teóricamente discutida como un fenómeno distintivo por los practicantes antiguos (para las descripciones antiguas, véase la n. 57 de este capítulo).

fundamento, y puede que haya sido el primer cristiano en reificar la técnica prosopológica como una estrategia de lectura autoconsciente.

La exégesis prosopológica y el tiempo. En segundo lugar, el discurso inspirado no está constreñido cronológicamente al tiempo en que fue pronunciado por el profeta, sino que, como indica Justino, «habla como quien anuncia por adelantado cosas que están a punto de suceder». Así pues, cuando Justino identifica un discurso en el personaje al leer la antigua Escritura judía, cree que el escenario dramático del discurso se convierte en el punto de referencia para establecer los tiempos del discurso, de modo que el personaje futuro puede referirse al pasado, al presente o al futuro con respecto a su futuro escenario dramático.[60] Al igual que una boya se eleva y se hunde con el nivel fluctuante de un lago, también los tiempos «flotan» hacia delante o «se hunden» hacia atrás en el tiempo para el lector antiguo con referencia al escenario temporal del teodrama que el lector ha identificado.

Así, para Justino, al leer el libro de Isaías, el Cristo, cuyo advenimiento se sitúa en un futuro lejano, podría hablar en pasado a Dios Padre sobre su sufrimiento en la cruz, y de forma apropiada, porque el tiempo se establece por referencia a la ubicación cronológica del discurso dentro del drama divino, no por referencia al tiempo del profeta Isaías. Por ejemplo, para Justino, el Cristo futuro puede hablar *en tiempo pasado* diciendo: «Puse mi espalda para los azotes y mis mejillas para los golpes; es más, mi rostro no se apartó de la vergüenza de los escupitajos» (1 *Apol.* 38. 2 citando Isa. 50:6), porque a través del antiguo profeta el Cristo futuro está pronunciando este discurso desde un tiempo posterior a la pasión, y está mirando hacia atrás a su sufrimiento pasado. Así pues, el tiempo está ligado al escenario, y la correcta identificación del escenario específico del diálogo divino dentro del personaje que nuestros diversos lectores cristianos antiguos han identificado es fundamental.

Tres escenarios dentro del teodrama

Ahora que hemos tenido la oportunidad de explorar el marco teórico de la interpretación centrada en la persona tal y como se presenta en las propias fuentes antiguas, me gustaría unir algunos de los hilos y

---

[60] Véase Justino, *Dial.* 114. 1; 1 *Apol.* 42. 1-2; cf. Ireneo, *Epid.* 67; Tertuliano, *Marc.* 3. 5. 2-3.

presentar un modelo explicativo para añadir precisión al debate en curso.

El escenario profético. Los primeros cristianos creían que los profetas antiguos, como David o Isaías, podían hablar en el carácter de Dios Padre, Cristo Hijo y otros. Podríamos llamar a este horizonte del tiempo y las circunstancias del profeta en el antiguo Israel «el escenario profético». Sin embargo, creían que el profeta podía meterse en un papel (*prosōpon*, en adelante prosopon excepto al transliterar) y realizar un discurso o diálogo que ya ha sucedido, está sucediendo actualmente o sucederá en el futuro, ya sea en la tierra o en los cielos. El discurso es funcionalmente *un guion escrito* por el Espíritu Santo, ya que en última instancia es el Espíritu quien suministra las palabras al profeta, porque estas palabras han sido, son o serán una realidad cuando se realicen.

El escenario teodramático. Dado que esta estrategia de interpretación está metafóricamente arraigada en el mundo del teatro antiguo, denomino *teodrama* al paisaje visionario en el que el profeta se encontraba para representar estos papeles.[61] En consecuencia, el momento en el que se pronuncia el discurso desde dentro del mundo narrativo de la propia «obra divina» es «el escenario teodramático». Si se leyó que David realizaba un discurso en el personaje del Cristo (i.e., el escenario profético es el propio tiempo de David), y el personaje del Cristo está hablando desde la cruz, entonces la crucifixión es el escenario teodramático en tiempo presente. Pero el Cristo puede hablar de cosas pasadas, presentes o futuras con respecto a ese escenario teodramático, tal vez hablando en tiempo pasado sobre un momento previo de consuelo que el Padre le dio en su vida terrenal, o tal vez en tiempo futuro sobre un momento de celebración anticipada al otro lado de la tumba.

---

[61] Si se plantea la pregunta de cuál es el estatus ontológico exacto del teodrama para los primeros intérpretes cristianos, resulta difícil formular una respuesta precisa y definitiva. Por un lado, el propio término «teodrama» no es más que un neologismo mío (aunque la metáfora dramática está alentada por las fuentes antiguas —véase Bates, *The Hermeneutics of the Apostolic Proclamation*, 192-4), seleccionado para describir la forma en que se creía que un profeta hablaba desde la persona de otra persona, de forma muy parecida a como un actor adoptaría un papel en el teatro antiguo. Por otra parte, los antiguos lectores cristianos creían sin duda que los profetas habían experimentado auténticas visiones que les habían impulsado a adoptar estas diversas *personae*. Así que, de este modo, el estatus ontológico del mundo teodramático es el de una experiencia oracular. En resumen, probablemente no deberíamos creer que los lectores antiguos tenían un concepto firme y reificado de lo que yo denomino el «teodrama». Sin embargo, sostengo que deberíamos afirmar que asignaban un nivel visionario de realidad a ciertos discursos proféticos, y que este nivel visionario de realidad es congenial con la descripción concreta del teodrama que he dado aquí, convirtiéndolo en un término abreviado moderno (etic) apropiado para describir sucintamente la escena visionaria que los antiguos intérpretes sentían que un profeta podía realmente habitar.

Además de asumir un prosopón, para los primeros lectores cristianos, al parecer, el profeta también podía asistir a una escena teodramática como observador externo, sin entrar él mismo en un papel hablante, pero observando y escuchando, no obstante, a los prosopas mientras actuaban. Así pues, para ser precisos, aunque a menudo utilizo los términos indistintamente, considero que la interpretación teodramática es una categoría más amplia en la que un lector antiguo invoca un supuesto teodrama como explicación de un texto, y que la exégesis prosopográfica es un subconjunto de ella, en la que el intérprete cree que el profeta ha entrado en un papel-personaje y está hablando o se le está dirigiendo como esa persona. La mayor parte de mi interés en este libro es la exégesis prosopológica en la Iglesia primitiva más que la interpretación teodramática en general, aunque espero que con el tiempo otros se unan a mí para explorar más a fondo tanto la primera como la segunda en el Nuevo Testamento y más allá.

El escenario actualizado. Por último, «el escenario actualizado» es el momento en el que el teodrama es realmente representado, no por el profeta-actor sino por la persona o personas a las que el profeta estaba representando en el teodrama. Es decir, por ejemplo, el escenario actualizado es cuando el Cristo encarnado habla realmente desde la cruz, llevando a cabo lo que el profeta anticipó en su actuación teodramática. Obsérvese que, dado que el escenario teodramático es cronológicamente ilimitado (pasado, presente o futuro) con respecto al escenario profético, el escenario actualizado es igualmente ilimitado. De este modo, todo el espectro cronológico de la economía divina puede estar implicado en cualquier enunciado profético dado.

Así pues, aplicando este nuevo vocabulario a un ejemplo concreto volviendo a la exégesis prosopológica de Justino de Isaías 50:6, «Puse mi espalda para los azotes y mis mejillas para los golpes; es más, mi rostro no se apartó de la vergüenza de los escupitajos» (1 *Apol.* 38. 2), podríamos analizar la interpretación de Justino de la siguiente manera. Puesto que Isaías habría sido interpretado por Justino como el autor humano del oráculo, el «escenario profético» es durante la vida de Isaías. Sin embargo, el «escenario teodramático» es algún tiempo después de la crisis de la cruz, porque aquí se toma a Cristo como hablando al Padre en tiempo pasado (aoristo) sobre lo que sufrió en la cruz, como si estos acontecimientos ya se hubieran cumplido. Así que lo más probable es que Justino situara el escenario teodramático después de la crucifixión y la exaltación, durante el tiempo en que el Cristo está sentado a la diestra del Padre. Desde esa posición, el Cristo está rememorando con el Padre ese momento culminante anterior de sombría prueba. Por último, el «escenario actualizado» es el momento en el que el discurso teodramático se realizó realmente, el momento en el que el Cristo reflexionó solemnemente utilizando las palabras «pongo mi espalda para los azotes» con Dios Padre durante su ascensión a la diestra. Para Justino, estas palabras ya han tenido cumplimiento, el Cristo ha estado sentado a la diestra y ya ha mantenido esta conversación específica con el Padre. Así pues, en este caso concreto, el escenario profético, el escenario teodramático y el escenario actualizado se encuentran todos en el pasado desde el punto de vista de Justino, pero veremos diferentes alineamientos temporales a lo largo de este libro.

De la exégesis prosopológica al dogma trinitario establecido

Ahora que se han trazado los contornos básicos de esta antigua técnica de lectura teodramática, quizá pueda apreciarse mejor la laguna existente en la erudición neotestamentaria y cristiana primitiva respecto a cómo contribuyó esta estrategia interpretativa a los orígenes y el crecimiento de la doctrina de la Trinidad. En resumen, la exégesis prosopológica exigía que el intérprete identificara un personaje o persona hablante (griego: *prosōpon*; latín: *persona*) y/o un destinatario personal, y los primeros intérpretes cristianos asignaban con frecuencia personas que no se mencionan explícitamente en el pasaje escriturario en cuestión como un movimiento explicativo.

Esto fue fundamental para el surgimiento de la doctrina de la Trinidad, porque después de los dos primeros siglos de la era común se presumiría en gran medida, aunque a menudo de forma tácita y ciertamente no uniforme, principalmente sobre la base de lecturas teodramáticas del Antiguo Testamento, lecturas también presentes en los estratos más tempranos de la literatura cristiana, que el Padre, el Hijo y el Espíritu son *personas* distintas (*prosōpa; personae*).[62] O al

---

[62] El uso del término *prosōpa* como forma de diferenciar dentro de la unicidad de Dios no era ciertamente uniforme ni preciso en el siglo III. De hecho, es justo sugerir que fue la propia crisis monárquica la que obligó a la Iglesia primitiva a reflexionar con mayor precisión sobre la cualidad de individualidad de las personas divinas presupuesta por la exégesis prosopológica, a extraer la metáfora prosopa incrustada en la técnica exegética y a generalizar hacia personas divinas individuales (véase más adelante el n. 63 de este capítulo). Por ejemplo, Calixto (m. 223), un monárquico, al parecer se opuso a la ortodoxia emergente afirmando que «un Dios» implica necesariamente que Dios es un único prosopón, y por tanto es un diteísmo sin sentido hablar del Padre y del Hijo como un solo Dios (Hipólito, *Haer*. 9. 12), lo que implica que sus oponentes afirmaban que al menos dos prosopas divinas podían llamarse apropiadamente «un Dios». Del

menos que *persona*, por impreciso que fuera ese concepto, era una metáfora autorizada divinamente que podía analizar adecuadamente la unicidad de Dios.[63] La palabra griega *prosōpon,* que en la época clásica solía significar rostro o máscara, había llegado en tiempos del Nuevo Testamento a ser un término estándar, en términos generales, para referirse a la presencia personal o a la persona en su totalidad.[64]

Cuando hablamos de «personas» en este estudio, el lector debe tener cuidado con el peligro de atribuir de forma anacrónica nociones contemporáneas de la persona a los textos antiguos, sobre todo porque la mayoría de los occidentales modernos tienden a centrarse en la persona como el centro de la conciencia psicológica individual o como algo determinado por el desempeño de roles sociales. Por el contrario, las ideas mediterráneas antiguas del siglo I sobre la persona eran colectivistas y estaban fuertemente arraigadas en el grupo, basándose principalmente en el género, el origen geográfico, la nobleza o bajeza del linaje familiar, la educación y los logros.[65] No obstante, las personas de la antigüedad eran capaces de ejercer una voluntad personal, tenían afectos idiosincrásicos y se les conocía como individuos únicos y distintos, de forma muy parecida a lo que ocurre hoy en día, por lo que no hay que exagerar las diferencias antiguas y contemporáneas.

---

mismo modo, los sabelianos tampoco preferían hablar de múltiples prosopas divinas, o si lo hacían era para afirmar que aparecían de forma modalista transitoria. El desarrollo y despliegue de la nomenclatura trinitaria es no lineal, geográficamente enrevesado y sumamente complejo. Incluso tras el Concilio de Nicea, Marcelo, obispo de Ancyra, todavía podía declarar que Dios es un prosopón único, aunque la promulgación de esta teología contribuyó a su destitución del cargo eclesiástico en 336. Para una visión general útil de los principales movimientos, véase Anatolios, *Retrieving Nicaea*, 15-27, mientras que el lector deberá consultar las obras estándar enumeradas en la n. 3 de este capítulo para más detalles.

[63] Las personas de la Trinidad ya se describen claramente como prosopa desde dentro de la exégesis teodramática de Justino Mártir (e.g. 1 *Apol.* 37. 1-39. 1; 49. 1-4; *Dial.* 36. 6; 88. 8), pero este modo de lectura y sus suposiciones de «persona» sobre Dios pueden rastrearse hasta el propio NT, incluido Pablo, nuestro primer autor cristiano existente, como pretende demostrar este libro en su conjunto. Aparte de Tertuliano (que utilizó el término latino persona), el primer autor que extrajo el término *prosōpon* de la exégesis prosopológica y lo utilizó en abstracto para hablar de la pluralidad dentro de la Divinidad parece ser Hipólito (m. 235) en *Noet.* 7, 11, 14.

[64] Como prueba, véase el diccionario griego estándar que cubre la época del NT, BDAG, s.v. πρόσωπον, defs. 1b y 2. e.g., para la persona completa, véanse 2 Cor. 1: 11; 1 Clem. 1. 1; 47. 6; para presencia personal, véase 1 Cor. 13: 12; 2 Cor. 10: 1; Hch. 25: 16. El término comprensivo típico para la persona en su totalidad en la época del NT era *anthrōpos* («ser humano»). El uso de *prosōpon* como presencia personal es común, pero para la persona completa es menos común, aunque sigue estando adecuadamente atestiguado.

[65] Para una reconstrucción convincente utilizando fuentes antiguas de cómo se conceptualizaba la «persona» en el mundo grecorromano del siglo I, véase Bruce J. Malina y Jerome H. Neyrey, *Portraits of Paul: An Archaeology of Ancient Personality* (Louisville, Ky.: Westminster John Knox, 1996), 10-33.

En una nota relacionada, debemos ser igualmente cautelosos al afirmar que incluso el lenguaje antiguo de «persona» (cuando es recuperado adecuadamente por nosotros hoy en día) sigue siendo, no obstante, una metáfora, muy parecida a «Padre» o «Madre» cuando se habla de Dios, aunque para aquellos que toman las Escrituras como autoritativas, «persona» es una metáfora otorgada por Dios y, por tanto, aprobada divinamente. Y como Agustín (de cuyos sentimientos hacen eco muchos teólogos contemporáneos) se apresura a recordarnos, el aspirante a teólogo debe tener siempre presente que todas esas metáforas son una acomodación a nuestras limitaciones creaturales, y como tales no captan directamente la realidad última de Dios.[66] Más bien son señales que nos guían por un camino de ascenso hacia un conocimiento cada vez más verdadero de Dios. Como dice Agustín, «Las escrituras divinas tienen, pues, la costumbre de hacer de las cosas que ocurren en la creación algo así como juguetes de niños, con los que atraer nuestra mirada enfermiza y conseguir que, paso a paso, busquemos lo mejor que podamos las cosas que están arriba y abandonemos las que están abajo».[67] Así pues, en este estudio, cuando hablamos de las personas divinas tal y como se revelan a través de la interpretación de las escrituras, la *cualidad* de persona que se vislumbra está necesariamente determinada metafóricamente. Es decir, la plenitud o planitud de los retratos de las personas divinas está controlada en el nivel más básico por las descripciones de los propios textos escriturales. El lenguaje metafórico revelado divinamente sobre Dios es, pues, un vehículo necesario e indispensable que nos ayuda a llegar a una concepción de Dios tan verdadera como nuestra finitud humana nos permite.[68]

---

[66] Gran parte del *De Trinitate* de Agustín se ocupa de mostrar que Dios se ha acomodado a nuestra debilidad creatural dando signos perceptibles (e.g. metáforas escriturales sobre Dios, con Cristo encarnado como signo último) que apuntan más allá de sí mismos a la realidad última de Dios. Por ejemplo, en su introducción, Agustín afirma sistemáticamente: «fue por tanto para purificar el espíritu humano de tales falsedades [e.g. que Dios es deslumbrantemente blanco o rojo fuego en apariencia física] por lo que la Sagrada Escritura, adaptándose a los bebés, no rehuyó ninguna palabra, propia de cualquier tipo de cosa, que pudiera alimentar nuestro entendimiento y permitirle elevarse hasta las sublimidades de las cosas divinas» (*Trin.* 1. 1 [§2]; trad. Hill). Como tal, por lo general no tenemos acceso directo a la realidad última de Dios en las descripciones escriturales de Dios, sólo metáforas sobre Dios que median verdades sobre Dios. Como ejemplo de advertencia contemporánea sobre los peligros de llevar demasiado lejos la metáfora de la «persona» al considerar la realidad interna de la Trinidad, véase Karl Rahner, *The Trinity* (trad. Joseph Donceel; Nueva York: Seabury, 1974), 103-15.
[67] Agustín, *Trin.* 1.1 [§2]; trad. Hill.
[68] Para Agustín, a medida que captamos cada vez más una visión de la realidad trinitaria de Dios (a través de la guía de los signos), nuestra mirada enfermiza se vuelve más sana y nos encontramos

Con el tiempo, el término *prosōpon* vendría a ser enriquecido por Orígenes y los Padres posteriores con la alternativa *hipóstasis* («ser individual distinto») como herramienta conceptual para analizar la unicidad de Dios,[69] en parte porque *prosōpon* y especialmente su tosco equivalente latino, persona, se percibían como connotando la apariencia superficial o la presentación externa de una persona, y por tanto se consideraban más susceptibles al modalismo,[70] mientras que *hipostasis* enfatizaba la realidad subyacente.

No obstante, es vital darse cuenta, como pretende mostrar este libro en su conjunto, de que esta ampliación, en la medida en que pretendía añadir precisión a la metáfora de persona previamente establecida, era principalmente una reafirmación y extensión a lo largo de la trayectoria de «persona» ya incrustada y fijada por la exégesis prosopológica tal y como se practicaba en el Nuevo Testamento y la Iglesia primitiva. Las superposiciones y disyuntivas semánticas entre *prosōpon, persona, hipóstasis,* el término latino *substantia* («esencia» o «sustancia»), estrechamente relacionado, y la palabra griega *ousia* («sustancia» o «ser») añaden una capa más de turbia complejidad a las aguas del discurso trinitario en los siglos III y IV.[71] En el Concilio de Nicea (325) el Hijo unigénito fue declarado *homoousios* («de la misma esencia» o

---

reconstruidos en un lenguaje trinitario, de modo que estas metáforas divinamente autorizadas se convierten en nuestra fuente primaria de autosentido (véase el epílogo a *Trin.* 15 [§§50-1]).

[69] Véase Orígenes, *Comm. Jo.* 2. 75; 10. 246; *Cels.* 8. 12; para referencias adicionales, véase PGL s.v. ὑπόστασις def. II.B. En una observación tentadora, Marcelo de Ancyra, Sobre la Santa Iglesia 9, relata que el gnóstico del siglo II Valentín fue en realidad el primero en idear la noción de tres hypostaseis en su obra perdida titulada *On the Three Natures* (*Peri tōn triōn physeōn*). (Debo esta observación a la correspondencia personal con mi buen amigo y colega Eric Rowe. Rowe y yo estamos de acuerdo, sin embargo, en que incluso si concediéramos que Valentino fue efectivamente el primero en mencionar tres hipóstasis, es excepcionalmente improbable a la luz del testimonio existente del gnosticismo valentiniano que Valentino hubiera utilizado tres hipóstasis específicamente para diferenciar al único Dios altísimo. Para el texto de Marcelo y algunas breves observaciones, véase Bentley Layton, *The Gnostic Scriptures: A New Translation with Annotations and Introductions* (ABRL; Nueva York: Doubleday, 1987), 233. Para una discusión sucinta del uso que hace Orígenes del lenguaje de la hipóstasis, véase Behr, *The Way to Nicaea*, 184-7 (esp. 184 n. 67 en relación con Orígenes y los valentinianos).

[70] Brevemente, los modalistas argumentaban que Dios era un principio único no diferenciable que, sin embargo, podía aparecer como Padre durante una época de la historia humana, Hijo en otra y Espíritu en otra más, pero no los tres a la vez.

[71] El grado en que los Padres Capadocios innovaron al desplazar la *hipóstasis* desde una alineación inicial a lo largo del eje de significado *ousia* («esencia» o «sustancia») hacia el eje *prosōpon* («persona»), al tiempo que defendían una *philanthrōpia* («amor por el otro») vaciada de sí misma como atributo divino constitutivo y fundamental, es una cuestión aún debatida por la erudición. En la fuente de la discusión, véase John D. Zizioulas, *Being as Communion: Studies in Personhood and the Church* (Crestwood, NY: St Vladimir's Seminary Press, 1985), esp. pp. 27-41. El impacto de Zizioulas en la teología trinitaria reciente ha sido enorme; véase Grenz, *Rediscovering the Triune God*, 131-47.

«consustancial») con el Padre. Mientras tanto, la relación del Espíritu con el Padre se aclararía en Constantinopla (381), donde se afirmó que el Espíritu Santo procede del Padre y es adorado y glorificado junto con el Padre y el Hijo. La procesión del Espíritu se modificaría más tarde en el Credo, principalmente en la iglesia occidental, para incluir la procesión no sólo del Padre, sino también del Hijo, añadiendo la cláusula *filioque* («y el Hijo»), todo lo cual se convertiría en una llaga cancerosa entre Oriente y Occidente.

El resultado práctico de toda esta disputa semántica fue la formulación neonicena que se consolidó: el Dios Único es «una sustancia» o «una esencia» (*mia ousia; una substantia; una essentia*) en la que tres «seres individuales distintos» plenamente divinos o verdaderas «personas» (*hypostaseis; prosōpa; personae*) subsisten, diferenciándose cada persona de las demás únicamente en la forma de poseer la sustancia divina: el Padre increado, el Hijo como engendrado eternamente por el Padre y el Espíritu por procesión del Padre (y del Hijo). Dado que nuestro enfoque en este libro se limita a la crucial fase inicial, más concretamente a las implicaciones trinitarias y cristológicas de la exégesis prosopológica en los dos primeros siglos de la Iglesia, es fundamental reconocer que la historia trinitaria que aquí se narra no está completa. Más bien, la exégesis prosopológica informó a los modelos metafísicos emergentes de unidad y distinción con respecto a Dios, y éstos juntos dieron lugar al trinitarismo completo de los siglos III y IV y posteriores.

Así pues, al hablar del «nacimiento de la Trinidad» no pretendo sugerir que las cuestiones teológicas reales y complejas no estuvieran aún en intensa negociación y desarrollo vital en los siglos III y IV (y más allá). Tampoco pretendo afirmar que la nomenclatura para expresar la Trinidad hubiera alcanzado la estabilidad: cualquiera que esté mínimamente familiarizado con la literatura reconocerá de inmediato que, por el contrario, nada podría estar más lejos de la verdad. Sin embargo, sí quiero afirmar de forma contundente que la suerte estaba echada desde mucho antes —en los dos primeros siglos de la era cristiana— porque «Dios» ya se había interpretado dialógica y prosopológicamente en la antigua Escritura judía, y por tanto la decisión conceptual fundacional de privilegiar la metáfora «persona» al considerar las distinciones internas dentro del Dios único ya se había tomado a través de la interpretación escritural. Aunque una minoría, como los monárquicos y otros grupos similares, podrían haber deseado retroceder, y muchos estaban discutiendo cómo expresar mejor la metáfora de la persona heredada a la luz del testimonio bíblico sobre la interrelación del Padre, el Hijo y el Espíritu, el precedente interpretativo prosopológico ya había convencido a la mayoría de la iglesia primitiva de que el único Dios podría interpretarse con éxito en la antigua Escritura judía como múltiples «personas». Así que la Trinidad surgió conceptualmente en gran medida a través de la lectura interpretativa del Antiguo Testamento, especialmente mediante una técnica específica, la exégesis prosopológica.

* * *

Cuando se examinan colectivamente estas intepretaciones del Antiguo Testamento centradas en la persona en el Nuevo Testamento y en la literatura cristiana primitiva, descubrimos que son como ventanas a la historia divina tal y como la percibía la iglesia emergente, ayudándonos a captar pequeños atisbos de la relación interior entre el Padre, el Hijo y el Agente Inspirador divino —con frecuencia, aunque no exclusivamente, identificado como el Espíritu. Sin embargo, cuando estos pequeños atisbos se conectan y se unen, descubrimos que tenemos un retrato sorprendentemente robusto de la forma en que la iglesia primitiva entendía la vida divina interior, no un retrato estático, sino una historia en desarrollo de estima mutua, alabanza expresada, estrategia de colaboración y amor abnegado.

En resumen, aunque existen otras tres vías por las que la erudición ha rastreado el surgimiento de la doctrina de la Trinidad, una cuarta vía, el enfoque a través de la continuidad en la exégesis prosopológica del Antiguo Testamento, ha sido ampliamente desatendida para los estratos más antiguos por los eruditos del Nuevo Testamento y del cristianismo primitivo. No obstante, tiene una prominencia y un pedigrí antiguos muy claros, lo que sugiere que es una vertiente central que requiere ser restaurada; de hecho, como intentan demostrar los capítulos restantes, no resulta aventurado afirmar que la interpretación teodramática dentro de un movimiento mesiánico en el judaísmo de finales del Segundo Templo fue fundacional para el nacimiento de la Trinidad.

2

Diálogos divinos desde el inicio de los tiempos

Las interpretaciones escriturarias teodramáticas proporcionan imágenes instantáneas de la relación entre las personas divinas tal y como las concibieron los primeros lectores cristianos de las Escrituras y, cuando se unen, estas imágenes individuales forman un panorama de la vida divina interior. El primer conjunto de instantáneas que examinaremos son las conversaciones que los primeros cristianos interpretaban como pertenecientes al inicio de los tiempos. En ocasiones, estos diálogos miran incluso más atrás, si se desea, *al tiempo anterior al tiempo*: antes de que las estrellas, el sol y la luna estuvieran en su lugar.

Si es realmente el caso, como pretendo demostrar, que que el dogma trinitario surgió esencialmente a través de una interpretación particular centrada en la persona de la Escritura judía en la Iglesia primitiva, entonces no debería sorprendernos encontrar que Jesús mismo es representado participando en esta práctica en múltiples ocasiones. De hecho, aunque mi tesis general en este libro no depende de ello, es razonable suponer (como hipótesis comprobable) que no se trata sólo de una representación por parte de los escritores evangélicos, sino que el Jesús histórico participó de hecho en lecturas teodramáticas de su Escritura. Pues no sólo muchos de sus contemporáneos, tanto paganos como judíos, emprendieron la «solución mediante la persona» para resolver los enigmas de los textos inspirados,[1] sino que las pruebas de la historia de la recepción también contribuyen al cálculo de probabilidades a favor del propio uso del Jesús histórico.

El Jesús históricamente verosímil

Dada la controversia que rodea al tema, sería mucho más seguro obviar por completo la cuestión del Jesús histórico. Sin embargo, dado que a lo largo de este libro trataremos una serie de textos evangélicos en los que Jesús aparece interpretando las Escrituras, y dado que la cuestión de la autocomprensión del Jesús histórico con respecto a los textos que interpreta es fascinante y potencialmente trascendental desde el punto de vista teológico, no puedo soportar dejarla de lado. Sin embargo, ¿cómo se puede determinar si las interpretaciones evangélicas en cuestión tienen o no valor histórico? La tendencia de algunos círculos a considerar los Evangelios canónicos simplemente como mitos no resiste un análisis comparativo sobrio de los géneros antiguos: casi todos los eruditos contemporáneos de la época helenística están de acuerdo en que los Evangelios son genéricamente comparables a la biografía y la historiografía grecorromanas, y como tales pretenden, a diferencia de los mitos, hacer afirmaciones de verdad histórica referenciales, aunque el valor de las afirmaciones se evalúe de forma diversa.[2]

Existen esencialmente dos metodologías habituales en los estudios históricos sobre Jesús, la atomística y la holística.[3] En el *enfoque atomístico*, el historiador es comparable a un entomólogo, que reúne especímenes individuales y examina las propiedades de cada espécimen *según reglas predeterminadas* para decidir si tiene las propiedades de un escarabajo o de una araña, y lo clasifica en consecuencia. Del mismo modo, los practicantes del enfoque atomista tratan de separar al «Jesús histórico auténtico» del «Jesús creado por la iglesia primitiva»

---

[1] Como prueba, véase Carl Andresen, «Zur Entstehung und Geschichte des trinitarischen Personbegriffes», *ZNW* 52 (1961): 1-39 esp. 12-18; se pueden encontrar suplementos a Andresen en Michael Slusser, «The Exegetical Roots of Trinitarian Theology», *TS* 49 (1988): 461-76 esp. 468-70; y Matthew W. Bates, *The Hermeneutics of the Apostolic Proclamation: The Center of Paul's Method of Scriptural Interpretation* (Waco, Tex.: Baylor University Press, 2012), caps. 4 y 5.

[2] Para una lúcida síntesis de esta erudición, véase David E. Aune, *The New Testament in Its Literary Environment* (Library of Early Christianity 8; Filadelfia: Westminster, 1987), 17-157.

[3] Para esta división de la disciplina, véase Donald L. Denton, Jr., *Historiography and Hermeneutics in Jesus Studies: An Examination of the Work of John Dominic Crossan and Ben F. Meyer* (JSNTSup 262; Nueva York: T&T Clark, 2004). Las metáforas explicativas, sin embargo, son mías.

aplicando metodologías establecidas (e.g. crítica de la forma, crítica de la redacción) y criterios (e.g. vergüenza, atestación múltiple) a dichos o acciones individuales registrados en los Evangelios. Si estos dichos o acciones discretos «pasan la prueba» a los ojos del historiador cuando se evalúan en (relativo) aislamiento unos de otros, pueden atribuirse al Jesús histórico y ese historiador les permite contribuir a un retrato compuesto de la vida de Jesús. Entre los que utilizan este tipo de método se encuentran John D. Crossan y uno de mis mentores, John P. Meier, cuyos retratos del Jesús histórico difieren enormemente.[4] Sin embargo, a mi juicio, los estudios recientes han demostrado eficazmente numerosas debilidades epistemológicas de este enfoque atomista — como, por ejemplo, los supuestos positivistas ligados a una visión modernista del mundo, la incapacidad para tratar suficientemente la innovación y la singularidad en la historia, la falta de consideración por la intencionalidad humana y las conjeturas dudosas sobre cómo se transmitió el material evangélico antes de que se escribiera— y, de hecho, hay indicios definitivos de que, debido a estas insuficiencias, el enfoque atomista, antaño omnipresente, está ahora en declive, incluso entre los antiguos practicantes más apasionados.[5]

Así pues, alineándome con la erudición más reciente, sostengo que el juicio sobre la historicidad de cualquier episodio dado de la vida de Jesús o de los Evangelios sólo puede emitirse cuando se utiliza un *enfoque holístico*. Aquí el historiador se parece más a un científico que examina los detalles concretos de los datos al tiempo que ejerce una sana cautela hacia los paradigmas y categorías científicas dominantes que explican esos datos, considerando activamente nuevas hipótesis a medida que avanza el estudio. El historiador es muy consciente de que quizás los sistemas de clasificación predeterminados y las herramientas utilizadas para la recopilación de datos puedan estar sesgando los resultados, es más, incluso debe existir una autosospecha apropiada: «¿Sólo estoy encontrando resultados que confirman mi visión actual del mundo porque eso es más conveniente para mí?» En lugar de intentar

---

[4] John D. Crossan, *The Historical Jesus: The Life of a Mediterranean Jewish Peasant* (San Francisco: HarperSanFrancisco, 1991), esp. pp. xxvii-xxxiv; John P. Meier, *A Marginal Jew* (4 vols.; ABRL; Nueva York: Doubleday, 1991-2009), i. 167-95, ofrece criterios ampliamente aceptados por quienes adoptan un enfoque atomista para los estudios sobre el Jesús histórico.
[5] Véase Gerd Theissen y Dagmar Winter, *The Quest for the Plausible Jesus: The Question of Criteria* (trad. M. Eugene Boring; Louisville, Ky.: Westminster John Knox, 2002); Chris Keith y Anthony LeDonne (eds.), *Jesus, Criteria, and the Demise of Authenticity* (Londres: T&T Clark, 2012). Para una evaluación escarmentadora del método por parte de un destacado ex practicante, véase Dale C. Allison, Jr., *Constructing Jesus: Memory, Imagination, and History* (Grand Rapids: Baker Academic, 2010), pp. x, 435-62.

construir una imagen del Jesús histórico utilizando dichos y acciones breves, aislados y discretos que se prejuzgan según los estándares modernos antes de permitir que «cuenten», se intenta construir de arriba abajo, utilizando hipótesis a gran escala que posteriormente se comprueban y verifican con los detalles de los datos (incluyendo tanto la historia previa del texto como la historia de su recepción), al tiempo que se hace hincapié en la importancia de la agencia humana única en la historia. Esta base metodológica holística más sólida para los estudios históricos sobre Jesús ha sido presentada por Ben F. Meyer y complementada por N. T. Wright y otros.[6]

Claramente, dado que no puedo exponer aquí una teoría holística a gran escala del Jesús histórico —necesitaría un libro aparte—, debo limitarme en adelante a mostrar cómo los diversos escritores evangélicos *presentan a Jesús*, comentando la *verosimilitud histórica* cuando proceda, pero sin emitir juicios definitivos sobre la historicidad. Y aunque el enfoque atomista no me parece convincente, a veces ofrece un mínimo histórico con el que casi todo el mundo puede estar de acuerdo, por lo que ocasionalmente haré uso de sus herramientas de ese modo.

Así que, independientemente de cómo discierna el lector actual las cuestiones de Jesús y la historia, aún hay mucho que ganar incorporando a este estudio pruebas de Jesús como intérprete de las Escrituras tal y como se retrata en los Evangelios. Para quienes no están seguros de cuándo y dónde precisamente en estos complejos textos estamos escuchando la voz del Jesús histórico en contraposición a la de la iglesia primitiva, *aun así, estos textos muestran indiscutiblemente cómo la iglesia primitiva representó la autocomprensión de Jesús al leer las antiguas Escrituras*. Para quienes, como el presente autor, consideran que las representaciones de Jesús en los Evangelios son en gran medida verosímiles desde el punto de vista histórico (aunque la historiografía sea sofisticada desde el punto de vista artístico —más parecida a una representación de Monet que a una fotografía, especialmente en Juan—), el estudio tiene un significado adicional en la medida en que la propia autocomprensión del Jesús histórico —incluido posiblemente su (¿creciente?) sentido de su propia divinidad— se vio directa y definitivamente impactada por su lectura centrada en la persona de las antiguas Escrituras judías. En cualquier caso, nuestro

---

[6] Ben Meyer, *Reality and Illusion in New Testament Scholarship* (Collegeville, Minn.: Michael Glazier, 1994); N. T. Wright, *The New Testament and the People of God* (Minneapolis: Fortress, 1991), 31-144.

objetivo, discernir hasta qué punto la exégesis prosopológica contribuyó al nacimiento de la Trinidad, puede alcanzarse.

Comenzamos con un enigmático episodio en el que se presenta al propio Jesús llegando a una solución mediante la persona al interpretar la Escritura, una lectura que, en última instancia, tiene profundas implicaciones cristológicas y trinitarias. Este pasaje se encuentra en Mateo, Marcos y Lucas y es ampliamente considerado por los eruditos del Jesús histórico —incluso los propensos al escepticismo— como un retrato plausible de un episodio auténtico de controversia en la vida de Jesús.

Una conversación sobre el engendramiento preexistente — Salmo 110

En los tres relatos sinópticos, el episodio que me gustaría analizar se sitúa en una secuencia de intentos de los enemigos de Jesús por atraparlo en sus palabras y desacreditarlo mediante la vergüenza pública. Cuando se muestran incapaces de atrapar a Jesús, éste invierte las cosas y les plantea un acertijo que, a primera vista, parece diseñado simplemente para atraparlos, pero que —según argumentaré— tiene también un propósito mucho más profundo:

> Y respondiendo Jesús les dijo (mientras enseñaba en el templo): ¿Cómo es que los escribas dicen que el Cristo es hijo de David? El propio David dijo mientras hablaba por medio del Espíritu Santo: «El Señor dijo a mi Señor: Siéntate a mi diestra hasta que ponga a tus enemigos por estrado de tus pies» [Sal. 109: 1 LXX]. El propio David le llama «Señor», y entonces ¿cómo es su hijo? Y la gran multitud le escuchaba maravillada. (Mc. 12: 35-7; cf. Mt. 22: 41-6; Lc. 20: 41-4)

Para que Jesús pudiera dar el giro de forma eficaz ante sus enemigos, les presenta un enigma interpretativo que se basa en una lectura cuidadosa y centrada en la persona del Salmo 109 de la LXX (i.e., el Salmo 110 en las traducciones contemporáneas). Jesús, tal como se le presenta, parece haber detectado un enigma en el texto del salmo que pretende aclarar. El salmo está encabezado por la superinscripción: «Un salmo de David», y luego inicia con las palabras: «El Señor dijo a mi Señor». Es evidente que el primer «Señor» del texto (LXX: *kyrios*; TM: *YHWH*) sería interpretado por cualquier lector antiguo como el

Dios altísimo, es decir, Jehová. Esto no sólo es evidente en la versión hebrea, ya que se emplean las consonantes *YHWH,* sino que incluso en la traducción griega más ambigua del Antiguo Testamento, la Septuaginta (LXX), este primer «Señor» (*kyrios*) es el que en última instancia delega el gobierno al otro Señor. Sin embargo, el segundo «Señor» del texto se identifica como «mi Señor» (LXX: *kyrios mou;* MT: *'ādōnî*), que debe ser una persona distinta del Dios altísimo, el Señor, ya que Jehová se *dirige* directamente a este individuo con palabras específicas. Sin embargo, ¿por qué esta segunda persona sería llamada *mi* Señor? Dios se está dirigiendo directamente a alguien, hablando a otra persona en primera persona, pero ¿a quién?

Un análisis del contexto circundante demuestra que la interpretación bíblica de Jesús, con su «el Señor dijo a mi Señor», es en absoluto inexacta. Aunque es posible que los lectores modernos no perciban en su interior el torrente de esta audaz afirmación exegética, los enemigos de Jesús sí que lo hicieron. De hecho, estas palabras forman el colofón de una serie de enseñanzas controverciales en las que Jesús hace afirmaciones que sus enemigos consideran inapropiadas, quizá incluso blasfemas. La sutileza de los momentos polémicos, a menudo subestimada, puede evidenciarse al prestar atención meticulosa a las palabras de Jesús en dos episodios previos a este, los cuales resultan esclarecedores al considerar la interpretación centrada en la persona que Jesús ofrece de este salmo. Estos dos episodios preliminares implican ostensiblemente una controversia sobre los impuestos y el matrimonio, pero el lector perspicaz podría encontrar algo más seductor.

El contexto subversivo

El César y ser portadores de la imagen. Cuando se le pregunta a Jesús si se deben o no pagar impuestos a los romanos, Marcos señala que él responde con respecto a la moneda adquirida: «¿De quién es esta *imagen* y esta inscripción?» y «Den al César lo que pertenece al César y den a Dios lo que pertenece a Dios» (12:16-17). Contrariamente a la interpretación cristiana popular de este pasaje, *no* se trata en absoluto de una afirmación general de que los impuestos deben pagarse incuestionablemente al gobierno. En cambio, Jesús ha obligado a sus oponentes a reflexionar sobre lo que en última instancia pertenece *al César* (cuya *imagen* representativa aparece en la moneda) —que en el mejor de los casos es un administrador que a menudo se equivoca al administrar los bienes de Dios y, en el peor, un idólatra blasfemo que está listo para ser juzgado— y lo que verdaderamente pertenece *a Dios*, que es la fuente y el propietario último de todo, y a tomar su decisión sobre la «rendición» de impuestos y de todo lo demás en consecuencia.

¿También se les incita a reflexionar, aunque la invitación esté prácticamente oculta, sobre lo que podría implicar que algo, como un relieve en una moneda, porte la imagen de César; y, por extensión analógica, sobre lo que podría significar para algo, o más precisamente, en la teología judía, para alguien, *portar la imagen de Dios*, dado que los humanos están hechos a imagen de Dios (Gén. 1:26-27)? Después de todo, este asunto de portar la imagen de Dios estaba literalmente a la vista en la propia moneda, ya que en el denario específico en cuestión la imagen del emperador Tiberio estaba rodeada de palabras que reivindican la filiación divina: «Augusto Tiberio César, Hijo del Divino Augusto».[7] A favor del punto de vista interpretativo de la imagen, hay que señalar que el propio Jesús hace hincapié en la imagen del César, por lo que podría estar insinuando sutilmente las críticas tradicionales judías a las imágenes (ídolos) —que son incapaces de representar a Dios porque son sordas y mudas (e. g., Sal. 135: 15-18; Isa. 44: 9-20)— dando a entender así que sólo un humano vivo, que respira, hecho a imagen de Dios, puede representar verdaderamente a Dios. ¿Acaso se sugiere que sólo un humano que funcione enteramente como Dios quería, sólo el Hijo del Hombre —un título que propone «el ser paradigmáticamente humano» pero que se reviste además de significado a través de Daniel 7: 13-14 y otros lugares— puede representar *plenamente a Dios*?[8] Nos quedamos en la incertidumbre, aunque el uso de Jesús de transcripciones ocultas en otros lugares como medio de crítica subversiva y la intensa animadversión generada por las enseñanzas de Jesús en general, con la crucifixión menos de una semana después, deberían, quizás, despejarnos las dudas.[9] Está claro

---

[7] Sobre la imagen y la inscripción textual exacta del denario emitido por Tiberio, véase N. T. Wright, *Paul and the Faithfulness of God* (2 vols. en 4 partes; Minneapolis: Fortress, 2013), i. 1. 336.

[8] Al menos vale la pena señalar que uno de nuestros primeros intérpretes cristianos de este pasaje, Tertuliano, *Marc.* 4. 38. 3, ve esta teología del hombre en la imagen de Dios en el dicho «den al César». Tertuliano argumenta que con ello Jesús intentaba enseñar que «el hombre debe ser devuelto a su Creador, a cuya imagen, semejanza, nombre y figura fue estampado». Incluso antes, los apologistas habían utilizado este texto para demostrar que el propio Jesús enseñaba a los cristianos a ser ciudadanos respetuosos con la ley; por ejemplo, Justino Mártir (1 *Apol.* 17. 1-2), Tatiano (4. 1) y quizá Teófilo (*Autol.* 3. 14, aunque Rom. 13:7-8 y 1 Tim. 2:1-2 están directamente en el punto de mira).

[9] Sobre el uso que hace Jesús de las «transcripciones ocultas» como modo de resistencia, véanse los trabajos reunidos en la primera parte de Richard Horsley (ed.), *Hidden Transcripts and the Arts of Resistance: Applying the Work of James C. Scott to Jesus and Paul* (Semeia Studies 48; Atlanta:

que sus contemporáneos pensaban que Jesús tenía la costumbre de decir cosas terriblemente inapropiadas.

El Dios de los muertos vivientes. La audacia interpretativa de Jesús se extiende a su conversación con los saduceos sobre la resurrección (Mc. 12:18-27). Los saduceos no creían en la resurrección e intentaron atrapar a Jesús con un enigma sobre las incongruencias que causaba la noción de una futura era de resurrección a la luz del problema especial que planteaba una mujer que se había casado con muchos hombres en esta era. Jesús, tal como se le presenta, recurre a las Escrituras para mostrarles su error. Cuando Dios se apareció a Moisés, Dios *no* se identifica diciendo «Yo *era* el Dios de Abraham, Isaac y Jacob», utilizando lo que nosotros llamaríamos el *tiempo pasado* con referencia a los muertos Abraham, Isaac y Jacob; sino que dice: «Yo *soy* el Dios de Abraham, el Dios de Isaac y el Dios de Jacob» (citando Éx. 3:6). Es decir, le habló a Moisés de ellos en tiempo presente implícito,[10] porque (así lo deduce Jesús de una cuidadosa interpretación del tiempo implícito utilizado en la Escritura), los patriarcas, aunque muertos según los criterios humanos, seguían estando vivos para Dios en la época de Moisés, viviendo en la presencia de Dios tanto entonces como, implícitamente, todavía en su propia era. Como afirma Jesús de forma culminante, «Él no es Dios de muertos, sino de vivos» (Mc. 12:27), prefigurando su propia vida de resurrección anticipada más allá del horizonte de la muerte temporal. De nuevo encontramos una alusión provocativa pero tácita a su futura vindicación y exaltación a la gloria divina.

Society of Biblical Literature, 2004); Richard Horsley, *Jesus and the Powers: Conflict, Covenant, and Hope of the Poor* (Minneapolis: Fortress, 2011), 155–78; Matthew W. Bates, «Cryptic Codes and a Violent King: A New Proposal for Matthew 11:12 and Luke 16:16–18», *CBQ* 75 (2013): 74–93.

[10] Hablo del tiempo implícito porque el hebreo antiguo no tiene un sistema de tiempos que se corresponda de forma directa con los tiempos del español. Además, típicamente en hebreo el sujeto (aquí: «yo») y el predicado nominativo (aquí: «el Dios de tus padres») se yuxtaponen directamente sin un verbo ecuativo intermedio, por lo que el traductor al español debe suministrar el tiempo verbal apropiado a partir del contexto. En este caso, es evidente (y los eruditos no lo discuten seriamente) que el tiempo presente está implícito en el hebreo, «Yo [soy] el Dios de sus padres», todo lo cual se confirma y se hace explícito en las antiguas traducciones griegas del texto, «*Yo soy* el Dios de sus Padres» (*egō eimi ho theos tou patros sou*), de las que con toda probabilidad habrían dependido los escritores evangélicos.

El Salmo 110 como una conversación teodramática trina

Tal como lo presenta Marcos, después de que Jesús es interrogado por un escriba sobre cuál es el mandato más importante, los adversarios de Jesús no se atreven a hacerle más preguntas, y Jesús, con una hábil respuesta, pasa a la ofensiva, formulando una pregunta sobre la coherencia de las opiniones actuales de los escribas respecto a la venida del Mesías —obviamente un tema de suma importancia para Jesús— a la luz del Salmo 109:1 LXX («El Señor dijo a mi Señor: "Siéntate a mi diestra"»). Además, sobre la base de los pasajes que acabamos de examinar, podríamos sospechar que, al igual que en los pasajes precedentes de Marcos, este dicho también podría tener una mordacidad subestimada en la que Jesús irrita astutamente a sus enemigos haciendo afirmaciones veladas. Y, en efecto, lo que a primera vista sólo parece un enigma superficial diseñado para dejar perplejos a sus enemigos tiene una subcorriente subversiva que fluye bajo la superficie del agua. Porque Jesús afirma que este pasaje pertenece *al Cristo* como hijo de David (12:35), y en la medida en que Jesús ha aceptado el título de *mesías* o el *Cristo*, entonces, aquí se presenta a Jesús interrogando a sus enemigos sobre la forma en que el Salmo 109:1 LXX pertenece a *él mismo*.

Y aunque los eruditos del Nuevo Testamento y de la historia de Jesús pasaron por una larga fase en la que era popular negar que Jesús se identificara a sí mismo como el Hijo del Hombre, o alternativamente como el mesías, esta edificación se está desintegrando rápidamente, y está empezando a surgir un nuevo consenso de que el Jesús histórico debe haberse visto a sí mismo como algún tipo de figura elevada, como mínimo como un profeta escatológico culminante, y muy plausiblemente como algo mucho más.[11] Si bien es cierto que en la época de Jesús existía una gran variedad de visiones mesiánicas, la más ampliamente documentada con diferencia es la de tipo real-davídico, y mi propia valoración es que el Jesús histórico y sus seguidores muy probablemente consideraban a Jesús como el *designatus messias* davídico —el individuo seleccionado y ungido por Dios como mesías

---

[11] El Jesús no escatológico se asocia especialmente con Bultmann, Funk, Crossan, Borg y el Seminario de Jesús, pero estos puntos de vista han sido abandonados en general en favor de un Jesús decididamente escatológico por una amplia y diversa muestra representativa de eruditos recientes (incluidos católicos, judíos, protestantes liberales, protestantes conservadores e independientes). Para estudios de la historia de la erudición sobre el Jesús histórico, véase James D. G. Dunn, *Jesus Remembered* (Grand Rapids: Eerdmans, 2003), 17-97; N. T. Wright, *Jesus and the Victory of God* (Minneapolis: Fortress, 1996), 3-124.

davídico pero que aún carecía de un trono desde el cual gobernar.[12] Puesto que dentro de los límites de este libro no puedo argumentar a favor de tal punto de vista, sólo señalar a otros que a mi juicio han demostrado persuasivamente su dulce razonabilidad, en adelante me limitaré a suponer que es al menos plausible que el Jesús histórico hubiera determinado que él era el *messias designatus*, el Cristo elegido que esperaba su entronización.[13] En cualquier caso, está indudablemente claro (y no se discute realmente) que los escritores sinópticos entendieron retrospectivamente que Jesús era el mesías davídico, por muy imprecisamente que lo definieran, así que como mínimo podemos afirmar que lo presentan como tal. Así pues, incluso para aquellos que siguen siendo cautelosos sobre las propias reivindicaciones mesiánicas del Jesús histórico, todavía se puede ganar mucho en la siguiente discusión a nivel de la cristología de los evangelistas sinópticos.

Ahora llegamos al corazón de la estrategia centrada en la persona empleada por Jesús tal como es presentado. Él ha interpretado, como era común en el judaísmo de finales del Segundo Templo, el título del salmo davídico como una reivindicación de la *autoría* davídica. Así, para Jesús, David como autor inspirado está hablando «por medio del *Espíritu Santo*» (en *tō pneumati tō hagiō* —Mc. 12:36) y ha llamado a

---

[12] En cuanto a la variedad, como es bien sabido, existen algunas pruebas de que la comunidad responsable de la producción de los Rollos del Mar Muerto anticipaba dos mesías, uno real davídico y otro sacerdotal (e.g. 1QS 9. 10-11; CD 7. 18-20; 12. 23; 1QSa 2. 11-20). En cuanto a las expectativas mesiánicas en el período del Segundo Templo, sobre la preponderancia de una esperanza real davídica, véase John J. Collins, *The Scepter and the Star: Messianism in Light of the Dead Sea Scrolls* (2ª ed.; Grand Rapids: Eerdmans, 2010); Andrew Chester, «Jewish Messianic Expectations and Mediatorial Figures and Pauline Christology», en Martin Hengel y Ulrich Heckel (eds.), *Paulus und das antike Judentum* (WUNT 58; Tubinga: Mohr [Siebeck], 1991), 17-89. Para un debate reciente y autorizado sobre el lenguaje mesiánico, véase Matthew V. Novenson, *Christ among the Messiahs: Christ Language in Paul and Messiah Language in Ancient Judaism* (Oxford: Oxford University Press, 2012). Novenson sostiene que en nuestra literatura cristiana más antigua el término «Cristo» aplicado a Jesús funcionaba como un título honorífico.

[13] Véanse Lucas 1:32-3; Mateo 19:28; 25: 31; en el capítulo 6 hay más información al respecto. Cabe señalar que David fue recordado como un *messias designatus*, habiendo sido seleccionado por Dios y ungido de joven (1 Samuel 16: 13) pero no instalado como rey hasta alrededor de los 30 años, tras el suicidio de Saúl (2 Samuel 2:4; 5:3-5). Así pues, el propio David podría haber servido de modelo en torno al cual podría haberse coagulado una autoconcepción de *messias designatus* para Jesús. Sobre la autoidentificación de Jesús como profeta culminante y, en última instancia, el *messias designatus*, véase Allison, *Constructing Jesus*, 279-93; sobre Jesús como profeta escatológico y mesías real, véase Wright, *Jesus*, 147-97, 477-539; John P. Meier, «From Elijah-Like Prophet to Royal Davidic Messiah», en James D. G. Dunn et al. (eds.), *Jesus: A Colloquium in the Holy Land* (Nueva York: Continuum, 2001), 45-83; Craig S. Keener, *The Historical Jesus of the Gospels* (Grand Rapids: Eerdmans, 2009), 238-67. Sin embargo, Dunn, *Jesus Remembered*, 647-66, y esp. 706, sigue representando a algunos eruditos cuando opina que Jesús se veía a sí mismo como un profeta escatológico, pero que veía la designación mesiánica «más como un obstáculo que como una ayuda».

este segundo Señor, «mi Señor». Además, según parece razonar Jesús, la figura a la que se dirige como «mi Señor» debe ser realmente exaltada, ya que, entre otras cosas, se le invita a sentarse a la diestra del Señor. El poderoso rey David ha llamado a esta persona en el salmo «mi Señor», y Dios ha invitado a esta persona a participar en el gobierno divino. En efecto, *Jesús (tal como lo retratan los sinópticos) se ha interpretado exegéticamente a sí mismo como la persona, «mi Señor», a quien se dirige Dios (el Padre) en el texto.* El que Jesús se haya tomado a sí mismo como el referente en este caso queda enfatizado por su posterior reaplicación del Salmo 109:1 LXX, mezclado con Daniel 7:13-14, en su juicio ante los dirigentes judíos: «De nuevo el sumo sacerdote le interrogó diciendo: "¿Eres tú el Cristo, el hijo del Bendito?" "Lo soy", respondió Jesús. "Y verán al Hijo del Hombre sentado a la diestra del poder y viniendo entre las nubes del cielo"» (Mc. 14:61-2; cf. Mt. 26:63-4; Lc. 22:67-70).

La mejor explicación es que Jesús, tal como es presentado en Marcos 12:35-7, está interpretando prosopológicamente el Salmo 109:1 LXX, señalando un enigma en el texto y animando después a la audiencia a identificar correctamente al hablante y al destinatario. Más concretamente, Jesús parece creer que el Espíritu Santo había inspirado a David para deslizarse como actor en lo que podríamos denominar «una visión teodramática» y, desde dentro de ese mundo visionario, pronunciar un discurso en el personaje (*prosōpon*) de otra persona.[14] Como tal, el Espíritu está pronunciando realmente las palabras a través de David («David mismo dijo mientras hablaba *por medio del Espíritu Santo*» —Mc. 12:36), por lo que el Espíritu está suministrando el guion. Para Jesús, el papel en el teodrama que David adopta aquí es DIOS, y el destinatario teodramático de Dios es una persona a la que el propio David llama «mi Señor». Podríamos parafrasear así la descripción que hace Marcos de la lectura de Jesús y de las personas asignadas a las palabras:

> *El propio DAVID* (comunicando desde el escenario): El Señor [Dios] dijo a mi Señor,
> *David en el prosopón de* **DIOS** *(hablando a* **MI SEÑOR, EL CRISTO***):* Siéntate a mi diestra, oh Cristo, Señor de David, hasta que ponga a tus enemigos por estrado de tus pies. (Sal. 109:1 LXX)

---

[14] Sobre la ontología del mundo teodramático, véase la n. 61 del cap. 1.

¿Y qué tipo de suposiciones e implicaciones teológicas conlleva tal lectura? Aunque tendremos más que decir sobre cómo este salmo habla de la designación a un oficio celestial especial y de la vindicación escatológica final (cap. 6), aquí quiero centrarme en la forma en que con toda probabilidad fue interpretado por Jesús, tal como es presentado, como hablando de su propia preexistencia y filiación divina.

La preexistencia y la exégesis prosopológica

Por preexistencia me refiero a la *preexistencia real o personal* como ser distinto, persona o hipóstasis —que no debe confundirse con la noción más bien trivial y menos sustantiva de preexistencia ideal, existencia predestinada sólo en la mente de Dios. Tampoco con la preexistencia escatológica, la creencia de que los primeros cristianos, al estar tan convencidos tras el domingo de resurrección y la posterior ascensión de que Jesús estaba ahora vivo en el cielo, fabricaron la idea de la preexistencia para proporcionar un contrapeso a la existencia de Jesús después de la muerte con Dios, como alegan algunos eruditos.[15]

La exégesis prosopológica por sí sola no implica necesariamente nada más que una preexistencia ideal, ya que los personajes teodramáticos invocados pueden existir simplemente en la mente de Dios en el momento del enunciado profético, para pasar posteriormente a la existencia humana ordinaria antes de la futura actualización del enunciado.[16] Sin embargo, con respecto a Jesús, la preexistencia real es demostrablemente probable para los primeros lectores teodramáticos cristianos debido a dos factores interrelacionados que implican la secuenciación temporal. (1) A veces, el lector cristiano primitivo considera que no sólo la pronunciación del discurso teodramático por parte del profeta (en el contexto profético), sino también la realización del discurso teodramático (en el contexto actualizado) se produjeron antes de la aparición del Jesús terrenal.[17] (2) Los complejos cambios de

---

[15] Para estas distinciones categóricas y un esbozo de la erudición pertinente, véase Douglas McCready, *He Came Down from Heaven: The Preexistence of Christ and the Christian Faith* (Downers Grove, Ill.: InterVarsity, 2005), 15-19.
[16] Para un ejemplo en el que la exégesis prosopológica conlleva sólo la preexistencia ideal, observe cómo Pablo ha asignado a «los apóstoles» como el «nuestro» del «Oh Señor, ¿que has creído nuestro mensaje audible» (Isa. 53:1 en Rom. 10:16), como se analiza en Bates, *The Hermeneutics of the Apostolic Proclamation*, 255-69.
[17] Por ejemplo, el discurso profético teodramático de David, «Me has preparado un cuerpo» (Heb. 10:5), se siente actualizado justo cuando Cristo estaba entrando en el mundo, es decir, el Jesucristo preencarnado está dando gracias a Dios Padre por el cuerpo que Dios ha elaborado para él. Véase «Me has preparado un cuerpo» en el cap. 3.

tiempo entre los contextos pasado, presente y futuro dentro de los propios diálogos con respecto a los contextos profético, teodramático y actualizado en lo que se refiere al papel de Cristo, con frecuencia no permiten una coordinación previa meramente idealizada.[18] En resumen, como se mostrará a lo largo de este libro, para los primeros lectores cristianos el Cristo como orador o destinatario se eleva a menudo por encima de las categorías temporales ordinarias en sus diálogos teodramáticos, hablando en y sobre acontecimientos anteriores, durante y posteriores a la vida del Jesús histórico, lo que implica no sólo una preexistencia real, sino también una cierta trascendencia atemporal.

La cuestión de la preexistencia en los sinópticos, por no hablar de la opinión del propio Jesús histórico al respecto, es muy controvertida, y aquí no puedo entrar de lleno en los términos del debate ni siquiera resumir la vasta literatura, sino sólo decir unas palabras. Por un lado, de acuerdo con gran parte de la erudición sobre el Nuevo Testamento producida en el último siglo, la preexistencia de Jesús en los Evangelios sinópticos se niega rotundamente en un libro reciente de Yarbro Collins y Collins.[19] Por otro lado, eruditos recientes intentan demostrar que los escritores sinópticos afirman la preexistencia de Jesús, el más importante de los cuales es *The Preexistent Son* de Simon Gathercole, que resume y supera todos los esfuerzos anteriores.[20]

---

[18] Por ejemplo, como intentaré demostrar más adelante en este capítulo, para muchos de los primeros lectores cristianos del Salmo 2:7 el escenario profético del diálogo se sitúa en el *pasado*, en la época de David, pero el escenario teodramático en tiempo *presente* es la entronización de Jesús tras la resurrección, y en este momento el Cristo relata una ocasión *anterior* en la que Dios (el Padre) se dirigió a él en el *pasado lejano*, momento en el que Dios también anunció acciones aún en el *futuro* para el Cristo entronizado. En capítulos posteriores se citan ejemplos similares.

[19] Adela Yarbro Collins y John J. Collins, *King and Messiah as Son of God: Divine, Human, and Angelic Messianic Figures in Biblical and Related Literature* (Grand Rapids: Eerdmans, 2008), 123-48, especialmente la rotunda afirmación: «Los Evangelios sinópticos no presentan a Jesús como preexistente» (p. 209).

[20] Simon J. Gathercole, *The Preexistent Son: Recovering the Christologies of Matthew, Mark, and Luke* (Grand Rapids: Eerdmans, 2006). Aunque comparto con Gathercole la afirmación de las cristologías de la preexistencia en la Iglesia primitiva y encuentro muy persuasivas muchas de sus pruebas, no respaldo unilateralmente lo que él considera su contribución central, es decir, creo que su argumento a favor de la preexistencia a partir de los dichos «he venido» de los sinópticos es algo débil a la luz de la interpretación profética estándar (cf. los comentarios críticos de Yarbro Collins y Collins, *King and Messiah*, 123-6). Sin embargo, es indudable que los dichos «he venido» muestran como mínimo que Jesús era un profeta extraordinariamente especial y culminante. Así que resulta problemático utilizar el posible paso en falso de Gathercole con respecto a los dichos «he venido» como excusa para hacer caso omiso del resto de las pruebas frecuentemente convincentes que sí presenta, como parecen hacer Yarbro Collins y Collins. Con respecto a Marcos 12:35-7 sobre el Salmo 110, Gathercole llega a conclusiones similares (pp. 236-8) sobre cómo se estaba leyendo este texto y sus implicaciones para la preexistencia a las que se llega en este estudio, de acuerdo con, entre otros, Johannes Schreiber, *Die Markuspassion: Eine*

En este debate erudito sobre la preexistencia en los Evangelios sinópticos, la cita del Antiguo Testamento que abordaré a continuación no ha ocupado generalmente un lugar destacado.[21] Por ejemplo, en *How Jesus Became God*, Bart Ehrman argumenta que el Jesús histórico nunca insinuó su propia preexistencia o divinidad, y Ehrman lee el Salmo 109 de la LXX como si estuviera dirigido simplemente al antiguo rey de Israel; pero no se enfrenta a la propia interpretación del Jesús sinóptico (tal y como se retrata) de este importante pasaje de los Evangelios.[22] Yo sostengo que estas pruebas olvidadas deben integrarse, especialmente cuando se consideran a la luz del nuevo modelo teodramático por el que apelo. En resumen, la interpretación que hace Jesús del Salmo 110:1 aquí, y de otros pasajes de las Escrituras en otros lugares, sugiere con fuerza que veía al Cristo (entendido en última instancia como su propio ser) y al Dios Altísimo como *personas divinas* que mantenían una conversación ambientada en algún momento *después* del inicio de los tiempos en el mundo teodramático — seguramente en la época de la entronización del Cristo— en la que se discutían asuntos *anteriores* al amanecer de los tiempos. No es casualidad que el Salmo 110 se situara en el centro de la reflexión cristológica de la Iglesia primitiva: la propia exégesis de Jesús, tal y como la retratan los evangelistas, así lo insta.

Desde el vientre materno, antes del inicio, te engendré

¿Cómo es que el cuadro de Jesús dibujado por los escritores sinópticos sugiere que Jesús se vio a sí mismo como una persona divina preexistente en comunión conversacional con el Dios altísimo en el

---

redaktionsgeschichtliche Untersuchung (BZNW 68; Berlín: de Gruyter, 1993), 210-59 esp. 238-40.

[21] Una excepción importante es el estimulante estudio de Aquila H. I. Lee, *From Messiah to Preexistent Son: Jesus' Self-Consciousness and Early Christian Exegesis of Messianic Psalms* (WUNT 192; Tubinga: Mohr [Siebeck], 2005), que trata ampliamente el potencial del Salmo 2:7 y el Salmo 110:1 para la preexistencia y la autoconciencia mesiánica de Jesús. El estudio de Lee es todavía reciente, por lo que sin duda sus resultados aún están siendo sopesados por la erudición, pero sin duda da mucho que reflexionar. Me parece que allí donde coincidimos, nuestras conclusiones son a menudo (aunque no siempre) complementarias, aunque nuestro ángulo de enfoque sea bastante diferente.

[22] Bart D. Ehrman, *How Jesus Became God: The Exaltation of a Jewish Preacher from Galilee* (Nueva York: HarperOne, 2014), 78, 124-8. Desde el punto de vista histórico, el análisis de Ehrman a este respecto es metodológicamente débil en la medida en que hace hincapié en los orígenes diacrónicos por encima del contexto sincrónico en relación con la importancia del Salmo 110:1 (109: 1 LXX) para la autocomprensión del Jesús sinóptico.

inicio de los tiempos en su lectura del Salmo 110:1? Jesús cree que David, por la agencia del Espíritu Santo, hablaba en la persona de Dios, que a su vez se dirigía a la persona del Cristo. Dado que el *escenario profético* de David es unos mil años anterior al nacimiento de Jesús, se presenta a Jesús como si creyera que él preexistía hasta tal punto que Dios (el Padre) podía hablarle en el mundo teodramático de entonces. Y lo que es aún más crítico para nuestros propósitos, las palabras específicas pronunciadas en el propio diálogo teodramático sugieren que el Cristo existía con el Padre incluso antes de que el tiempo mismo comenzara.

Puesto que Jesús ha señalado encubiertamente que él es «mi Señor», la persona a la que Dios Padre se dirigió con las palabras: «Siéntate a mi derecha hasta que ponga a tus enemigos por estrado de tus pies», podemos argumentar con firmeza, basándonos en lecturas análogas de sus contemporáneos, que Jesús tal y como se le representa (y yo diría que el propio Jesús histórico) podría haber entendido de forma plausible que las palabras que continuaron en el salmo se dirigían igualmente a él mismo, y estas palabras son sorprendentes. En el siguiente versículo del salmo, un orador no identificado habla de Dios en tercera persona mientras se dirige a este segundo Señor, diciendo: «El Señor [Dios] enviará tu vara de poder desde Sión», y parece que David qua David es el orador, dado el patrón de los versículos 1 y 4, apareciendo David a continuación bajo la apariencia de Dios (el Padre) que habla a este segundo Señor. Así que podríamos resumir una lectura cristiana primitiva plausible de la siguiente manera:

> *El propio DAVID* (relatando del escenario teodramático a «mi Señor»): El Señor Dios enviará tu vara de poder, Señor mío, desde Sión. (Sal. 109:2 LXX)
>
> *David en el prosopón de **DIOS*** (hablado a **MI SEÑOR, EL CRISTO**): ¡Gobierna en medio de tus enemigos! Contigo está la autoridad soberana en el día de tu poder en medio de los brillantes esplendores de los santos; desde el vientre materno, *antes de que apareciera el lucero del alba, yo te engendré.* (Sal. 109:2-3 LXX)

Dado que la lectura de Jesús del Salmo 109:1 LXX, como la presentan los evangelistas, sugiere fuertemente que Jesús se interpretó a sí mismo como el Señor al que Dios se dirige en el salmo, es razonable afirmar (especialmente dadas las pruebas del manuscrito 11Q13 de los

Manuscritos del Mar Muerto que se presentarán en breve) que nosotros, como lectores del Evangelio, estamos siendo invitados por los evangelistas a considerar que Jesús también había determinado que los versículos 2-3 estaban igualmente dirigidos a él. Después de todo, Jesús está pidiendo a su audiencia que descifre un enigma sobre el significado del Salmo 109:1 LXX, y es dudoso sugerir que la audiencia no está siendo animada por Jesús (tal como se presenta) a pensar en el contexto y los detalles del salmo en su conjunto para trabajar hacia una solución del enigma.[23]

Así pues, Jesús ha cited el primer versículo del salmo 109 LXX de tal manera que el oyente es invitado por el evangelista a considerar —y nótese las implicaciones trinitarias— que este salmo pertenece a una conversación teodramática guionizada por el *Espíritu Santo* entre el *Cristo* y *Dios* a través de David, y sorprendentemente *Jesús se ha identificado a sí mismo como este Cristo* a pesar de que el propio Jesús aún no había nacido en la época de David. De hecho, mientras continúa esta conversación divina, que para Jesús, tal como se le presenta como intérprete, encuentra un escenario teodramático en algún momento después del amanecer de los tiempos (seguramente en la futura entronización anticipada),[24] aprendemos a través del discurso del Salmo 109:3 LXX que «*antes* del lucero del alba» —es decir, antes del amanecer del tiempo mismo en la creación— que el Cristo fue engendrado por Dios («Yo te engendré» —*exegennēsa se*), y además, que de alguna manera este engendramiento había sido (o sería) «desde

---

[23] Para quienes se dedicaban a la instrucción y la disputa escrituraria a finales del periodo del Segundo Templo de Jesús —y el contexto en Marcos 12:35-7 (cf. 12:28) es precisamente una disputa de escribas—, los eruditos bíblicos están generalmente de acuerdo en que citar un versículo de un salmo habría bastado para evocar muchos de los detalles de todo el salmo. De hecho, la contundencia de los debates en la Mishná y las colecciones de Hagadá dependen con frecuencia de tal capacidad. Esta tesis de una parte genera el todo para la exégesis de los autores del NT se defiende en todo el clásico de C. H. Dodd, *According to the Scriptures: The Sub-Structure of New Testament Theology* (Nueva York: Scribner's, 1953). Observe especialmente las observaciones finales de Dodd de que las citas específicas de los autores del NT sirven «como indicadores de todo el contexto» (p. 126). Si se matiza adecuadamente «contexto», esta parte de la tesis de Dodd ha sido afirmada en gran medida por la erudición posterior. De hecho, así lo exige el método de los «ecos», ampliamente respaldado, de Richard Hays, *Echoes of Scripture in the Letters of Paul* (New Haven: Yale University Press, 1989). Para una exposición reciente de cómo debe evaluarse el contexto del AT en la interpretación cristiana primitiva, véase Greg K. Beale, *Handbook on the New Testament Use of the Old Testament: Exegesis and Interpretation* (Grand Rapids: Baker Academic, 2012), 41-54.

[24] Sobre el escenario teodramático como el momento de la futura entronización, véase «La coronación del Hijo» en el cap. 6. En esta futura entronización se afirma que la vara de poder de este «mi Señor» será enviada en algún momento de un futuro aún más lejano.

el vientre materno» (*ek gastros*).²⁵ El lenguaje es metafórico pero específico: se dice que el Señor fue engendrado, no creado, y la frase «desde el vientre materno, antes de que [apareciera] el lucero del alba» sugería a muchos de los primeros lectores cristianos que Dios había predestinado que el nacimiento del mesías «desde el vientre materno» se produjera de un modo inusual y que Dios estaba dando una pista profética en consecuencia —todo lo cual se cumpliría cuando el mesías naciera «del vientre» de una virgen.²⁶

Escogido de antemano —Sacerdote y Mesías

Tras esta discusión sobre el engendramiento, el salmo continúa y, una vez más, parece que habla el propio David, que se mete en el papel de Dios dirigiéndose a «mi Señor» que Jesús identifica como «el Cristo»:

---

²⁵ El texto masorético (es decir, el texto consonántico hebreo con la acentuación y el señalamiento vocálico medievales) que constituye la base de la mayoría de las traducciones al español del Salmo 110:3 (= Salmo 109:3 LXX) es difícil. Una traducción literal del TM da como resultado «Tu pueblo [estará] dispuesto en el día de tu poder, en santo atavío; desde el vientre de la aurora, para ti [es] el rocío de tu juventud». Sin embargo, es poco probable que el apunte vocálico masorético refleje cómo se leía esto en la época de Jesús, como dejan claro las demás tradiciones manuscritas antiguas. Por ejemplo, basándonos en la comparación con el Salmo 2:7, donde encontramos las mismas consonantes hebreas, así como en la evidencia de la LXX del propio Salmo 109: 3, es mucho más probable que las consonantes se leyeran originalmente como un verbo perfecto *qal yĕlidtīkā* («te he engendrado») en lugar de como un sustantivo posesivo *yaldūtĕkā* («tu juventud»). Así pues, la lectura prosopológica que propongo para el texto griego se corresponde estrechamente con la lectura más probable del texto consonántico hebreo en la época de Jesús, aunque esta lectura se aparte de la vocalización posterior del TM. Algunos otros han visto el Salmo 109:3 LXX como prueba de la preexistencia de «mi Señor» al que se dirige Dios —véase la discusión en Lee, *From Messiah to Preexistent Son*, 111-14, 225-38. Mi preocupación aquí es dar una reconstrucción plausible sobre cómo se leía este salmo hacia el final de la época del Segundo Templo por Jesús y sus contemporáneos, no con el origen o la historia compositiva del salmo. Para un análisis más exhaustivo de esto último, véanse Yarbro Collins y Collins, *King and Messiah*, 15-19; Frank-Lothar Hossfeld y Erich Zenger, *Psalms* (trad. Linda M. Maloney; vols. ii-iii de un proyecto de 3 vols.; Hermeneia; Minneapolis: Fortress, 2005-), iii. 139-54.

²⁶ Véase e.g. Justino, *Dial.* 83. 4-84. 1; cf. 63. 3; Tertuliano, *Marc.* 5. 9. 7-8; Ireneo, *Epid.* 51 (en este último texto el «desde el vientre materno» es con respecto a Isaías 49:5-6 pero el contexto más amplio (cf. *Epid.* 48, 53, deja claro que el Salmo 109:3 LXX y el nacimiento virginal también están en vista). Aunque no tenemos tal indicación en las primeras lecturas cristianas del Salmo 109:3 LXX, por lo que tal suposición es bastante especulativa, también es plausible que el lenguaje «desde el vientre» pudiera haber sido tomado por los lectores teodramáticos como una extensión de la metáfora del engendramiento preexistente por parte de Dios más que como una alusión al nacimiento virginal encarnado. Según esta lectura, Dios, que trasciende las categorías masculino-femenino, desempeñaría entonces metafóricamente el papel masculino de engendrar y el femenino de dar a luz desde el vientre materno, y todo ello antes de la creación del mundo.

El propio DAVID (relatando del escenario teodramático de un discurso anterior en tiempo pasado al «mi Señor»): El Señor [Dios] juró y no cambiará de opinión,
David en el prosopón de DIOS (hablado a *MI SEÑOR, EL CRISTO*): Tú eres sacerdote para siempre según el orden de Melquisedec. (Sal. 109:4 LXX)

Para al menos un cristiano primitivo —el autor de Hebreos— este segmento de discurso teodramático en el que el Padre se dirige al Hijo en el Salmo 109:4 describe el momento en el que el Cristo preexistente recibe, antes del amanecer de los tiempos, su sacerdocio eterno en el orden de Melquisedec en virtud de un juramento hecho por Dios mismo (Heb. 5:5-6; 7:21) —un tema que volveremos a tratar hacia el final del libro. Así pues, existe un precedente en la Iglesia primitiva para suponer que los evangelistas están insinuando que el Jesús histórico también habría leído el salmo de esta manera.

La noción de que Dios hizo ciertas otras cosas antes de la creación del mundo físico era bastante común en el Segundo Templo y en el judaísmo rabínico primitivo —incluyendo la sabiduría, el trono celestial, la Torá, el jardín del Edén, el Gehena, el templo e, intrigantemente, *el nombre del Mesías*.[27] Por ejemplo, el Salmo 72:17, que contiene una letanía de oraciones/solicitudes para el rey, se entendía que anunciaba que el nombre del Mesías había sido seleccionado por Dios de antemano: «Que su nombre sea para siempre (*lĕ 'ôlām*), que su nombre florezca ante el sol (*lipnê-šemeš*), que sean benditas en él, que todas las naciones lo llamen bienaventurado». De forma similar, en las «similitudes» de *1 Enoc*, un texto escrito contemporáneamente a la vida del Jesús histórico, encontramos que Enoc observa el momento en el que el Hijo del Hombre recibe su nombre, que se describe como «incluso antes de que se crearan el sol y las constelaciones» (48. 1-3 aquí 48. 3).[28] Sin embargo, dado que aún no ha llegado el momento de que este Hijo del Hombre desempeñe el papel de «luz de las naciones» y objeto de adoración, por el momento este Hijo del Hombre sólo ha sido «elegido y escondido» en la presencia de Dios (1 *En.* 48. 4-6). Los primeros intérpretes cristianos de habla griega, como Justino Mártir, se

---

[27] Véanse los textos de fuentes primarias recopilados en James L. Kugel, *Traditions of the Bible: A Guide to the Bible as It Was at the Start of the Common Era* (Cambridge, Mass.: Harvard University Press, 1998), 44-5, 54-60, como *b.Pesaḥim* 54a; 2 *En.* 25. 3-4; 4 Esdras 3: 6; *Targum Neophyti* Gén. 3: 24; *Targum Ps-Jonathan* Gén. 2: 8.
[28] Cf. 1 *En.* 62. 7; trad. Nickelsburg y VanderKam.

apresurarían a recoger la noción de que el nombre de este rey ideal (y, por lo tanto, para Justino, su identidad como Jesús) fue preseleccionado por Dios, lo que demuestra que «Cristo existía antes que el sol» y, además, que su nombre perduraría para siempre.[29] Como dice la Septuaginta, «Su nombre existió *antes* que el sol» (*pro tou hēliou diamenei to onoma autou* —Ps. 71:17 LXX).

El argumento de que los escritores evangélicos no sólo nos invitan a considerar que Jesús realizó una exégesis prosopológica del salmo 110, sino que es plausible que el Jesús histórico leyera de hecho de este modo, puede, me atrevería a sostener, mejorarse en gran medida examinando el modo en que interpretaron este salmo otros judíos y cristianos que leyeron este texto antes, con y tras la propia lectura de Jesús. Sin embargo, es necesario decir algunas palabras sobre este método, especialmente sobre la legitimidad de utilizar interpretaciones posteriores para evaluar las anteriores.

Probabilidad histórica, historia de la recepción e intertextualidad

Dado que toda reconstrucción histórica implica extrapolaciones a partir de un conjunto de datos incompletos, debemos trabajar tanto hacia delante como *hacia atrás* en el tiempo con respecto al acontecimiento para rellenar el vacío histórico. Si intentamos reconstruir el significado interior de cualquier acontecimiento histórico ordinario, digamos el asesinato de Lincoln, no ignoramos lo que ocurrió después, el intento de huida de Booth, como irrelevante para reconstruir lo que ocurrió antes de que se acercara al palco de Lincoln en el teatro y apretara el gatillo. Su huida posterior es importante para reconstruir el significado de los acontecimientos anteriores, porque su posterior encuentro con otras personas muestra su participación en un complot más amplio y ayuda a arrojar luz sobre sus actividades anteriores y sus motivos a favor del Sur. Ignorar lo que encontramos después sólo empobrece la reconstrucción histórica de lo que había ocurrido antes, y para el historiador serio, ignorar por completo los acontecimientos posteriores al reconstruir el significado de un acontecimiento anterior podría conducir en última instancia a hipótesis salvajemente irresponsables e inverosímiles con respecto al acontecimiento anterior. También en

---

[29] Justino, *Dial.* 64. 5; cf. 34. 6; 64. 6; 121. 1; Ireneo, *Epid.* 43. Cf. la idea estrechamente relacionada de la visitación del «resucitado de lo alto» en Lucas 1:78 (véase Gathercole, *The Preexistent Son*, 238-42).

ocasiones el historiador simplemente carece de información sobre lo que ocurrió antes de un acontecimiento concreto, pero lo que ocurrió después está bien atestiguado por fuentes literarias y materiales antiguas, por lo que la forma más fiable de reconstruir el acontecimiento será trabajar casi totalmente hacia atrás. Es relativamente sencillo reconocer todo esto en relación con un evento histórico común, pero no siempre ha sido aceptado en el ámbito emocionalmente cargado de los orígenes del cristianismo.

Así pues, contrariamente al desarrollismo generalizado desplegado por una era anterior de erudición histórico-crítica sobre la cristología primitiva, en la que se juzgaba falsamente, en mi opinión, que en general los datos posteriores no debían tenerse en cuenta en absoluto a la hora de reconstruir el significado de los textos anteriores, porque se consideraba que el riesgo de importar ideas posteriores a los textos anteriores era demasiado grande,[30] debería reconocerse cada vez más —y creo que así es— que la búsqueda de «lo que podemos decir que un autor pudo haber pretendido una vez eliminada toda y cualquier posibilidad de mancha procedente de desarrollos posteriores» no equivale en absoluto a «lo que podemos decir que un autor pretendió con toda probabilidad». ¿Por qué? Porque la correcta identificación de la supuesta contaminación a posteriori como *contaminación subsiguiente* y su eliminación es altamente conjetural. Puede ser que la supuesta contaminación posterior sea en realidad un desarrollo seminal autóctono que simplemente comparte una continuidad significativa con la atestación más sólida de la idea en fuentes ligeramente posteriores, de modo que su eliminación en realidad disminuye la probabilidad de una reconstrucción histórica exacta.

La influyente cristología desarrollada por James Dunn es un ejemplo paradigmático de esta búsqueda quijotesca del manantial prístino de los orígenes cristianos.[31] Sin embargo, a mi juicio, por la

---

[30] James D. G. Dunn, *Christology in the Making: A New Testament Inquiry into the Origins of the Doctrine of the Incarnation* (2ª ed.; Grand Rapids: Eerdmans, 1989), 13, es típico de muchos cuando afirma: «Debemos intentar la tarea sumamente difícil de dejar fuera las voces de los primeros Padres... por si ahogan las voces anteriores...» (cf. también p. 33).

[31] En su *Christology in the Making*, la línea básica de razonamiento de Dunn, aplicada repetidamente, es la siguiente: (1) La preexistencia de Cristo no está indudablemente presente en las fuentes relevantes judías o helenísticas precristianas (es decir, las fuentes indiscutiblemente no contaminadas por ideas cristianas posteriores). (2) Por lo tanto, para cualquier texto cristiano primitivo que pudiera implicar la preexistencia, cualquier explicación competidora debe ser fuertemente preferida. (3) Al examinar las posibles instancias cristianas primitivas, primero se da a pasajes específicos una explicación competidora en relativo aislamiento de la consideración de las pruebas acumulativas, y sólo entonces se consideran los resultados acumulativos. ¿La conclusión

razón que se acaba de exponer (no integrar con éxito la historia de la recepción) entre otros problemas, la búsqueda de la pureza de Dunn se produce a expensas de la probabilidad histórica. En última instancia, hay una serie de problemas en el plano del método, y lo mismo podría decirse de otros que adoptan esquemas similares de retroceso de la cristología.[32]

En otras palabras, «la reconstrucción histórica indiscutiblemente pura desde el punto de vista del desarrollo» es a menudo muy diferente de «la reconstrucción histórica más probable», y a lo largo de su historia moderna, la erudición sobre los orígenes cristianos generalmente no ha hecho esta distinción o ha afirmado que nos estaba dando la segunda cuando en realidad nos estaba dando una versión altamente especulativa de la primera. Sin embargo, el historiador responsable está obligado a apuntar a lo que es más probable al evaluar todas las pruebas, no sólo a lo que es indudablemente prístino; es decir, la historia de la recepción temprana, ponderada adecuadamente, debe incluirse en el cálculo al evaluar los significados previstos de un texto antiguo.[33] La ironía es

---

de Dunn (véase su resumen en las pp. 251-8)? Se puede rastrear un ascenso evolutivo de la cristología en el propio NT desde lo bajo en nuestras fuentes más tempranas (Jesús no es ni preexistente ni Hijo de Dios) hasta lo alto en nuestras fuentes más tardías (Jesús como Hijo de Dios preexistente y encarnado). Véase la n. 32 de este capítulo para una crítica de estos tres puntos.

[32] En cuanto al método en tres partes de *Christology in the Making* de Dunn (véase n. 31 en este capítulo), en respuesta a (1), la mayoría de los eruditos, incluso los que simpatizan con su esquema general de desarrollo hacia atrás, han concluido en contra de Dunn que la preexistencia está presente en las cartas de Pablo (e.g. Ehrman, *How Jesus Became God,* 252-62-véase sin embargo mi n. 25 en el cap. 1). Y si Jesús ya es considerado como el Hijo preexistente en nuestras primeras fuentes cristianas existentes, entonces es difícil argumentar que esta idea se desarrolló gradualmente. En cuanto a (2), con sus ejemplos individuales Dunn se limita a mostrar que a veces es posible una explicación opuesta, pero se queda sistemáticamente corto a la hora de demostrar la probabilidad. Con respecto a (3), como parte de un proceso dialéctico, la evidencia acumulativa debe sopesarse mientras se evalúan las posibles instancias individuales (no sólo después), y la evidencia acumulativa debe considerarse absolutamente al sacar conclusiones sobre la probabilidad general. Es decir, por ejemplo, con respecto a Pablo, nuestra fuente más antigua, cuando una posible instancia de preexistencia se lee por sí sola (e.g., Rom. 1:3, 8:3, 10:6-8, 15:3; 1 Cor. 8:6, 10:4, 15:45-7; 2 Cor. 4:13, 5:21, 8:9; Gál. 4:4; Flp. 2:6-8; Col. 1:15-20), Dunn quizá demuestre que es posible que Pablo no sostenga la preexistencia en un par de los pasajes específicos en cuestión, pero cuando se consideran todas las pruebas *en conjunto* (como debe ser), entonces la conclusión de la no preexistencia es radicalmente injustificada. Además de estos problemas metodológicos, también creo que Dunn malinterpreta y/o ignora las pruebas en los primeros estratos (la tradición prepaulina, las Cartas de Pablo, el material Q, Marcos y Hebreos) que contravienen su esquema de desarrollo, especialmente las pruebas de la exégesis prosopológica, como intento demostrar en mi propio análisis.

[33] Si no hemos aprendido nada más de la hermenéutica contemporánea, seguramente hemos aprendido que el significado textual es un asunto complejo, en el que intervienen el autor, el lector, el artefacto textual, el autor y el lector implícitos, la resonancia intencionada o no con otros artefactos culturales, la ubicación sociohistórica de la lectura, el lector contemporáneo real, las comunidades de lectura y otros factores (incluida potencialmente la intención divina). Incluso

que, al hilar historias sobre el desarrollo dogmático cristiano, los eruditos han *sobrevalorado* en gran medida las pruebas de la prehistoria hipotética y las capas redaccionales que no poseemos realmente (y sobre las que no existe acuerdo entre los eruditos), pero han *infravalorado* los textos cristianos coetáneos y posteriores no hipotéticos que sí poseemos realmente. No se trata de un llamado a la relectura acrítica de ideas posteriores en textos anteriores, ni de un rechazo de la crítica de las fuentes, la forma y la redacción, sino de un llamamiento al reequilibrio metodológico mediante la incorporación de la historia de la recepción temprana a nuestra caja de herramientas histórico-crítica.

En consecuencia, el método que empleo para contextualizar las interpretaciones neotestamentarias del Antiguo Testamento utilizando los recursos judíos del Segundo Templo y los primeros padres de la Iglesia se denomina mejor *intertextualidad diacrónica*, es decir, análisis de la redistribución del mismo *texto* por múltiples autores a lo largo del tiempo. Este método utiliza *pre-textos*, *co-textos* y *post-textos* con el fin de argumentar hacia un significado probable para cualquier *texto* dado. Lo que yo llamo *co-textos* paleocristianos (interpretaciones coetáneas del mismo pasaje del AT como se encuentra en el *texto*) y *post-textos* (interpretaciones recibidas del pasaje del AT a través del *texto* en los primeros Padres) son especialmente vitales para iluminar las interpretaciones neotestamentarias del Antiguo Testamento, porque han sido y siguen siendo desatendidas. Sin embargo, sostengo que, dadas las pruebas indiscutibles de que los primeros cristianos tomaban prestadas con frecuencia las interpretaciones escriturísticas de los demás, la *Wirkungsgeschichte* («historia de los efectos») es sin duda uno de los horizontes más cruciales para evaluar el significado intencional más

---

hablar, como hago aquí, de priorizar adecuadamente los «significados intencionados» corre cierto riesgo. Por ejemplo, W. K. Wimsatt y Monroe D. Beardsley, «The Intentional Fallacy», en William K. Wimsatt, *The Verbal Icon: Studies in the Meaning of Poetry* (Lexington: University of Kentucky Press, 1954), 3-18, han argumentado célebremente que no deberíamos vincular el significado a la intención del autor porque no tenemos suficiente acceso psicológico al estado mental de ningún autor determinado. Sin embargo, a mi juicio, la llamada «falacia intencional» de Wimsatt y Beardsley está en sí misma plagada de problemas, sobre todo porque los significados intencionados de un autor dado deben buscarse no en la mente externa del autor, sino tal y como están codificados en el propio texto, al que sí tenemos acceso. Lo ideal sería que los historiadores modernos intentaran descifrar las intenciones de un autor antiguo determinado (tal y como están incorporadas en el artefacto textual que el autor produjo) adquiriendo un amplio conocimiento no sólo del autor y del corpus literario existente del autor, sino de todos los artefactos sociales, materiales y lingüísticos de esa cultura (incluida la historia de la recepción). Para el debate, véase Ben F. Meyer, *Critical Realism and the New Testament* (Allison Park, Penn.: Pickwick, 1989), 15-55.

probable de cualquier compromiso intertextual dado en la Iglesia primitiva, pero especialmente para los compromisos primeros o inaugurales con el Antiguo Testamento en nuestra literatura cristiana existente a la luz de la escasez de otros elementos críticos.[34] También he desarrollado algunos criterios para ayudar a detectar la exégesis prosopológica en el Nuevo Testamento.[35] Sin embargo, con el fin de hacer este estudio accesible para un público no especializado, he optado por no hacer patente el despliegue del método a lo largo de este libro, aunque esté operando en un segundo plano. El lector que desee una mayor aclaración sobre la contundencia y utilidad de este método es libre de explorar mi articulación más completa, técnica y mi ejemplificación explícita en otro lugar.[36]

Otras interpretaciones del Salmo 110 centradas en la persona

El Salmo 110 y Melquisedec

La interpretación precristiana más crucial del Salmo 110 («El Señor dijo a mi Señor: "Siéntate a mi diestra"») se encuentra en un manuscrito descubierto en el Mar Muerto, el 11Q13,[37] en el que el autor interpretó

---

[34] Sobre la necesidad de recuperar el énfasis en la historia de la recepción, véase Markus Bockmuehl, *Seeing the Word: Refocusing New Testament Study* (Grand Rapids: Baker Academic, 2006), esp. pp. 64-8, 161-88. Dado que existen pruebas definitivas de que los primeros exégetas cristianos tomaban prestadas con frecuencia interpretaciones del AT unos de otros, resulta especialmente preocupante el fracaso generalizado en la academia a la hora de utilizar la historia de la recepción como control crítico en el estudio de cómo los autores del NT utilizan el AT. Pero quizá las actitudes estén empezando a cambiar. Por ejemplo, en el procedimiento esbozado por Greg K. Beale y D. A. Carson (eds.), *Commentary on the New Testament Use of the Old Testament* (Grand Rapids: Baker Academic, 2007), pp. xxiv-xxvi, no se menciona la necesidad de utilizar la historia de la recepción. Sin embargo, en el tratamiento más reciente de Beale, *Handbook*, 51-2, 122, se recomienda útilmente a los estudiantes que recurran a recursos cristianos posteriores al NT para reflexionar sobre lo que los autores del NT pudieron haber pretendido al utilizar el AT.

[35] Los criterios básicos para detectar la exégesis prosopológica en el NT, tal y como se dan y explican en Bates, *The Hermeneutics of the Apostolic Proclamation*, 219-20, son: (1) discurso o diálogo, (2) no trivialidad de persona, (3) primacía de fórmulas o marcadores introductorios, y (4) exégesis prosopológica similar en co-textos, post-textos e inter-textos.

[36] Sobre la *intertextualidad diacrónica*, véase Matthew W. Bates, «Beyond Hays's Echoes of Scripture in the Letters of Paul: A Proposed Diachronic Intertextuality with Romans 10:16 as a Test-Case», en Christopher D. Stanley (ed.), *Paul and Scripture: Extending the Conversation* (Early Christianity and Its Literature 9; Atlanta: SBL, 2012), 263-92. Este método intertextual diacrónico se explica de forma muy parecida en Bates, *The Hermeneutics of the Apostolic Proclamation*, 44-56.

[37] Considere también el *T. Job* 33. 3 y la interpretación de Rabí Akiba de Dan. 7:9-14 reflejada en b. Sanhedrin 38b, en la que probablemente influyó su exégesis del Salmo 110, en el que un trono pertenece a Dios y otro al mesías davídico. Para un análisis de las pruebas precristianas y rabínicas

Génesis 14:18-20, el desconcertante pasaje sobre el sacerdote Melquisedec, a la luz del Salmo 110, y luego aplicó esa interpretación para hacer una exposición pésher de una variedad de pasajes relacionados temáticamente.[38] Desde un punto de vista crítico para nuestros propósitos, al igual que Jesús (tal y como fue retratado), buscaba urgentemente discernir el destinatario al que Dios habla, también lo hizo el autor del 11Q13, determinando este último que Melquisedec es aquel a quien Dios habla a lo largo del salmo.[39] Además, el autor del 11Q13 creía que Melquisedec (interpretado como un poderoso guerrero celestial, probablemente un arcángel) gobierna en la asamblea divina, ejecutará la venganza divina, regresará a las alturas celestiales y ofrecerá expiación por los hijos de la luz. A lo largo del 11Q13, en ocasiones se hace referencia a Melquisedec como Dios (*'ēl* o *'ĕlôhîm*) o se sustituye su nombre en lugar del nombre YHWH en la exégesis del autor. Por ejemplo, para Isaías 61:2 encontramos «el año de la gracia de Melquisedec» en lugar de «el año de la gracia de YHWH» y probablemente el autor se refiere a Melquisedec como «tu Dios» en su exégesis de Isaías 52:7. Así que Melquisedec era como mínimo visto como el representante divino por excelencia por el autor del 11Q13. Y lo que es más importante, *se le entendía como el destinatario al que Dios habla en el Salmo 110,* todo lo cual aumenta enormemente la probabilidad histórica de que Jesús pudiera haber utilizado de hecho la exégesis prosopológica para determinar que Dios se dirigía a él como el Cristo en su interpretación del mismo salmo; es decir, existe un precedente dentro del judaísmo contemporáneo de algo muy parecido a este tipo de lectura.

---

posteriores, véase David M. Hay, *Glory at the Right Hand: Psalm 110 in Early Christianity* (SBLMS 18; Nashville: Abingdon, 1973), 21-33; parte del material complementario se presenta en Donald Juel, *Messianic Exegesis: Christological Interpretation of the Old Testament in Early Christianity* (Filadelfia: Fortress, 1988), 137-9.

[38] En numerosos manuscritos de los Rollos del Mar Muerto se encuentra con frecuencia una breve cita de la escritura seguida de una glosa interpretativa señalada por una forma de la palabra «pésher». Las citas y las explicaciones pésher pueden estar vinculadas temáticamente o existir como un comentario corrido sobre un libro específico.

[39] Para las pruebas de que el autor del 11Q13 creía que Melquisedec era el destinatario en el Salmo 110, véase mi tratamiento más detallado en Matthew W. Bates, «Beyond *Stichwort*: A Narrative Approach to Isa 52,7 in Romans 10,15 and 11Q Melchizedek (11Q13)», *RB* 116 (2009): 387-414, aquí 390-4. Aunque puede tratarse de un fenómeno relacionado, no considero que los discursos en primera persona de 1QHymns (es decir, 1Q Hoyadoth) (etc.) sean exégesis prosopológicas, ya que la voz en primera persona no se ocupa predominantemente de la exposición escrituraria.

Lecturas teodramáticas cristianas del Salmo 110

El testimonio corroborante esencial que indica que los escritores evangélicos pretenden que interpretemos la versión sinóptica de Jesús del Salmo 110 de la forma teodramática descrita, y de hecho que podría ser plausible para el propio Jesús histórico, también puede encontrarse en interpretaciones posteriores de este pasaje en la Iglesia primitiva. Aquí me centro en las pruebas básicas de que los primeros cristianos leyeron el Salmo 110:1 (109:1 LXX) prosopológicamente y cómo atestiguan que esto implica la preexistencia de Jesús mientras conversaba con Dios (el Padre).[40] Dejaré para el capítulo 6 una discusión más completa de cómo los primeros intérpretes cristianos discernieron un diálogo entre el Padre y el Hijo sobre la coronación y conquista del Hijo en este salmo.

En consecuencia, el autor de los Hechos afirma que las palabras «Siéntate a mi diestra» no eran propias de David, dando a entender que, aunque fueron pronunciadas por David, éste hablaba prosopológicamente como profeta bajo la apariencia de Dios Padre a Jesús en su ascensión mucho antes de que naciera el Jesús terrenal de Nazaret (He. 2:33-5).[41] Justino Mártir es explícito y enfático al afirmar que las palabras del Salmo 109 LXX no fueron pronunciadas sobre Ezequías, como piensan algunos de sus oponentes judíos, sino que reflejan un diálogo divino en el que David, durante el tiempo en que el Cristo sólo preexistía, habló en la persona de Dios al Cristo aún no revelado.[42] Bernabé cree que David, en su capacidad profética, sabía que los futuros escépticos llamarían al Mesías simplemente el Hijo de David en contraposición al Hijo de Dios, y por ello David se dirigió a él en el Salmo 109:1 LXX como «mi Señor» para señalar que es necesariamente más que su propio vástago.[43] Sin embargo, además de

---

[40] En cuanto a la preexistencia y el teodrama del Salmo 109:3 LXX («desde el vientre materno, antes de que apareciera el lucero del alba, yo te engendré»), véanse los nn. 25 y 26 de este capítulo.
[41] Para las pruebas de que Hechos 2:33-5 implica una exégesis prosopológica, véase el tratamiento más completo en el cap. 6.
[42] Justino, *Dial.* 83; cf. 63. 3; 76. 7; 1 *Apol.* 45. 2-4.
[43] *Barn.* 12. 10; cf. ideas relacionadas en Ps-Clementine, *Hom.* 18. 13; Clemente de Alejandría, *Str.* 6. 15. De hecho, Bernabé considera Isaías 45:1 como un discurso en primera persona de Dios, que se dirige a una persona a la que identifica como «mi mesías, el Señor» (*ō Christō mou, kyriō*) — una persona cuya mano derecha sostiene Dios. Es decir, Bernabé toma este texto adicional como un discurso entre Dios y el Hijo de Dios (*Barn.* 12. 11; cf. Ireneo, *Epid.* 49), una lectura que el TM y la mayoría de los manuscritos de la LXX desautorizan en la medida en que este «mesías» se identifica explícitamente, no como «el Señor» sino como Ciro, el antiguo rey persa. Esta lectura desviada puede explicarse porque sólo hay una pizca de diferencia (¡literalmente!) entre la palabra griega para Señor, *kyrios*, y el nombre de Ciro, *kyros*. Además, es probable que aquí y en otros

Bernabé, Clemente de Roma e Ireneo afirman explícitamente que las palabras del Salmo 109:1 LXX fueron dirigidas por Dios al Jesús preexistente (como el Cristo que sería revelado posteriormente), y probablemente Melito de Sardis y Teófilo de Antioquía las entendieron de forma similar.[44] En la medida en que la Iglesia primitiva revela su postura interpretativa con respecto al Salmo 109 de la LXX, el testimonio coetáneo y posterior a una lectura teodramática en la línea que he sugerido para el Jesús sinóptico es coherente y cohesivo, todo lo cual es un poderoso testimonio a favor de la lectura prosopológica que he avanzado para el Salmo 109 de la LXX en Marcos 12:35-7.

* * *

En resumen, Marcos y los demás escritores sinópticos describen a Jesús realizando una sorprendente lectura prosopológica del Salmo 110 (Salmo 109 LXX), lo que indica que Jesús, al menos tal y como lo narran los evangelistas, creía que el Cristo preexistente —del que el propio Jesús era la encarnación humana— fue engendrado por Dios y sacado del vientre materno antes del amanecer de la primera mañana, hablando también de su sacerdocio eterno y de su futuro papel como poderoso gobernante. Tendremos más que decir sobre la exégesis teodramática del Salmo 110 y la aparición de estos papeles gemelos —sacerdote y rey conquistador— a medida que se desarrolle el libro. Si esta hipótesis es correcta, obsérvense las implicaciones trinitarias. Como mínimo, los escritores de los Evangelios nos animan a creer que Jesús habría deducido mediante la exégesis de las escrituras que Dios (el Padre), a través de una escritura redactada por el Espíritu Santo, le había hablado directamente después del alba de los tiempos sobre su origen antes de que comenzara el tiempo. Aunque debemos mantener la incertidumbre, la interpretación del Salmo 110 en los Rollos del Mar Muerto y en la Iglesia primitiva demuestra que es al menos plausible que esta representación de los escritores de los Evangelios sea fiel al

---

lugares Bernabé no se base en manuscritos bíblicos completos como los que se encontrarían en un rollo continuo, sino en colecciones de extractos (denominados frecuentemente *testimonia*), y éstos a menudo dan interpretaciones textuales que se desvían de la tradición manuscrita principal. Para un debate sobre la viabilidad de tal lectura, véase la subsección «Bloques absolutos» en el cap. 7.

[44] 1 *Clem.* 36. 5; Ireneo, *Epid.* 48-9 (cf. 85); *Haer.* 2. 28. 7 (cf. 3. 10. 5); Melito, *Pascha* 82; Frag. 15; Teófilo, *Autol.* 2. 10. Para un excelente estudio de la historia de la recepción cristiana del Salmo 110, véase Hay, *Glory*, 34-51 —aunque en mi opinión, Hay no está suficientemente en sintonía con la estrategia de lectura centrada en la persona que impulsa la exégesis escrituraria en gran parte de esta historia de la recepción.

Jesús histórico. Ahora, seguiremos explorando la forma en que las conversaciones divinas centradas en la persona iluminan el interior de la vida divina al inicio de los tiempos.

Un discurso relatado sobre el engendramiento divino —Salmo 2:5-9

El primer texto que hemos explorado en detalle —el Salmo 110 tal como se interpreta en Marcos 12:35-7— ofrece una fotografía instantánea de la manera en que los primeros cristianos, incluido el propio Jesús, llegaban a una solución mediante la persona al interpretar sus Escrituras. Un segundo texto temáticamente similar, el Salmo 2, también se leía teodramáticamente en la Iglesia primitiva.

El Salmo 2 contiene diversos cambios dialógicos no señalados, todos los cuales lo convirtieron en fruta madura para el arranque interpretativo teodramático de los primeros cristianos, pero existe cierto desacuerdo sobre el límite de esos cambios entre las antiguas tradiciones manuscritas hebrea y griega (el TM y la LXX respectivamente).[45] Los cambios dialógicos más críticos para nuestros propósitos se encuentran en el Salmo 2:5-9 LXX. Observe cuántas veces cambian el hablante y el destinatario en este breve pasaje:

> Entonces él [Dios] les hablará en su ira y en su furor los perturbará. Pero yo fui establecido rey por él sobre Sión, su monte santo, anunciando el decreto del Señor [Dios]. El Señor [Dios] me dijo: «Tú eres mi Hijo, hoy te he engendrado. Pídeme y te daré las naciones [como] tu herencia y los confines de la tierra [como] tu posesión. Las gobernarás con cetro de hierro; como vasija de barro las destrozarás». (Sal. 2:5-9 LXX)

---

[45] Por ejemplo, en el Salmo 2:3 hablan los reyes de la tierra, exhortándose unos a otros, y en 2:4-5 oímos que el Señor Dios se ríe, se burla y les habla. Luego, en el TM de 2:6 Dios pronuncia las palabras: «He consagrado a mi rey sobre Sión, mi monte santo». Pero en la LXX de 2:6, la identidad del hablante no puede ser Dios, ya que se hace referencia a Dios en tercera persona, sino que el hablante es *un «yo» no introducido al que Dios establece como rey*. Podemos deducir sobre la base de 2:2 que éste debe ser el ungido del Señor (el mesías) que está hablando ahora. Este ungido dice: «Yo fui establecido como rey por él sobre Sión, su monte santo» (Sal. 2:6 LXX). Sin embargo, en 2:7 para el TM se produce un cambio no anunciado en el hablante, y ahora encontramos concordancia entre el TM y la LXX en cuanto a que el hablante ya no es Dios, sino que es a este «yo» a quien se dirige el Señor Dios. Así, a pesar de la complejidad, tanto el TM como la LXX coinciden en última instancia en cuanto al hablante y el destinatario para cuando se produce el discurso crítico relatado: «El Señor [Dios] me dijo: "Tú eres mi Hijo"» (Sal. 2:7).

La lente y el ángulo desde los que se contempla esta conversación divina son ligeramente diferentes a los del Salmo 110, aunque se mantiene el énfasis en la preexistencia y el engendramiento divino.

El bautismo como afirmación de una conversación previa

Tal como lo describen los evangelistas, cuando Jesús fue bautizado en el Jordán por Juan, se abrieron los cielos, el Espíritu Santo descendió sobre Jesús en forma de paloma y se oyó una voz desde el cielo que decía: «Tú eres mi Hijo, el amado, en ti tengo complacencia» (Mc. 1:11; Lc. 3:22; texto occidental de Mt. 3:17) o menos directamente, «este es mi Hijo, el amado, en quien tengo complacencia» (Mt. 3:17).[46] La alusión al Salmo 2:7 LXX es bastante obvia —es ampliamente reconocida por la erudición bíblica actual—, entre otras cosas porque la alusión se hace enfática en algunas porciones de la tradición textual y la historia de la recepción temprana, que convierten las palabras en una cita directa del Salmo 2:7 LXX: «Tú eres mi Hijo, hoy te he engendrado».[47]

Sin embargo, lo que el grueso de la erudición bíblica pasa por alto es que, a menos que debamos sugerir que sus exégesis eran idiosincrásicas con respecto al resto de la Iglesia primitiva, los escritores evangélicos habrían buscado el significado de esta alusión reflexionando sobre el Salmo 2:7 mediante un proceso exegético centrado en la persona.[48] Más concretamente, la erudición neo-

---

[46] Para evitar repeticiones innecesarias, en lo esencial hablaré sólo del bautismo, si bien afirmo que el mismo argumento básico podría esgrimirse frente al Salmo 2:7 en la transfiguración (Mateo 17:5; Marcos 9:7; Lucas 9:35).

[47] Por ejemplo, «Tú eres mi Hijo, hoy te he engendrado» está atestiguado en el texto occidental de Lucas 3:22; Justino, *Dial.* 88. 8; 103. 6. Cf. el llamado Evangelio de los ebionitas recogido en Epifanio, *Pan.* 30. 13. 7-8, en el que la voz celestial hace dos afirmaciones separadas: «Tú eres mi Hijo, el amado, en ti me complazco» y «Hoy te he engendrado». La interpretación libre de las palabras que Jerónimo atestigua para *The Gospel of the Hebrews* es fascinante (Jerome, Comm. Isa. 4 por Wilhelm Schneemelcher [ed.], *New Testament Apocrypha* [trad. R. McL. Wilson; ed. rev.; Louisville, Ky.: Westminster John Knox, 1991], i. 177): «Hijo mío, en todos los profetas te estuve esperando para que vinieras y yo pudiera descansar en ti. Porque tú eres mi descanso; tú eres mi Hijo primogénito que reina para siempre». Hay otra alusión a Isaías 42:1 en las palabras bautismales (cf. también Gén. 22:2), sobre lo que véase la discusión posterior. Aunque esta conclusión está cayendo cada vez más en desgracia, algunos eruditos, especialmente de la generación pasada, rechazaron la idea de una alusión al Salmo 2:7 en el estrato más antiguo de las tradiciones sobre el bautismo/transfiguración basándose en una reconstrucción especulativa de la prehistoria de la tradición sinóptica —e.g. véase W. D. Davies y Dale C. Allison, *Jr. A Critical and Exegetical Commentary on the Gospel According to Saint Matthew* (3 vols.; ICC; Edimburgo: T&T Clark, 1988-97), i. 337-9.

[48] Aunque no aborda el Salmo 2:7 desde un ángulo prosopológico, ni hace hincapié en la naturaleza relatada del discurso del Padre al Hijo, Lee, *From Messiah to Preexistent Son*, 166-78, 278, hace

testamentaria anterior relativa a esta alusión en el bautismo y la transfiguración ha tendido a considerarla meramente como un discurso *directo* de Dios a Jesús que evoca el Salmo 2:7 de acuerdo con la narración superficial de los Evangelios, pero ha descuidado un dato absolutamente crucial.[49] Como se demostrará, para los primeros cristianos, el Salmo 2:7 no se consideraba simplemente como un discurso directo pronunciado por el Padre al Hijo, sino más bien como *un discurso dentro de otro discurso, originalmente pronunciado por el Hijo*, quien *revelaba las palabras que el Padre le había dirigido en un momento anterior*. Todo esto tiene implicaciones críticas para el desarrollo de la cristología y el dogma trinitario.

Jesús, la interpretación de las Escrituras y la formación de la identidad

¿Es posible que los evangelistas nos inviten a considerar que Jesús, tras el bautismo, habría intentado aclarar su propia identidad verdadera mediante una reflexión exegética deductiva centrada en la persona sobre el Salmo 2:7?[50] Es decir, a la luz de otros factores que sin duda pesaron

---

un intento especialmente meditado de reconstruir cómo las palabras del Salmo 2:7 pudieron influir en la autoconciencia de Jesús de su condición preexistente de Hijo de Dios.

[49] De hecho, ninguno de los comentarios críticos sobre los Evangelios sinópticos que consulté (revisé una veintena de comentarios, aunque mi búsqueda no fue en absoluto exhaustiva), ni ninguna de las varias obras importantes sobre cristología que examiné, identificaron la naturaleza *relatada* y no directa del discurso «Tú eres mi Hijo» del salmo como significativa para comprender su refracción en los Sinópticos para el retrato de la autocomprensión del propio Jesús. Sin embargo, como se mostrará —y creo que esto ayuda a demostrar la necesidad de conservar la *Wirkungsgeschichte* como horizonte histórico-crítico a la hora de evaluar el significado o los significados intencionados del autor—, a diferencia de la erudición moderna, los autores paleocristianos no sinópticos estaban muy en sintonía con su dimensión informativa, lo que aumenta la probabilidad de que también lo estuvieran los autores sinópticos. Esto lo pasan por alto incluso quienes se preocupan especialmente por incluir un debate sobre la historia de la recepción, e.g. Ulrich Luz, *Matthew* (trad. James E. Crouch; 3 vols.; Hermeneia; Minneapolis: Fortress, 2001-7), i. 143-6.

[50] La historicidad básica del bautismo de Jesús por Juan en el Jordán es afirmada casi universalmente por los eruditos debido al criterio de la vergüenza. Es extraordinariamente improbable que los primeros cristianos hubieran creado libremente una escena semejante, en la que una figura religiosa conocida y venerada como Juan el Bautista toma la delantera a Jesús en el bautismo. Además, dado que el bautismo de Juan está explícitamente destinado al arrepentimiento y al perdón de los pecados, y dado que Jesús era considerado sin pecado en la iglesia primitiva, los primeros cristianos podrían haberse sentido avergonzados por el bautismo de Jesús, ya que podría interpretarse como una autoadmisión de pecado y de su necesidad de limpieza. Así pues, la vergüenza es doble, lo que hace que la historicidad del episodio general sea extraordinariamente firme. Por supuesto, el valor histórico de algunos de los detalles del episodio, incluidas las palabras precisas pronunciadas desde el cielo, no son tan fáciles de evaluar. A la hora de emitir un juicio,

aún más, como la íntima relación de Jesús con su Abba-Padre en la oración y quizá una conexión más mística,[51] ¿podría ser que la meditación prosopológica sobre el Salmo 2:7 hubiera dado lugar a una creciente autorrealización de que él era la solución centrada en la persona a un enigma de las Escrituras? Aunque los evangelistas no han dejado ninguna afirmación definitiva que pueda corroborar firmemente el asunto en un sentido o en otro, una posible reconstrucción de la lógica de Jesús, tal como se presenta, sería:

> ***DIOS*** (hablando a ***JESÚS*** en el bautismo): Tú eres mi Hijo...
> ***JESÚS*** (pensando para ***SÍ***): Esas son las palabras que la persona —el «yo»— del segundo salmo relató que el Padre le había dicho *anteriormente*. Aparentemente, Dios está indicando con ello que yo corresponde al «tú», al destinatario. Pero, ¿quién es exactamente este destinatario según el salmo?
> ***JESÚS*** (pensando para ***SÍ***): En la época de David, este destinatario pudo comunicar de una conversación previa entre Dios y él mismo: «El Señor Dios *me dijo*: "Tú eres mi *Hijo*, hoy *te he engendrado"*», de modo que este «tú» fue engendrado como Hijo *antes* de la época del discurso si David es capaz de comunicarlo de esta manera.

Aunque la reconstrucción precisa de la lógica interna de Jesús tal como la he señalado aquí debe seguir siendo nada más que una cuestión de especulación, que el propio Jesús hubiera hecho algún tipo de deducción de engendrado-Hijo en relación con sus propias meditaciones escriturales es una propuesta histórica plausible.

Hay tres consideraciones que hacen que una deducción engendrado-Hijo basada en las Escrituras sea una propuesta razonable como factor, al menos menor, en el desarrollo de la conciencia de Jesús de Nazaret de su especial relación filial con el Dios de Israel. En primer lugar, dado que se señala a Jesús recibiendo este mensaje de «Tú eres mi Hijo...»

---

los intérpretes contemporáneos recurrirán inevitablemente a criterios atomistas o a macrohipótesis holísticas, como se ha expuesto al principio de este capítulo.

[51] La extraña afición de Jesús a dirigirse a Dios como «Abba» ha sido ampliamente señalada. Para un debate crítico sobre la relación especial de Jesús con Dios como Padre, véase Marianne Meye Thompson, *The Promise of the Father: Jesus and God in the New Testament* (Louisville, Ky.: Westminster John Knox, 2000). Una intimidad más mística entre Jesús y Dios Padre se insinúa quizá en el retrato que hace Lucas del niño Jesús en el templo. Jesús responde a la queja de su madre: «*Tu padre* [José] y yo hemos estado buscando ansiosamente», con la pregunta: «¿No sabían que era necesario que yo estuviera en la casa de *mi Padre*?» (Lc. 2:48-9).

desde el cielo *dos veces* —una en el bautismo y otra en la transfiguración—, la invitación que nos hacen los evangelistas de suponer que Jesús *meditó repetidamente* sobre los fundamentos escriturales de estas palabras a lo largo de los años de su ministerio activo, se ve sustancialmente reforzada. En otras palabras, los evangelistas nos presionan urgentemente hacia la conclusión de que cuando la iglesia primitiva recordaba a Jesús, sobre todo recordaba que su autoidentidad estaba ligada a esta convicción bíblicamente fundamentada de «Tú eres mi Hijo». Por lo tanto, aunque algunos hoy en día no estén dispuestos a aceptar los detalles históricos precisos de las palabras pronunciadas y los sucesos del bautismo y la transfiguración, no obstante, sería históricamente arriesgado, a excepción de pruebas convincentes de lo contrario, sugerir que el tenor básico de las convicciones generales del Jesús histórico, fueron sustancialmente mal recordadas en este punto.

En segundo lugar, aunque esta lógica de solución mediante la persona propuesta podría parecer demasiado compleja o ajena al Jesús sinóptico a primera vista, también hay que señalar que Jesús aparece realizando una exégesis muy similar del Salmo 110 en Marcos 12:35-7 y paralelos, como se demostró al principio de este capítulo. Y en capítulos posteriores se ofrecerán varios ejemplos adicionales para Jesús, por lo que el propio proceso de razonamiento escritural deductivo es razonable suponerlo para el Jesús histórico.

Considere también que, aunque la lógica exegética es algo compleja de explicar, resultaría un proceso bastante sencillo para el Jesús histórico si estaba acostumbrado a buscar una solución mediante la persona en el texto inspirado. No es necesario que Jesús dominara la teoría retórica grecorromana, ni siquiera que conociera conscientemente lo que hemos denominado exégesis prosopológica como estrategia de lectura distintiva.[52] Basta con que Jesús creyera que David, bajo la influencia inspiradora del Espíritu Santo (cf. Mc. 12:36), era capaz de adoptar una personalidad diferente cuando hablaba como profeta. En consecuencia, aquí, las palabras no son sólo de David, sino las palabras del Cristo preexistente, ya que el Cristo preexistente relata una conversación anterior que mantuvo con Dios Padre sobre su engendramiento y su filiación. En mi opinión, lo verdaderamente

---

[52] A la hora de evaluar si un lector antiguo podría haber sido consciente o no de la «exégesis prosopológica», hay que recordar que estamos hablando de una conciencia que se alinea con los supuestos y métodos propios de las descripciones emic antiguas de esta práctica de lectura, no con la nomenclatura etic moderna —véanse los nn. 59 y 61 en el cap. 1.

asombroso aquí no es la lógica exegética que Jesús pudo haber utilizado con respecto al Salmo 2 —aunque actualmente esté infravalorada por los eruditos de la solución mediante la persona era, no obstante, una técnica bastante común— sino la conclusión radical a la que la interpretación posiblemente ayudó a llevar a Jesús tal y como se le describe aquí, que preexistió de algún modo como Hijo de Dios, engendrado en un pasado muy lejano.[53]

Pasemos ahora a la tercera consideración. Podría ser tentador y bastante fácil descartar esta reconstrucción de la lógica interpretativa prosopológica del Jesús sinóptico con respecto al Salmo 2:7 como nada más que una fantasiosa hipótesis erudita si no fuese por la historia de la recepción del Salmo 2:7 en la iglesia primitiva. Como pretenden demostrar las secciones posteriores, autores coetáneos y ligeramente posteriores como el autor de Hebreos, Clemente de Roma, Justino Mártir, Ireneo, Tertuliano, Orígenes y el autor de Hechos (discutiblemente), todos coinciden en que así es precisamente como debe entenderse el Salmo 2:7 —como reflejo de la conversación entre el Cristo preexistente y el Padre. Y la continuidad hermenéutica en la interpretación de las Escrituras entre el Jesús histórico, los escritores sinópticos y la Iglesia primitiva es prima facie históricamente más probable que la discontinuidad.

Aunque los críticos bíblicos de los últimos siglos, en su prisa por divorciarse de las interpretaciones eclesiásticas tradicionales y reevaluar «el significado original» han fracasado con frecuencia a la hora de apreciar esta verdad, el valor de la interpretación posterior no es que aporte simplemente una pintoresca prueba anecdótica de cómo entendió la Iglesia posterior la tradición anterior, sino que es uno de los

---

[53] Si algún lector duda de que una persona histórica real (en la medida en que eso pueda medirse) pudiera creerse seriamente preexistente, una figura fundamental en los asuntos humano-divinos, el mesías o incluso divino, entonces le animo amablemente a que dedique un poco de tiempo a revisar las pruebas documentadas, ya que ha habido innumerables individuos de este tipo a lo largo de la historia que han creído tales cosas, incluidos varios de los contemporáneos judíos inmediatos de Jesús. Para una discusión compacta de numerosos ejemplos de la vida real, véase Allison, *Constructing Jesus*, 253-63. Respecto a los pretendientes mesiánicos reales judíos aproximadamente contemporáneos del Jesús histórico, véase Josefo, *Ant.* 17. 271-2, *B.J.* 2. 56, Hechos 5: 37 (Judas hijo de Ezequías); *Ant.* 17. 273-6 (Simón); *Ant.* 17. 278-85 (Atronges); *Ant.* 20. 169-71, *B.J.* 2. 261-3, Hechos 21: 38 («el falso profeta egipcio»); *B.J.* 2. 433-4 (Menahem); *B.J.* 2. 652-3, 5. 309, 5. 530-3, 7. 29-36 (Simón bar Giora), *j.Ta'anit* 4.8 68d (Bar Kochba). Para un tratamiento conveniente de estas fuentes primarias, véase Richard A. Horsley y John S. Hanson, *Bandits, Prophets, and Messiahs: Popular Movements at the Time of Jesus* (San Francisco: HarperSanFrancisco, 1985). Sobre el propio Jesús de Nazaret, véase Josefo, *Ant.* 18. 63-4; 20. 200, aunque por desgracia el primer pasaje contiene casi con toda seguridad interpolaciones (véase Meier, *A Marginal Jew*, i. 56-88).

horizontes *absolutamente esenciales* para reconstruir el significado original más probable. Toda reconstrucción histórica meditada implica hacer extrapolaciones a partir de un conjunto de datos incompletos trabajando hacia delante, hacia atrás y alrededor de un acontecimiento para asirlo, de forma parecida a como se utilizan unas pinzas curvas para agarrar una zanahoria resbaladiza de una ensaladera.

Un teodrama relatado dentro de un teodrama

Quiero mostrar que el Salmo 2:7 LXX fue leído prosopológicamente como perteneciente a una conversación sobre el engendramiento divino entre Dios Padre y el Hijo por una amplia variedad de cristianos primitivos, con el profeta David alternando entre la narración y la representación de papeles. Como tal, para los primeros cristianos, el escenario teodramático primario de esta conversación se sitúa en la entronización del Hijo («Fui establecido como rey»), pero dentro de la conversación hay un *discurso relatado* que encuentra un segundo escenario teodramático antes del amanecer de los tiempos (el Hijo dice: «El Señor Dios me dijo: "Tú eres mi Hijo, hoy te he engendrado"»), y es la dimensión relatada del discurso la que por encima de todo no ha sido suficientemente señalada por la erudición anterior.[54] En otras palabras, el teodrama primario se remonta a un momento anterior del teodrama. En apoyo de esta afirmación, examinaremos a continuación una serie de interpretaciones cristianas tempranas del Salmo 2:5-9 LXX, pero como resumen proléptico, los cambios característicos de las lecturas cristianas tempranas son:

> **DAVID** *mismo:* Entonces él [Dios] les hablará en su ira y en su furor los perturbará.
> *David en el prosopón de* **EL HIJO** (proporcionando la ocasión para el discurso directo en el marco teodramático «B»): Pero yo fui establecido como rey por él sobre Sión, su monte santo, anunciando el decreto del Señor [Dios].[55]

---

[54] Véanse mis observaciones en el n. 49 de este capítulo. Como intento demostrar, los primeros lectores cristianos estaban cuidadosamente atentos a la naturaleza relatada del discurso del Salmo 2:7, así como a las implicaciones teológicas.
[55] El participio activo singular masculino *diangellōn,* cuya mejor traducción literal es «al anunciar» o quizá «al promulgar», tiene un sujeto poco claro. Podría ser el Señor (Dios), pero esto es muy improbable porque esperaríamos «su decreto» (*to prostagma autou*), en lugar de «el decreto del Señor» (*to prostagma kyriou*) a la luz de la frase posesiva de la cláusula precedente, «su monte santo» (*oros to hagion autou*). También podría tratarse de un heraldo genérico no mencionado en

*David en el prosopón de **EL HIJO** (continuación):* El Señor [Dios] me dijo... [comienza DIÁLOGO ANUNCIADO].

DIÁLOGO ANUNCIADO (con **EL HIJO** relatando un diálogo previo entre ***DIOS PADRE*** *y **ÉL MISMO*** que ocurrió en el escenario teodramático «A»): Tú eres mi Hijo, hoy te he engendrado. Pídeme y te daré como herencia las naciones y como posesión tuya los confines de la tierra. Las gobernarás con cetro de hierro; como vasija de barro las harás añicos.

En última instancia, en el Salmo 2:7-9 es el que se declara Hijo el que habla, *comunicando* el discurso directo del Señor Dios; es decir, el Salmo 2:7-9 es un *discurso dentro* de un discurso en el salmo. *Es el Hijo* quien dice: «El Señor Dios me dijo: "Tú eres mi Hijo, hoy te he engendrado"» (Sal. 2:7 LXX), y cualquier acontecimiento relatado ocurrió necesariamente antes que el propio relato.

Una conversación relatada —historia de recepción

Hay abundantes pruebas de que los primeros cristianos eran conscientes de que las palabras pronunciadas por el Padre al Hijo son en realidad un *discurso relatado pronunciado en un momento muy temprano*; todo lo cual, sugiero, tiene importantes implicaciones para la cristología y el surgimiento del dogma trinitario, a saber, que no se pensaba que Jesús hubiera sido adoptado como Hijo de Dios, sino que se interpretaba exegéticamente como preexistente a su propia vida terrenal como Hijo. Así pues, mi afirmación de que los evangelistas sinópticos nos invitan a leer prosopológicamente la afirmación «Tú eres mi Hijo» (derivada del Salmo 2:7) en el bautismo y la transfiguración, encuentra un sólido apoyo en las interpretaciones afines de este texto por parte de otros autores de la Iglesia de los siglos I y II.

El origen de Hebreos, es difícil de datar con precisión, pero probablemente es anterior a 70 d.C. y, como máximo, justo antes de 96 d.C. (ya que en general se acepta que Clemente de Roma utilizó Hebreos), por lo que es aproximadamente contemporáneo de los

---

el texto, por lo que es mejor traducirlo por la voz pasiva en español —«cuando se promulgó el decreto del Señor»—, pero un referente interno al propio texto es más probable. Así que lo mejor es tomar al «yo», es decir, al que en última instancia se declara Hijo, como el hablante. En el TM el verbo imperfecto en primera persona (*'ăsappĕrā* —«relataré») hace explícito que el «yo» está hablando, lo que aumenta la plausibilidad de esta solución para la Septuaginta. Orígenes, *Comm. Jo.* 6. 196, coincide al declarar que las palabras del Salmo 2:6 fueron pronunciadas por David «en la persona de Cristo».

escritores de los Evangelios sinópticos. Además, el autor de Hebreos resuelve con frecuencia enigmas en el texto escriturario asignando diversas prosopopeyas como hablantes y destinatarios. Por ejemplo, al intentar mostrar la superioridad del Hijo sobre cualquier mero sacerdote humano, el autor cita el Salmo 2:7 de la siguiente manera: «Así también el Cristo no se honró a sí mismo para ser sumo sacerdote, sino que [fue honrado por] aquel que le dijo: "Tú eres mi Hijo, hoy te he engendrado"» (Heb. 5:5).[56] Así, el Cristo como Hijo es tomado como el destinatario teodramático a quien Dios habla, exactamente como he propuesto para Jesús tal como lo retratan los evangelistas sinópticos. Además, Dios no habla de este modo a meros ángeles, sino sólo al Hijo, como nos recuerda el autor mediante otra cita del Salmo 2:7 en Hebreos 1:5, al tiempo que añade la calificación absolutamente crítica de que estas palabras y otras —«Yo seré su Padre, y él será mi Hijo» (2 Sam. 7:14 LXX en Heb. 1: 5)— fueron dichas al Hijo por el Padre no en ocasión de su resurrección o entronización, sino en el momento o antes en que Dios ordenó a sus ángeles: «Que todos los ángeles de Dios le adoren» (Heb. 1:6 citando la LXX Deut. 32:43/Ps. 96:7). Es decir, en la encarnación o antes de ella, como explica además el autor mediante su fórmula introductoria, «*y de nuevo cuando Dios traiga a su primogénito al mundo*» (*hotan de palin eisagagē ton prōtotokon eis tēn oikoumenēn* —Heb. 1:6).[57] Así que la hipótesis de que los escritores evangélicos

---

[56] Obsérvese la íntima conexión entre el Sal. 2:7 LXX y un texto que ya hemos mostrado que pertenece a una conversación divina preexistente, el Sal. 109:4 LXX (en Heb. 5:5-6), todo lo cual sugiere que estos dos textos eran mutuamente interpretativos para el autor de Hebreos.

[57] Sobre la concurrencia en el aspecto temporal entre Heb. 1:5 y 1:6 forjada por las palabras que introducen la cita «y otra vez cuando Dios traiga», véase el útil análisis de Gareth L. Cockerill, *The Epistle to the Hebrews* (NICNT; Grand Rapids: Eerdmans, 2012), 104. Sin embargo, aun concediendo que la interpretación de la encarnación es gramaticalmente inobjetable, varios comentaristas recientes (e.g. Ellingworth, Lane y también Cockerill) han argumentado que en Hebreos 1:6 se contempla la entronización en el cielo en lugar de la encarnación, pero creo que esto es confundir los dos escenarios teodramáticos distintos (es decir, la entronización y el momento en, o antes de, la encarnación). Aunque la entronización sola es posible, es léxicamente bastante improbable concedido el rango común de significado de *oikoumenē* como el «mundo habitado» humano ordinario exclusivo de la esfera divina —véase BDAG s.v. οἰκουμένη def. 1. Si se ha de atribuir aquí un significado atípico «reino celestial», es necesaria una pesada carga de prueba, y esta carga no ha sido satisfecha por estos comentaristas. La probabilidad a favor del significado humano ordinario «mundo habitado» se duplica cuando se sopesa a la luz de la única otra ocurrencia de *oikoumenē* dentro del propio Hebreos, donde el mundo futuro se describe como «el mundo habitado que ha de venir» (*tēn oikoumenēn tēn mellousan* —Heb. 2:5). No es plausible que el autor de Hebreos calificara esta segunda instanciación de *oikoumenē* como «el mundo habitado que ha de venir» si la primera instanciación debía entenderse como algo distinto del mundo humano ordinario en tiempo presente —como señalan correctamente Harold W. Attridge, *The Epistle to the Hebrews* (Hermeneia; Minneapolis: Fortress, 1989), 55-6 y Gathercole, *The Preexistent Son*, 34, entre otros. También debe observarse que el autor exegeta sin ambigüedades

vieron dos escenarios teodramáticos en el Salmo 2:6-9 encuentra apoyo en este punto, con el autor de Hebreos afirmando que las palabras «Tú eres mi Hijo, hoy te he engendrado» (Sal. 2:7) fueron pronunciadas por primera vez por David en la persona del Padre al Hijo en o antes de la encarnación, para posteriormente ser relatadas por el Hijo en algún momento posterior. Esto sugiere que el autor de Hebreos vio operativos dos escenarios teodramáticos distintos. El escenario profético es durante el tiempo de David, que habló en la persona del Hijo en el momento de la entronización del Hijo, cuando el Hijo, que previamente había sido designado sumo sacerdote (Heb. 5:6 citando Sal. 109:4 LXX), fue instalado como sumo sacerdote (cf. Heb. 6:20) en el escenario teodramático «B». Sin embargo, mientras habla en carácter, el Hijo está mirando aún más atrás en el tiempo e informando de una conversación anterior que ocurrió en el momento de la encarnación o antes, en el escenario teodramático «A». Todo esto sustenta la idea de que la exégesis cristiana primitiva del Salmo 2:7 se consideraba que implicaba la preexistencia de Jesucristo.

Asimismo, Clemente de Roma, que probablemente es sólo ligeramente posterior a Mateo y Lucas, declara que el Maestro habló el Salmo 2:7-8 al Hijo (1 *Clem*. 36. 4), y en el contexto es probable que quiera decir que el Padre habló al Jesús preexistente como el Cristo a través de David, no al Jesús terrenal o entronizado, como en Hebreos.

Justino relata que la voz del cielo pronunció «las palabras que también había pronunciado David, cuando él, *en la persona* (*hōs apo prosōpou*) de Cristo dijo lo que más tarde le diría a Cristo el Padre: "Tú eres mi Hijo, hoy te he engendrado"».[58] Obsérvese que Justino considera que las palabras del salmo fueron pronunciadas por David *en el prosopón del Cristo preexistente*, ya que el Cristo preexistente *relata indirectamente* las palabras de Dios Padre; se identifica como *discurso informado* exactamente como he argumentado para Jesús tal como lo representan Marcos y nuestros otros primeros autores cristianos.

En resumen, los primeros autores cristianos determinaron sistemáticamente que David hablaba en la persona del Hijo, y que el Hijo *comunicaba* así del discurso de Dios (el Padre), que previamente se había dirigido a él como Hijo con estas palabras concretas, y al hacerlo, estos autores han presupuesto exegéticamente que Dios el Padre y Cristo el Hijo son *personas distintas* (*prosōpa*) que eran

---

según la línea de la encarnación en Hebreos 10:5-10, por lo que la posibilidad de una interpretación de la encarnación en 1:5-6 se refuerza aún más.

[58] Justino, *Dial*. 88. 8; trad. Falls.

capaces dentro de los límites de la economía divina de mantener un diálogo entre sí a través del profeta David unos 1,000 años antes del advenimiento del Cristo en la carne. Como Ireneo declara:

> Puesto que David dice: «El Señor me dice» [Sal. 2:7], es necesario afirmar que *no* es David ni ningún otro de los profetas, *quien habla desde sí mismo* —pues no es el hombre quien profetiza— sino [que] el Espíritu de Dios, *conformándose a la persona en cuestión*, habló en los profetas, produciendo palabras unas veces del Cristo y otras del Padre.[59]

Ireneo confirma que los primeros cristianos reconocían firmemente que el Salmo 2:7 era un *discurso transmitido* («David dice: "El Señor dice"»), y que tal reconocimiento se consideraba esencial para una interpretación adecuada. Cuando un profeta hablaba de este modo, el profeta a través del Espíritu estaba, como dice Ireneo, «*conformándose a la persona en cuestión*» y hablando «desde Cristo» o «desde el Padre», es decir, asumiendo un papel teodramático. De hecho, David no sólo podía hablar disfrazado del Padre y del Cristo, sino que estos interlocutores divinos eran capaces de hablar de acontecimientos que ocurrieron antes de que el propio David naciera; de hecho, de cosas que sucedieron en el inicio de los tiempos o antes.

Así, vemos que hay una plétora de pasajes coetáneos y posteriores que demuestran que el Salmo 2:7-8 se entendía prosopológicamente en la iglesia primitiva, con las palabras cruciales pronunciadas por primera vez no en la entronización (escenario teodramático «B»), sino en algún momento anterior (escenario teodramático «A»).[60] Entonces, ¿sobre qué base histórica legítima puede demostrarse como más probable que los escritores sinópticos pretendieran otra cosa? Podría decirse que estos

---

[59] Ireneo, *Epid.* 49, las mayúsculas y el énfasis son míos.
[60] En apoyo de este consenso, véase también Orígenes, *Comm. Jo.* 13. 5; Tertuliano, *Marc.* 3. 20. 3; 4. 22. 9. Una interesante, aunque idiosincrásica interpretación prosopológica del Salmo 2:7 (que permanece sólo como un subtexto y no se invoca explícitamente) la da el infame intérprete del siglo II Marción, que negaba que el dios creador del AT fuera realmente el Dios altísimo, afirmando en su lugar que Jesucristo (que sólo parecía tener un cuerpo humano material) había venido como embajador para revelar a este Dios altísimo previamente oculto. En consecuencia, Tertuliano, que pretendía refutar la interpretación de Marción, informa en *Marc.* 4. 22. 1 que Marción interpretó las palabras pronunciadas desde el cielo en la transfiguración, «Este es mi Hijo amado, escúchenlo» (cf. Mc. 9: 7), como pronunciadas por el antes desconocido Dios altísimo y no por el dios creador del AT. Según Marción, el Dios altísimo intentaba señalar con su «*escúchenlo*» que *sólo se debía escuchar a Jesús* como verdadero embajador del Dios altísimo, y (enfáticamente) *no* a Moisés y Elías, que pertenecen únicamente a la dispensación del dios creador inferior. Para más información sobre la exégesis prosopológica gnóstica, véase el cap. 7.

escenarios teodramáticos gemelos están presentes incluso en un texto muy temprano que, a primera vista, podría parecer indicar lo contrario.

Promesa y persona —Hechos 13:32-5

Un ejemplo sofisticado de interpretación teodramática se encuentra en el discurso de Pablo en la Antioquía pisidiana. Una lectura atenta de este texto da ricos dividendos:

> Lo que Dios prometió a los padres lo ha cumplido para nuestros hijos, habiendo resucitado a Jesús, como está escrito en el segundo salmo: «Tú eres mi Hijo, hoy te he engendrado» [Sal. 2:7 LXX]. Además, el hecho de que Dios lo resucitó de entre los muertos ya no destinados a convertirse en decadencia, lo declaró de esta manera: «te concederé los fieles decretos de David» [Isa. 55:3 LXX], porque también dijo en un salmo diferente: «no permitirás que tu Santo vea la decadencia» [Sal. 15:10 LXX]. (He. 13:32-5)

El autor de los Hechos continúa diciendo que David murió y experimentó la decadencia, pero que aquel a quien Dios resucitó, Jesús, no lo hizo (13:36-7), todo lo cual debilita enormemente la explicación tipológica estándar de Hays y otros, porque el punto es específicamente que la experiencia de David fue inconmensurable con las palabras pronunciadas por el salmista, pero la de Jesucristo no lo fue.[61] Tendremos más que decir sobre la forma en que el autor ha leído estos textos adicionales de Isaías y el Salterio en un momento. Primero quiero centrarme en la cita del Salmo 2:7.

El Salmo 2:7 en Hechos 13:32-3

Lo más importante que debemos reconocer es que, a pesar de las apariencias iniciales de lo contrario, probablemente *no* se presenta a Pablo citando el Salmo 2:7 en apoyo de la noción de que Jesús resucitó,

---

[61] Sobre la relación entre Hechos 2:22-36; 13:32-5; Heb. 1:5, 5:5; y otros pasajes, véase la sección «La coronación del Hijo» en el cap. 6. Una explicación tipológica exige *mimesis icónica*, es decir, que los acontecimientos comparados participen de una imagen común. Sin embargo, la cuestión en Hechos 13:36-7 es precisamente que el propio David *no puede* suministrar la imagen porque las palabras no corresponden a las propias experiencias de David. Sobre la necesidad de la mímesis icónica para lo que tradicionalmente se ha denominado «tipología», véase Frances M. Young, *Biblical Exegesis and the Formation of Christian Culture* (Peabody, Mass.: Hendrickson, 2002), 192-201; Bates, *The Hermeneutics of the Apostolic Proclamation*, 133-8.

sino más bien como una prueba específica de que «lo que Dios prometió a los padres lo ha cumplido para nuestros hijos»,[62] con sólo las citas posteriores como destinadas a apoyar la realidad de la resurrección del Hijo. A Pablo se le describe como fundamentando las dos partes de su única afirmación por separado y en orden, como si la única declaración fuera en realidad dos proposiciones separadas. Sostengo que la lógica del discurso de Pablo en esta coyuntura funciona así:

> *Proposición 1:* «Lo que Dios prometió a los padres lo ha cumplido para nuestros hijos».
> *Proposición 2:* «habiendo resucitado a Jesús»,
> *Evidencia sólo para la Proposición 1:* «como está escrito en el segundo salmo: "Tú eres mi Hijo, hoy te he engendrado"». (Sal. 2:7 LXX)
> *Evidencia para la Proposición 2:* «Además, que Dios lo resucitó de entre los muertos ya no destinados a convertirse en decadencia, lo declaró de esta manera...» (siguen citas de Isa. 55:3 de la LXX y Sal. 15:10)

Esta reconstrucción de la lógica del discurso de Pablo se hace probable por dos observaciones consideradas en conjunto. En primer lugar, en la fase inicial del discurso de Pablo, *la promesa* de que vendrá un salvador de la descendencia (*sperma*) de David ocupa un lugar central (véase He. 13:22-4). Dado que esta promesa de una descendencia davídica es la única que se menciona en el discurso, la promesa davídica inicial y no la resurrección es el antecedente natural

---

[62] Las traducciones contemporáneas ocultan serias dificultades de crítica textual en Hechos 13:33. El texto griego preferido por la 27ª edición de Nestle-Aland, la edición griega utilizada por casi todas las traducciones modernas, dice *tois teknois [autōn] hēmin* («por sus hijos, por nosotros»), pero esto sólo está muy débilmente atestiguado en los manuscritos antiguos. En los mejores manuscritos griegos leemos *tois teknois hēmōn* («para nuestros hijos»). Muchos eruditos consideran que esto carece de sentido, ya que parece excluir el horizonte actual de cumplimiento, y prefieren sugerir un error en la propia gramática de Lucas o una corrupción de los primeros escribas en la que se pretendía *hēmin* («para nosotros»), pero se escribió *hēmōn* («nuestros») en el texto. Considero que la preocupación por la coherencia sistemática de Lucas es un criterio inadecuado en este caso (en parte porque se detecta de forma tan hiperactiva y se aplica de forma tan leñosa), especialmente dadas las abrumadoras pruebas externas a favor de *tois teknois hēmōn* («para nuestros hijos»). Por lo tanto, me pongo del lado de los manuscritos antiguos frente a la mayoría de los eruditos contemporáneos. De acuerdo con mi decisión textual, véase Mikeal C. Parsons y Martin M. Culy, *Acts: A Handbook on the Greek Text* (Waco, Tex.: Baylor University Press, 2003), 261. Para más información, véase Bruce M. Metzger, *A Textual Commentary on the Greek New Testament* (2ª ed.; Nueva York: Sociedades Bíblicas Unidas, 1994), 362.

de la cita del Salmo 2:7, como deja claro su introducción, «lo que Dios *prometió a los padres*».[63]

En segundo lugar, el hecho de que la cita del Salmo 2:7 se refiera únicamente a la promesa inicial relativa a la descendencia de David, no a la resurrección, resulta evidente por la introducción a la cita que sigue inmediatamente a la cita del Salmo 2:7, es decir, la introducción a Isaías 55:3 LXX, que dice: «*Además de que* lo resucitó de entre los muertos... se afirma de esta manera». El «además de que» (*hoti de*) es mejor tomarlo como señalando un pequeño cambio de tema hacia la resurrección en la presentación de la evidencia por parte de Pablo —implicando que la cita precedente, Salmo 2:7 LXX, *no estaba directamente dirigida al tema de la resurrección,* sino que las citas que siguen lo estarán— Isaías 55:3 LXX y Salmo 15:10 LXX.[64] Así, el Salmo 2:7 se cita como prueba de que la promesa hecha a los padres sobre la provisión de una descendencia davídica se ha cumplido realmente, no en apoyo de la adopción de Jesús como mesías en el momento de la resurrección o la entronización.[65]

---

[63] A mi juicio, esta propuesta tiene mucho más sentido que la sugerencia de F. F. Bruce, *The Acts of the Apostles: The Greek Text with Introduction and Commentary* (3ª ed.; Grand Rapids: Eerdmans, 1990), 309, y C. K. Barrett, *A Critical and Exegetical Commentary on the Acts of the Apostles* (2 vols.; ICC; Londres: T&T Clark, 1994-8), i. 645, de que aquí el verbo *anastēsas* significa «traer [a Jesús] al escenario de la historia» (frase de Barrett) en lugar de su significado habitual respecto a Jesús de resucitar de entre los muertos. La sugerencia de Barrett es posible, por supuesto, si se leen ciertos textos sin connotación de resurrección (cf. He. 3:22, 26; 7:37), pero es manifiestamente poco probable a la luz del uso habitual de este verbo y sus cognados en Lucas-Hechos con referencia a Jesús (e.g. Lc. 24:7, 46; He. 2:24, 32; 10:41; 13: 34; 17:3, 31). Además, el versículo que sigue inmediatamente, Hechos 13:34, se refiere enfáticamente a la resurrección utilizando el mismo verbo («lo resucitó [*anestēsen*] de entre los muertos») que en 13:33, lo que hace extraordinariamente improbable que Hechos 13:33 no se refiera también a la resurrección de Jesús.

[64] El autor de Lucas-Hechos utiliza exactamente esta construcción «además de que» (*hoti de*) sólo en otro lugar, Lucas 20:37, donde también señala un cambio tópico menor que funciona para mostrar que una creencia específica está justificada a la luz de las pruebas escriturales, al igual que sostengo que hace en Hechos 13:34. Cf. Gálatas 3:11 para un uso semánticamente comparable.

[65] Se ha convertido en norma sugerir que Hechos 13:32-3 apoya la idea de que para los primeros cristianos, Jesús se convirtió en el mesías o «Hijo de Dios» sólo en la resurrección, no preexistiendo como tal, todo lo cual equivale a adopcionismo (aunque esa palabra específica sea a veces evitada deliberadamente por los intérpretes modernos debido a sus connotaciones heterodoxas). E.g. Richard I. Pervo, *Acts: A Commentary* (Hermeneia; Minneapolis: Fortress, 2009), 338-9; Joseph A. Fitzmyer, *The Acts of the Apostles: A New Translation with Introduction and Commentary* (AB 31; Nueva York: Doubleday, 1998), 516-17; Ehrman, *How Jesus Became God*, 225-6. Sin embargo, en vista de la lectura prosopológica empleada por los primeros cristianos (junto con las pruebas adicionales del contexto y la sintaxis griega ya presentadas), no creo que el adopcionismo pueda demostrarse aquí como probable. Para el debate, véase la sección «Cristología no adopcionista» de este capítulo.

Isaías 55:3 y Salmo 16:10 en Hechos 13:34-5

Como una nueva propuesta adicional para que la consideren otros eruditos, quiero sugerir que la vinculación de Isaías 55:3 LXX y el Salmo 16:10 (15:10 LXX), los siguientes textos de la cadena en Hechos 13:34-5, involucra una serie compleja de maniobras prosopológicas que merece más atención:

> Por otra parte, el hecho de que Dios lo haya resucitado de entre los muertos destinados a no volver más a la decadencia, lo declaró de esta manera: «Te concederé los fieles decretos de David» [Isa. 55:3 LXX], porque también dijo en un salmo diferente: «No permitirás que tu Santo vea la decadencia» [Sal. 15:10 LXX]. (He. 13:34-5)

En cuanto al primer texto citado, Isaías 55:3 LXX, que, para proporcionar contexto, cito junto con los vv. 4-5, observe cuántos cambios de hablante y destinatario se presentan:

> «*Te concederé* [en plural] los fieles decretos [*que prometí*] a David. 4 Mira, *lo he dado* como prueba a las naciones, como gobernante y comandante a las naciones». 5 «Naciones que no *te* conocían *[singular]* te invocarán, y pueblos que no *te* conocían huirán a *ti* en busca de refugio, por amor a *tu Dios*, el Santo de Israel, porque él te ha glorificado». (Isa. 55:3-5 LXX)

Isaías 55:3 LXX es el versículo citado por el autor de los Hechos, pero yo sostengo que este versículo ha sido interpretado por nuestro autor utilizando la solución mediante la persona aplicada a Isaías 55: 3-5. El autor de los Hechos identifica a varios personajes: Dios Padre («Yo») está hablando a un grupo de personas —«ustedes» (plural)— sobre la actualización de la promesa davídica a través de una *tercera* persona («él») que servirá como «prueba» (*martyrion*) a las naciones, ya que esta tercera persona ha sido proporcionada como «gobernante y comandante a las naciones» (55:4).

Sin embargo, intrigantemente, observe que a partir de Isaías 55:5 el «ustedes» al que se dirige cambia del plural al singular, y que ahora se hace referencia a Dios en tercera persona mientras que anteriormente Dios era el interlocutor en primera persona. En Isaías 55:5 los interlocutores han cambiado. *Dios ya no se dirige a un grupo, sino que otra persona se dirige a un individuo.* El lector debe emprender la solución mediante la persona para proporcionar identificaciones adecuadas.[66]

Sugiero que lo más probable es que el autor de los Hechos utilizó la solución mediante la persona al interpretar Isaías 55:3-5 en respuesta a estos cambios radicales de interlocutor y destinatario en el texto, de modo que el «ustedes» colectivo de Isaías 55:3, el pueblo de Dios, se identifica ahora como el interlocutor en primera persona en Isaías 55:5, que está hablando a un nuevo individuo, diciendo: «Naciones que no te conocían [en singular] te invocarán, y pueblos que no te conocían huirán a ti en busca de refugio, por amor a tu Dios, el Santo de Israel, porque él te ha glorificado» (Isa. 55:5 LXX).

Podríamos resumir esta compleja maniobra prosopológica sugiriendo que el discurso de Pablo parece presuponer las asignaciones de la siguiente prosopa como solución del autor para leer Isaías 55:3-5 LXX:

DIOS (hablando a ***ISRAEL CORPORATIVO***): *Les* concederé [en plural] los fieles decretos que prometí a David. Mira, le he dado [i.e., al que se erige como cumplimiento de esos fieles decretos, la simiente davídica] como prueba a las naciones, como gobernante y comandante a las naciones. (Isa. 55:3-4 LXX)
ISRAEL CORPORATIVO (hablando ahora directamente al «***ÉL***» que acabamos de mencionar, es decir, a la simiente davídica): Naciones que no *te* conocían [singular] te invocarán, y pueblos que no *te* conocían huirán a *ti* en busca de refugio, por causa de tu Dios, el Santo de Israel, porque él *te ha* glorificado. (Isa. 55:5 LXX)

Si esta reconstrucción es correcta, entonces el seguimiento que se presenta a Pablo de su afirmación isaiánica: «Te concederé [en plural] los fieles decretos que prometí a David» (Isa. 55:3 LXX) en su discurso de Hechos 13:34 tiene un sentido lúcido, en la medida en que el singular «él» mencionado en el versículo isaiánico posterior (Isa. 55:4 LXX), aquel sobre el que se profetiza que será glorificado por Dios a su debido tiempo, el vástago davídico identificado aquí como Jesucristo, es el verdadero objetivo, aunque su identidad sea transida momentáneamente por el autor de Hechos.[67] Él es quien se erige en cumplimiento de los fieles decretos que Dios prometió a David.

---

[66] Cf. Tertuliano, *Marc.* 3. 20. 5-7.
[67] Sobre la transunción y la reconstitución de los contextos escriturales en la cita, véase Hays, *Echoes of Scripture*, 20-4. La aplicación es mía.

Así, cuando encontramos que a Pablo se le describe como una continuidad, «porque Dios también dijo en un salmo diferente: "No permitirás que tu Santo vea la decadencia"» (Sal. 15:10 LXX), hay continuidad entre el «*él*» transumido en el contexto cercano de la primera cita y la referencia al «Santo» en la segunda, de modo que la misma persona, el heredero davídico, el Cristo, ha sido identificada como el referente en ambos casos por el autor de los Hechos cuando se reconstituye la transunción.[68]

Exégesis prosopológica en Hechos 13:32-5

En resumen, en la cadena de tres citas de Hechos 13:32-5, la combinación de la segunda y la tercera cita sirve de garantía colectiva a la afirmación de que Dios resucitó a Jesús, con Pablo retratado identificando a Jesús como el prosopón al que el pueblo se dirige como «tú» en Isaías 55:5 LXX, es decir, el «*él*» mencionado en Isaías 55:4 LXX, así como tomando a Jesús como el Santo que no verá decadencia en el Salmo 15:10 LXX. Mientras tanto, en la primera cita de Hechos 13:33 las palabras «Tú eres mi Hijo, hoy te he engendrado» no se refieren a la adopción de Jesús en el momento de su resurrección o entronización celestial, sino que se dan como prueba de que hacía mucho tiempo Dios había hecho una promesa a los antepasados judíos sobre una descendencia davídica. Sugiero, por tanto, que, a falta de pruebas que demuestren lo contrario, es probable la continuidad interpretativa entre el autor de los Hechos y los demás intérpretes cristianos primitivos del Salmo 2:7 LXX, por lo que lo más probable es que el autor de los Hechos considerara el Salmo 2:7 LXX como el discurso relatado de David, que se consideraba que hablaba prosopológicamente como profeta desde la persona de su propio vástago futuro, el Cristo.

Cristología no adopcionista

En cuanto a las interpretaciones cristianas primitivas del Salmo 2:7, hay una implicación corolaria que es de suma importancia para la cristología y el desarrollo del dogma trinitario. Cualquier diálogo relatado debe haber ocurrido *antes* que el propio relato. Si le digo a mi

---

[68] Obsérvese la presencia de la palabra griega *hosios* («perteneciente a lo divino») tanto en Isaías 55:3 LXX y en el Salmo 15:10 LXX como una *Stichwort* que proporciona una conexión lingüística natural entre las dos citas.

mujer: «Kent me ha dicho: "tenemos que reunir a nuestras familias para hacer una barbacoa"», entonces se da necesariamente el caso de que mi conversación con Kent se produjo antes de mi conversación con mi mujer. Aquí se da la misma situación. Es decir, junto con todos los demás lectores cristianos primitivos encuestados anteriormente, el autor de Hechos muy probablemente había determinado que en el Salmo 2 David había hablado proféticamente desde el prosopón de su propio futuro vástago, el mesías, desde dentro del escenario teodramático «B» (la entronización del Hijo), momento en el que este vástago davídico había informado de una *conversación previa* con Dios (el Padre) acerca de su engendramiento divino, un diálogo que había tenido lugar algún tiempo *antes* en el escenario teodramático «A»: «Tú eres mi Hijo, hoy te he engendrado». Se consideraba que este discurso del Señor Dios al Hijo había sido pronunciado antes del momento en que el Hijo fue establecido como rey, porque se dice que este último fue la ocasión del discurso relatado (cf. Sal. 2:6). De hecho, para los primeros lectores cristianos, este paso profético de David en el personaje se había producido una miríada de años antes de que el teodrama se actualizara con la resurrección o entronización celestial de Jesús. Aunque la certeza es cuestionable en cualquier reconstrucción histórica, esta propuesta tiene el mérito de la congruencia hermenéutica con otras interpretaciones del Salmo 2:7 LXX en la iglesia primitiva, como ya se ha examinado anteriormente, por lo que yo sostendría que es la hipótesis más probable.

El hecho de no observar que la iglesia primitiva, cuando se discute el asunto, identificó sistemáticamente *la naturaleza indirecta y reportada* del discurso del Salmo 2:7 ha contribuido a lo que yo consideraría una conclusión errónea por parte de algunos eruditos bíblicos respecto al desarrollo de la cristología. Principalmente sobre la base de reconstrucciones de cómo encaja el Salmo 2:7 en la configuración de la vida de la iglesia primitiva, algunos especialistas que trabajan en la cristología primitiva han determinado que la cristología de la iglesia naciente era originalmente adopcionista, especialmente a la luz de diversas fuentes del antiguo Oriente Próximo que indican que el rey tras su coronación era adoptado como hijo del Dios Altísimo, hijo de un dios patrón o hijo de los dioses.[69] De hecho, debo afirmar que la idea de la adopción divina en sí no es inverosímil para la época del Nuevo Testamento porque al emperador romano

---

[69] Véase esp. Yarbro Collins y Collins, *King and Messiah*, 10-15, 117, 127.

reinante a veces se le llamaba «hijo de dios» (*divi filius*) una vez que su padre (generalmente adoptivo) era declarado dios póstumamente por decreto del Senado.[70] Así pues, el problema no es que la adopción como hijo de dios sea ajena al entorno cultural más amplio. Más bien, la dificultad estriba en que el Nuevo Testamento y otras fuentes primitivas no apoyan adecuadamente este modelo específico con respecto a Jesús y el Dios de Israel. No obstante, a la luz de este entorno cultural más amplio, los que se adhieren a este modelo adopcionista sugieren que, para los primeros cristianos, Jesús no preexistía como Hijo de Dios, ni se le consideraba Hijo de Dios desde antes del alba de los tiempos, sino que se convirtió en Hijo de Dios cuando, tras su resurrección o en conjunción con ella, fue adoptado y entronizado a la diestra. Como tal, «Hijo de Dios» fue originalmente un título mesiánico sin fundamento en la realidad preexistente. En una fecha posterior, a medida que se desarrollaba el dogma, según estos eruditos, el momento original de la adopción se retrasó, de modo que entonces se afirmó que Jesús había sido adoptado por Dios en el momento de su bautismo. Aún más tarde, a medida que la cristología progresaba en la iglesia en expansión, Jesús fue identificado posteriormente como el Hijo *preexistente* y *eternamente* engendrado de Dios.[71]

Sin negar las connotaciones reales y el trasfondo del antiguo Oriente Próximo de la adopción real en el *Sitz im Leben* original del Salmo 2, al mismo tiempo debemos tener cuidado con el peligro de hacer hincapié en los orígenes putativos y el entorno cultural general (incluida la divinización del emperador) por encima de las lecturas explícitas contemporáneas de los primeros cristianos de este texto.[72] El

---

[70] Generalmente, este decreto de «hijo de Dios» sólo se otorgaba oficialmente tras la muerte del emperador-padre, como ocurrió con Octavio y Tiberio. Sin embargo, a medida que la afirmación *divi filius* se hizo cada vez más común, individuos más descarados reclamaron el título después de la adopción, pero antes de la muerte del emperador-Padre (e.g. Nerón hizo esta reclamación antes de la muerte de Claudio). Véase Michael Peppard, *The Son of God in the Roman World: Divine Sonship in Its Social and Political Context* (Nueva York: Oxford University Press, 2011), 46-7, 77-80.

[71] Para esta reconstrucción básica del desarrollo de la cristología, véase Dunn, *Christology in the Making*, esp. pp. 33-6, 46-60, 251-8; Yarbro Collins y Collins, *King and Messiah*, esp. pp. 204-13; Ehrman, *How Jesus Became God*, esp. pp. 236-82; Peppard, *The Son of God*, 14-28, esp. 132-6. Estos eruditos están sintetizando un punto de vista más antiguo —e.g., véase Barnabas Lindars, *New Testament Apologetic: The Doctrinal Significance of the Old Testament Quotations* (Filadelfia: Westminster, 1961), 139-44; John H. Hayes, «The Resurrection as Enthronement and the Earliest Church Christology», *Int.* 22 (1968): 333-45.

[72] Este es el paso en falso que, a mi juicio, da Peppard, *The Son of God*. Peppard sí demuestra con éxito que la adopción no implicaba un estatus social bajo en la antigüedad, pero si la cristología adopcionista es ilusoria en el NT, entonces esto es una pista falsa cuando se aplica. Peppard sostiene que Marcos está imitando (y, por tanto, subvirtiendo) la ideología imperial romana en la

hecho es que *los estratos más antiguos* de la literatura cristiana que poseemos o que incluso podemos reconstruir de forma fiable —e.g. las cartas de Pablo y la tradición prepaulina que a veces puede detectarse en ellas— nunca hablan de la adopción de Jesús e insisten en que Jesús preexistía como Hijo.[73]

Si la preexistencia no adopcionista es demostrablemente probable en el estrato más antiguo —y yo creo que lo es—, entonces resulta bastante absurdo argumentar que tales ideas se desarrollaron gradualmente.[74] Además, la cristología adopcionista, en la medida en que se basa en el Salmo 2:7-9 (que es invariablemente el eje de la reconstrucción adopcionista) es bastante inverosímil dada la estrategia

---

escena bautismal al presentar a Jesús, y no al emperador, como el Hijo adoptivo de Dios, pero discrepo de sus conclusiones por las siguientes razones. (1) Peppard resta importancia al trasfondo veterotestamentario de las palabras pronunciadas por Dios durante el bautismo (pp. 93-8), pero esto me parece ilegítimo. Tenemos pruebas indiscutibles de que Marcos recurrió con frecuencia a fuentes e imágenes del AT. Rikk E. Watts, «Mark», en Greg K. Beale y D. A. Carson (eds.), *Commentary on the New Testament Use of the Old Testament* (Grand Rapids: Baker Academic, 2007), 111-249, aquí 111, cuenta sesenta y nueve referencias o alusiones al AT. Pero no tenemos ninguna prueba definitiva de que Marcos estuviera contrarrestando las afirmaciones imperiales adoptivas de *divi filius*, lo que hace que la jugada de Peppard sea históricamente improbable. (2) Peppard no aporta ninguna prueba inequívoca de que Jesús sea considerado Hijo *adoptivo* de Dios en Marcos ni en ningún otro lugar del NT (es revelador que la primera prueba firme de una cristología adopcionista que Peppard puede aportar pertenezca a Teodoto, que estuvo activo a finales del siglo II [p. 147]). Gran parte de las pruebas de Peppard (algunas de las cuales se extralimitan a pesar de todo, pp. 123-31) podrían explicarse igualmente dentro de la categoría de la filiación *no adoptiva* y la elección. (3) Peppard utiliza ocasionalmente la religión comparada de forma cuestionable para promover su tesis adoptiva —e.g., equiparando directamente el *genio/numen* en el contexto romano con el Espíritu en el judeo-cristiano (p. 114). (4) Peppard no tiene en cuenta la dimensión informativa del Sal. 2:7 tal como se interpretaba en la Iglesia primitiva y el peso de la probabilidad a favor de una metáfora relativa a la procreación natural frente a la adopción («Hoy te he engendrado» —*egō sēmeron gegennēka se*— cf. Sal. 109:3 LXX). (5) Peppard (pp. 19-21, 133-40) acepta esencialmente el esquema cristológico de desarrollo hacia atrás de Dunn, pero hay serios problemas con el método y los resultados de Dunn (véanse los nn. 31 y 32 de este capítulo).

[73] Sobre los textos que indican la preexistencia en Pablo, véase el n. 32 de este capítulo; la tradición prepaulina puede discernirse en Rom. 1:3-4; Flp. 2:6-11; para una discusión compacta, véase Larry W. Hurtado, *Lord Jesus Christ: Devotion to Jesus in Earliest Christianity* (Grand Rapids: Eerdmans, 2003), 118-26. Si la adopción era realmente una categoría cristológica crítica en la Iglesia primitiva, ¿por qué se dice que el pueblo de Dios es adoptado en varios textos (e.g. Rom. 8:15, 23; 9:4; Gál. 4:5; Ef. 1:5), pero nunca se dice tal cosa de Jesucristo? Peppard, *The Son of God*, 139-40, afirma que dicha evidencia adoptiva está presente de hecho como una metáfora mixta en el *prōtotokos* (literalmente «primogénito») de Romanos 8:29 con respecto a Jesucristo, pero es revelador que no sea capaz de ofrecer ninguna prueba que favorezca de forma exclusiva la adopción frente a la categoría más común del nacimiento natural. En otras palabras, sólo porque *prōtotokos* podría implicar adopción en la época del NT (un punto que no discuto) cuando señales muy específicas indican que el término está siendo movilizado más allá de su uso ordinario, esto no demuestra la probabilidad en una instanciación dada concedida a la excepcionalidad de esta aplicación.

[74] Véase «Encarnación y entronización —Romanos 1:3-4» y «La coronación del Hijo» en el cap. 6.

de lectura centrada en la persona que la iglesia primitiva empleó expresamente, porque el discurso, «Tú eres mi Hijo, hoy te he engendrado», se leyó como si ocurriera antes de la entronización, momento en el que el Hijo comunicó posteriormente estas palabras pronunciadas previamente. Como se ha evidenciado anteriormente y como se tratará más adelante en el capítulo 6 con respecto a la entronización, la iglesia primitiva, al menos en la medida en que revela su postura interpretativa, atestigua de forma coherente que estas palabras fueron pronunciadas entre el Padre y el Hijo en el tiempo anterior al comienzo de los tiempos.[75]

En «ti» me complazco —Isaías 42:1

Hemos analizado la función del Salmo 2:7 LXX como parte de las palabras pronunciadas desde el cielo en el bautismo de Jesús («Tú eres mi Hijo, el amado, en ti me complazco»), pero la mayoría de los eruditos coinciden en que hay al menos otra alusión en estas palabras. Dios es quien habla en Isaías 42:1 LXX, y describe a Israel como «mi elegido» (*ho eklektos mou*) diciendo: «mi alma lo ha acogido».

Dios continúa hablando en Isaías 42:1 LXX, «he puesto mi espíritu sobre él, traerá justicia a las naciones», por lo que existe un vínculo conceptual en este texto isaiano con la forma en que el Espíritu viene a posarse sobre una persona designada y aprobada, y la escena bautismal. La alusión es aún más explícita en la descripción que hace Lucas de la transfiguración (9:35), donde aparece el lenguaje «elegido» (*ho eklelegmenos*). Tendremos ocasión de volver a Isaías 42:1-9 en el capítulo 3, pero observe bien lo propicio que es este pasaje para una interpretación prosopológica, con Dios Padre hablando del siervo en tercera persona en 42:1-4, pero inexplicablemente en 42:5-7 Dios empieza a dirigirse a una figura misteriosa no presentada en segunda persona como «tú». El lector debe suministrar la identidad de este «tú», tratando de explicar a qué personaje se dirige ahora el Señor Dios. En resumen, el proceso interpretativo centrado en la persona que se refleja en la alusión a Isaías 42:1 en el bautismo se parece mucho a lo que he

---

[75] En la controversia arriana del siglo IV todas las partes principales estuvieron de acuerdo en que el Hijo fue engendrado antes de la creación (como en las exégesis prosopológicas exploradas en este capítulo), pero Arrio no estuvo de acuerdo en que el Hijo fuera engendrado eternamente, declarando célebremente: «antes de que él [el Hijo] fuera engendrado o creado o definido o establecido, no era» (Carta de Arrio a Eusebio de Nicomedia 5; trad. Rusch). Así pues, el Credo niceno es un avance clarificador al afirmar que el Padre es la causa eterna del Hijo y no meramente la causa anterior a la creación del resto del cosmos.

sugerido para el Salmo 2:7, reforzando la interpretación teodramática que se ha propuesto.

* * *

Así, en la exégesis prosopológica del Salmo 2:5-9 en la iglesia primitiva aprendemos que Jesús como el Cristo es preexistente y engendrado por el Dios altísimo, aunque a diferencia del Salmo 109:3 LXX, aquí no se dice nada sobre la forma en que el Hijo fue engendrado «desde el vientre». Asimismo, las señales temporales en los dos textos son diferentes —aunque no incompatibles—, ya que el Salmo 109:3 LXX sitúa el engendramiento antes de la estrella matutina que anuncia el amanecer y el Salmo 2:7 LXX declara que el engendramiento ocurrió «hoy», siendo el «hoy» algún momento anterior al escenario teodramático de la entronización de Cristo. Así pues, lo mejor es concluir que, para la mayoría de los primeros lectores cristianos, estos dos discursos, entendidos el uno a la luz del otro, se habrían tomado como referidos a conversaciones posteriores al inicio del tiempo sobre *un mismo acto de engendramiento preencarnacional*. De hecho, encontramos que el Salmo 2 y el Salmo 109 LXX son hechos para relacionarse mutuamente por un número de cristianos primitivos (e.g. Heb. 5:5-6; 1 *Clem.* 36. 4-5; Ireneo, *Epid.* 49), y estos salmos, como se discutirá más adelante en el Capítulo 6, también fueron juzgados como pertinentes a la entronización, así como a la consumación final.

«*Hagamos*»: la pluralidad divina en la creación

La cuestión de la pluralidad divina a través de los plurales en primera persona de Génesis (e.g. «*Hagamos* al hombre a *nuestra* imagen» — 1:26; cf. 2:18 LXX; 3:22; 11:4, 7) ha sido muy discutida desde casi todos los ángulos imaginables, incluidas las posibilidades binitarias o trinitarias.[76] Y no importa cuál sea el trasfondo más probable del antiguo Oriente Próximo para estas proclamaciones, ya sea el «nosotros real», la dirección del Dios principal a su consejo divino, o la proclamación del Dios altísimo a sus siervos angélicos (favorecida por la mayoría de los comentaristas contemporáneos, así como por Filón), o una declaración de autodeliberación divina, está extraordinariamente

---

[76] La discusión y la bibliografía pueden encontrarse en cualquier comentario crítico estándar sobre Génesis 1:26 —e.g. Claus Westermann, *Genesis* (trad. John J. Scullion; 3 vols.; Minneapolis: Augsburg, 1984-6), i. 144-5.

claro que los primeros cristianos utilizaron con frecuencia una estrategia de solución mediante la persona para llegar a conclusiones binitarias o prototrinitarias —aunque tales conclusiones sean ahora, como concluye Gordon Wenham, universalmente rechazadas por la erudición bíblica moderna,[77] al menos, matizaría, la erudición bíblica moderna en la medida en que está exclusivamente arraigada en el método histórico-gramatical de interpretación.

El sentido literal de las Escrituras

Seré breve. Como pretende demostrar este libro en su conjunto, además de estos pasajes de «hagamos» de Génesis, un gran número de otros textos del Antiguo Testamento implican conversaciones entre Dios el Señor y personajes que no se presentan pero que se describen de forma enigmática. Y cuando tratamos de determinar el significado de estos pasajes mediante la lectura en contexto, debemos pensar detenidamente qué entendemos precisamente por el «sentido literal» de la Escritura y cómo establecemos el horizonte o contexto aceptable en el que puede fijarse el sentido literal. Hoy en día, cuando un estudiante de la Biblia ofrece la súplica: «¿No deberíamos tomar esto literalmente?», se presume que el sentido literal de las Escrituras es algo simple y obvio, pero los eruditos sobre cómo han cambiado a través del tiempo y la cultura el significado del «sentido literal» y las ideas relacionadas como el «sentido histórico», el «sentido original» y el «sentido narrativo» demuestran que nada podría estar más lejos de la verdad.[78] Como dice

---

[77] Gordon J. Wenham, *Genesis* (2 vols.; WBC 1-2; Dallas: Word, 1987-94), i. 27-8.

[78] «El "sentido literal"», como señala irónicamente David Dawson, «se ha considerado a menudo como una cualidad inherente a un texto literario que le confiere un carácter específico e invariable», pero en realidad está determinado comunitariamente (*Allegorical Readers and Cultural Revision in Ancient Alexandria* [Berkeley: University of California Press, 1992], 7-8). Sobre el «sentido llano» o el *sensus literalis*, véase Raymond E. Brown y Sandra M. Schneiders, «Hermeneutics», en Raymond E. Brown, Joseph A. Fitzmyer y Roland E. Murphy (eds.), *The New Jerome Biblical Commentary* (Englewood Cliffs, NJ: Prentice-Hall, 1990), 1146-65 esp. §§9-29; Hans Frei, *The Eclipse of Biblical Narrative: A Study in Eighteenth and Nineteenth Century Hermeneutics* (New Haven: Yale University Press, 1974); Brevard S. Childs, «The Sensus Literalis of Scripture: An Ancient and Modern Problem», en Herbert Donner, Robert Hanhart y Rudolf Smend (eds.), *Beiträge zur Alttestamentlichen Theologie: Festschrift für Walther Zimmerli zum 70. Geburtstag* (Gotinga: Vandenhoeck & Ruprecht, 1977), 80-93; Paul R. Noble, «The "Sensus Literalis": Jowett, Childs y Barr», *STC NS* 44 (1993): 1-23; Margaret M. Mitchell, «Patristic Rhetoric on Allegory: Origen and Eustathius Put 1 Samuel 28 on Trial», *JR* 85 (2005): 414-45. Mitchell demuestra que el «sentido literal» fue muy discutido incluso en la antigüedad. Mientras tanto, Childs y Frei están básicamente de acuerdo en que antes de la era moderna el «sentido literal» no implicaba una separación entre el «sentido histórico» y el «sentido narrativo». Sin embargo, con el auge de la modernidad (sobre todo con Spinoza), el sentido «literal» o

Brevard Childs, en nuestro entorno interpretativo histórico-crítico contemporáneo que se centra en la intención original, «el sentido literal del texto ya no funciona para preservar los parámetros literarios fijos», sino que «el sentido literal se disuelve ante las reconstrucciones hipotéticas de las situaciones originales de cuya restauración depende supuestamente la interpretación correcta».[79] Como resultado, muchos lectores histórico-críticos modernos desestiman los contextos literarios más amplios, considerando que el contexto literario más amplio, que abarca todo el canon para aquellos que afirman la autoría divina de toda la Escritura, es irrelevante cuando buscan el sentido «literal». En su lugar, buscan el sentido literal *fuera del texto*, mediante reconstrucciones históricas de lo que (supuestamente) *realmente* ocurrió.

Lectura trinitaria e intención autorial

Los primeros cristianos asignaron personajes adecuados a los discursos en primera persona del plural de Génesis leyendo el Antiguo Testamento a través de la lente de la proclamación apostólica de los primeros cristianos. Por ejemplo, Bernabé encuentra en Génesis 1:26 un discurso del Padre al Hijo, «Pues la Escritura habla de nosotros cuando Dios *[el Padre] dice al Hijo*: "Hagamos al hombre según nuestra semejanza y nuestra imagen"» (6. 12; cf. 5. 5). Asimismo, Ireneo afirma: «Está claro que aquí *el Padre se dirige al Hijo*».[80] Además, Justino Mártir cree que se puede probar que Génesis 1:26-7 se refiere numéricamente a más de una persona divina porque más adelante, en Génesis 3:22, el texto dice: «Adán se ha hecho como *uno de nosotros*», lo que prueba que el referente son al menos dos personas.[81] Intrigantemente, el apologista del siglo II Teófilo de Antioquía encuentra un eco ligeramente diferente pero relacionado cuando dice: «Dios dijo: "Hagamos", a alguien más que a su propio Logos y a su propia Sophia».[82]

Cuando los miembros de la Iglesia primitiva determinaron que estos pasajes sobre «hagamos» en el Antiguo Testamento reflejaban un

---

«verdadero» de un texto se buscaba cada vez más en el «sentido original» y en los acontecimientos externos al texto. Es decir, el sentido literal de un texto pasó a estar ligado a su capacidad para dar testimonio de cosas externas al mundo creado por el propio texto, y el «sentido narrativo» quedó marginado como horizonte de lo literal. Véase el capítulo 7 para un análisis más detallado.

[79] Childs, «The *"Sensus Literalis"* of Scripture», 90.
[80] Ireneo, Epid. 55.
[81] Justino, *Dial.* 62. 1-3, aquí 62. 3 citando Gén. 3:22 LXX (*Adam gegonen hōs heis ex hēmōn*).
[82] Teófilo, *Autol.* 2. 18; cf. 2. 10-11, 20, y esp. su explicación en 2.22.

discurso entre el Señor Dios y su Hijo a medida que las palabras eran suministradas por el Espíritu, no era como si tales diálogos divinos no tuvieran precedentes en el Antiguo Testamento, al contrario, ya hemos visto abundantes pruebas de tales diálogos. En cuanto al diálogo sobre el papel del Hijo en la creación, por ejemplo, el autor de Hebreos ve al Hijo como el «Señor» al que se dirige el Salmo 101:26 LXX: «Al principio tú, Señor, fundaste la tierra; y los cielos son obra de tus manos» (1:10). Además, si, como creían firmemente los primeros cristianos, Dios orquesta una vasta economía divina, que incluye todos los acontecimientos pasados, presentes y futuros, abarcando tanto la esfera celestial como la terrenal, así como la forma en que los diversos acontecimientos llegaron a inscribirse, entonces la suposición de que Dios Padre, Cristo Hijo y el Espíritu Santo pudieran aparecer como personajes parlantes al principio del drama adquiere un nivel de verosimilitud totalmente nuevo.

En el crudo nivel de la intención humana «original», ciertamente no parece probable que los primeros autores (o los posteriores editores canónicos) de Génesis estuvieran intentando darnos pistas sobre una pluralidad en la Divinidad, pero ¿es posible que, al dejarse llevar por el Espíritu inspirador, los escritores hablaran mejor de lo que sabían? Christopher Seitz nos invita, creo que de forma útil, a considerar la cuestión de esta manera:

> A modo de introducción, consideremos una forma alternativa de pensar sobre la Trinidad en el Antiguo Testamento. Aquí se sostendría que ciertas expresiones en sentido literal —principio, luz, palabra, primero de los caminos, sabiduría, hijo— no podrían referirse a un único referente. Es decir, el sentido literal del Antiguo Testamento tenía un significado históricamente determinado a un nivel —tenía sentido para un público en el tiempo y el espacio dentro de la antigua referencialidad de Israel— pero apuntaba también a una referencia ulterior. Este sentido de referencia múltiple no evacua la historicidad del testimonio ni el sentido y la inteligibilidad de la actividad económica de Un Dios. Más bien, evoluciona a partir de la conciencia de que la materia que se testimonia es más rica de lo que una sola intencionalidad en el tiempo puede medir. Si esto es así, un relato de historia de la religión sobre la vida económica de Dios sólo puede llevarnos hasta

cierto punto y, de hecho, podría malinterpretar el carácter del sentido literal y cómo debe apreciarse.[83]

¿Podría ser que debamos buscar el sentido literal no simplemente en el horizonte de la intención autorial humana, tratando la Biblia como una producción humana ordinaria, sino, lo que es más importante, en el nivel de la intención autorial divina? Aunque la noción del *sensus plenior* (el sentido más completo no previsto claramente por el autor humano pero, no obstante, pretendido por Dios) no ha sido popular, la propuesta de Seitz se acerca a ella, y quizá sea hora de resucitarla, aunque de forma ligeramente transformada (esperemos que glorificada). Si Dios ha organizado una economía divina global, que incluye acontecimientos externos a lo largo de la historia humana, así como el proceso de formación de las Escrituras, y si Dios ha elaborado las antiguas Escrituras judías según una trama maestra abierta que ansía un desenlace y un cierre recapitulativo más allá del horizonte del propio Antiguo Testamento, entonces este horizonte metatextual más amplio y rico, argumentaría yo, debería considerarse no como el único telón de fondo, pero sin duda el más vital, para el «sentido literal» con el que debemos interpretar. Tendré más que decir al respecto en el último capítulo.

Independientemente de qué hermenéutica adopte precisamente el lector moderno, en esta coyuntura lo importante es reconocer que leer el texto del Antiguo Testamento en busca de una solución a través de la persona era tan característico de la Iglesia primitiva que su teología es, en última instancia, inseparable de la técnica, incluso si muchos lectores contemporáneos encontrarán que este o aquel despliegue particular de la técnica en la Iglesia primitiva resulta poco creíble.

* * *

La exégesis prosopológica arroja luz sobre el modo en que la Iglesia primitiva conceptualizaba a Dios en los albores de los tiempos o antes de ellos. Cuando los primeros cristianos trataban de resolver los enigmas de los textos, asignaban a diversos personajes el papel de hablante o destinatario para discernir el significado del texto. Al propio Jesús se le describe realizando una lectura centrada en la persona del

---

[83] Christopher R. Seitz, «The Trinity in the Old Testament», en Gilles Emery y Matthew Levering (eds.), *The Oxford Handbook of The Trinity* (Nueva York: Oxford University Press, 2011), 28-39, aquí 29.

Salmo 110, presumiendo que a él, como «Señor» al que se dirige el texto, Dios Padre le había dicho previamente que había sido engendrado desde el vientre materno antes de la aparición de la estrella de la mañana. Del mismo modo, aunque el punto no ha sido plenamente apreciado en la erudición bíblica y teológica, el Salmo 2:7 fue interpretado por los primeros cristianos como un *discurso relatado* en el que el Hijo habla de un diálogo previo con el Padre, en el que el Padre le dijo: «Tú eres mi Hijo, hoy te he engendrado». No se consideraba que este acto de engendramiento ocurriera en el momento de la entronización o la resurrección, como han argumentado los partidarios de una cristología adopcionista; esto es confundir los dos escenarios teodramáticos distintos. Más bien se consideraba que ocurría en algún momento mucho antes, muy probablemente antes del amanecer de los tiempos, de acuerdo con el Salmo 109:3 LXX. Además, la iglesia naciente interpretó con frecuencia que los pasajes de Génesis en los que se dice «hagamos» se referían en un sentido binitario o trinitario a una conversación entre personas divinas.

Lejos de ser una peculiaridad, tal solución mediante la persona era una técnica común que se veía alentada, e incluso a veces prácticamente exigida, por la aparición de interlocutores o destinatarios no anunciados que aparecen con frecuencia en el texto del Antiguo Testamento. Debemos enfatizar que los enigmas centrados en la persona del Antiguo Testamento son auténticos acertijos que piden con urgencia una solución satisfactoria. La Iglesia primitiva ofreció una llave trina para estos cerrojos interpretativos, una llave trina que se fundamentaba a fondo en una lectura detallada de los textos del Antiguo Testamento en cuestión. La noción de personas divinas en comunión desde antes del alba de los tiempos emerge en un grado significativo de la matriz de interpretaciones prosopológicas del Antiguo Testamento.

3

Estratagemas teodramáticas —la misión del Hijo

En el capítulo anterior se describieron los diálogos trinitarios relativos al inicio de los tiempos, diálogos que reflexionan sobre el engendramiento del Hijo antes de que comenzaran las edades. Sin embargo, los primeros lectores cristianos discernieron en la antigua Escritura judía muchas otras conversaciones en las que el Espíritu hablaba con la apariencia del Padre y del Hijo. En este capítulo examinaremos ejemplos de la interpretación cristiana primitiva del Antiguo Testamento que son igual de animados y seductores, los relativos al diálogo interior entre personas divinas sobre la encarnación, la preparación y la misión terrenal del Hijo. En él encontraremos que los primeros cristianos hallaron conversaciones en las que el Padre proporciona un cuerpo adecuado para el Hijo, el Padre dice al Hijo que enviará un mensajero especial para preparar la llegada del Hijo, y el Padre y el Hijo discuten la estrategia. Sin embargo, mientras se lleva a cabo el plan, el Hijo expresa al Padre su preocupación por el hecho de que las estratagemas elegidas estén resultando inútiles, a pesar de seguir confiando en el Padre. En respuesta, el Padre consuela al Hijo con un audaz mensaje de esperanza: el plan cumplido será aún más glorioso de lo que el Hijo ha imaginado. Cuando los primeros cristianos leían el

Antiguo Testamento, el Dios único, el Dios de Israel, se interpretaba dialógicamente en la historia humana como personas diferenciables.

Conversaciones sobre la misión encarnada

El cuerpo que me has preparado

El autor de Hebreos trata de mostrar que Jesús, como gran Sumo Sacerdote, hizo la ofrenda singular de su propio cuerpo y sangre, y al hacerlo llevó el sistema de sacrificios del Antiguo Testamento a su *telos* apropiado —su cumplimiento y fin temporal. A esta conclusión se llegó, al menos en parte, a través de una interpretación bíblica centrada en la persona que se refiere a una conversación entre el Hijo y el Padre sobre la encarnación.[1]

El autor de Hebreos (10:5) introduce su cita del Salmo 39:7-9 LXX (= Sal. 40:6-8) declarando: «Por tanto, *cuando él* [Jesucristo] *venga al mundo*, dirá» (*Dio eiserchomenos eis ton kosmon legei*).[2] Mediante las combinaciones de tiempos, el autor de Hebreos nos ha determinado el escenario temporal teodramático de este discurso del Antiguo Testamento.[3] Para el autor de Hebreos, aunque el escenario profético de este discurso se sitúa en la época de David, el Espíritu Santo no está limitado por el tiempo, y puede establecer un escenario diferente para el discurso divino pronunciado por medio de David a medida que el profeta asume diversos papeles.[4] Así, en este texto, se percibe que el Espíritu habla desde la persona de Jesucristo, y que Cristo habla al Padre cuando Jesús vino al mundo, es decir, en el momento de la encarnación, con estas palabras: «A ti no te complacen sacrificios ni ofrendas; en su lugar, me preparaste un cuerpo» (Heb. 10:5 citando una forma extraída del Salmo 39:7 LXX). Haciendo explícito el diálogo, podríamos parafrasear:

---

[1] Anthony T. Hanson, *Jesus Christ in the Old Testament* (Londres: SPCK, 1965), 140, propuso que el autor de Hebreos encontró diálogo profético entre el Padre y el Hijo en algunos lugares, entre ellos Heb. 10:5-9.

[2] Es posible que el verbo griego *legei* pudiera pretender una referencia genérica a la Escritura como sujeto («dice [la Escritura]»), pero el referente más cercano, *eiserchomenos* («el que viene al mundo»), es más probable, y la identificación del hablante como Jesucristo queda prácticamente asegurada por la exposición posterior en Heb. 10:8-10.

[3] Un participio presente con un verbo en presente suele indicar simultaneidad. Véase Daniel B. Wallace, *Greek Grammar Beyond the Basics: An Exegetical Syntax of the New Testament* (Grand Rapids: Zondervan, 1996), 625, para una descripción de la categoría.

[4] El autor de todas las expresiones del AT es, en última instancia, el Espíritu para el autor de Hebreos —cf. Heb. 3:7 donde la cita se introduce con la fórmula: «Como dice el Espíritu Santo».

JESUCRISTO (hablando a ***DIOS [EL PADRE]***): «Sacrificio y ofrenda no quisiste, oh Padre mío, en su lugar *me* preparaste un cuerpo, es decir, para *mí, tu Hijo*».

La frase «me preparaste un cuerpo» (*sōma de katērtisō moi*) que es central para la interpretación encarnacional suministrada por el autor de Hebreos para esta conversación divina, es textualmente difícil. El TM (es decir, el texto hebreo) traduce en su lugar, «oídos que has dispuesto para mí» (*'oznayîm kārîtā lî*) mientras que la LXX (i.e., el Antiguo Testamento griego) dice, «oídos que has preparado para mí» (*ōtia de katērtisō moi*).[5]

Obsérvese bien que desde el escenario teodramático (cuando el Hijo es enviado encarnado al mundo) el Hijo habla del cuerpo *como si ya hubiera sido preparado en el pasado* (tiempo aoristo), es decir, antes de que el Hijo haya venido al mundo, revelando dos cosas: (1) la intensa implicación del Padre en el plan de la encarnación —el Padre había planeado este acontecimiento de encarnación mucho antes de su llegada—, y (2) la activa y amorosa preocupación del Padre por el Hijo al proporcionarle un cuerpo humano adecuado. No se trata de un Dios Padre distante que se mantiene al margen de un papel continuo en los asuntos divinos y humanos, sino de un Padre que supervisa el desarrollo del plan divino, mostrando una preocupación especial por la encarnación de su Hijo en esta coyuntura crítica de la historia de la salvación.

A medida que el discurso del Hijo prosigue, vamos conociendo mejor la actitud del Hijo cuando habla con su Padre:

EL HIJO (hablando a ***DIOS***): No te agradaban los holocaustos ni las ofrendas por el pecado. Entonces dije: «Aquí estoy yo, he venido» —tal como está escrito en el rollo sobre mí— «para hacer tu voluntad, oh Dios» (Heb. 10:6-7 citando Sal. 39:7-9 LXX)

---

[5] La mayoría del resto de eruditos piensan —y yo coincido— que la forma textual de la Septuaginta utilizada por el autor de Hebreos es una paráfrasis interpretativa del oscuro hebreo más que una corrupción textual (probablemente, para el traductor griego, con oídos que representan a la persona entera como obediente a la voz de Dios). Véase la discusión en Harold W. Attridge, *The Epistle to the Hebrews: A Commentary on the Epistle to the Hebrews* (Hermeneia; Minneapolis: Fortress, 1989), 274; Paul Ellingworth, *The Epistle to the Hebrews: A Commentary on the Greek Text* (NIGTC; Grand Rapids: Eerdmans, 1993), 500. Véase la discusión en Harold W. Attridge, *The Epistle to the Hebrews: A Commentary on the Epistle to the Hebrews* (Hermeneia; Minneapolis: Fortress, 1989), 274; Paul Ellingworth, *The Epistle to the Hebrews: A Commentary on the Greek Text* (NIGTC; Grand Rapids: Eerdmans, 1993), 500.

Aquí el Hijo le dice al Padre que reconoce que al Padre no le complacían en última instancia los sacrificios físicos de animales del *culto* de Israel, sino que todo esto estaba destinado a la voluntad suprema del Padre para el Hijo, a saber, *que el regalo del cuerpo encarnado* que el Padre le había dado al Hijo *fuera ofrecido libremente* por el Hijo al Padre. El autor de Hebreos afirma expresamente que el Hijo reconoció que ésta era la voluntad última del Padre —la oblación de su cuerpo humano— cuando explica: «Por voluntad del Padre hemos sido santificados mediante la ofrenda singular *del cuerpo* de Jesucristo» (10:10). En este diálogo del Antiguo Testamento entre el Padre y el Hijo, interpretado prosopológicamente, encontramos una cierta mutualidad divina y una simetría llena de gracia: El Padre *inicia* la ofrenda de gracia con la presentación del cuerpo encarnado al Hijo, pero el Hijo *consuma* la ofrenda ofreciendo ese mismo cuerpo al Padre como un acto de obediencia voluntaria a él, reconociendo que eso es lo que el Padre desea en última instancia.

Me ha establecido como una roca firme

A principios del siglo II, el autor de la *Epístola de Bernabé* estaba convencido de que la carne de Jesús es esencial para la salvación de la humanidad: un Jesús dócil que sólo aparentara tener un cuerpo físico no sería suficiente. Para Bernabé, nuestro Señor Jesús se sometió a la destrucción de su carne para que pudiéramos recibir el perdón de los pecados por la aspersión de su sangre (5.1). Además, su aparición en forma corporal a los pecadores les dio la oportunidad de salvarse contemplándole, ya que se había revelado como Hijo de Dios (5.9-10). Para Bernabé, Jesús mismo habla teodramáticamente a través del Salterio a Dios Padre sobre su futura encarnación, diciendo: «¿Y de qué manera apareceré ante el Señor mi Dios y seré glorificado?» (*Barn*. 6.15 citando una forma abreviada del Salmo 41:3 LXX), un texto que para Bernabé habla del intenso anhelo del Hijo por la comunión con el Padre, como los ciervos anhelan el agua.

En efecto, para Bernabé, Jesús se ha revelado como la piedra poderosa que aplasta y también como la piedra de coronamiento elegida y preciosa;[6] pero esto, para nuestro autor, no significa que la esperanza cristiana se deposite en una mera piedra. Por el contrario, está vinculada

---

[6] Sobre Jesús como piedra angular, véase *Barn*. 6. 2; cf. Daniel 2. 44-5; Isaías 28:16; Salmo 118:22-3; Mateo 21:42-5; Marcos 12:10-11; Lucas 20:17-18; Hechos 4:11; Romanos 9:32-3; 1 Pedro 2:4-8.

a la carne perfectamente modelada que Dios Padre dio a Jesús en la encarnación. Como lo expresa Bernabé, el profeta Isaías habla de Cristo como una roca: «Porque el Señor [Dios] ha afirmado su carne [la de Cristo] de manera sólida» (6.3). Como prueba, Bernabé da una cita que depende de una lectura prosopológica de Isaías 50:7 en la que ha determinado que habla el Cristo:

EL CRISTO (al *PÚBLICO*): Y él [Dios] me afirmó como roca firme. (*Barn.* 6.3 citando Isa. 50:7)

El cambio de la acción propia en la LXX («He puesto mi rostro») a la acción orientada a Dios en *Bernabé* («Y él me afirmó») es difícil de explicar —quizá se trate de una traducción libre o la fuente *testimonia* en la que se basó Barnabé estaba corrompida— pero, no obstante, Barnabé ve Isaías 50:7 como un discurso en primera persona en el que Jesús, hablando *después* de que el don del cuerpo ya había sido dado («estableció» —tiempo pasado), pero anticipando aún la futura cruz, afirma que Dios ya le había dado carne capaz de soportar el sufrimiento necesario para cumplir la misión que Dios le había encomendado (cf. *Barn.* 5.14). En la misma línea, Ireneo indica que el versículo inmediatamente anterior, Isaías 50:6, es un discurso en primera persona pronunciado por «el Verbo mismo», es decir, por Jesucristo como *Logos* preexistente, aunque su cita se detiene antes de la frase de la roca (*Epid.* 68).

Escribiendo hacia finales del siglo II, Melito de Sardis quizás también estaba familiarizado con esta tradición, ya que atribuye la siguiente línea de Isaías 50:8, al Cristo recién resucitado, que «se levantó de entre los muertos y gritó estas palabras: "¿Quién contenderá conmigo? Que se enfrente a mí"». (*Pascha* 101; cf. Ireneo, *Epid.* 88). Habiendo soportado el sufrimiento en su carne, Jesús, para Melito, ha vencido a la muerte misma y ha atado al hombre fuerte (cf. Mc. 3:27). Así pues, para algunos de los primeros autores cristianos, Jesús no sólo recibió carne de Dios Padre, sino que el Padre, en su bondad amorosa hacia el Hijo, le dotó de una *carne* impregnada de fuerza como de roca (aunque, obviamente, no una fuerza sobrehumana especial) para ayudarle a soportar el sufrimiento que vendría.

Diálogo sobre el enviado

Para la Iglesia naciente, el Hijo preexistente y el Padre no sólo conversaban sobre la encarnación por medio del Espíritu, sino que también discutían sobre cómo preparar al mundo para recibir al Hijo una vez que tomara carne humana. La estratagema elegida por el Padre y el Hijo, según el discernimiento de la Iglesia naciente, fue el uso de un embajador profético, a través del cual el Espíritu podría despejar el camino. Para los evangelistas sinópticos, el Espíritu que habla bajo la apariencia del Padre anuncia con toda claridad su intención de utilizar un embajador profético. Marcos afirma: «Mira, yo enviaré mi mensajero delante de ti, que te preparará el camino» (1:2),[7] mientras que Mateo y Lucas presentan al propio Jesús como el que relata estas palabras, añadiendo: «tu camino *delante de ti*» (Mt. 11:10; Lc. 7:27). En otras palabras, se trata de otro posible ejemplo de exégesis prosopológica del Jesús histórico en busca de su propia identidad, y la autenticidad de este dicho «Q» rara vez es puesta en duda por los eruditos.[8]

En el contexto del Antiguo Testamento, en Malaquías, el profeta habla en nombre de Dios (el Señor) a la población en general, compuesta por personas que han cuestionado la justicia de Dios. A través de Malaquías, Dios deja muy claro que su justicia se manifestará mediante una visita divina. Dios declara:

> He aquí, yo enviaré a mi mensajero, y él supervisará el camino *delante de mi presencia personal [pro prosōpou mou]*; de repente vendrá al templo el Señor [kyrios; TM: *hāʾādôn*] a quien ustedes buscan. Y el mensajero del pacto a quien desean: he aquí que viene, dice el Señor Todopoderoso [*kyrios pantokratōr*; TM: YHWH ṣĕbāʾôt]. Y ¿quién soportará el día de su llegada? O ¿quién podrá soportar su aparición? (Mal. 3:1-2 LXX)

Este pasaje promete que después de un mensajero anticipado, habrá una visita divina del Señor Todopoderoso en persona, que vendrá de

---

[7] Marcos 1:2 cita Malaquías 3:1 (quizá a través de Éxodo 23:20 LXX), aunque Marcos atribuye las palabras a Isaías, presumiblemente por la cita de Isaías 40:3 en Marcos 1:3.

[8] E.g. incluso el notoriamente radical John D. Crossan, *The Historical Jesus: The Life of a Mediterranean Peasant* (San Francisco: HarperSanFrancisco, 1991), 236, sitúa este dicho multiatestado (cf. *Evangelio de Tomás* 78) en el primer estrato («2Q» es su clasificación para el material apocalíptico más antiguo de Jesús, véase p. 429).

repente al templo. En efecto, el mensajero anticipado del pacto —probablemente idéntico al precursor— está llegando.[9] Y aunque el pueblo que clama justicia espera ansiosamente la llegada de este mensajero, cuando llegue será terrible para muchos, porque servirá como agente radical de purificación ardiente (Mal. 3:2-3).

A la luz de esto, podríamos parafrasear la interpretación centrada en la persona más probable de Malaquías 3:1 por Marcos, y de hecho por el propio Jesús tal como se representa en Mateo y Lucas, de la siguiente manera:

DIOS (al **CRISTO**): «Mira, yo, Dios, enviaré a *Juan el Bautista, mi mensajero*, delante de ti, **mi presencia personal**, para que prepare el camino delante de *ti*» (Mc. 1:2 citando Mal. 3:1 LXX)

De hecho, esta paráfrasis basada en los sinópticos es casi precisamente la interpretación dada por Ireneo, que toma al Padre como el que habla, al Señor Jesucristo (como el Hijo) como al que se dirige y anuncia, y a Juan el Bautista como el precursor.[10] Aquí, aunque los supuestos prosopológicos de una conversación entre personas divinas (Dios y el «tú» que Dios describe como «mi prosopón») son relativamente sencillos en este texto, los comentaristas modernos no destacan los rasgos dialógicos del texto veterotestamentario, quizá porque Jesús y los evangelistas dirigen claramente la cita a la revelación de Juan el Bautista como mensajero, que además es identificado como el Elías anticipado sobre la base de un texto estrechamente relacionado en Malaquías 4:5 («He aquí que yo te anunciaré»): 5 («He aquí, yo envío al profeta Elías antes que venga el día grande y terrible del Señor»),[11] y la mayor parte de la energía interpretativa se canaliza en esa dirección.[12]

---

[9] Véase el excelente análisis de esta compleja cita compuesta en Marcos 1:2-3 por Rikk E. Watts, «Mark», en Greg K. Beale y D. A. Carson (eds.), *Commentary on the New Testament Use of the Old Testament* (Grand Rapids: Baker Academic, 2007), 111-249, aquí 113-20.

[10] Ireneo, *Haer*. 3. 10. 5; cf. 3. 9. 1-2. El hecho de que Jesús es el «Señor» anunciado por Juan ya ha sido aclarado explícitamente en *Haer*. 3. 10. 1; de hecho, Ireneo insiste en que Isaías 40:3-5 prueba que «hay, pues, un solo y mismo Dios, el Padre de nuestro Señor» (trad. Unger). Además, inmediatamente después de discutir Isaías 40:3 en *Haer*. 3. 10. 5 se reconoce que el «Señor Jesús» es el destinatario al que Dios Padre se dirige en el Salmo 110:1, lo que demuestra que esta línea de pensamiento se ha adoptado con toda probabilidad para la cita de Isaías 40:3 que le precede directamente.

[11] Véase Marcos 6:15; 9:11; Mateo 11:14; 17:10-12; Lucas 1:17; cf. Juan 1:21-5.

[12] Para excepciones que estén más atentas a los cambios relacionados con la persona en el AT, véase la erudición reseñada por Simon J. Gathercole, *The Preexistent Son: Recovering the Christologies of Matthew, Mark, and Luke* (Grand Rapids: Eerdmans, 2006), 250-1. El propio

La alta cristología primitiva

Sin embargo, si insistimos en la cuestión, este pasaje revela una importante conversación supuesta en el Antiguo Testamento entre Dios y el «tú», aquel a quien Dios describe como «mi prosopón», es decir, la persona a la que Jesús se presenta como identificándose a sí mismo (Mt. 11:10; Lc. 7:27). Es decir, para Jesús, tal como lo describen Mateo y Lucas, antes de la aparición de este «tú», Dios había mantenido un diálogo con este «tú» sobre la forma adecuada de desvelarse ante el mundo que le esperaba; en otras palabras, se trata de otro ejemplo de la alta cristología primitiva, que yo prefiero llamar cristología de las Personas Divinas. Leído de este modo, Malaquías 3:1 no sólo revela al Bautista, sino que es también un anuncio consolador de Dios Padre destinado a tranquilizar al Hijo, porque el Padre anuncia al Hijo que el mundo estará debidamente preparado para la llegada del Hijo: «Mira, yo, *el Padre*, enviaré a *Juan el Bautista, mi mensajero,* por delante de ti, *mi presencia personal, mi Hijo,* para que prepare el camino ante *ti*». Dios no empuja insensiblemente a la tierra a un Hijo que no lo desea: dispone cuidadosamente las cosas (cf. Gál. 4:4) suscitando un profeta, Elías convertido en Juan Bautista, que pueda preparar convenientemente al pueblo.

Aunque el trasfondo teodramático no ha sido tenido en cuenta por la mayoría de los biblistas, eso no quiere decir que la erudición reciente no haya sido consciente de la alta cristología primitiva presupuesta por Marcos en la profecía de Isaías que sigue a la cita de Malaquías. Y los resultados son quizá igualmente sorprendentes. La cita que Marcos hace de Isaías dice así: Voz del que clama en el desierto: «Preparen el camino del Señor, enderecen sus sendas» (Mc. 1:3, citando Isaías 40:3 LXX).[13] Como es bien sabido, Marcos y los demás evangelistas han citado la forma septuaginta del texto de Isaías, «Preparen el camino del Señor [*kyrios*]», refiriéndose a Jesús como el Señor, mientras que el texto masorético conserva el nombre divino específico del Dios de

---

Gathercole es consciente de que probablemente se trate de un diálogo profético, y enumera útilmente a algunos otros que han leído Marcos 1:2-3 de este modo, entre ellos Rainer Kampling, *Israel unter dem Anspruch des Messias: Studien zur Israelthematik im Markusevangelium* (Stuttgart: Katholisches Bibelwerk, 1992), 39-40, es el más contundente y provocador, al decir que antes del advenimiento del Jesús terrenal, Dios «en conversación con su Hijo» habla de cosas que Marcos sabe que ya han ocurrido en un «prólogo en el Cielo».

[13] La forma textual de la cita de Isaías 40:3 en Mateo 3:3 y Lucas 3:4 es idéntica a la de Marcos 1:3. Juan 1:23 sólo presenta una ligera variación. Sin embargo, Lucas prolonga la cita hasta llegar a la conclusión triunfal: «y toda carne verá la salvación de Dios» (Lc. 3:6).

Israel, «Preparad el camino de YHWH».[14] En otras palabras, en la aplicación que Marcos hace de esta cita, el Señor Jesús ha sido sustituido por Jehová.

Además, está muy claro que, a menudo, esta fusión de Jesús y Jehová mediante la cita del Antiguo Testamento era bastante intencional en la Iglesia primitiva, lo que resulta muy sugerente, como coinciden muchos otros, para la forma en que el Nuevo Testamento y otros autores cristianos primitivos nos invitan a conceptualizar la relación entre el Padre y el Hijo.[15] Parece que los evangelistas y otros cristianos se sentían muy cómodos fusionando a Jesús y Jehová mediante la cita del Antiguo Testamento, tanto aquí como en otros lugares, como si Jesús fuera equivalente de Jehová. O quizá, como preferiría Richard Bauckham, nos encontremos aquí con una cristología de la identidad divina, ya que la Iglesia primitiva hablaba como si Jesús poseyera la identidad personal de Jehová.[16] Sin embargo, yo sigo prefiriendo el lenguaje niceno del siglo IV que ha llegado a dominar la teología cristiana tradicional: que el Padre y el Hijo son *homoousios*, que comparten la misma esencia o sustancia, que, a diferencia de la propuesta de Bauckham, no se centra en la identidad personal establecida a través del tiempo, sino en personas distintas que subsisten en la misma esencia dentro y fuera del tiempo.[17]

---

[14] A pesar de que Marcos y los demás evangelistas sinópticos se refieren a este pasaje del «desierto» y de la «preparación» a partir de Isaías 40:3, la comunidad que vivía en Qumrán estaba aún más preocupada por él —de hecho, toda su razón de ser quizá se explique mejor afirmando que se habían reunido en el desierto cerca de la orilla del Mar Muerto para prepararse para la venida escatológica definitiva del Dios de Israel, tal como afirman sus estatutos comunitarios (1QS 8. 14; 9. 19-20; cf. 4Q176 frgs. 1-2. i. 4-9).

[15] Por ejemplo, Watts, «Mark», 120, concluye afirmando que «la sorprendente identificación de Jesús (1:1) con la venida del Señor (1:2-3) difícilmente puede pasar desapercibida» y «Sea lo que fuere, para Marcos el Señor de Israel está, en algún sentido misterioso y sin paralelo, presente en Jesús». Para una conveniente recopilación de gran parte de las pruebas, véase Richard Bauckham, *Jesus and the God of Israel: God Crucified and Other Studies on the New Testament's Christology of Divine Identity* (Milton Keynes: Paternoster, 2008), 186-9, 219-21.

[16] Véase Bauckham, *Jesus*, 3-7, y sus observaciones sobre Marcos 1:1-3 (p. 265).

[17] Al hablar de la noción de Bauckham de identidad establecida a través del tiempo, me refiero a su marco teórico de «identidad personal», en la medida en que puedo discernir su modelo. Cabe señalar, sin embargo, que en otro lugar (Bauckham, *Jesus*, 251-2) habla del «Hoy te he engendrado» del Salmo 2:7 para el autor de Hebreos como el «hoy eterno de la eternidad divina», apelando a la idea helenística de que la verdadera divinidad es «no engendrada» o «auto engendrada». Sigo sin saber cómo conciliar su modelo general de «identidad personal» con esta afirmación más específica.

Enviados para llevar a cabo las buenas nuevas

Sobre mensajeros y Mesías

La llegada de un mensajero que prepararía la presencia escatológica de Dios, no era una idea exclusiva de los primeros cristianos; también encontramos esta noción en una fascinante interpretación de Isaías 52:7 en los Rollos del Mar Muerto en 11Q13 (11Q Melquisedec), un documento que ya captó nuestra atención en el capítulo 2. Isaías 52:7 describe a «un mensajero que anuncia la paz» describiéndolo además como «un mensajero del bien que anuncia la salvación». Además, este mensajero declara a Sión: «¡Tu Dios reina!» (TM) o quizás «¡Tu Dios es rey!».[18] El autor de 11Q13 explica que el mensajero de Isaías 52:7 debe identificarse como «el ungido del Espíritu» (*māšîaḥ hārûaḥ*) y además debe identificarse con un ungido, un mesías, cuya venida se menciona en Daniel.

En este caso, nos enfrentamos a una dificultad, ya que en realidad se mencionan dos ungidos, dos mesías, en el libro de Daniel, y el referente elegido es incierto. La mayoría de los eruditos han identificado el referente previsto como el ungido, el príncipe de Daniel 9:25 («hasta un ungido [*māšîaḥ*], un príncipe [*nāgîd*], es siete semanas»), que aparecerá después de siete semanas de años, es decir, cuarenta y nueve años. Sin embargo, como he argumentado en otro lugar, de acuerdo con Émile Puech, es igualmente plausible (probablemente más) que el segundo ungido, el mesías de 9:26 esté identificado aquí,[19] cuya desaparición se describe en relación con la sexagésima novena semana: «Un ungido será cortado y no existirá más» (*yikkārēt māšîaḥ wĕ'ên lô*), lo cual, dado que aparece cerca del final de la secuencia cronológica en desarrollo, convierte a este mensajero ungido en una figura verdaderamente escatológica para el autor del 11Q13.

---

[18] El texto consonántico hebreo dice *mlk 'lhyk*, y dentro de esta frase la palabra *mlk* podría haberse vocalizado como sustantivo *melek* («rey») o como verbo *mālak* («reina»).

[19] La probabilidad de una referencia a Dan. 9:25 en 11Q Melquisedec fue propuesta por primera vez por Joseph. A. Fitzmyer, «Further Light on Melchizedek», *JBL* 86 (1967): 25-41, ahora reimpreso en Joseph A. Fitzmyer, *The Semitic Background of the New Testament* (Grand Rapids: Eerdmans, 1997), 245-67, aquí 265-6. La misma probabilidad de Dan. 9:26 es señalada por Émile Puech, «Notes sur la manuscript de XIQMelchîsédeq», *RevQ* 12/48 (1987): 483-513, aquí 499. Para una bibliografía y discusión más completas, véase Matthew W. Bates, «Beyond Stichwort: A Narrative Approach to Isa. 52:7 in Romans 10:15 and 11Q Melchizedek (11Q13)», *RB* 116 (2009): 387-414, aquí 400-2.

Este mensajero anunciaría las buenas nuevas de la inauguración del reino escatológico de Melquisedec a los hijos de la luz (los que vivían en Qumrán), mientras que una liberación expiatoria culminante era anticipada por los pactantes de Qumrán en la septuagésima semana (= 490 años; = 10 jubileos). Lo verdaderamente cautivador de esta interpretación para nuestros propósitos es que, puesto que Isaías 61:1-2 es evidentemente un discurso en primera persona, *este mensajero mesiánico* se identifica implícitamente en 11Q13 mediante una cita alusiva *como el orador de Isaías* 61:2, cuyo deber es «consolar a los dolientes» (*lĕnaḥēm ha'ōblîm*),[20] que el autor interpreta además como «instruirlos en todas las edades del mundo».

Intrigantemente, otro texto de Qumrán, 4Q521, usualmente llamado 4Q Apocalipsis Mesiánico, describe al mesías de Dios mientras hace alusión al lenguaje de Isaías 61:1, diciendo: «Porque los cielos y la tierra escucharán a su Mesías [de Dios] .... Él [¿Dios? ¿o el Mesías de Dios?] curará a los heridos, dará vida a los muertos, "dará buenas nuevas a los afligidos" (Isa. 61:1), saciará a los pobres, guiará a los descarriados y saciará a los hambrientos...»[21] En el texto de 4Q521 no queda claro con precisión quién se visualiza realizando estas acciones —como enviar «buenas nuevas a los afligidos»— si es Dios únicamente, o como John Collins ha argumentado persuasivamente, al menos en mi opinión, Dios a través de la agencia de su mesías, pero en cualquier caso las acciones se anticipan en conjunción con la era mesiánica.[22] Por otra parte, aunque la comunidad de Qumrán se situara un poco al margen de la corriente dominante, estas actividades concretas —sanar, resucitar a los muertos, enviar buenas nuevas a los pobres— son increíblemente similares a las mismas actividades que Jesús describe que se desarrollan a su alrededor cuando Juan el Bautista le pregunta si Jesús es o no «el que viene». Jesús responde a Juan: «Los ciegos ven, los cojos andan, los leprosos quedan limpios y los sordos oyen, los muertos resucitan y los pobres reciben las buenas nuevas; bienaventurado el que no se aparte de mí» (Lc. 7:22-3; cf. Mt. 11:5-6).

---

[20] El manuscrito es fragmentario aquí y la lectura de todos menos la primera letra de la segunda palabra, *ha'ōblîm*, debe ser conjeturada. El TM se lee ligeramente diferente: «Para consolar a todos los afligidos» (*lĕnaḥēm kol-'ăbēlîm*).

[21] 4Q521 frg. 2; trad. Michael Wise et al. en Donald W. Parry y Emanuel Tov (eds.), *The Dead Sea Scrolls Reader* (6 vols.; Leiden: Brill, 2004-5), vi. 161.

[22] John J. Collins, «A Herald of Good Tidings: Isaiah 61:1-3 and Its Actualization in the Dead Sea Scrolls», en Craig A. Evans y Shemaryahu Talmon (eds.), *The Quest for Context and Meaning: Studies in Biblical Intertextuality in Honor of James A. Sanders* (BIS 28; Leiden: Brill, 1997), 225-40.

Representando del guion mesiánico —Lc. 4:16-21

Así pues, cuando en Lucas 4:18-19 encontramos a Jesús leyendo este mismo pasaje, Isaías 61:1-2, y anunciando a continuación: «Hoy se ha cumplido esta Escritura delante de ustedes» (4:21), tenemos una base plausible para sospechar que este judío del Segundo Templo, al menos tal como lo retrata Lucas (aunque las líneas de evidencia convergentes apuntan a la historicidad esencial de este episodio),[23] no estaba hablando de un cumplimiento *genérico*, como si Jesús creyera que Isaías estaba hablando simplemente *de él*, sino más bien de un cumplimiento *prosopológico* porque Isaías se interpretaba como hablando *en el carácter dramático del Cristo*. En otras palabras, Jesús creía que el Espíritu había inspirado a Isaías para que entrara en un futuro papel teodramático y, desde esta plataforma provisional de la economía divina, pronunciara un discurso en el carácter (*prosōpon*) del heraldo ungido de Dios —un heraldo que aún no se había revelado en la época de Isaías, pero que preexistía (como mínimo) hasta el punto de que podía hacer su aparición en el escenario teodramático como anticipo de su futuro papel en el escenario terrenal (actualizado).

Así, poco después de que el Espíritu descendiera sobre él en el Jordán, Jesús desenrolla el rollo del profeta Isaías, busca el lugar adecuado y, con todos los ojos puestos en él, comienza a leer:

> El Espíritu del Señor está sobre *mí*, por cuanto *me* ha ungido para anunciar buenas noticias a los pobres. *Me* ha enviado a proclamar libertad a los cautivos y dar vista a los ciegos, a poner en libertad a los oprimidos, a pregonar el año del favor del Señor. (Lc. 4:18-19 citando Isa. 61:1-2)[24]

Aunque las palabras de Isaías 61:1-2 no son una conversación divina entre el Padre y el *Hijo*, se emplea una técnica de lectura teodramática, y hay implicaciones para la relación interior entre las personas divinas. Isaías 61:1-2 se toma como un discurso dramático que el *Hijo* pronuncia ante un auditorio no especificado, en el que el Hijo

---

[23] Véanse los debates recientes en Michael F. Bird, *Are You the One Who Is To Come? The Historical Jesus and the Messianic Question* (Grand Rapids: Baker Academic, 2009), 98-104; Dale C. Allison, Jr., *Constructing Jesus: Memory, Imagination, and History* (Grand Rapids: Baker Academic, 2010), 263-6.

[24] Existen varias diferencias menores entre el texto isaiano y la cita de Jesús en Lucas. Por ejemplo, Isaías 61:1-2 LXX dice «para sanar a los abatidos de corazón», que Lucas omite, y cita en cambio «para liberar a los oprimidos perdonándolos» (cf. Isa. 58:6 LXX).

habla de la unción por el *Espíritu* del *Señor (Dios Padre)* que acaba de recibir como parte integrante de su misión de proclamar un tiempo de favor divino emitido por el Señor (*Dios Padre*).

Así pues, con la ayuda del Espíritu y de Dios Padre, el Hijo emprende su misión central: proclamar con valentía, de palabra y de obra, que el gobierno concreto de Dios está irrumpiendo en el mundo de una forma completamente nueva. Sus palabras son un *enunciado performativo* —está actualizando, aparentemente, lo que hasta ahora había dicho Isaías en el papel (*prosōpon*) del Cristo en el drama divino, pero ahora esta escena, escrita hace mucho tiempo como parte del gran teodrama, ha cobrado vida, se ha encarnado, ya que el papel ha sido interpretado por la persona divina (*prosōpon*) de carne y hueso, de tal manera que Jesús puede declarar: «Hoy se ha cumplido esta Escritura delante de ustedes».

La confirmación de que Lucas pretende presentar a Jesús leyendo prosopológicamente de la manera que acabamos de describir se ve reforzada significativamente por la evidencia de los primeros padres. Porque si los padres utilizaron una estrategia de lectura centrada en la persona para tomar las palabras de Isaías 61:1-2 como la voz del futuro Cristo que hablaba desde el escenario teodramático, entonces tenemos mejores motivos —aparte de cualquier prueba de lo contrario— para postular que, como mínimo, Lucas, y verosímilmente el propio Jesús histórico, habrían hecho el mismo movimiento interpretativo básico. Y encontramos que los primeros padres son coherentes a la hora de interpretar la lectura de Isaías por parte de Jesús como un enunciado performativo teodramático. Por ejemplo, Ireneo introduce la cita de Isaías 61:1-2 diciendo: «como él [Jesús] mismo dice de sí mismo, por Isaías», indicando que Jesús era el hablante del texto isaiano original que posteriormente se representó en Lucas 4:18.[25] Asimismo, Orígenes afirma que Cristo estaba en Isaías cuando se pronunciaron estas palabras, afirmando que éstas y muchas palabras similares del Salterio se pronunciaron «en la persona de Cristo», mientras que Tertuliano dice más o menos lo mismo.[26] Mientras tanto, escribiendo mucho antes, Bernabé lee Isaías 61:1-2 como un discurso dramático del Cristo que será revelado en el futuro, y, provocativamente, ha hecho este movimiento como el último eslabón de una cadena de tres textos de siervos de Isaías (véase *Barn.* 14. 7-9), todos los cuales ha interpretado

---

[25] Ireneo, *Epid.* 53.
[26] Orígenes, *Comm. Jo.* 6. 196; Tertuliano, *Prax.* 11.

prosopológicamente. De hecho, estos textos del siervo merecen un análisis más profundo.

Conversaciones entre el siervo —hijo y el padre

Los tres textos isaianos citados por el salmista Bernabé como parte de esta cadena, Isaías 42:6-7, 49:6-7, y el texto que ya hemos tratado, 61:1-2, eran de hecho todos definitivos para la misión del Hijo en la interpretación cristiana primitiva. Bernabé no era el único en la Iglesia primitiva que interpretaba estos textos como diálogos divinos: algunos autores del Nuevo Testamento también lo hacían. Así que la estrategia de lectura centrada en la persona de esta *catena* ayuda mucho a esclarecer cómo la Iglesia primitiva conceptualizaba la relación entre las personas divinas que con el tiempo llegaría a denominarse Trinidad. Esto se hizo asimilando al mensajero ungido de Isaías de 61:1-2 al siervo enigmático mencionado en otras partes de Isaías mediante la vinculación temática y la exégesis prosopológica.

Te he dado como pacto —Isaías 42:1-9

Bernabé identifica al hablante de la primera cita como Dios Padre y al destinatario como el Hijo al afirmar que la cita muestra «cómo el Padre le mandó [a Jesús, el Hijo] que se preparase un pueblo santo», cuando nos había sacado de las tinieblas (14.6). Para demostrar que el Padre (el «yo» del texto) encargó verbalmente al Hijo (el «tú» del texto) esta tarea, Bernabé señala que Isaías dice:

> Yo, el Señor tu Dios, te llamé en justicia, y tomaré tu mano y te daré poder. Te he dado para que seas un pacto para los pueblos, una luz para las naciones, para que abras los ojos de los ciegos y saques de sus grilletes a los encadenados y de la cárcel a los que están sentados en tinieblas. (*Barn.* 14.7 citando Isaías 42:6-7 LXX)

Aquí y en otros lugares de la literatura cristiana primitiva se utilizó una solución mediante la persona para Isaías 42:6-7, no por un deseo perverso e intratable de encontrar a Jesucristo en todos los rincones de la Escritura judía, sino porque el contexto circundante en el propio Isaías contiene enigmáticos cambios de interlocutor y destinatario que cualquier lector sensible encontrará desconcertantes.

En Isaías 42:1-4, un orador no identificado —pero casi con toda seguridad Dios (el Padre), según 42:5— habla de un siervo especial.[27] En el texto masorético nunca se identifica el público al que Dios se dirige, aunque parece ser el pueblo en su conjunto, ya que el siervo se presenta al público con las palabras: «He aquí mi siervo» (42:1). Este siervo también es llamado por Dios «mi elegido, en quien me complazco» (42:1),[28] y a pesar del papel relativamente modesto de este siervo (42:2-3), de manera fiel e inquebrantable «hará justicia a las naciones» (42:1) y «establecerá la justicia en la tierra» (42:4), una misión apropiada para un rey.

Sin embargo, en 42:6-7, se observan tres cambios sutiles relacionados con la persona que necesitan una explicación. En primer lugar, el siervo ya no se menciona en tercera persona, y en segundo lugar, el destinatario, ahora «tú» en singular, se hace explícito de repente. No cabe duda de que Dios sigue siendo el interlocutor en primera persona (el «yo»), pero los lectores antiguos, que estaban atentos a los cambios dialógicos, asignarían un nuevo destinatario adecuado según su criterio. En tercer lugar, cuando Dios habla en 42:8-9, el destinatario ciertamente ha cambiado de nuevo, porque el «nosotros» es plural ahora.

La solución prosopológica global. La solución de Bernabé y otros cristianos primitivos, como Justino Mártir y probablemente el autor del Evangelio de Mateo, fue en primer lugar buscar la identidad del destinatario dentro de los límites del propio texto, algo sensato. Dedujeron que Dios había pasado de hablar *al pueblo en su conjunto* sobre el siervo (Isa 42:1-4) a dirigirse *al propio siervo* (con Isa. 42:5 como preámbulo y en Isa. 42:6-7 directamente),[29] tras lo cual Dios volvió a dirigirse a *todo el pueblo* (Isa 42:8-9), todo lo cual puede resumirse así:

---

[27] Ireneo, *Haer*. 3. 11. 6, identifica igualmente a Dios (el Padre) como el orador de Isa. 42:1-4, al tiempo que afirma que el Siervo-Hijo es el protagonista de esta parte del oráculo de Isaías, pero no el destinatario, todo lo cual concuerda con la reconstrucción de las asignaciones prosopológicas y los cambios que se proponen a continuación.

[28] A diferencia de Isa. 42:1 en el TM, la LXX identifica al siervo específicamente como Jacob/Israel (cf. Isa. 41:8; 49:3). Sin embargo, los primeros lectores cristianos de la LXX seguían identificando al siervo con Jesucristo (véase la nota 30 de este capítulo).

[29] Isaías 42:5, cuando se cita aisladamente, no está marcado en la literatura cristiana primitiva como dirigido prosopológicamente por Dios al Siervo o al Hijo (véase Teófilo, *Autol.* 2:35; Ireneo, *Haer*. 5:12:2), por lo que quizá sea mejor reconstruir la interpretación cristiana primitiva más probable como un preámbulo en el que Dios (el Padre) habla a un público más general antes de dirigirse específicamente al Siervo-Hijo en 42:6-7.

DIOS (hablando a ***TODO EL PUEBLO***): [Aquí está] mi siervo {Jacob}, a quien ayudaré, mi elegido {Israel} en quien me complazco; pongo mi Espíritu sobre él; hará justicia a las naciones... (Isa. 42:1 LXX)[30]
DIOS (hablando ahora *al **SIERVO***): Yo, el Señor Dios, te he llamado en justicia... te he dado para que seas un pacto para los pueblos, para que seas una luz para las naciones, para que abras los ojos de los ciegos, para que saques de sus grilletes a los encadenados y de la cárcel a los que están sentados en tinieblas. (Isa. 42:6-7 LXX)[31]
DIOS (dirigiéndose de nuevo al ***PUEBLO*** en su conjunto): Yo soy el Señor Dios. Este es mi nombre. No daré mi gloria a otro... Las cosas antiguas han sucedido, y las nuevas que anunciaré les son reveladas aun antes de que ocurran (Isa. 42:8-9 LXX)

Además, yo diría que estas asignaciones de personajes tenían sentido para algunos de los primeros intérpretes cristianos porque: (1) Dios está presentando al siervo a su pueblo, por lo que el siervo se presenta como dramáticamente presente («Mi siervo» o «Aquí está mi siervo»); (2) la descripción de las tareas del siervo descritas *en tercera persona* en 42:1-4 parece coincidir con las tareas especificadas *para el destinatario en segunda persona* en 42:6-7. En concreto, en 42:6-7, el siervo se presenta en tercera persona. Concretamente, en 42:6-7 las palabras de Dios al siervo se interpretan fácilmente en el sentido de que indican el método por el que el siervo establecerá la justicia: «Yo te preservaré, yo te constituiré como pacto para el pueblo, como luz para las naciones», así como los efectos esperados de la aplicación del método: la sanidad de los ciegos y la liberación de los cautivos.

---

[30] En estos tres extractos de Isa. 42:1-9 he seguido la LXX, la versión preferida de los primeros cristianos, en lugar del TM, salvo que he puesto Jacob/Israel entre corchetes para indicar que estos nombres explicativos no están presentes en algunas tradiciones manuscritas antiguas dignas de mención. Por ejemplo, el TM (y, por tanto, la mayoría de las traducciones al español) menciona sólo al siervo en 42:1 sin identificarlo como Jacob/Israel (aunque véase Isa. 41:8; 49:3 TM), al tiempo que añade «He aquí» (*hēn*) al principio. Diversos testigos antiguos importantes siguen el ejemplo, tanto judíos (e.g. 1QIsaa; *Targum Isaiah* 42:1; Theodotion) como cristianos (Mt. 12:18; Ireneo, *Haer.* 3. 11. 6). Sin embargo, la LXX identifica explícitamente al siervo como Jacob/Israel. Sin embargo, incluso esta identificación, cuando estaba presente, no disuadió a los primeros lectores cristianos de la LXX de seguir identificando al siervo como Jesucristo, ya que, como menciona Justino Mártir, se dice que este siervo ejecuta el juicio en la tierra, que es una función real, y por lo tanto no se ha de considerar que encajara con la descripción del carácter de Jacob/Israel en el resto de las Escrituras (*Dial.* 123. 8; 135. 1-3; cf. Eusebio, *Dem. ev.* 376). Para los primeros cristianos, los fines para los que Dios había llamado a Israel habían recaído en el Hijo —véase el análisis de Isa. 49:1-12 más adelante en este capítulo.
[31] Nótese la diferencia de tiempo entre el TM («daré» —imperfecto, mejor traducido como futuro) y la LXX («he dado» —aoristo, mejor traducido como pasado).

De este modo, Isaías 42:1-9 fue un texto crítico para los primeros cristianos, ya que 42:1-4 describe la misión del Siervo de Dios: 1-4 describe la misión del Siervo-Hijo, mientras que en 42:6-7 se dice que el Padre habló directamente al Hijo sobre su misión, aclarando el método por el que la llevaría a cabo. La reflexión sobre este tema ofrece una amplia perspectiva para aquellos interesados en la relación interna entre el Padre y el Hijo en la Iglesia primitiva, especialmente en lo que respecta al conocimiento compartido de la misión del Hijo.

El Siervo-Hijo como pacto. En 42:6-7 Dios Padre envía a su Hijo a la tierra precisamente como Siervo, pero se apresura a decirle al Siervo-Hijo la naturaleza virtuosa de su llamado: «Te he llamado en justicia». El Padre explica al Hijo que no será abandonado, sino que estará con él, «te tomaré de la mano», y que el Hijo será divinamente fortalecido por él para la misión, «te fortaleceré» (LXX), o que será divinamente salvaguardado, «te protegeré» (TM). La misión, tal como el Padre la describe al Hijo, es humilde sin pretensiones, pero al final resultará en algo terriblemente maravilloso: «te constituiré como pacto para el pueblo». Aquí el Padre comunica expresamente al Siervo-Hijo la estratagema definitiva, el golpe maestro del plan divino: que él mismo va a ser el pacto, lo que para los primeros lectores cristianos significaba que el pacto estaría en la sangre del Siervo-Hijo.[32] Así, el Padre anuncia aquí al Siervo-Hijo que será «luz de las naciones», un faro que atraerá a los gentiles. Más tarde, el apóstol Pablo denominará todo esto el gran misterio cósmico: que los gentiles van a ser plenamente acogidos por el Padre, a través del Hijo, en el único pueblo de Dios mediante un nuevo pacto (véase Rom. 11:25-7; cf. Ef. 3:1-6; Gál. 4:24-7; 1 Cor. 11:25; 2 Cor. 3:6).

El siervo en Mateo 12:18-21. Así, cuando Mateo cita Isaías 42:1-4, se nos invita a considerar que lo ve como una descripción de la misión del Siervo-Hijo, y que Mateo era consciente de que el Padre había hablado en Isaías 42:5-7 directamente a su Siervo-Hijo, detallando el nuevo pacto y la reunión de los gentiles. Sin embargo, esto no deja de ser una especulación, porque Mateo no cita la conversación divina en sí (Isa. 42:5-7), sino su introducción (Isa. 42:1-4), en la que Dios presenta al Siervo al pueblo:[33]

---

[32] Véase *Barn.* 14. 5-7; cf. 4. 8; Justino, *Dial.* 122. 3-6; sobre el pacto de sangre en general, aparte de las conexiones específicas con Isaías 42:6-7, véase Mateo 26:28; Marcos 14:24; Lucas 22:20; 1 Corintios 11:25; Hebreos 9:20; 10:29; 12:24; 13:20.

[33] La especulación de que Mateo hizo una asignación prosopológica al interpretar Isaías 42:1-4 se ve reforzada por la probable alusión a Isaías 42:1 en el bautismo y la transfiguración (Mt. 3: 17; 17: 5) —véase «En ti me complazco —Isaías 42:1» en el cap. 2.

He aquí mi siervo, a quien he elegido, mi amado, con quien me complazco; pondré mi Espíritu sobre él, y anunciará justicia a las naciones. No peleará ni gritará, ni nadie oirá su voz en las calles; no quebrará la caña cascada ni apagará el pábilo encendido, hasta que haga triunfar la justicia. Y las naciones esperarán en su nombre. (Mt. 12:18-21)

En el contexto, Mateo ve la sanidad de los enfermos por parte de Jesús como prueba de la compasión del Siervo-Hijo hacia los oprimidos, impulsada por el Espíritu (cf. Mt. 12:13, 22) —«no quebrará la caña cascada ni apagará el pábilo encendido».[34] Mientras tanto, el distanciamiento de Jesús de entre las multitudes y la prohibición hacia aquellos a los que sanaba de que mantuvieran en secreto su identidad, se consideraron corroborados con la humildad sin pretensiones del Siervo (cf. Mt. 12: 15-16) —«no contenderá ni clamará, ni nadie oirá su voz en las calles». Obviamente, en el contexto más amplio del Evangelio de Mateo, los temas centrales de Isaías 42:1-4, como el *establecimiento de la justicia real* («hasta que él traiga la justicia para la victoria») y la *reunificación de las naciones* («las naciones esperarán en su nombre»), también eran importantes para Jesús, y ambos aspectos coinciden, por ejemplo, en la parábola de las ovejas y las cabras (véase especialmente Mt. 25:31-2; cf. también 28:18-20).[35]

El siervo-hijo y el monoteísmo. Ya hemos señalado la forma en que la interpretación centrada en la persona de Isaías 42:1 fue vital para las primeras interpretaciones cristianas del bautismo/transfiguración de Jesús (véase el capítulo 2), donde el Padre toma prestado el lenguaje del oráculo cuando habla al Hijo a través del texto del Antiguo Testamento. Además de los cambios dialógicos entre Isaías 42:1-4 y 42:5-7, hay otro

---

[34] Ireneo, *Haer.* 4. 20. 10, toma «la caña cascada no quebrará y el pábilo encendido no se apagará» (Isa. 42:3) como señal no sólo de la propia suavidad y tranquilidad de Jesús, sino también del reino que ha establecido. Mientras tanto, Tertuliano, *Marc.* 4. 23. 8, también encuentra la mansedumbre de Cristo profetizada en Isa. 42:2-3, añadiendo en *Marc.* 3. 17. 4 que la caña cascada se refiere a la debilitada fe judía, pero el pábilo encendido a la fe reavivada de los gentiles.

[35] Sobre Isaías 42:1-4 como proclamación de la reunión de las naciones en Cristo, el rey, véase también Justino, *Dial.* 135. 1-3. También es remotamente posible que otro ejemplo de interpretación prosopológica sea conservado por Mateo, que explica la propensión de Jesús a enseñar en parábolas como un cumplimiento de lo que fue dicho a través del profeta: «Abriré mi boca en parábolas, diré cosas ocultas desde la fundación [del cosmos]» (Mt. 13:35 citando una forma desviada del Sal. 77:2 LXX). El «del cosmos» es bastante incierto textualmente. Sin embargo, dada la afición de Mateo a una hermenéutica de tipos, es más probable que aquí Mateo haya visto al salmista anterior como estableciendo un tipo o patrón de enseñanza «en parábolas» que Jesús cumple. Para la opinión contraria de que Mateo ve esto como un discurso del Cristo preexistente, véase Gathercole, *The Preexistent Son*, 264-6.

cambio en Isaías 42:8-9, donde encontramos a Dios (el Padre) declarando enfáticamente a todo el pueblo que no dará su gloria a nadie más.

Así, en medio de un pasaje, Isaías 42:1-9, que insta irreprimiblemente al monoteísmo, encontramos sin ningún sentido de contradicción que el Dios único se leía dialógicamente en la Iglesia primitiva como el Padre y el Siervo-Hijo. Y no se trata en absoluto de un hecho aislado; al contrario, la inclusión del Señor Jesucristo en el lado divino de la ecuación en las citas del Antiguo Testamento es extraordinariamente común en el cristianismo primitivo.[36] Por ejemplo, con respecto a este mismo texto, Isaías 42: 1-9, Justino Mártir enfatiza en gran medida el tema de la inclusión de los gentiles en su interpretación,[37] al tiempo que señala que Isaías 49:8-9 indica que Dios *no* está dispuesto en última instancia a compartir su gloria con ningún otro, *pero que*, no obstante, esta conversación divina implica que el Siervo debe ser interpretado como partícipe de esa gloria (véase *Dial.* 65), lo que implica que el Siervo-Hijo es necesariamente, por tanto, una persona divina distinta junto con el Padre.

Así pues, después de determinar, sobre la base de una lectura cuidadosa de los detalles del propio oráculo, que Dios era el orador y el siervo destinatario, parece que los primeros cristianos aplicaron una hermenéutica kerigmática (i.e., un método interpretativo centrado en la proclamación de Jesucristo) que unía su experiencia de la realidad del acontecimiento de Cristo (i.e., su encarnación, su vida y su muerte) con las profecías del Antiguo Testamento, identificando esto como una representación teatral anticipada, en la que Isaías, lleno del Espíritu, había hablado en el carácter (*prosōpon*) de Dios Padre al prosopón del Siervo, Jesús el Hijo. Esta hermenéutica kerigmática se vio facilitada, sin duda, por otras descripciones isaianas de este siervo como alguien que sufre en nombre de los demás, cargando con sus pecados —«y el Señor ha puesto sobre él *el pecado de todos nosotros*» (Isa. 53:6)—, del mismo modo que encontramos en las primeras declaraciones de la Iglesia sobre cómo la historia de Cristo se relaciona con las antiguas profecías. Por ejemplo, el protocredo kerigmático de 1 Corintios 15:3-5

---

[36] Sobre el uso por parte de la Iglesia primitiva de textos del AT que se encuentran en contextos intensamente monoteístas en lo que respecta a la divinidad de Jesús, véanse Rom. 10:13 (Jo. 2:32); Rom. 14:11 y Flp. 2:10-11 (Isa. 45:23); 1 Cor. 1:31 y 2 Cor. 10:17 (Jer. 9:24); 1 Cor. 2:16 (Isa. 40:13); 1 Cor. 10:22 (Dt. 32:21); 1 Tes. 3:13 (Zac. 14:5); 2 Tes. 1:7, 12 (Isa. 66:5, 15); 2 Tes. 1:9 (Isa. 2:10, 19, 21). Mi lista depende de Bauckham, *Jesus*, 191-7, que también ofrece una excelente discusión sucinta.

[37] Véase Justino, *Dial.* 26. 2; 122. 3; 123. 8-9; 135. 2-3.

subraya que Jesús «murió *por nuestros pecados conforme a las Escrituras*», correlacionando el acontecimiento externo con la interpretación de las Escrituras. El papel de la proclamación apostólica en la hermenéutica cristiana primitiva se abordará con más detalle en el capítulo 7.

El Siervo-Israel regresa, los gentiles son bienvenidos —Isaías 49:1-12

El siguiente pasaje de la cadena que Bernabé ha interpretado prosopológicamente es —al menos en mi opinión— aún más esclarecedor que el ejemplo anterior. La maniobra dialógica que provocó una solución mediante la persona en Isaías 42:1-9 fue bastante sutil; en cambio, el deslizamiento tectónico en las personas en Isaías 49:1-12 pide a gritos atención interpretativa. Aunque el oráculo se hace intensamente complejo por la presencia de numerosos discursos reportados, la situación básica puede esquematizarse de la siguiente manera.[38]

En Isaías 49:1-4 el orador relata *una conversación anterior*, cuando el Señor Dios le había dicho: «Tú eres mi siervo, Israel», de modo que en un momento anterior el orador había aceptado de Dios la designación de Siervo-Israel, y el destinatario al que se dirige el orador es expresamente un pueblo geográficamente distante. Sin embargo, en 49:5, a medida que continúa el discurso, el Siervo empieza a hablar *de Israel y Jacob en tercera persona*, lo que hace difícil afirmar que el hablante actual sigue aceptando en un sentido incondicional el título de Siervo-Israel que Dios le había dado inicialmente, sobre todo porque el hablante ha recibido «ahora» un nuevo mensaje de Dios. En 49:7 y siguientes habla de nuevo el Señor Dios, y no se nombra al destinatario; su identidad debe deducirse a partir de la descripción del destinatario y de las palabras que se le dirigen, pero el Siervo es el referente más natural.

Dado que todos los discursos relatados debieron de producirse *antes* que los propios relatos, podemos reconstruir el orden cronológico en el que se produjeron los discursos dentro del mundo teodramático. En consecuencia, los he reordenado de modo que sigan la secuencia cronológica teodramática. En Isaías 49:1-12 hay, de hecho, ocho

---

[38] Para una reconstrucción diferente de cómo actúan los cambios dialógicos en Isaías 49: 1-9, véase Hanson, *Jesus Christ in the Old Testament*, 150.

discursos teodramáticos en total, y los detalles de cada uno de ellos revelan algo nuevo a medida que el Siervo y Dios conversan.

Discurso 1 (relatado en el *discurso 5*):
DIOS (dirigiéndose **AL SIERVO** en un pasado *más remoto* con respecto al escenario teodramático del *discurso 5*): Tú eres mi siervo, Israel, y en ti seré glorificado. (Isa. 49:3 LXX)

En este primer discurso, el Señor Dios, Jehová en el Texto Masorético, nombra a un individuo no presentado ni identificado —el «tú» es singular— como Israel, mi siervo, con el propósito de que esta designación resulte en un aumento de la gloria de Dios. Este no parece ser el momento en que este siervo comenzó a existir, sino que la asignación del título está relacionada con la convocatoria de este siervo para una tarea, como deja claro el siguiente discurso. Dios había hablado de forma similar sobre Israel a través de Moisés al Faraón: «El Señor dice esto: "Israel es mi hijo primogénito"; ahora yo te digo: "Envía a mi pueblo para que me adore"» (Éx. 4:22-3 LXX). Los temas se solapan: la filiación de Israel y el propósito de Israel de adorar y glorificar a Dios.

A la luz de las alteraciones en las personas y los temas de Isaías 49:1-12, los primeros cristianos, por supuesto, identificarían en última instancia a este siervo como Jesús, el Cristo, el Hijo. Las implicaciones trinitarias son sorprendentes: Por medio del Espíritu, a través de Isaías, Dios Padre se dirigió a Jesús, el Hijo, *dándole por adelantado la vocación de Israel*: el Padre le dijo a Jesús que cumpliera el propósito para el que Dios había llamado a la nación de Israel.

Vemos refracciones de esta tradición, por ejemplo, en la descripción que hace Mateo de la huida de Jesús a Egipto y su regreso, en la que se dice que se cumple el oráculo: «De Egipto llamé a mi Hijo» (Mt. 2:15, citando Os. 11:1). La implicación para Mateo es que Jesús vive ahora *in nuce* la misión que Dios había encomendado a Israel. Sin embargo, se consideraba que la nación de Israel, colectivamente hablando, no había cumplido suficientemente la misión de glorificar a Dios, como deja claro el contexto más amplio de Oseas: «Cuando Israel era niño, yo lo amaba, y de Egipto llamé a mi hijo. Cuanto más los llamaba, más se alejaban de mí; ofrecían sacrificio a los baales y quemaban incienso a los ídolos» (11:1-2). De este modo, Mateo parece afirmar que Jesús, como el verdadero Israel, logrará llevar a cabo la misión divina precisamente allí donde el Israel corporativo no fue capaz de lograrlo (compárense las tentaciones de Mt. 4:1-11). En la misma línea, los primeros cristianos leían Isaías 49:1-12 como el anuncio de que la vocación del Israel corporativo (o un remanente del mismo) había recaído en el Hijo.

> *Discurso 2 (relatado en el discurso 5):*
> *EL SIERVO* (respondiendo a *DIOS* en el pasado *más remoto* con respecto al escenario teodramático del *discurso 5*): He trabajado en vano, y he dado mi fuerza por la inutilidad y la nada; por esta razón mi veredicto está con el Señor, mi trabajo está en la presencia de mi Dios. (Isa. 49:4 LXX)

El segundo discurso es la respuesta del siervo al primer discurso. Aunque este individuo ha sido designado por Dios como siervo especial de Dios, Israel, y llamado a una tarea hasta ahora indefinida, el trabajo dedicado a la tarea le ha parecido totalmente infructuoso. Sin embargo, el siervo reconoce que sólo Dios debe seguir siendo el juez del mérito de su trabajo.

Este discurso dentro de un discurso era importante para los primeros cristianos porque les ayudaba a fijar el marco teodramático. A pesar de haber sido pronunciado hace mucho tiempo por el Espíritu a través de Isaías, el Espíritu era capaz de seleccionar un escenario dramático muy lejano en el tiempo, de modo que el diálogo dramático abre una ventana al futuro. Es decir, por utilizar una analogía cinematográfica, los primeros cristianos pensaban que estos discursos dramáticos podían ofrecer un anticipo de una escena posterior del drama divino. Aquí queda claro que, para los primeros intérpretes cristianos, este discurso se sitúa después de que el siervo haya intentado llevar a cabo la misión, pero después de haberlo intentado, el siervo siente ahora que su método ha sido totalmente ineficaz, que ha gastado sus fuerzas en vano. Sin embargo, el siervo se da cuenta de que Dios es el juez de todos esos esfuerzos, y que su método puede ser vindicado al final. Esto sugería a los primeros lectores cristianos —yo diría basándome en las pruebas que daré en breve— que el escenario teodramático de este segundo discurso era posterior a la inauguración de la misión pública del Jesús terrenal, pero anterior a su resurrección.

> *Discurso 3 (relatado en el discurso 6):*
> *DIOS* (dirigiéndose *AL SIERVO* en el pasado *reciente* con respecto al escenario teodramático del *discurso 5*): Es una gran cosa para

ti ser llamado mi siervo para levantar las tribus de Jacob y hacer retroceder a los dispersos de Israel. He aquí que yo te he puesto por luz de las naciones, para que seas por salvación hasta los confines de la tierra. (Isa. 49:6 LXX)[39]

Este tercer discurso (junto con el quinto) es fundamental para toda la secuencia, pues ahora descubrimos que el siervo recibió nueva información, que transformó su desalentado sentimiento de inutilidad en una esperanza llena de propósito, cuando Dios se dirigió directamente a él. El siervo aprendió —y este punto es crítico— que, aunque Dios lo designó inicialmente como Siervo de Israel, *su identidad no coincide precisamente con Israel*, porque su misión es «levantar las tribus de Jacob» y «hacer retroceder a los dispersos de Israel». Se podría sugerir que es el representante de Israel por excelencia. Aunque sin duda esta tarea es realmente grande, Dios dice que sólo esto, por espléndido que sea, no sería suficiente para este destacado siervo. La misión última es aún más asombrosamente maravillosa: ser «luz para las naciones», de modo que, a través del siervo, la salvación de Dios pueda llegar «hasta los confines de la tierra». Es vital que el siervo haya aprendido todo esto *antes* de pronunciar sus discursos a los pueblos lejanos.

Discurso 4:
DIOS (dirigiéndose a **PUEBLOS GEOGRÁFICAMENTE DISTANTES**): Escúchenme, naciones. ¡Presten atención oh pueblos! {Después de mucho tiempo se establecerá, dice el Señor}. (Isa. 49: 1a LXX)

Ahora se muestra la audiencia principal del escenario profético: las naciones, los que están lejos de Israel. La Septuaginta, la cual he seguido ya que estamos tratando de reconstruir interpretaciones cristianas tempranas plausibles, atribuye estas líneas al Señor (Dios), ya que Dios actúa como una especie de maestro de ceremonias,

---

[39] Hay algunas cuestiones textuales dignas de mención relativas a Isaías 49:6. En primer lugar, el papel del siervo en la realización de la salvación es más enfático en la LXX («para que seas para salvación hasta el fin de la tierra») que en el TM («para que mi salvación sea hasta el fin de la tierra»). En segundo lugar, algunos manuscritos de la LXX incluyen «ser un pacto para el pueblo» entre las tareas asignadas al siervo (cf. Isa. 42:6; 49:8), aunque esto no está respaldado por el TM, el Targum Isaiah o 1QIsaa. En tercer lugar, la tradición hebrea dice «no es cosa pequeña», en lugar de la LXX, que dice «es cosa grande», por lo que el TM enfatiza en mayor medida la grandeza de la segunda tarea (relativa a las naciones) en comparación con la primera (relativa a Israel).

convocando a las naciones a escuchar los *discursos 5 y 6*, las palabras pronunciadas por el siervo. La Septuaginta también añade la enigmática e intrigante nota calificativa de que la actuación teodramática expresada en los *discursos 5 y 6* sólo se establecerá al cabo de mucho tiempo. El Texto Masorético (al igual que 1QIsa[a]) deja ambivalente la identidad del orador de estas líneas iniciales: el Señor Dios podría ser el orador como en la Septuaginta (y el Targum de Isaías) o podría ser el propio siervo dirigiéndose directamente a grupos de personas distantes.[40] Para dejar todo esto claro, he marcado entre corchetes las adiciones exclusivas de la Septuaginta. Independientemente de ello, el significado de los discursos circundantes y los principales cambios dialógicos no se ven afectados, ya que tanto la Septuaginta como el Texto Masorético coinciden en cuanto a la audiencia, y en ambos también es evidente que el siervo es el orador de 49:1b-4 inmediatamente después.

Discurso 5:

El *SIERVO* (dirigiéndose a *PERSONAS GEOGRÁFICAMENTE DISTANTES*): Desde el vientre de mi madre [Dios] me nombró; hizo de mi boca una espada afilada y me escondió al abrigo de su mano; me eligió como una flecha escogida y me cobijó en su aljaba. Y me dijo... [Se relata el *discurso 1*]. Pero yo dije... [se reproduce el *discurso 2*]. (Isa. 49:1b-4 LXX)

Cuando llegamos al quinto discurso, en términos de cronología teodramática, Dios y el siervo ya han tenido un animado intercambio. Sin embargo, de este discurso obtenemos nueva información esencial sobre la relación previa entre Dios y el siervo. Como se dedujo anteriormente, ahora se confirma: este siervo era conocido por su nombre por Dios mucho antes de que fuera designado «Israel» y también antes de que esta designación de Israel fuera redefinida para que el Siervo pudiera restaurar Israel y extender la salvación a las naciones. De hecho, aunque Dios lo conocía, mantuvo oculta su identidad, envuelta en sombras, hasta que fue llamado «desde el vientre

---

[40] No hay señales evidentes en el TM ni en 1QIsa[a] que indiquen un cambio dialógico en el hablante en primera persona entre Isaías 49:1a y 49:1b, aunque esto por sí solo no es prueba irrefutable de que no se pretenda un cambio. Curiosamente, en 49:1a del Targum de Isaías, el Señor (Dios) dice: «Escuchad a mi Memra, oh islas, y escuchad, reinos lejanos» (49:1a), invitándonos aparentemente a considerar que el siervo y la Memra coinciden en 49:1b-4, pero luego en 49:5 el siervo dice «la Memra de Dios se ha convertido en mi ayuda», lo que nos obliga a concluir que Memra no es el siervo aquí después de todo (trad. Chilton). No obstante, está claro que, al igual que en la Septuaginta, el Señor (Dios) es quien habla en 49:1a en el Targum de Isaías y no el siervo.

materno» (Isa. 49:1 LXX; cf. Sal. 109:3 LXX). Esto, como veremos, fue una prueba importante que ayudó a algunos de los primeros cristianos a identificar a Jesús, el que había salido del vientre materno en circunstancias tan inusuales, como el Siervo de este pasaje. Por supuesto, la identidad de los destinatarios a los que habla el Siervo como pueblos lejanos —los gentiles— fue enormemente crucial para la interpretación del conjunto en la Iglesia primitiva.

Discurso 6:
EL SIERVO (continuando el *discurso 5*, pero dirigiéndose a ***PERSONAS GEOGRÁFICAMENTE DISTANTES***, a la luz de las circunstancias cambiadas por el *discurso 3*): Y ahora así dice el Señor [Dios], que me formó desde el vientre para ser su propio siervo, para reunir a Jacob y a Israel; ciertamente seré reunido a él y seré glorificado en presencia del Señor [Dios] y mi Dios será mi fortaleza. Y me dijo... [Se relata el *discurso 3*]. (Isa. 49: 5-6 LXX)

En relación con el *discurso 3,* este sexto discurso obliga a cualquier lector sensible a buscar una persona adecuada que pudiera haber sido designada por Dios como «mi siervo, Israel» (49:3) y, sin embargo, Dios podría haber declarado más tarde que esta misma persona es un siervo para Israel, ya que el siervo «reunirá a Jacob e Israel». Se podría deducir que es la desobediencia del Israel corporativo al no desempeñar plenamente su misión de glorificación de Dios por el bien de sí mismo y de las naciones lo que ha hecho necesario que este siervo singularmente destacado rescate a un remanente dentro del Israel corporativo[41] y, por si fuera poco, que también traiga la salvación a las naciones.

Además, sobre la base del *discurso 5*, esta persona debe haber existido necesariamente antes de su nombramiento como «mi siervo, Israel». A los primeros lectores cristianos, en sintonía prosopológica, no les costó encontrar un candidato adecuado. Y a la luz de todas las pistas

---

[41] Véanse las amonestaciones dirigidas al Israel colectivo por su fracaso en el contexto cercano de Isaías. Por ejemplo, «Sé que estás endurecido, y que tu cuello es un tendón de hierro y tu frente de bronce» (Isa. 48:4 LXX); «No has sabido ni entendido; desde el principio no te he abierto los oídos, porque sabía que ciertamente actuarías con infidelidad; ¡fuiste llamado infiel incluso desde el vientre!» (Isa. 48:8 LXX) —cf. Tertuliano, *Marc.* 3. 6. 6 sobre Isaías 42:19. Sobre todo el tema del fracaso del Israel corporativo a la hora de llevar a cabo su misión y el levantamiento del siervo isaiánico para cumplir esa misión como respuesta, véase el perspicaz análisis de Rikk E. Watts, «¿Consolation or Confrontation? Isaiah 40-55 and the Delay of the New Exodus», *TynBul* 44 (1990): 31-59; Brevard Childs, *Isaiah* (OTL; Louisville, Ky.: Westminster John Knox, 2001), 385.

de los discursos precedentes, pudieron determinar un escenario teodramático para los discursos durante el ministerio terrenal de Jesús, pero antes de su resurrección/glorificación. Como dice Ireneo, hablando con referencia a este texto, Isaías 49:5-6, aquí aprendemos:

> que el Hijo de Dios preexistía, que el Padre habló con Él, e hizo que se revelara a los hombres antes de su nacimiento; y luego que era necesario que fuera engendrado, un hombre entre los hombres; y que el mismo Dios lo modela desde el vientre materno.... que el Hijo se llama a sí mismo siervo del Padre, por su obediencia al Padre, pues también entre los hombres todo hijo es siervo de su padre.[42]

Al igual que Ireneo, Justino Mártir también afirma expresamente que Isaías 49:5-6 contiene una conversación entre el Padre y el Hijo, indicando que Dios utiliza este diálogo en particular para anunciar la inclusión de los gentiles en el plan de salvación.[43] Bernabé encuentra un diálogo Padre-Hijo muy parecido al de Ireneo y Justino (véase *Barn.* 14. 8; cf. 14. 6), con el autor de Hechos solo, quizás, moviéndose en una dirección bastante diferente a la de nuestros otros primeros testigos cristianos.[44] El punto vital es que el *discurso 6* (que presenta el *discurso 3*) fue leído por la mayoría de los primeros cristianos como una prueba de que el Siervo no debe ser exactamente idéntico a Israel, ya que tiene la misión de restaurarlo; así, solución por solución, dedujo un diálogo divino entre el Padre y el Siervo-Hijo en el que el Padre restaura la esperanza del Hijo afirmando tácitamente la eficacia del método del

---

[42] Ireneo, *Epid.* 51.
[43] Justino, *Dial.* 121. 4; cf. Tertuliano, *Marc.* 3. 20. 4-5.
[44] El autor de Hechos no parece considerar Isaías 49:6 como palabras del Padre al Hijo, ya que Pablo y Bernabé, en Hechos 13:47, aparecen como justificando la misión apostólica a los gentiles por Isaías 49:6, como si el oráculo isaiánico contuviera palabras dirigidas directamente a los gentiles en 49:6 como las siguientes: «Yo [el Padre] los he hecho [apóstoles] luz de las naciones, para que [apóstoles] lleven la salvación hasta los confines de la tierra». Es posible, sin embargo, que la lógica hermenéutica del autor de Hechos sea más compleja de lo que podemos ver en la superficie, tomando éstas como las palabras del Padre al Hijo, que luego se hacen aplicables como palabras a los apóstoles en la medida en que los apóstoles llevan a cabo la obra del Hijo. La verosimilitud de esta suposición se ve reforzada por el hecho de que el «ustedes» es singular en griego, por lo que es poco probable que el plural «ustedes [apóstoles]» hubiera sido inferido directamente por el autor de Hechos, a pesar de las apariencias superficiales. A la vista de las sólidas pruebas que existen en otros lugares de la Iglesia primitiva de que Isaías 49:5-6 como si contuviera un diálogo entre personas divinas, la posibilidad dialógica Padre-Hijo no debería descartarse a la ligera aquí para el autor de Hechos, especialmente a la luz de la aplicación de Pablo de Isaías 49:8 en 2 Corintios 6:2 (véase la discusión posterior en «Discurso 8»), aunque tal reconstrucción sea bastante especulativa.

Hijo, reafirmando que el resultado no sólo será la restauración de un remanente de Israel, sino también la inclusión de los gentiles.

Discurso 7:
DIOS (hablando a uno «aborrecido por las naciones» —se nos invita a inferir sobre la base del *discurso 3* que esta persona es **EL SIERVO**): Así dice el Señor, {el Dios de Israel, que te rescató: «Consagra al que considera barata su propia alma}, al que es aborrecido por las naciones, por los esclavos de los gobernantes; los reyes lo verán, y los gobernantes se levantarán y le rendirán homenaje a causa del Señor [Dios], porque el Santo de Israel es fiel y yo te he elegido». (Isa. 49:7 LXX)

Ahora encontramos al Siervo extrañamente callado mientras el foco de atención recae sobre un nuevo orador, Dios, que se dirige a alguien. El discurso va precedido en la Septuaginta de las palabras: «Así dice el Señor, el Dios de Israel, que te ha salvado», de modo que el personaje al que se dirige, el «tú» (singular), es alguien que ha sido o, proféticamente hablando, será salvo de una prueba o dificultad por Dios. La identidad de este personaje puede inferirse —y, de hecho, en el texto masorético debe ser deducido, ya que faltan los comentarios preliminares— a través de su descripción: uno «aborrecido por las naciones».[45] Como el siervo acaba de hablar con Dios, lo más probable es que ahora el siervo sea el «tú» al que se dirige Dios, y esta conclusión sólo se habría visto reforzada para los lectores antiguos por las similitudes temáticas con otros pasajes de Isaías sobre el siervo, en

---

[45] El TM presenta algunas diferencias cruciales respecto a la LXX para Isaías 49:7. Una traducción común basada en el TM es la siguiente: «Así dice Jehová, el Redentor de Israel y su Santo, a aquel profundamente despreciado, aborrecido por las naciones, el esclavo de los gobernantes: "Los reyes verán y se levantarán, los príncipes, y se postrarán, a causa de Jehová, que es fiel, el Santo de Israel, que te ha elegido"». Así, el TM llama a Dios «el redentor y Santo de Israel», pero carece de las observaciones previas de Dios, en las que se nos dice que el «ustedes» ha sido rescatado por Dios. Además, el TM carece de la orden de «consagrar al que considera despreciable su propia alma», y en su lugar da una descripción del carácter del destinatario, «uno profundamente despreciado», todo lo cual he tratado de señalar colocando entre corchetes las observaciones preliminares de la LXX. También en el TM el destinatario es el «esclavo de los gobernantes», mientras que en la LXX con toda probabilidad son las naciones las que se describen como «esclavas de los gobernantes» y no el destinatario. Por último, la LXX deja bien claro que Dios es quien habla al terminar con «y yo los he elegido» en lugar de «quien los ha elegido» como en el TM. A pesar de estas diferencias, tanto la LXX como el TM coinciden en lo verdaderamente vital para un análisis dialógico: que el Señor Dios es el que habla y que el destinatario, el «tú», es aquel que es «aborrecido por las naciones», todo lo cual lleva a inferir, con respecto a ambas tradiciones, que el destinatario es el siervo.

los que el siervo, la respuesta real a él y su homenaje se describen en términos muy similares:

> He aquí que mi siervo entenderá, será exaltado y glorificado en gran manera; así como muchos se asombrarán de ti —su aspecto será tan carente de gloria como el de un ser humano—, así muchas naciones se maravillarán de él y los reyes cerrarán la boca, porque los que no estaban informados acerca de él verán y los que no habían oído entenderán. (Isaías 52: 13-15 LXX)[46]

Los primeros lectores cristianos veían a Dios anunciando al Siervo-Hijo la culminación de su método y misión en Isaías 49:7, 52:13-15 y otros textos relacionados. A medida que el Siervo-Hijo persiguiera el plan ordenado por el Padre hasta el final, viviendo como el verdadero Israel —como siervo sufriente voluntario de las naciones— para dar gloria a Dios Padre, el Siervo sería despreciado, aborrecido y rechazado. Sin embargo, en el análisis final, los reyes y gobernantes se encontrarían rindiendo homenaje al Siervo-Hijo glorificado. Pero, ¿cómo se produciría este cambio en la suerte del Siervo-Hijo?

Discurso 8:
DIOS (hablando a «ti» [singular] —se nos invita a inferir que es el mismo «tú» —*EL SIERVO*— como en el *discurso 3* y en el *discurso 7*): Así dice el Señor [Dios]: En un tiempo favorable te escuché [singular] y en un día de salvación te ayudé; te entregué para que fueras un pacto para las naciones, a fin de establecer la tierra y reclamar una parte del desierto, diciendo a los que están encadenados: «salgan», y a los que están en tinieblas: «muéstrense»... He aquí que vienen de lejos, unos del norte, otros del occidente, otros del país de los persas. (Isa. 49:8-12 LXX)

---

[46] En el TM, Isaías 52:13-15 es una descripción en tercera persona de los acontecimientos que suceden en torno al siervo, mientras que en la LXX y 1QIsa^a la descripción en tercera persona se mezcla con una dirección directa en segunda persona al siervo (como en mi traducción). En consecuencia, Tertuliano, que se basa en el AT griego aunque escribe en latín, dice explícitamente que Isaías 52:14 es un discurso pronunciado por el Padre al Hijo (*Marc.* 3. 17. 1). Lamentablemente, Pablo en Romanos 15:21 cita sólo la última parte de la tercera persona, Isaías 52:15 (en apoyo de la misión gentil), por lo que es difícil conjeturar si leyó prosopológicamente el versículo precedente, 52:14, como una dirección en segunda persona al Siervo-Hijo o si más bien tomó el conjunto como una descripción en tercera persona, pero lo primero es ciertamente más probable dada la proximidad de las citas de Pablo, consideradas en general, a la Septuaginta.

En el *discurso 8* se aclara de nuevo la misión del Siervo-Hijo, y cabe suponer que los primeros lectores cristianos descubrieron en él que el Hijo clamaría al Padre por su liberación, el Padre le oiría, y la súplica del Hijo sería atendida por el Padre: «en un día de salvación te ayudé». El Padre ha hecho del Siervo un pacto, efectuando así una temporada de dádiva, retorno y liberación de cautivos por medio de su sangre (cf. Isa. 42:6).

Aunque esta es una nueva propuesta adicional bastante especulativa, invito a otros eruditos a considerarla. Es muy posible que Pablo despliegue la lógica teodramática sugerida anteriormente cuando cita Isaías 49:8 en 2 Corintios 6:1-2:[47]

> Ahora bien, como colaboradores [de Dios por medio de Cristo] los exhortamos [en plural] a que no reciban la gracia de Dios de manera vacía. Porque [Dios] dice: «En tiempo favorable los escuché [singular] y en día de salvación los ayudé» [Isa. 49:8 LXX]. He aquí, ¡ahora es el tiempo favorable! ¡He aquí que ahora es el día de la salvación!

El proceso de razonamiento de Pablo, tal vez, funciona así: Isaías, en el prosopón de Dios Padre, habló a su Siervo-Hijo, Jesucristo, desde un escenario teodramático posterior a la resurrección, reflexionando sobre el momento pasado del rescate decisivo de la muerte.[48] Así, Pablo interpreta Isaías 49:8 de esta manera:

DIOS (hablando al **HIJO-SIERVO**): En tiempo propicio, oh Hijo mío, clamaste a mí por rescate y yo te oí, y en un día de salvación —el día en que te rescaté de la muerte— te ayudé.

---

[47] De hecho, como no estaba seguro de que Pablo empleara la exégesis prosopológica en 2 Corintios 6:2, no traté este pasaje en el cap. 5 de mi libro anterior, *The Hermeneutics of the Apostolic Proclamation*. Sin embargo, cada vez me inclino más por este punto de vista. Hanson, *Jesus Christ in the Old Testament*, 147-52, argumenta extensamente a favor de un «diálogo profético» para Pablo en 2 Corintios 6:2, creyendo que Pablo aplica este texto «a nosotros los cristianos, pero a nosotros como en Cristo», viendo a Cristo como un representante corporativo en una aplicación casi tipológica aquí.

[48] Un modesto apoyo adicional para una interpretación prosopológica de Isaías 49:8 por Pablo puede encontrarse en un co-texto en Justino, *Dial.* 122. 5. Aunque Justino no señala explícitamente a Cristo como el destinatario teodramático en Isaías 49:8 («*Te he dado* para que seas *pacto* para las naciones»), sí lo señala implícitamente a través de sus preguntas posteriores a Trifón, diciendo: «¿Quién es el pacto de Dios? ¿No es Cristo?». Justino muestra así que ha tomado el «tú» de Isaías 49:8 como el Cristo, mientras que Dios (el Padre) es el interlocutor, tal como he propuesto para Pablo. Esto se reafirma posteriormente cuando Justino añade una interpretación prosopológica del Salmo 2:7-8 en apoyo de su análisis de Isaías 49:6.

Luego Pablo hace su aplicación: como colaboradores de Dios, el equipo misionero de Pablo habla exactamente del mismo modo que Dios habló al Siervo-Hijo. Es decir, están haciendo un llamamiento a los corintios, descritos directamente como «ustedes» (plural) por Pablo, y los corintios son los que necesitan exactamente el tipo de rescate de la muerte que el «tú» (singular), el Siervo-Hijo, necesitaba en el mismo Isaías.[49] Haciendo las sustituciones, Pablo aplica en consecuencia el texto:

«NOSOTROS», PABLO Y LOS SUYOS en nombre de DIOS (hablando a *«USTEDES», LOS CORINTIOS*): En un momento favorable, ahora mismo, Dios, en cuyo nombre estamos hablando, les oirá, oh Corintios, si claman pidiendo rescate, y en un día de salvación, ahora mismo, les ayudará proporcionando ese rescate tan necesario, igual que rescató a su Siervo-Hijo Jesús.

En apoyo de esta interpretación hay que señalar que esto tiene un excelente sentido contextual dentro de 2 Corintios 5:18-6:2, ya que es la ofrenda sustitutoria del Hijo la que hace posible la reconciliación humana con Dios, es decir, si se acepta la oferta reconciliadora. Si esta es realmente una reconstrucción convincente de la lógica de Pablo, resulta más plausible que una hermenéutica similar pueda ser operativa para Isaías 49:6 en Hechos 13:47.[50]

Independientemente de si Pablo ha leído o no Isaías 49:8 de la manera sugerida, el lenguaje de Isaías 49:8-9 es notablemente similar al de Isaías 61:1-2 —el pasaje leído por Jesús en la sinagoga de Nazaret— en la medida en que ambos se refieren a un tiempo favorable de rescate por parte de Dios en el que los prisioneros son liberados. No es de extrañar, por tanto, que Isaías 61:1-2 fuera interpretado prosopológicamente como un discurso del Hijo en la Iglesia primitiva por Barnabé (véase *Barn.* 14:9) y, de forma bastante plausible, por el propio Jesús, tal como se describe en Lucas 4:18-19. Y ahora nuestra discusión sobre el diálogo entre el Siervo-Hijo y el Padre que comenzó con Isaías 61:1-2 en Lucas 4:18-19 ha cerrado el círculo.

---

[49] Basándose en el contexto inmediatamente anterior, lo más probable es que Pablo y su equipo se vean a sí mismos como colaboradores de Dios específicamente a través de Cristo: «Por tanto, somos embajadores en nombre de Cristo, como si Dios estuviera exhortándoos por medio de nosotros. En nombre de Cristo les suplicamos: "Reconcíliense con Dios"» (2 Cor. 5:20).

[50] Véase la discusión anterior en esta sección bajo «Discurso 6».

Los discursos de Isaías 49:1-12. En resumen, en la Iglesia primitiva se entendía que la larga secuencia de discursos de Isaías 49:1-12 consistía en *una serie de discursos e informes de discursos en los que el Padre conversaba con el Siervo-Hijo*. En este diálogo, el Padre muestra su amor por el Hijo y revela su misión audaz. Dios (el Padre) alcanzará la gloria para sí mismo a través de la humillación del Siervo-Hijo. El Siervo-Hijo asume esta vocación de buen grado, como Hijo obediente, pero casi desespera porque la misión y su método parecen demasiado inútiles; sin embargo, al mismo tiempo el Hijo expresa confianza, sabiendo que sólo el Padre puede juzgar el fruto obtenido. En este momento tan bajo para el Hijo, el Padre muestra una especial preocupación personal por él, anunciándole que su misión tendrá un éxito rotundo. No sólo cumplirá, como verdadero Siervo-Israel, la misión del Israel desobediente, sino que también restaurará una parte del Israel desobediente junto con los gentiles. Esto se llevará a cabo, anuncia Dios a su Siervo-Hijo, convirtiéndose el Siervo-Hijo mismo en el pacto, es decir, el pacto estará en su sangre. Y ese pacto efectuará una estación favorable de gracia durante la cual los cautivos oprimidos, los atados por el pecado, obtendrán la liberación.

¿Acerca de sí mismo o de alguien más? —Hechos 8:26-40

A lo largo de este libro he estado argumentando que, incluso cuando la Iglesia estaba en sus inicios, los cristianos utilizaban una técnica de lectura de solución mediante la persona que está en continuidad directa con aquellos padres posteriores que enmarcaron definitivamente la doctrina de la Trinidad, hasta tal punto que no es inapropiado hablar del ejercicio de esta estrategia de lectura por parte de los primeros cristianos como algo necesario para el nacimiento de la Trinidad. A menudo, nosotros, como lectores contemporáneos de estas fuentes antiguas, sólo podemos mostrar que es probable que se haya desplegado algo parecido a la exégesis prosopológica. Sin embargo, hay momentos especialmente instructivos en los que el razonamiento teodramático aflora a la superficie, y un posible ejemplo neotestamentario de ello puede encontrarse en el encuentro de Felipe con el eunuco etíope en Hechos 8:26-40, quien está leyendo del rollo del profeta Isaías sobre una enigmática figura sufriente.

Según describe el autor de Hechos, Felipe es impulsado por el Espíritu a tomar el camino de Jerusalén a Gaza. Al escuchar al eunuco leer en voz alta el pasaje de Isaías mientras éste viaja en su carruaje,

Felipe es impulsado por el Espíritu a acompañarle. Entonces Felipe escucha cómo el eunuco lee el pasaje: «Como oveja llevada al matadero y como cordero ante el esquilador calla, así no abre la boca; en su humillación le fue quitada la justicia. ¿Quién puede describir su linaje? porque su vida ha sido arrebatada de la tierra» (He. 8:32-3 citando Isaías 53:7-8 LXX). Mientras el eunuco se debate con el significado del pasaje, hace a Felipe una pregunta singularmente provocadora: «Te ruego, ¿con respecto a quién está hablando el profeta, con respecto a sí mismo o con respecto a alguien más?» (*deomai sou, peri tinos ho prophētēs legei touto; peri heautou ē peri heterou tinos* —He. 8:34). Para el lector contemporáneo desconocedor de las antiguas estrategias de lectura teodramática —y esto incluye a todos los comentaristas bíblicos recientes sobre Hechos que he estudiado—[51] la pregunta del eunuco se entiende como si diera a elegir entre dos referentes separados y distintos, determinando que para el eunuco el pasaje de Isaías 53 se refiere o bien al profeta Isaías o a otra persona. Sin embargo, si ésta es la forma correcta de interpretar la pregunta del eunuco, hay un aspecto de la pregunta que sigue siendo preocupante. ¿Qué podría llevar al eunuco a pensar que Isaías estaba hablando de sí mismo, como referente último en este pasaje? Sobre todo porque sería bastante inusual que el profeta (aunque no del todo inaudito), si realmente hablara de *sí mismo*, utilizara la tercera persona, como se hace en Isaías 53, en lugar de la primera. Hay muy pocas cosas en el propio libro de Isaías que puedan inducir a un lector, antiguo o moderno, a tomar al profeta Isaías como el referente último de Isaías 53 (aunque algunos lo han hecho, quizá bajo la influencia de la sugerencia de Hechos), y C. K. Barrett afirma que no existe precedente antiguo alguno para tal interpretación.[52]

Lectura teodramática en Hechos 8:32-4. Sin embargo, si el lector contemporáneo es consciente de las antiguas estrategias de lectura

---

[51] Entre los comentaristas que he estudiado, destacan las observaciones de Richard I. Pervo, *Acts: A Commentary* (Hermeneia; Minneapolis: Fortress, 2009), 226, son las que más se acercan a la solución que propongo: «Esta [la pregunta del eunuco] es evidentemente una forma antigua de plantear la cuestión de si los textos proféticos se aplican principalmente a sus propios tiempos o a épocas posteriores». Pero Pervo no llega a sugerir que el eunuco recurra a la exégesis prosopológica o a la primacía de un marco de referencia teodramático.
[52] Tal vez los discursos en primera persona del siervo (e.g. Isa. 49:5; 50:4) podrían haber llevado a un lector antiguo a la conclusión de que Isaías hablaba puramente de sí mismo. Sin embargo, no hay pruebas, al menos según Barrett, de que ningún lector antiguo llegara a esta conclusión, lo que debilita considerablemente esta suposición —véase C. K. Barrett, *A Critical and Exegetical Commentary on the Acts of the Apostles* (2 vols.; ICC; Londres: T&T Clark, 1994-98), i. 431.

teodramática, entonces hay, sugiero, una posibilidad más razonable.[53] ¿Podría ser que el eunuco (tal como se le representa) no esté dando a elegir entre dos referentes separados y distintos, sino que esté preguntando a Felipe si Isaías está hablando desde el horizonte del escenario profético («en relación consigo mismo») o si Isaías está hablando de un personaje futuro que Isaías ha observado dentro del teodrama («en relación con otra persona»)? Así interpretado, el eunuco se pregunta si el profeta Isaías está hablando de cosas desde el punto de vista de su propia persona, al modo profético más común, o si el profeta Isaías está *describiendo una secuencia teodramática* que Isaías ha visto representada por un prosopón alternativo. Así leída, la pregunta del eunuco se refiere más al contexto de las palabras —profético ordinario frente a teodramático— que al referente exacto, porque el contexto es más primario y, por tanto, determina el referente.

Evidencia desde la historia de la recepción. Precisamente este tipo de preocupaciones interpretativas teodramáticas respecto a la pregunta del eunuco fueron señaladas por Atanasio, quien observa que debemos mostrar especial preocupación por identificar adecuadamente el tiempo (*kairon*), el tema (*pragma*), y la persona (*prosōpon*) a la hora de interpretar, declarando que en este sentido debemos esforzarnos por ser como el eunuco etíope. «Pues», afirma Atanasio, el eunuco temía que, «tomando la lectura en la persona equivocada (*para prosōpon*), se apartara del sano entendimiento».[54] Nótese que Atanasio cree que el eunuco estaba particularmente preocupado por cuestiones teodramáticas de primera importancia: el tiempo, el tema y, especialmente, la correcta identificación del verdadero prosopón hablante.

Al sopesar la intención de la pregunta del eunuco, «¿con respecto a sí mismo o con respecto a alguien más?» en Hechos, hay que señalar ciertamente que es posible que el autor del Evangelio de Juan leyera Isaías 53:1 en Juan 12:38 de forma teodramática, y la garantía dada por el cuarto evangelista es sugerente: «Isaías dijo estas cosas porque vio su gloria y habló *con respecto a él [peri autou]*» (Jn. 12:41). Por su parte,

---

[53] Marie-Josèphe Rondeau, *Les Commentaires patristiques du Psautier (3e-5e siècles)* (2 vols.; Orientalia Christiana Analecta 220; Roma: Institutum Studiorum Orientalium, 1982-5), ii. 21, sugiere que el Eunuco realiza una exégesis prosopológica. Sin embargo, la sugerencia que desarrollo en este párrafo sigue siendo mía, a saber, que el Eunuco se preocupa en primer lugar de identificar si el escenario es «profético ordinario» (en relación con Isaías) o «teodramático» (en relación con un prosopón que habla desde un escenario alternativo en el drama divino), ya que esto también determinaría con precisión a quién se refiere Isaías como orador.
[54] Atanasio, *C. Ar.* 1. 54 citado por Michael Slusser, «The Exegetical Roots of Trinitarian Theology», *TS* 49 (1988): 461-76, aquí 465.

un contemporáneo del autor de los Hechos, Clemente de Roma (hacia 96 d.C.), interpreta claramente Isaías 53 en clave teodramática. Introduce la cita de Isaías 53 diciendo: «El Señor Jesucristo no vino con pompa pretenciosa o arrogancia, aunque podría haberlo hecho, sino humildemente, tal como el Espíritu Santo había dicho al *hablar de él* [*peri autou*]» (16. 2). Cualquier duda persistente que pudiéramos tener de que Clemente pretende una lectura teodramática de Isaías 53 se disipa rápidamente cuando observamos que la sigue con una interpretación prosopológica explícita del Salmo 21 de los LXX, precedida de las palabras «él [Jesús] mismo dice», y seguida de la cita: «Soy un gusano y no un hombre, una desgracia para la humanidad y un objeto de odio para el pueblo», lo que muestra la naturaleza intrínseca de ambas lecturas. Varios autores del siglo II siguen su ejemplo con interpretaciones similares de Isaías 53.[55] En resumen, especialmente dada la congruencia de esta interpretación con la evidencia desde la historia de la recepción, creo que esta propuesta teodramática para Isaías 53:7-8 en Hechos 8:30-5 tiene mucho más sentido que la interpretación estándar actual en la erudición bíblica.

Teodrama e interpretación de la Escritura. Otra pregunta formulada por el eunuco es también perspicaz. Felipe había preguntado al eunuco: «¿Entiendes lo que lees?», a lo que el eunuco responde con una contrapregunta: «¿Cómo voy a entender?», responde el eunuco, «a menos que alguien me *guíe*» (He. 8:30-1). La contrapregunta del eunuco revela también hasta qué punto la interpretación de las Escrituras estaba vinculada al kerigma («evangelio proclamado») en el cristianismo primitivo. Para la Iglesia primitiva, sobre todo para el autor de Lucas-Hechos, la antigua Escritura judía no podía comprenderse plenamente sin la guía de la palabra proclamada sobre Jesús como Cristo, pero se consideraba que el propio kerigma contenía los principios que podían desbloquear la «mente» no sólo del intérprete, sino de la propia Escritura, ya que ésta manifiesta una unidad interior dada por Dios, una «mente», una *dianoia* o *nous*.[56] En consecuencia,

---

[55] Para comentarios directos sobre Felipe, el eunuco e Isaías 53, véase Ireneo, *Haer.* 3. 12. 8; 4. 23. 2; sobre Isaías 53 en general, véase especialmente Justino, *1 Apol.* 50. 2-11; *Dial.* 13. 2-9; Ireneo, *Epid.* 69-70; Melito, *Pascha* 64.

[56] Sobre la «mente» de la Escritura en el cristianismo primitivo, véase Robert Grant, *The Letter and the Spirit* (Nueva York: Macmillan, 1957), 125-6; Frances M. Young, *Biblical Exegesis and the Formation of Christian Culture* (Peabody, Mass.: Hendrickson, 2002), 29-45 esp. 34-6; Frances M. Young, «The "Mind" of the Scripture: Theological Readings of the Bible in the Fathers», *International Journal of Systematic Theology* 7 (2005): 126-41. Sobre la «mente» de la Escritura en Lucas-Hechos en concreto, véase Matthew W. Bates, «Closed-Minded Hermeneutics? A Proposed Alternative Translation for Luke 24:45», *JBL* (2010): 537-57 esp. 555-7.

Felipe, a partir de este mismo pasaje de Isaías, expone las buenas nuevas sobre Jesús.

Si realmente, como se ha propuesto, las preguntas del eunuco y la respuesta de Felipe indican que debemos considerar que creían que Isaías estaba informando de la actuación teodramática observada del Siervo-Hijo en Isaías 53, entonces la misión del Hijo se entendía aún más específicamente como sufrimiento vicario para cargar con los pecados de los demás (Isa. 53:4-6, 12; cf. Mt. 8:17; Lc. 22:37; 1 Pe. 2:21-5). Aunque la vida del Siervo-Hijo sería arrebatada de la tierra (Isa. 53:8), como ha leído el eunuco, incluso en la muerte Dios vindicaría al Hijo, para que pudiera volver a ver, llenarse de entendimiento y disfrutar de una rica herencia (Isa. 53:11-12).

* * *

Para los primeros cristianos, se revela mucho sobre la dinámica personal interior del Dios Único, ya que el Espíritu habla en el carácter teodramático del Padre, que explica el plan divino al Hijo, incluida su recepción de un cuerpo y su necesidad de una determinación firme para asumir la vocación del siervo sufriente. A pesar de la abrumadora desesperación que siente el Hijo ante la aparente inutilidad de la misión, deposita su confianza en el Padre. El Siervo-Hijo es consolado por el Padre cuando descubre que él mismo traerá de vuelta a un remanente del Israel infiel, así como a los gentiles, y al hacerlo ofrecerá al Padre el cuerpo que el Padre le había regalado, convirtiéndose en una ofrenda sacrificial de pacto al Padre.

En este capítulo nos hemos centrado en la forma en que los primeros cristianos leyeron ciertos diálogos proféticos que, según ellos, revelaban los planes a gran escala del Padre y del Hijo. Sin embargo, se descubrió que se habían pronunciado palabras aún más íntimas y emocionalmente cargadas entre el Padre y el Hijo a través del Espíritu, mientras se desarrollaba el centro terriblemente glorioso del plan: la crucifixión.

4

Conversaciones en torno a la Cruz

Cuando los primeros cristianos estudiaron detenidamente las antiguas Escrituras judías —el Antiguo Testamento cristiano— y los diálogos divinos que contenían, aprendieron mucho sobre el engendramiento del Hijo antes de la creación, su encarnación y sobre la gran estrategia mediante la cual el Siervo-Hijo cumpliría la misión que su Padre había ordenado. Sin embargo, la horripilante prueba de la cruz —la cruel y negra olla de fundición en la que el Hijo sería probado y refinado— liberó una nueva capa de profundidad conversacional. El rostro del Dios trino, que se revela como el Dios dispuesto a sufrir por nosotros, se revela de nuevo a través de las apasionadas palabras de las personas divinas que juntas llevan el teodrama a su clímax en la crucifixión.

Se acumulan nubes de tormenta

A medida que Jesús se ha ido sometiendo al escrutinio público, la creciente marea de la oposición ha lamido con frecuencia sus pies, pero aún no ha sido arrastrado por las aguas espumosas. Jesús, sin embargo, según los escritores de los Evangelios, no se deja arrastrar por una peligrosa marea viva contra su voluntad; al contrario, resueltamente fija su rostro hacia Jerusalén (Lc. 9:51), aunque ha llegado a la conclusión de que allí le espera la cruz (Mc. 8:31; 9:30-1; 10:33-4; y paralelos). Salta deliberadamente desde la orilla, sabiendo muy bien que, a la luz de su vocación de Siervo-Hijo sufriente, sólo permitiendo que el agua entre en su boca y llene sus pulmones —ahogándose en el aborrecimiento de Dios— podrá finalmente drenar el mar de intensa maldad que se arremolina en torno a Israel y las naciones.

Me odiaron sin razón

En los Evangelios sinópticos se describe a los fariseos y herodianos conspirando contra la vida de Jesús prácticamente desde el comienzo de su ministerio público (Mc. 3:6; Jn. 5:18), y aunque la hostilidad aumenta implacablemente con el tiempo (Mt. 12:14; Lc. 18:31-3; Jn. 7:19-25; 8:37-40), en los evangelios sinópticos no se alcanza un punto de quiebre hasta que Jesús lleva a cabo sus acciones de confrontación, aunque enigmáticas, en el templo (Mc. 11:15-29 y paralelos). Mientras tanto, en el Evangelio de Juan, es el revuelo causado por la resurrección de Lázaro lo que finalmente trae todo el peso de la violencia institucional contra él (11:53). No debe sorprendernos, pues, saber que los primeros cristianos identificaron las conversaciones divinas entre el Padre y el Hijo en el Antiguo Testamento en relación con estas oleadas de maldad, *incluso antes* de la pasión final de la cruz. El escenario general queda plasmado en la interpretación que hace Juan de la lectura del Salterio centrada en la persona de Jesús como parte de su discurso de despedida tras la última cena. Juan representa a Jesús advirtiendo a sus discípulos que pueden esperar experimentar el mismo desprecio violento que él mismo está sintiendo:

> Recuerden el dicho que les dije: «Un siervo no es mayor que su señor». Si a mí me persiguieron, también a ustedes los perseguirán… Ahora han visto y me han aborrecido tanto a mí como a mi Padre. Pero esto ha sucedido para que se cumpla lo que está escrito en su ley: «*Me odiaron sin razón [emisēsan me dōrean]*». (Jn. 15:20-5 citando el Sal. 68:5 LXX [cf. Sal. 34:19 LXX])[1]

---

[1] A la luz de otra referencia directa al Salmo 68 de la LXX en Juan 2:17 (que se analizará en la siguiente subsección) y de la gran frecuencia con la que se citaba este salmo en concreto en la Iglesia primitiva, es muy probable que la cita de Jesús proceda del Salmo 68:5 LXX, aunque también se puede encontrar exactamente la misma frase en el Salmo 34:19 LXX.

Es decir, hace mucho tiempo David representó teodramáticamente en el prosopón del Cristo un guion que justo ahora se actualiza en la semana de la pasión: «*Me* odiaron sin razón». Como primera prueba de que el Cristo fue considerado sistemáticamente como el orador del Salmo 68 LXX en la iglesia primitiva, considere Mateo 27:34 y paralelos,[2] donde a Jesús se le ofrece «vino mezclado con hiel», que corresponde al Salmo 68:22 LXX, «y *me* dieron [a *mí*] hiel como alimento y *me* trajeron vino amargo para *mi* sed». Puesto que el orador en primera persona del Salmo 68 LXX llama a la hiel «alimento» y hace referencia al vino amargo como ofrecido para saciar la «sed», la aplicación del Salmo 68 LXX a Jesús como parte de la escena de la crucifixión requiere una lectura del Salmo 68 LXX que identifique al Cristo (ahora revelado como Jesús) como el verdadero orador del salmo, aunque esta atribución no se haga patente por los evangelistas y otros cristianos primitivos.[3] Además, en otra cita del salmo 68 LXX que se encuentra en Romanos 11:9-10, aunque Pablo atribuye las palabras a David, también se podría decir que identifica a Cristo entronizado como el orador último del salmo. En este interesante texto, el Cristo, hablando en paralelo con el Padre, pronuncia una maldición imprecatoria sobre los judíos por su incredulidad —una imprecación dirigida en última instancia a un endurecimiento temporal para estimular la salvación— diciendo: «Que su mesa les sirva de trampa, de lazo, de tropiezo y de retribución, que se les oscurezcan los ojos para que no vean y que se les arqueen continuamente sus espaldas» (Rom. 11:9-10).[4]

Las palabras que Jesús cita del Salmo 68:5 LXX en Juan 15:25, «Me odiaron sin razón», no deben considerarse meramente tipológicas, como si con ello Jesús estuviera afirmando que sus experiencias vitales seguían un patrón establecido por los sufrimientos de David.[5] Por el contrario, prácticamente no hay pruebas de que la Iglesia primitiva

---

[2] Cf. Mt. 27:48; Mc. 15:23, 36; Lc. 23:36; Jn. 19:28-9; *Barn*. 7.3; *Sib. Or.* 1. 367; 6. 25; 8. 303. Sobre la tradición de la hiel/vinagre/vino amargo en la Iglesia primitiva de forma más amplia, considere Ireneo, *Haer*. 3. 19. 2; 4. 33. 12; 4. 35. 3; *Epid*. 82. Para una fascinante refracción poética de esta tradición, véase Melito de Sardis, *Pascha*, 79-80, 93.
[3] Orígenes, *Cels*. 2. 37, identifica directamente a Cristo como el orador. Tertuliano es igualmente explícito al decir que «el propio Espíritu de Cristo ya cantaba diciendo... "Pusieron en mi bebida hiel, y apagaron mi sed con vinagre"» (*Adv. Jud.* 10. 4 [cf. 13. 10-11]; trad. ANF).
[4] Para una discusión completa, véase Matthew W. Bates, *The Hermeneutics of the Apostolic Proclamation: The Center of Paul's Method of Scriptural Interpretation* (Waco, Tex.: Baylor University Press, 2012), 275-85.
[5] La explicación tipológica está favorecida por la gran mayoría de los comentaristas bíblicos — e.g., Andreas J. Köstenberger, «John», en Greg K. Beale y D. A. Carson (eds.), *Commentary on the New Testament Use of the Old Testament* (Grand Rapids: Baker Academic, 2007), 415-512, aquí 495.

encontrara un significado especial en los momentos específicos de sufrimiento de David, de modo que se consideraran paradigmáticos, como se requiere para una denominada «tipología». Por el contrario, dada la coherente interpretación de las palabras del Salmo 68 de la LXX como pronunciadas desde la persona del Cristo en la iglesia primitiva,[6] es mucho más probable que Jesús esté siendo descrito por el evangelista como habiendo emprendido una lectura prosopológica performativa, y al hacerlo hay una afirmación de que el Espíritu habló a través de David en la persona del Cristo hace mucho tiempo en el teodrama, pero que el teodrama ha sido actualizado en el presente por Jesús. Como tal, para los primeros cristianos, el salmista hablando en el carácter (*prosōpon*) del Cristo pronuncia este lamento y súplica:

EL CRISTO (hablando a *DIOS*): Sálvame, oh Dios, porque las aguas invadieron mi alma. Quedé atrapado en el lodo de las profundidades, y no hay punto de apoyo; llegué a las profundidades del mar, y un vendaval me hizo zozobrar. Me afané, gritando; mi garganta se volvió ronca. Mis ojos desfallecieron de esperar en mi Dios. *Los que me odian sin razón* [cf. Jn. 15:25] se multiplicaron más que los cabellos de mi cabeza; mis enemigos, los que me perseguían injustamente, se fortalecieron. Tuve que devolver lo que no había adquirido injustamente. Oh Dios, tú conocías mi necedad [*aphrosynēn*], y mis errores [*plēmmeleiai*] no te fueron ocultados. No permitas que los que se aferran firmemente a ti sean avergonzados por mi culpa, Oh Señor, Señor de los ejércitos. (Sal. 68:2-7a LXX)

Si se toma a Cristo como el orador teodramático del salmo, entonces encontramos en primer lugar que las palabras de Jesús a sus discípulos en Juan 15:25 son lúcidas: él es el actor en primera persona que ha experimentado directamente la crisis vital descrita en el salmo, aunque el acontecimiento se relate con un lenguaje poético y metafórico. Ha elegido el camino de la abnegación con toda su aparente necedad (*aphrosynē*), futilidad e incluso errores (*plēmmeleiai*);[7] se ha

---

[6] Jesucristo es tomado como el orador del Salmo 68 de la LXX por un conjunto diverso de autores antiguos; véase la discusión posterior.
[7] Independientemente de cómo interpretara la Iglesia primitiva la «necedad» (*aphrosynē*) y los «errores» (*plēmmeleiai*), o más literalmente, los «momentos de desarmonía», del orador de la LXX del Salmo 68, no se consideraron acciones pecaminosas que impidieran identificar a Jesucristo como el hablante. Probablemente sea mejor suponer que se consideraban declaraciones de la plena humanidad de Cristo mientras luchaba con la aparente futilidad de su misión, al igual que las

fatigado mientras clamaba a Dios, esperando que hiciera girar la rueda de la historia, para hacer surgir el reino en toda su gloria. Mientras tanto, los enemigos se han multiplicado hasta superar en número a los cabellos de su cabeza, y le acusan falsamente. Jesús está depositando desesperadamente su esperanza en el Padre mientras instruye a sus discípulos, para que no «sean avergonzados» cuando llegue la hora de las tinieblas de Jesús. Como tal, *el momento mismo* del discurso de Jesús en Juan 15:25 es una *realización del teodrama*, una fusión de la ventana profética que contempla a los actores del drama divino con la actualización de esa obra en el tiempo real del espacio y de la historia humana. Así, cuando Jesús dice: «Me odiaron sin razón» (Jn. 15:25), se trata de un *enunciado performativo*, una encarnación del teodrama ya guionizado, un cumplimiento inmediato de la antigua Escritura, igual que cuando lee el rollo de Isaías en Lucas 4:18-19.

El celo por tu casa me consumirá

La controvertida acción de Jesús en el templo está llena de misterio. Su acción básica, sin embargo, es bastante sencilla, aunque las descripciones precisas que de ella hacen los evangelistas contienen algunas diferencias: Jesús entró en el templo, volcó las mesas de los cambistas y de los que vendían palomas para el sacrificio. La variación más aguda en las representaciones es, como es sabido, que los evangelistas sinópticos relatan que esto sucedió poco después de que Jesús hubiera descendido del monte de los Olivos al inicio de su última semana de ministerio, pero el Evangelio de Juan lo sitúa cerca del inicio de la carrera pública de Jesús (2:13-22). Los sinópticos explican las acciones de Jesús con una cita de la Escritura: «*"Mi casa será llamada casa de oración para todas las naciones"*, pero ustedes la han convertido en una cueva de ladrones».[8] Aunque no queremos excluir la posibilidad de que Jesús, al menos tal y como se le ha retratado aquí, haya confundido deliberadamente su identidad con la del Señor (Dios)

---

declaraciones autodespreciativas como «Soy un gusano y no un hombre» (Sal. 21:7 LXX) que también se asignaron al prosopón del Cristo —e.g., Justino, *Dial*. 101. 2-3. No obstante, es digno de mención, que en su exposición del Salmo 21 LXX, Justino incluye, pero no explica realmente cómo es que Jesucristo pudo ser el orador de la difícil línea del Salmo 21:2 LXX, «las palabras de mis transgresiones están lejos de mi salvación» (*Dial*. 99. 1-2).

[8] Marcos 11:17; cf. Mateo 21:13; Lucas 19:46. La cita es de Isaías 56:7, aunque también hay una alusión a Jeremías 7:11.

en su interpretación de Isaías 56:7,[9] éste no es un caso claro de exégesis prosopológica.

La cita en Juan, sin embargo, es una cuestión diferente. En Juan se relata que los discípulos de Jesús, después de ver el sorprendente espectáculo de Jesús volcando la mesa, recordaron que la escritura dice: «*El celo por tu casa me consumirá*» (2:17 citando el Salmo 68:10 LXX).[10] Yo sugeriría que el salmo estaba siendo leído por el autor de Juan de esta manera:

EL CRISTO (hablando a **DIOS**): El celo por *tu* casa, oh Dios, Padre *mío*, me ha devorado a mí, *tu Hijo, el Cristo*.

Esto, «El celo por tu casa me devorará», es una cita modificada del Salmo 68 de la LXX, el mismo salmo que se acaba de discutir con respecto a Juan 15:25, y al que se dio sistemáticamente una interpretación prosopológica en la iglesia primitiva. La fascinante interpretación de Orígenes es oportuna:

Sin embargo, debemos saber que el Salmo 68, que contiene la afirmación: «El celo por tu casa me consumirá», y un poco más adelante: «me dieron hiel como alimento y me trajeron vino amargo para mi sed», ambas relatadas en los Evangelios, son habladas por la persona de Cristo [*ek prosōpou legesthai tou Christou*], lo que no indica ningún cambio en la persona del orador [*oudemian emphainonta tou legontos prosōpou metabolēn*].[11]

Orígenes continúa declarando que su oponente gnóstico Heracleón ha hecho una interpretación prosopológica errónea del Salmo 68:10 LXX en Juan 2:17. Esto demuestra que las interpretaciones del Antiguo Testamento centradas en la persona eran comunes en la Iglesia primitiva no sólo entre los ortodoxos, sino también entre los heterodoxos, un punto que se abordará más ampliamente en la discusión del capítulo 7 sobre lo que constituye una lectura prosopológica viable.

---

[9] En el TM es YHWH quien habla Isaías 56:7 y, en consecuencia, el «Señor» que habla en la LXX es manifiestamente el Señor (Dios), no ningún otro.

[10] La LXX está en pasado («Porque el celo por tu casa me ha consumido») mientras que Juan 2:17 usa el tiempo futuro («El celo por tu casa me consumirá»), sobre lo cual véanse mis observaciones posteriores.

[11] Orígenes, *Comm. Jo.* 10. 222; texto griego en Blanc, SC 157; trad. Heine, FOTC (ligeramente modificado).

Así, para los discípulos tal como Juan los describe, el Espíritu había pronunciado estas palabras a través de David en la persona del Cristo preexistente, que habla aquí al Padre: «El celo por *tu* casa, oh *Dios, Padre mío*, me ha consumido a mí, *tu Hijo, el Cristo*». Sin embargo, estas palabras junto con el cambio del tiempo pasado en la Septuaginta («me ha consumido») al tiempo futuro en Juan («me consumirá») sólo pueden apreciarse plenamente con el telón de fondo más amplio del significado de la hazaña de Jesús en el templo, visto de forma holística.

El significado de la acción de Jesús en el templo. En Marcos y Mateo, la acción de Jesús está estrechamente relacionada con el hecho de que Jesús marchitó una higuera. Sin embargo, en Marcos el acto del templo se intercala entre la maldición y la marchitez (11:11-21), mientras que en Mateo la maldición y la marchitez de la higuera siguen a la acción del templo y la marchitez es instantánea (Mt. 21:18-19). La higuera es maldecida y marchitada porque no da fruto, y la implicación parece ser que el templo tampoco «da fruto» y, por lo tanto, está destinado a sufrir el mismo destino, todo lo cual es explicitado por Jesús cuando anuncia la próxima destrucción del templo en el discurso de los olivos (Mt. 24; Mc. 13; Lc. 21). Así pues, Jesús está, como mínimo, representando una parábola de destrucción con lo que hizo en el templo.[12] Sin embargo, se podría conjeturar aún más, basándose en el uso que Marcos hace de Malaquías (véase Mc. 1:2, como se comenta en el capítulo 3), que Marcos ve a Jesús como la presencia personal de Dios, que ha «venido de repente al templo», pero que ha descubierto que el templo está lleno de injusticia, por lo que se acerca el juicio. Además, Marcos añade detalles interesantes que los otros evangelistas pasan por alto, al relatar que Jesús visitó el templo la tarde anterior, convirtiendo esta acción en premeditada (Mc. 11:11) y también que Jesús «no permitía que nadie llevase algo a través del templo» (Mc. 11:16).

Cualquier relato razonable reconoce que la acción de Jesús en el templo está dirigida a aumentar la participación de los gentiles en el culto a Dios («una casa de oración para *todas las naciones*»), muy

---

[12] Cada vez más (y correctamente a mi juicio) los eruditos han llegado a considerar las acciones de Jesús en el templo como profundamente simbólicas, aunque el significado preciso del simbolismo sigue siendo objeto de controversia. Por ejemplo, E. P. Sanders, *Jesus and Judaism* (Londres: SCM, 1985), 61-76, cree que Jesús está representando una parábola de destrucción. Por su parte, Craig A. Evans, «Jesus' Action in the Temple: Cleansing or Portent of Destruction?», en Bruce Chilton y Craig A. Evans (eds.), *Jesus in Context: Temple, Purity, and Restoration* (AGJU 39; Leiden: Brill, 1997), 395-439, aquí 434, declara que la «idea de limpieza está demasiado arraigada en la tradición como para dejarla de lado tan fácilmente».

plausiblemente porque los mercaderes habían establecido sus negocios en el atrio de los gentiles dentro del recinto del templo. Sin embargo, yendo más allá, N. T. Wright ha visto esto como una prueba de que Jesús no quería simplemente *limpiar* el sistema económico y de culto del templo, sino que intentaba deliberada y provocativamente *detener todos los sacrificios en el templo* —aunque sólo fuera durante varias horas— para anunciar simbólicamente a cualquiera con «oídos para oír» que el sistema de sacrificios del templo debía considerarse ahora cumplido y, por tanto, los sacrificios debían cesar permanentemente. Es decir, los sacrificios de animales debían considerarse ahora inútilmente redundantes a la luz de la ofrenda sacrificial que él estaba a punto de hacer de su propio cuerpo; de hecho, él y sus seguidores debían ser considerados como el verdadero templo.[13]

En los Evangelios hay al menos algunas pruebas de tal opinión. En particular, los evangelistas indican que Jesús había llegado a ver su propio cuerpo como el verdadero templo, el espacio físico en el que el Dios altísimo —el Dios tan maravillosamente exaltado que ni siquiera los cielos más altos pueden contenerlo (cf. 1 Re. 8:27)— había elegido morar de manera especial. Observe los cargos que finalmente se le imputaron a Jesús: «Le oímos decir: "Destruiré este templo hecho a mano y en tres días construiré otro no hecho con manos"» (Mc. 14:58), o «Este hombre dijo: "Soy capaz de destruir el templo de Dios y construirlo en tres días"» (Mt. 26:61), así como las palabras burlonas pronunciadas por la multitud: «Tú que vas a destruir el templo y construirlo en tres días, ¡sálvate a ti mismo!» (Mt. 27:40).

Jesús alberga la gloria. Es en este contexto —Jesús como el verdadero templo— donde encontramos esta interesante interpretación centrada en la persona en el Evangelio de Juan. Juan sólo añade tres detalles más: (1) Jesús mismo había fabricado un látigo con el propósito mismo de expulsar a los cambistas (lo que concuerda con la premeditación que encontramos en Marcos), (2) Jesús también expulsó bueyes y ovejas y derramó las monedas de los cambistas (lo que añade apoyo a la idea de que intentaba desbaratar toda forma de sacrificio animal), y (3) Jesús había dicho a los que vendían palomas: «¡Saquen esto de aquí! ¡No conviertan la casa de mi Padre en un mercado!» (Jn. 2:16). Sin embargo, más allá de esto, Juan ya había convertido el tema de la morada divina en un elemento central de su prólogo evangélico al afirmar que Jesús alberga la *gloria* divina (*doxa*) al igual que lo había

---

[13] Wright, *Jesus and the Victory of God* (Minneapolis: Fortress, 1996), 413–28.

hecho el *tabernáculo* (*skēnē*), precursor del templo, en el antiguo Israel: «El Verbo se hizo carne y *habitó* (*eskēnōsen*) entre nosotros, y hemos visto su *gloria* (*doxan*)» (1:14). Sin embargo, este tema se pone aún más de relieve tras la acción del templo, cuando Jesús dice a sus oponentes: «Destruyan este templo y en tres días lo levantaré».[14] En caso de no haber comprendido el mensaje, el evangelista lo aclara: «Hablaba del *templo de su cuerpo*» (Jn. 2:21). Aquí Jesús sabe con certeza que su propio cuerpo es la verdadera casa del Padre, el verdadero lugar de la gloria divina.[15]

La casa-cuerpo consumada. El evangelista nos invita así a considerar: si Jesús siente un celo tan extraordinario por la «casa» de su Padre, que pronto será despreciada (el templo herodiano), tanto que su celo le consume y se ve impulsado a utilizar un látigo en su defensa, ¿cuánto más el celo ilimitado que debe sentir por la verdadera «casa» de Dios, su propio cuerpo físico? Por eso, cuando Jesús, en el Evangelio de Juan, devuelve *voluntariamente* su cuerpo al Padre en la cruz entregando su espíritu (Jn. 19:30; cf. Mc. 15:37), nos vemos obligados, por medio de la deliciosa ironía típica de Juan, a ver que el *celo por la «casa» de Dios ha consumido literalmente a Jesús*, ya que su celo le ha llevado a arrojar su propio cuerpo, la verdadera casa de Dios, a las fauces insaciables y abiertas de la muerte por amor al Padre. De este modo, los discípulos descubrirán en los momentos finales de la pasión en el Evangelio de Juan que la afirmación original en tiempo pasado («El celo por tu casa *me ha consumido*» —Sal. 68:10 LXX) que Juan describe en tiempo futuro («El celo por tu casa *me consumirá*») se aplicaba efectivamente en el momento de la acción en el templo al *futuro* de Jesús, un futuro que ha llegado ahora en el teodrama actualizado, ya que su cuerpo ha sido devorado por la muerte y la tumba.

Sin embargo, los discípulos también descubrirán que no se puede entregar más que al Padre. El regalo del Hijo de la «casa», es decir, del

---

[14] Jesús dice aquí que se resucitará a sí mismo, mientras que la tradición es casi uniforme tanto en Juan como en otros lugares de que es el Padre quien resucita a Jesús (Jn. 2:22; 21: 14; He. 2:24; 1 Cor. 6:14). Con frecuencia encontramos en Juan una superposición de operaciones entre las personas divinas —lo que los Padres posteriores llamarían *perichōrēsis*, la interpenetración y operación mutuas de las personas divinas (cf. Jn. 5:21, 6:39-40).

[15] Harold W. Attridge, «Giving Voice to Jesus: Use of the Psalms in the New Testament», en Harold W. Attridge y Margot E. Fassler (eds.), *Psalms in Community: Jewish and Christian Textual, Liturgical, and Artistic Traditions* (SBLSymS 25; Atlanta: SBL, 2003), 101-12, aquí 105, describe bien la forma en que Jesús es presentado como la encarnación del discurso en primera persona del Salmo 68:10 LXX, diciendo: «El Jesús de Juan pretende convertirse en el templo, el lugar donde Dios está presente para su pueblo. Realizar esa misión consume su vida».

templo, su cuerpo, es aceptado por el Padre, pero un cuerpo renovado, aún más glorificado, es devuelto al Hijo en la resurrección. Así pues, sólo después de que Jesús resucitara, sus discípulos recordarían sus palabras y creerían «en la Escritura y en la palabra que Jesús había dicho» (Jn. 2:22). Es decir, descubrirían que Jesús había ofrecido un enunciado performativo teodramático como hablante en primera persona del Salmo 68:10 LXX, ya que las palabras y acciones de Jesús en el templo presagiaban su destino *futuro*: «El celo por tu casa me *consumirá*» (Jn. 2:17).

Conversaciones en torno a la cruz

Para los primeros cristianos, los intercambios más íntimos y llenos de emoción entre el Padre y el Hijo, que se encuentran en el Antiguo Testamento y son facilitados por el Espíritu inspirador, se refieren a la agonía de la cruz.

El Hijo como sacrificio sustitutivo del Padre

Si el clamor de Cristo pronuncia en última instancia las palabras del Salmo 68:10 LXX, «El celo por tu casa me consumirá», para los discípulos en el Evangelio de Juan, entonces la contrapartida adecuada se encuentra en la carta de Pablo a los Romanos, que contiene la siguiente parte del versículo. Esta porción del salmo, en consecuencia, fue leída por los primeros cristianos como pronunciada por el Cristo a Dios Padre:

EL CRISTO (hablando a **DIOS PADRE**): No permitas que los que esperan en ti sean avergonzados a causa mía, Oh Señor, Señor de los ejércitos; no permitas que los que te buscan sean deshonrados a causa mía, oh Dios de Israel; porque por tu causa soporté insultos; el deshonor cubrió mi rostro; me alejé de mis hermanos, me convertí en un extraño para los hijos de mi madre; *porque el celo por tu casa me consumió* [cf. Jn. 2:17] *y los insultos de los que te injuriaban cayeron sobre mí* [cf. Rom. 15:3] (Sal. 68:7-10 LXX).

Es decir, Juan comienza con el Salmo 68:10a: «El celo por tu casa me consumirá» (2:17) mientras que Pablo, por una feliz coincidencia, termina con el Salmo 68:10b: «los insultos de los que te injuriaban cayeron sobre mí» (Rom. 15:3). Pablo prologa la cita con una afirmación: «*Porque ni siquiera el Cristo se complació a sí mismo*, sino que tal como está escrito: "las injurias de los que los injuriaron cayeron sobre mí"», lo que sitúa al Cristo como el posible orador.[16]

Como siempre en la exégesis prosopológica del Antiguo Testamento, el agente inspirador suministra las palabras al antiguo profeta —aquí, David—, que entonces entra como actor en el drama divino. Como tal, el profeta carece de restricciones cronológicas: puede hablar de acontecimientos lejanos en el pasado, en el presente o en un futuro distante. Además, los antiguos intérpretes cristianos en ocasiones se enfocaban en el tiempo verbal utilizado en el discurso como una pista sobre el escenario del mismo.[17] Desde la perspectiva de los interlocutores divinos, el momento del discurso sería su presente, pero en su presente podrían conversar sobre acontecimientos de su propio pasado, presente o futuro, todo lo cual se reflejaría en los tiempos verbales utilizados.

Así, por ejemplo, en este caso para Pablo, David está hablando en la persona del Cristo desde un escenario en el que el Cristo ya está entronizado a la diestra del Padre, y el Cristo está hablando retrospectivamente al Padre sobre sus experiencias en la cruz. Así, aunque tanto la cruz como la entronización son acontecimientos futuros con respecto a David, para el papel que David está desempeñando aquí como el Cristo en el teodrama, la entronización del Cristo es el acontecimiento presente y la cruz está en el pasado, por lo que las palabras están apropiadamente en tiempo pasado, y podríamos parafrasear así las palabras que el Cristo pronuncia:

---

[16] Anthony T. Hanson, *Jesus Christ in the Old Testament* (Londres: SPCK, 1965), 154, también encuentra un «diálogo profético» entre el Hijo y el Padre reflejado en Romanos 15:3-4, una propuesta que acepto, aunque ofrezco una explicación alternativa de cómo se produjo. Unos pocos eruditos sostienen que Cristo no es en absoluto el interlocutor para Pablo, sino que éste se limita a afirmar que Cristo y el salmista sufrieron de forma análoga —e.g., Dietrich-Alex Koch, *Die Schrift als Zeuge des Evangeliums: Untersuchungen zur Verwendung und zum Verständnis der Schrift bei Paulus* (BHT 69; Tubinga: Mohr [Siebeck], 1986), 325; Scott J. Hafemann, «Eschatology and Ethics: The Future of Israel and the Nations in Romans 15:1–13», TynBul (2000): 161-92 esp. 164. Sin embargo, si Pablo no tomó a Cristo como interlocutor, entonces su interpretación fue idiosincrásica, y el individualismo no es tan probable como la coherencia exegética en la Iglesia primitiva. Además, el uso por parte de Pablo de la forma titular «el Cristo» enfatiza el cargo por encima de la identidad personal, y el uso de la forma titular tiene más sentido para la explicación prosopológica que para la analógica. La mayoría, correctamente en mi opinión, identifica al Cristo como el orador, aunque la mayoría no ha identificado correctamente el método prosopológico que permitió este movimiento para Pablo, prefiriendo una explicación tipológica. Véase Bates, *The Hermeneutics of the Apostolic Proclamation*, 240-55.

[17] E.g., Justino, *1 Apol.* 36. 1-3; *Dial.* 114. 2; Ireneo, *Epid.* 67; Tertuliano, *Marc.* 3. 5. 2; véase mi debate sobre el *perfectum propheticum* en Bates, *The Hermeneutics of the Apostolic Proclamation*, 201-2.

EL CRISTO (a *DIOS PADRE*): Los insultos de los que *te injuriaron, oh Dios Padre mío*, cayeron sobre *mí, tu Hijo,* cuando *sufrí* en la cruz.

Pablo ha citado el Salmo 68:10 LXX para exhortar a sus oyentes a imitar a Jesucristo en su trato mutuo. Más concretamente, estas palabras se dirigen directamente a «los fuertes» (el grupo menos preocupado por mantener las costumbres judías tradicionales) que tienen tendencia a despreciar a «los débiles» (los más preocupados por mantener dichas costumbres), animando a los fuertes a preocuparse más por edificar a los débiles que por complacerse a sí mismos. Sin embargo, el deseo de Pablo de guiar el comportamiento de los débiles y los fuertes con respecto a las cuestiones de la comida y la bebida conduce a un suculento festín de otro tipo para los interesados en conocer la relación interior entre el Padre, el Hijo y el Espíritu. El Espíritu suministra las palabras con las que el Hijo se dirige al Padre, por lo que la participación del Espíritu es íntima, aunque entre bastidores, con la cooperación de las tres personas de la Trinidad.[18]

Descubrimos que, para Pablo, el Padre fue insultado directamente por las palabras y los actos burlones de aquellos, tanto gentiles como judíos, que se reunieron en torno a Jesús en la crucifixión. El odio iba dirigido en última instancia contra Dios Padre, aunque cayó sobre el Hijo. Podemos suponer que Pablo tiene en mente las acciones burlonas como las que encontramos en los Evangelios —el escupitajo, el homenaje burlón, la corona de espinas, el apaleamiento de la cabeza, el letrero en el que estaba escrito «Rey de los judíos», el manto púrpura—, así como las palabras insultantes: «¡Salve! ¡Rey de los judíos!», «¡Profeta! ¿Quién te golpeó?», «¡Salvó a otros pero no puede salvarse a sí mismo!», «Que baje ahora de la cruz y creeremos en él». En su lectura del Salmo 68 centrada en la persona, Pablo encuentra que Jesús está expresando al Padre que esos actos y palabras llenos de malicia iban dirigidos en última instancia contra el Padre mismo; sin embargo, Jesús, como Hijo dispuesto, se erige como *sustituto* en lugar del Padre (cf. «*por tu causa* soporté insultos» —Sal. 68:8 LXX), soportando

---

[18] Sobre las dimensiones trinitarias del pensamiento de Pablo, véase Francis Watson, «The Triune Divine Identity: Reflection on Pauline God Language, in Disagreement with J. D. G. Dunn», *JSNT* 80 (2000): 99-124. Véase también Michael J. Gorman, *Inhabiting the Cruciform God: Kenosis, Justification, and Theosis in Paul's Narrative Soteriology* (Grand Rapids: Eerdmans, 2009), 105-25. Sobre el papel de las tres personas en la visión paulina de la salvación, compárese Ben C. Blackwell, *Christosis: Pauline Soteriology in Light of Deification in Irenaeus and Cyril of Alexandria* (WUNT 314; Tubinga: Mohr [Siebeck], 2011), 243-5.

voluntariamente las burlas. Y los insultos dirigidos al Padre se abatieron efectivamente sobre Jesús, cuando su cuerpo fue aplastado por el peso de la ira a Dios expresado en la crucifixión.

Descubrimos una verdad importante. Para Pablo, aquí Jesús sufrió no tanto por su amor a la humanidad, su amor por nosotros —aunque sin duda eso también se sintió como un estímulo[19]— sino que sufrió con gusto principalmente *para evitarle a su Padre* recibir los insultos que de otro modo habrían caído sobre él, y cargar con ellos él mismo. Así considerado, Jesús el Hijo no es sólo un sacrificio sustitutivo que expía los pecados por el bien de la humanidad (Rom. 3:25), sino *un sacrificio sustitutivo por el bien del Padre,* un sacrificio que absorbe y desvía el vehemente odio hacia Dios del mundo, de modo que Dios el Padre queda protegido de su fuerza maligna y venenosa. Puesto que Juan dice sin duda la verdad cuando presenta a Jesús diciendo: «Nadie tiene amor más grande que el que da la vida por sus amigos» (15:13), no creo que se pueda encontrar en la iglesia más antigua una declaración más poderosa del amor de entrega del Hijo *por el Padre* que la que se revela en la interpretación centrada en la persona que hace Pablo del Salmo 68:10 LXX en Romanos 15:3.

Extiendo mis manos sobre ti

Aunque Pablo puede hacer mayor hincapié en el amor desinteresado del Hijo por el Padre, que el cuidado del Hijo por la humanidad en su interpretación prosopológica en Romanos 15:3, otros primeros lectores cristianos del Antiguo Testamento encontrarían pruebas del tierno afecto del Hijo por la humanidad insensible, ya que el Hijo nunca dejó de cortejar a la humanidad incluso en sus momentos más oscuros de agonía en la cruz. Basándose en el contexto circundante (véase Isa. 65:7), el texto hebreo y las principales tradiciones manuscritas griegas identifican a *Dios (el Padre)* como el orador de estas palabras de Isaías:

> Me hice visible a los que no me buscaban; fui hallado por los que no preguntaban por mí. Dije: «Aquí estoy», a la nación que no invocaba mi nombre. Extendí mis manos durante todo el día hacia un pueblo desobediente y pendenciero, hacia los que no caminaban

---

[19] Característicamente, Pablo habla más del amor de Dios (es decir, del Padre) por nosotros (Rom. 1:7; 2 Cor. 13:11, 14; 1 Tes. 1:4) o del amor de Dios por nosotros expresado a través de Jesús (Rom. 5:8; 8:39; 2 Tes. 2:16) que del amor directo de Jesús por nosotros, aunque véase e.g., Romanos 8:35; Gálatas 2:20.

por la senda verdadera sino tras sus propios pecados. (Isa. 65:1-2 LXX)

Sin embargo, esto no impidió que un número significativo de los primeros cristianos, probablemente debido a la confianza en un extracto o en la llamada fuente *testimonia*, interpretaran estas palabras como pronunciadas por el Cristo, que se consideró que hablaba en primer lugar a los gentiles —aquellos que no habían estado buscando un mesías— y en segundo lugar a los judíos —aquellos que habían estado buscando urgentemente al mesías pero que, según ellos, en general no lo habían reconocido cuando finalmente había aparecido.[20]

En consecuencia, Bernabé toma al Cristo como el orador de Isaías 65:2, que está anunciando desde la cruz a los judíos: «Todo el día he extendido mis manos hacia un pueblo desobediente y pendenciero que se opone a mi recto camino» (*Bern.* 12. 4). Mientras tanto, Justino Mártir en *1 Apology* 49 hace una interpretación similar, argumentando que Isaías 65:1-2 fue dicho en carácter («como de la *prosōpon* del propio Cristo»), con un cambio especialmente interesante. Para Justino, el Cristo dijo «todo el día he extendido mis manos» mientras extendía las manos *no* en una postura de señal *hacia* (*pros*) el pueblo judío, como sugieren Bernabé y el resto de la tradición principal de la Escritura griega, sino que el Cristo pronunció esto en agonía con las muñecas traspasadas, mientras sus brazos cansados se mantenían voluntariamente abiertos *sobre* (*epi*) el pueblo mientras colgaba de la cruz: «extendí mis manos sobre un pueblo desobediente y pendenciero».[21] Asimismo, otro padre del siglo II, Ireneo, identifica al Hijo de Dios como el orador de Isaías 65:1-2 en lugar de Dios Padre (*Haer.* 3. 6. 1; cf. *Epid.* 79; 92), y también podrían añadirse algunos otros cristianos primitivos.[22] Sin embargo, la tradición de leer prosopológicamente Isaías 65:1-2 como hablado desde la persona de Cristo, por fuerte que hubiese sido esa tradición, no era totalmente uniforme ni coherente. Por ejemplo, nuestra fuente más antigua, el

---

[20] Un tratamiento brillante y convincente de la función y el alcance de la *testimonia* en la Iglesia primitiva lo ofrece Martin C. Albl, *«And Scripture Cannot Be Broken»: The Form and Function of the Early Christian Testimonia Collections* (SupNovT 96; Leiden: Brill, 1999), quien sitúa Isaías 65:2 como parte de una colección de extractos centrada en el endurecimiento judío (p. 243).

[21] Justino, *1 Apol.* 49. 3; cf. *1 Apol.* 35. 3; 38. 1; *Dial.* 24. 3; 97. 2; 114. 2. Sobre el complejo compromiso de Justino con las fuentes testimoniales en relación con Isaías 65:1-2, véase Oskar Skarsaune, *The Proof from Prophecy: A Study in Justin Martyr's Proof-Text Tradition: Text-Type, Provenance, Theological Profile* (SupNovT 56; Leiden: Brill, 1987), 65-7.

[22] Véase también Hipólito, *Noet.* 12; Orígenes, *Comm. Jo.* 6. 196; *Comm. Rom.* 8. 6. 11.

apóstol Pablo en Romanos 10:20-1 no interpreta Isaías 65:1-2 como hablado desde el personaje de Cristo, aunque sí identifica Isaías 65:1 como dirigido a los gentiles, pero 65:2 a los judíos, de forma muy parecida a lo que vemos en estas interpretaciones cristianas ligeramente posteriores.[23]

Interpretaciones teodramáticas del Salmo 22

De todas las interpretaciones teodramáticas de la antigua Escritura judía en la Iglesia primitiva que hemos encontrado hasta ahora, la lectura del Salmo 21 LXX (= Sal. 22 en la mayoría de las traducciones al español) como las palabras del Cristo ocupa un cierto lugar de orgullo como el ejemplo por excelencia debido a su riqueza e influencia omnipresente, empezando por las palabras de Jesús relatadas en los Evangelios canónicos. Sin embargo, se ha perpetuado (y continúa haciéndolo) una gran confusión por parte de la multitud de intérpretes bíblicos y teológicos que creen que este salmo tenía un significado principalmente tipológico en la Iglesia primitiva, como si la Iglesia creyera que la experiencia de Jesús era simplemente un eco imitativo del sufrimiento de David o del salmista genérico. Contrariamente a la propuesta de Richard Hays, entre otros, la Iglesia primitiva no leía este salmo como si realmente tratara de David en un primer nivel, sino secundariamente de Jesús en un segundo nivel más profundo, ya que cumplía el modelo davídico de sufrimiento a la vez que servía como símbolo del Israel corporativo.[24] Hay pocas pruebas de que los primeros cristianos tuvieran mucho interés (si es que lo tenían) en este primer nivel, y ése es el principal error en la forma en que la erudición ha evaluado el significado del Salmo 21 LXX y de otros salmos que presentan a un justo sufriente para los primeros cristianos. Por el contrario, la Iglesia primitiva no creía que este salmo tratara realmente del sufrimiento de David (o del Israel corporativo) porque creía que la importancia de David aquí era su capacidad profética: que era un profeta dispuesto y

---

[23] He propuesto en otro lugar (Bates, *The Hermeneutics of the Apostolic Proclamation*, 269-75) que la interpretación de Pablo de Isaías 65:1-2 en Romanos 10:20-1 debería denominarse «exégesis trito-prosopón», ya que no es una exégesis estrictamente prosopológica, sino que capta cambios muy sutiles de tercera persona en la fuente. Este es un caso en el que Hanson, *Jesus and the Old Testament*, 45-6, se ha extralimitado al plantear a Cristo como interlocutor de Pablo.

[24] Véase Richard B. Hays, «Christ Prays the Psalms: Israel's Psalter as Matrix of Early Christology», *The Conversion of the Imagination* (Grand Rapids: Eerdmans, 2005), 101-18. Para un análisis más completo de la tipología y el modelo de Hays, véase Bates, *The Hermeneutics of the Apostolic Proclamation*, 133-48, 249-51 y 340-1.

capaz que había asumido un personaje y, por tanto, había hablado en el prosopón del Cristo futuro, es decir, el Cristo futuro para David, pero el Cristo que ya había llegado para los primeros cristianos.

La cantidad de material que ilustra cómo este salmo en particular, el Salmo 21 de la LXX, se leía con *Cristo como orador* en la Iglesia primitiva es abrumadoramente vasta —sólo Justino Mártir dedica diez capítulos de su *Diálogo con Trifón* (caps. 97-106) a su interpretación— que sólo se pueden ofrecer algunos de los aspectos más destacados. El resto de este capítulo se ocupará de las palabras de angustia del salmo 22, mientras que el capítulo siguiente comenzará trazando el movimiento hacia la alabanza en este mismo salmo.

Dios mío, ¿por qué me has abandonado?

Las desgarradoras palabras con las que comienza el salmo 21 de la LXX —«Dios mío, Dios mío, ¿por qué me has abandonado?»— han atraído una atención teológica sin límites. Desde que, según se dice, Jesús dio voz a estas palabras mientras estaba suspendido de la cruz (Mc. 15:34; Mt. 27:46), en el centro del interés teológico está la idea de que el Padre pudo haber desamparado o abandonado temporalmente al Hijo, y todas las posibilidades, problemas e implicaciones teológicas que este aterrador abandono de Dios podría conllevar. Para los teólogos, si el Padre abandonó al Hijo —y el verbo griego en cuestión, *enkataleipō* (hebreo = *zab*; arameo = *šābaq*), significa dejar atrás, abandonar y desertar, por lo que implica un alejamiento activo e intencionado—, entonces ¿por qué abandonó el Padre al Hijo en su momento de mayor necesidad? ¿Fue una prueba final, definitiva, de la determinación del Hijo? ¿Un despojamiento insoportable pero necesario para el Hijo? ¿Podría ser que el Padre santo y puro —y ésta parece ser la interpretación más generalizada tanto entre los teólogos profesionales como entre los cristianos ordinarios actuales— no pudiera soportar contemplar al Hijo mientras cargaba sobre sus hombros el pecado del mundo? ¿Y qué implicaciones tiene todo esto para el sufrimiento y la infranqueabilidad divinos, no sólo para el Hijo, sino también para el Padre y el Espíritu?

¿En qué sentido Jesús fue abandonado? Este momento de «abandono de Dios» es especialmente importante para Jürgen Moltmann en su obra *The Crucified God*, que lo interpreta como una separación auténtica y radical entre el Padre y el Hijo en la que Dios,

por tanto, se abandona a sí mismo.[25] Sin embargo, para Moltmann esta separación es lo que permite sobre todo la relación intersubjetiva entre las personas divinas, en la que Dios Padre puede sufrir el dolor junto con el Hijo y, por tanto, junto con toda la creación, ya que el Hijo encarnado es un participante real en la creación. Como tal, para Moltmann, Dios no es impasible ni inmutable, sino que Dios Padre sufre junto con su creación sufriente, y esto cambia a Dios. Es la cruz la que permite que toda la dolorosa, sórdida y triste historia de la humanidad entre en la propia vida de Dios, de modo que se convierte en parte de la historia continua de Dios.

Sin embargo, todas estas cavilaciones teológicas suponen —en lugar de demostrarlo como probable— que el Padre realmente abandonó (ontológicamente) al Hijo, pero hay que considerar otras soluciones. Richard Bauckham observa sagazmente que gran parte de la literatura teológica dedicada a este salmo ha carecido de una base exegética adecuada,[26] y yo añadiría que la interrelación erudita con la recepción de este salmo en el cristianismo de los siglos I y II también ha sido demasiado escasa. En mi opinión, gran parte de las divagaciones interpretativas se deben a que no se ha distinguido claramente entre los distintos tipos de abandono. Entre otros significados, el abandono podría implicar potencialmente: (1) *abandono hasta la muerte* (el fracaso de Dios en rescatar a Jesús para evitar su muerte); (2) *abandono real temporal al morir* (Dios realmente ausente para Jesús durante el proceso de la muerte); (3) *abandono percibido al morir* (Jesús creyendo realmente en la ausencia de Dios a pesar de la presencia real de Dios); (4) *abandono sentido y expresado desesperadamente pero no percibido verdaderamente al morir* (Jesús exclama por el sentimiento de abandono pero no cree verdaderamente que Dios le haya abandonado); y (5) *abandono en la muerte* (fracaso de Dios en rescatar a Jesús una vez que ha muerto).

Algunas de las opciones no son realmente suposiciones razonables para las intenciones de los evangelistas. Por ejemplo, cualquier noción de abandono de Jesús por parte de Dios en la muerte (opción 5) queda refutada posteriormente en el plano narrativo dentro de los Evangelios por las apariciones de la tumba vacía y la resurrección. De hecho, al

---

[25] Jürgen Moltmann, *The Crucified God: The Cross of Christ as the Foundation and Criticism of Christian Theology* (trad. R. A. Wilson y John Bowden; Nueva York: Harper & Row, 1974), 145-53.
[26] Richard Bauckham, *Jesus and the God of Israel: God Crucified and Other Studies on the New Testament's Christology of Divine Identity* (Milton Keynes: Paternoster, 2008), 254.

igual que la opción 5, a nivel literario la opción 3 es bastante inverosímil como significado pretendido por Jesús, porque los evangelistas retratan a Jesús de forma coherente y constante como poseedor de un conocimiento previo del rescate tras la muerte,[27] por lo que no es convincente sugerir que los evangelistas esperan que leamos el clamor sin ninguna conciencia de la certeza de rescate de Jesús. Además, Juan describe a Jesús como anticipando firmemente que sus discípulos le abandonarán en la crucifixión, pero, no obstante, Jesús afirma que no estará solo, «porque el Padre está conmigo» (Jn. 16:32), todo lo cual contradice directamente la opción 2, la solución asumida por Moltmann, la noción de que los primeros cristianos creían que el Padre había abandonado realmente al Hijo.

Las opciones también pueden combinarse. Por ejemplo, yo sostengo que el Hijo realmente había sido abandonado *hasta* la muerte por el Padre (opción 1), y expresó sentimientos de desesperación por el abandono hasta la muerte en consecuencia, aunque sabía que *el Padre no le había abandonado realmente* (ontológicamente) cuando estaba muriendo (opción 4).

Abandono divino y actuación teodramática. Quizá haya una forma más precisa de hablar de todo esto en continuidad con la lectura prosopológica de este salmo por parte de la Iglesia primitiva. ¿Podría ser que Jesús estuviera ante todo adentrándose conscientemente en lo que hemos denominado una visión teodramática, pronunciando las primeras líneas de un guion bien conocido, quizá incluso ensayado durante mucho tiempo? ¿Y podría ser que Jesús supiera que el dramaturgo divino, el Espíritu que había suministrado las palabras de antemano a David (cf. Justino, *Dial.* 34. 1), no había sido el autor de una tragedia sino de una comedia porque sabía que el propio guion de todo el salmo exigía *una secuencia de desesperación y confianza seguida de rescate y alabanza*? En consecuencia, Jesús sabía que, aunque el Padre le había abandonado realmente hasta la muerte, también reconocía que no le había abandonado realmente, y confiaba en medio de su sufrimiento, esperando el rescate tras la tumba, rescate que anticipaba que culminaría en alabanza.[28]

---

[27] Mateo 16:21; 17:23; 20:19; Marcos 8:31; Lucas 9:22; 13:32; 17:24-5; 18:33; Juan 2:19.

[28] Bauckham, *Jesus*, 255, señala que hay un gran número de alusiones al Salmo 22 que se encuentran en el relato de la pasión antes de las justamente famosas palabras de Jesús: «Dios mío, Dios mío, ¿por qué me has abandonado?», y observa correctamente que estas alusiones anticipatorias obligan al lector sensible a ver al Jesús sinóptico como invocando toda la secuencia narrativa del salmo y no sólo su línea inicial. En el cap. 5 aportaré pruebas de que la Iglesia primitiva sí mostraba conciencia de la progresión narrativa del salmo hacia el rescate final.

Por lo tanto, para la Iglesia primitiva y muy plausiblemente para el propio Jesús, el desamparo no tiene que ver con la incapacidad del Padre santo para contemplar a Jesús lleno de pecado (un tema totalmente ajeno al propio texto) ni con un abismo cataclísmico que se abre entre el Padre y el Hijo y que permite así la relacionalidad intersubjetiva —contra Moltmann. Se trata más bien de habitar un guion, de la expresión performativa teodramática, ya que el Hijo actualiza las palabras que el Espíritu había dado a David en épocas pasadas, al hablar desde el prosopón (carácter) del Cristo cuando éste se dirige al Padre.

El hecho de que Jesús, tal como es representado, no se limita a recitar mecánicamente las palabras, sino que las ha interiorizado profundamente de forma personal, nos lo indica su uso del arameo en lugar del hebreo, ya que el primero probablemente representa su propio lenguaje natural, pero el segundo sería lo esperado si estuviera leyendo en público. Como tal, tal como lo describen los evangelistas, el Hijo está verdaderamente *abandonado hasta la muerte*, y exclama «¿Por qué?» ante la futilidad que siente, pero incluso mientras pronuncia estas palabras de desesperación en su momento de más profunda oscuridad, conoce al dramaturgo —el Espíritu— y es consciente de la conclusión del guion.

El gusano burlado

En apoyo de la lectura teodramática propuesta del salmo 21 de la LXX en la Iglesia primitiva, incluida plausiblemente la propia lectura de este salmo por parte del Jesús histórico, debemos considerar que hay un gran número de casos, al igual que este libro tiene como propósito mostrar, en los que los escritores de los Evangelios —y de hecho el propio Jesús tal como lo representan los evangelistas— adoptan la solución mediante la persona como estrategia de lectura, lo que hace que esto sea razonable también en este punto.

A medida que se desarrolla el salmo, el orador afirma: «Todos los que me veían se burlaban de mí; hablaban con los labios; meneaban la cabeza: "¡Esperó en el Señor! ¡Que lo rescatara! ¡Que lo salvara, si es que le ama!"» (21:8-9 LXX). Así, dos de los escritores de los Evangelios, Mateo y Lucas, mencionan que después de que Jesús comenzara a interpretar el guion pronunciando las primeras palabras del salmo, «Dios mío, Dios mío, ¿por qué me has abandonado?», la cohorte esperada de miembros adicionales del reparto, los villanos, aparecieron en el escenario mundial en el momento oportuno para representar su papel actualizando el guion teodramático, haciendo eco de las acciones y el lenguaje del salmo.[29] Como afirma Lucas, «Y la gente se quedó mirando; pero los dirigentes se burlaban de él, diciendo: "Salvó a otros; ¡que se salve a sí mismo si es el Cristo de Dios, el elegido!"» (23:35). Mateo narra de forma similar, registrando que ellos dijeron «¡Confía en Dios; que Dios lo rescate ahora, si es que lo ama!». (27:43).

Yo argumentaría que lo que está implícito en la lectura del Salmo 21:8-9 LXX por parte de Mateo y Lucas, la técnica prosopológica, lo hace explícito su contemporáneo, Clemente de Roma, que estaba convencido de que el Espíritu Santo había permitido al profeta David pronunciar estas palabras desde la persona del Cristo, indicándolo con las palabras introductorias: «Y otra vez él mismo [el Cristo] dice»:[30]

EL CRISTO (hablando a *DIOS PADRE*): Soy un gusano y no un hombre, una desgracia para los humanos y despreciado por la gente. Todos los que me vieron se burlaron de mí, hablaron con los labios, movieron la cabeza: «¡Que espere en el Señor! ¡Que lo rescate! Que lo salve, si es que lo ama». (*1 Clem.* 16. 15-16 citando el Sal. 21:7-9 LXX)

No solo Clemente informa que Cristo habló las palabras del salmo, también encontramos *discurso reportado*, ya que Cristo, claramente considerado como hablando en algún momento *después* del momento de la burla, le cuenta a Dios Padre sobre las palabras burlonas que ciertos otros le habían dirigido anteriormente: «Esperó en el Señor, que lo libre; que lo salve, si es que lo ama» —el guion básico que Mateo y

---

[29] Sobre las cuestiones de historicidad frente a la composición teológica expansiva en la Iglesia primitiva con respecto al Salmo 22 y la narrativa de la pasión, véase Raymond E. Brown, *The Death of the Messiah: A Commentary on the Passion Narratives in the Four Gospels* (2 vols.; ABRL; Nueva York: Doubleday, 1994), ii. 953-8; ii. 988-9; ii. 994-6; ii. 1072-4; esp. ii. 1083-8 sobre el grito de abandono. En términos generales, Brown reconoce que los detalles similares que se encuentran tanto en la narración de la Pasión como en el Salmo 22 son históricamente plausibles para un juicio genérico que culmina con la crucifixión de este periodo de tiempo, aunque también reconoce que un proceso de reflexión creativa sobre el significado teológico de la pasión de Jesús a la luz del propio Salmo 22 en la Iglesia primitiva puede haber sobredimensionado las correspondencias en las representaciones evangélicas. Sobre la cuestión del Jesús histórico, la representación literaria y el método, véanse mis observaciones en el cap. 2.

[30] El hecho de que Clemente se refiera al Señor Cristo a través del Espíritu como el orador de este texto se hace evidente en el contexto circundante. El referente más próximo es el orador en primera persona de Isaías 53, el siervo, identificado como Jesucristo (a través del Espíritu Santo, véase *1 Clem.* 16. 2). También las palabras que siguen a la cita de este salmo dan una exhortación a imitar la humildad del Señor Cristo (16. 17), lo que implica obviamente que se ha interpretado a Cristo como el orador.

Lucas consideraron que ya había sido realizado por las multitudes burlonas. La interpretación de Justino Mártir es muy parecida a la de Clemente, pues enfatiza que estas palabras fueron pronunciadas a través del «Espíritu profético» (*to prophētikon pneuma*) y «desde la persona del Cristo» (*apo prosōpou tou Christou* —*1 Apol.* 38. 1), ya que el Cristo comunica a través de un discurso de las palabras de sus verdugos (*1 Apol.* 38. 6). Así, se nos invita a ver que la representación teodramática que el Cristo encarnado ha iniciado con sus palabras, «Dios mío, Dios mío, ¿por qué me has abandonado?», ha sido confirmada como un verdadero *enunciado performativo* por los evangelistas, ya que otros actores se han unido al escenario, dando vida al guion al llenarlo con un odio burlonamente cruel hacia Dios.

Una parábola mística representada

Justino Mártir es un ejemplo característico de la Iglesia primitiva en su conjunto en el sentido de que considera que la totalidad del salmo 21 de la LXX no sólo trata *de* Cristo (*Dial.* 97. 4; 99. 1),[31] sino que también está *hablado desde su carácter*, ya que se le considera hablante en primera persona (*Dial.* 98. 1). Como dice el propio Justino, «todo el salmo... fue hablado de Cristo» (*Holon oun ton psalmon... eis ton Christon eirēmenon*), aunque las palabras «Oh Dios, Dios mío, escúchame, ¿por qué me has abandonado?» no se refieren simplemente a Cristo, sino que son pronunciadas por él como un guion a realizar, porque, «Este dijo por adelantado *lo que iba a ser dicho por Cristo*» (*touto anōthen proeipen hoper hypo Christou emelle legesthai*), pues cuando fue crucificado dijo: «Dios mío, Dios mío, ¿por qué me has abandonado?» (*Dial.* 99. 1).

De hecho, todo el salmo era considerado por Justino como un guion diseñado para su posterior representación, no sólo la primera línea, porque Justino dice que los siguientes versos del salmo describen «las mismas cosas que Jesús haría en el futuro» (*auta hōsper ha poiein emelle*). Para Justino, por ejemplo, la siguiente porción del salmo dice: «Las palabras de mi salvación están lejos de mis transgresiones; Dios mío, *clamaré a ti* de día y no me escucharás, de noche, *y no será por falta de entendimiento en mí*». Justino interpreta, señalando que Jesús

---

[31] Sobre la lectura que hace Justino del Salmo 22 (21 LXX), véase sobre todo Judith M. Lieu, «Justin Martyr and the Transformation of Psalm 22», en Charlotte Hempel y Judith M. Lieu (eds.), *Biblical Traditions in Transmission: Essays in Honour of Michael A. Knibb* (Leiden: Brill, 2006), 195-211.

fue al monte de los olivos a orar con sus discípulos, clamando a Dios, aunque a Jesús no le faltaba entendimiento, es decir, tenía conocimiento definitivo de que la voluntad de Dios para él era beber la copa y recorrer el camino de la cruz, razón por la cual Jesús dijo en última instancia: «No sea como yo quiero, sino como tú quieres» (*Dial.* 99. 2).

Justino continúa explicando todo el salmo de esta manera, presumiendo que este no trata sólo de Cristo, sino que fue pronunciado desde la persona de Cristo para servir para el pueblo de Dios como «una enseñanza y una proclamación anticipada» (*didaskalia kai proangelia* —*Dial.* 105. 1).

De hecho, más concretamente, Justino dice que aquí David habla «sobre la pasión y la cruz en *una parábola mística*» (*en parabolē mysteriōdei* —*Dial.* 97. 3), entendiendo que Justino no se refiere a una parábola como analogía —por ejemplo, comparando el juicio final con una cosecha— como las que encontramos en boca de Jesús en los Evangelios; más bien, como dice Willis Shotwell, que estudia todas las ocurrencias de *parabolē* («parábola») en el corpus de Justino: para Justino una parábola «es algo oculto en la Escritura que puede sacarse a la luz mediante una interpretación adecuada».[32] Es decir, para Justino una parábola es un enigma escriturario divinamente implantado que sólo puede desentrañarse mediante una exégesis reflexiva. Como tal, Justino entiende que David pronunció estas palabras en el carácter del Cristo, pero Jesús, como el Cristo venido en carne, representa el drama divino ya guionizado en el escenario del mundo.

Un guion habitado —otros detalles en torno a la cruz

Hay una gran cantidad de detalles adicionales en el Salmo 21 de la LXX que, o bien propician una lectura prosopológica, o bien se anuncian abiertamente como pronunciados desde la persona del Cristo de la iglesia primitiva, en la que las palabras del salmo no son meramente sobre cosas que le sucederían al futuro Cristo, sino que son un guion hablado y representado por el Cristo y otros.

---

[32] Willis A. Shotwell, *The Biblical Exegesis of Justin Martyr* (Londres: SPCK, 1965), 17. Sobre *parabolē* en el corpus de Justino véase, e.g., Justino, *Dial.* 36. 2; 52. 1; 77. 4; 78. 10; 90. 2; 97. 3; 113. 6; 114. 2; 115. 1; 123. 8. Asimismo, Robert Grant, *The Letter and the Spirit* (Nueva York: Macmillan, 1957), 134, describe *parabolē* como «equivalente a prefiguración» para Justino y otros, con lo que quiere decir que un *parabolē* es un patrón o secuencia del pasado que encuentra un cumplimiento recreador en el futuro (cf. Heb. 9:9; 11:19; *Barn.* 6. 10; 17. 2; Melito, *Pascha* 35; 40-2). Como tal, Justino entiende que David pronunció estas palabras en la persona del Cristo, pero Jesús de Nazaret como el Cristo venido en la carne representa las palabras.

Por ejemplo, en un discurso en primera persona, el salmista relata: «dividieron mis ropas entre ellos, y para mi manto echaron suertes» (Sal. 21:19 LXX). Este detalle se representa en la escena de la crucifixión tal y como relatan los tres evangelistas sinópticos (Mc. 15:24; Mt. 27:35; Lc. 23:34), mientras que en Juan 19:24 se representa y a la vez se dice que es un cumplimiento de esta misma escritura.[33] El hecho de que Cristo fue el verdadero orador de estas palabras sobre echar a suertes y repartir las vestiduras lo reconoce además Justino Mártir,[34] junto con otros numerosos detalles que conectan con las narraciones de la pasión en los Evangelios, ya que Justino interpreta todo el salmo como dicho desde el personaje de Cristo —e.g., «me traspasaron las manos y los pies» o «se me atascó la lengua en la garganta».[35]

Otros Padres, como Ireneo, Bernabé y Tertuliano aplican las palabras del Salmo 21 LXX a la crucifixión. Por ejemplo, Ireneo interpreta evidentemente algunas de las mismas frases del salmo que aparecen en Justino (y otros) como pronunciadas por Cristo, aunque no haya hecho patente la designación prosopológica.[36] Por ejemplo, repite las palabras sobre traspasar y estar rodeado de malhechores que ya hemos comentado, al tiempo que señala la idoneidad de las palabras: «Mi corazón se ha vuelto como cera, derritiéndose en medio de mis entrañas; y han esparcido mis huesos», así como «Me miraron, se

---

[33] Entre los Evangelios cuádruples, sólo Juan 19:23-4 enfatiza el destino de la mayoría de las vestiduras (*ta himatia*), que fueron divididas y compartidas por los soldados, en contraste con la singular vestidura sin costuras (*chitōn araphos*) sobre la que se echaron suertes (aunque cf. Ireneo, *Epid.* 80). Al reflexionar sobre la pasión de Jesús, Juan ha notado claramente el cambio entre el plural y el singular al describir la vestimenta en el propio salmo, «se repartieron entre sí mis vestiduras [plural-*ta himatia mou*], y por mi manto [singular-*ton himatismon mou*] echaron suertes» (Sal. 21:19 LXX).
[34] Para echar suertes, véase Justino, 1 *Apol.* 35. 5; 35. 8; 38. 4; *Dial.* 97. 3; 104. 1-2.
[35] Sobre la perforación, véase Justino, *1 Apol.* 35. 5; 35. 7; 38. 4; Dial. 104. 1 citando Sal. 21:17 LXX (cf. Jn. 19:37 citando Zac. 12:10). Sobre la lengua, véase Justino, *Dial.* 102. 5 citando el Salmo 21: 16 LXX (cf. Jn. 19:28). Escribiendo en la tradición siríaca, el autor de las *Odas de Salomón* existentes (c.125 EC) también toma al Cristo como el orador del Salmo 22 a través de numerosas alusiones puestas en los labios del Cristo (trad. Charlesworth): «Y me rodearon como perros rabiosos» (28. 14 sobre Sal. 22:16), «en vano echaron suertes contra mí» (28. 18 sobre Sal. 22:18), «se repartieron mi botín aunque nada se les debía» (31. 9 sobre Sal. 22:18). De hecho, los numerosos discursos en primera persona de Cristo en las *Odas* son un terreno fértil para seguir explorando la exégesis prosopológica en la Iglesia primitiva.
[36] El hecho de que la exégesis prosopológica puede ser intencional aunque no se haga explícita puede demostrarse comparando casos en los que un autor antiguo lleva a cabo la misma exégesis de un texto en diferentes lugares de su corpus, mientras que en un caso marca la exégesis como prosopológica y en el otro no la marca pero presupone que el lector puede inferir la técnica prosopológica. Por ejemplo, compare Justino, *Dial.* 42. 2 (marcado) con 1 *Apol.* 50. 5 (sin marcar); Ireneo, *Epid.* 49 (marcado) con 85 (sin marcar).

repartieron mi(s) vestidura(s) entre ellos, y por mi túnica echaron suertes».[37] Mientras tanto, el salmista Bernabé se apodera de líneas del salmo como «rescata mi alma de la espada» y «una multitud de malhechores se ha levantado contra mí», tomándolas evidentemente como pronunciadas teodramáticamente desde el personaje del Cristo, aunque la identificación prosopológica no sea explícita.[38] Tertuliano afirma sin rodeos que Cristo ha hablado de sí mismo en este salmo (e.g. *Marc.* 3. 7. 2; 3. 19. 5).

El clamor de abandono y la honestidad relacional trinitaria

Al considerar el clamor de abandono, «Dios mío, Dios mío, ¿por qué me has abandonado?», los primeros cristianos sí comprendieron que Jesús había sido abandonado hasta la muerte (se le había dejado morir), pero no consideraron este «abandono» como una separación genuina de Jesús y el Padre; ésa es una construcción erudita improbable sin ninguna raíz en los primeros escritos. Más bien descubrieron que Jesús había encarnado un guion teodramático predestinado y escrito por el Espíritu. Para la iglesia naciente, el salmista hablaba en la persona del futuro Cristo, y cuando Jesús como el verdadero Cristo llegó a la escena, estaba preparado y dispuesto a encarnar esta visión teodramática. De hecho, mientras el Hijo daba voz a las palabras escritas, esas palabras captaban perfectamente sus verdaderas emociones, ya que el Hijo plenamente humano estaba en proceso de ser abandonado hasta la muerte y quizá incluso se sentía realmente (ontológicamente) abandonado por el Padre, aunque el Hijo tenía confianza en que la realidad era otra, que el Padre, como veremos en el próximo capítulo, le rescataría y reivindicaría en última instancia al otro lado de su sufrimiento.

Traspasando los límites de la teología histórica para adentrarnos en la tarea teológica constructiva, las palabras de Jesús: «Dios mío, Dios mío, ¿por qué me has abandonado?» pueden enseñarnos algo significativo sobre la intimidad de expresión cruda, tensa y sorprendentemente sincera que se permite entre las personas divinas dentro de la Divinidad —incluso si dentro de un enfoque constructivo o sistemático, al pasar de una consideración de la Trinidad económica a la inmanente, esta «conversación» debe tratarse como una metáfora

---

[37] Respectivamente, Ireneo, *Epid.* 79 citando Sal. 21:15 LXX y *Epid.* 80 citando Sal. 21:18-19 LXX.
[38] *Barn.* 5. 13 citando la LXX Sal. 21:21 y 21:17; cf. *Barn.* 6. 6.

antropomórfica imprecisa (¡pero no obstante dada por Dios!) de una realidad superior.[39] El discurso angustiado y desgarrador de Dios Hijo al Padre es flagrantemente honesto —no es acusatorio— pero no deja de estar verdaderamente lleno de dolor y pena. Al describir las relaciones entre las personas de la Trinidad, a la Iglesia no le basta con hablar del Hijo engendrado y del Espíritu enviado. Este texto nos recuerda que nuestras descripciones constructivas de la dinámica interpersonal entre el Padre, el Hijo y el Espíritu también deben destacar esas palabras de auténtica transparencia relacional si queremos tomar en serio el testimonio del diálogo entre las personas divinas que se encuentra en la literatura cristiana más antigua.

---

[39] Por ejemplo, el problema de cómo manejar el lenguaje metafórico antropomórfico cuando se habla de Dios [e.g. *Trin.* 2. 4 (§§17-18)] —y es realmente una cuestión compleja— ayudó sin duda a empujar a Agustín hacia su famosa analogía psicológica para la Trinidad. Es decir, la Trinidad es semejante a la memoria, el intelecto y la voluntad (véase esp. *Trin.* libros. 9-11). Para Agustín, las analogías de las criaturas no captan plenamente el misterio de la Trinidad, que no tiene una analogía terrenal perfecta, pero proporcionan los lugares y los signos a través de los cuales podemos ascender progresivamente hacia una visión verdadera del misterio —véase Khaled Anatolios, *Retrieving Nicaea: The Development and Meaning of Trinitarian Doctrine* (Grand Rapids: Baker Academic, 2011), 241-80.

5

Alabanza por el rescate

La exploración de la forma en que diversos pasajes del Antiguo Testamento se interpretaban como conversaciones divinas en la Iglesia primitiva resulta teológicamente instructiva a varios niveles. Estos diálogos divinos son como haces de luz celestial que atraviesan el cielo nublado de nuestra estancia terrenal, ofreciéndonos breves atisbos de cómo las primeras generaciones de cristianos entendían la relación interior entre las personas que más tarde se identificarían como la Trinidad. Además, como se ha intentado demostrar en los capítulos anteriores, estas conversaciones se extienden cronológicamente a lo largo del lienzo de la vida divina en común, comenzando antes de que empezara el tiempo. En el capítulo anterior, escuchamos el discurso divino relativo a la oposición y la angustia, palabras en torno a la cruz —incluidas las palabras del Hijo al Padre mientras el Hijo reflexionaba honestamente sobre su abandono hasta la muerte, interpretando el guion del Salmo 21 LXX, que los primeros cristianos determinaron que había sido escrito de antemano por el Espíritu específicamente para él, especialmente las desgarradoras palabras: «Dios mío, Dios mío, ¿por qué me has abandonado?».

Sin embargo, el abandono y el sufrimiento no son ciertamente las últimas palabras entre el Padre y el Hijo en la Escritura, ni siquiera en el Salmo 21 LXX. Así, cuando la Iglesia primitiva leyó este salmo prosopológicamente, identificando al Espíritu como quien inspiró a David para hablar en el carácter de Cristo Hijo a Dios Padre, detectaron un movimiento inexorable hacia la confianza y la alabanza. De hecho, descubrieron en sus Escrituras, no sólo en este salmo, sino también en otros lugares, momentos en los que el Hijo expresa confianza en el Padre en medio de la crisis (incluso hasta la muerte), mientras que el Hijo también alaba al Padre tras la liberación.

El Hijo expresa confianza y alabanza al Padre

Proclamaré tu nombre

Aunque el Salmo 21 LXX contiene palabras de desesperación que expresan un sentimiento de abandono divino, el salmista recuerda que sus antepasados fueron rescatados cuando depositaron su esperanza en Dios y clamaron por la liberación (21:4-6). Además, expresa una historia personal de esperanza en Dios (21:10-11) y confía en la capacidad de Dios para rescatar (21:12, 20-2), a pesar de que su crisis es tan profunda como la muerte misma (21:16). Los lectores que se identifican con la perspectiva teodramática de la Iglesia primitiva notaron un movimiento en el salmo, que va desde la confianza en medio de la angustia hasta la anticipada alabanza por el rescate logrado. Esta transición ocurre de manera bastante repentina pero sutil, en un espacio no marcado en la secuencia narrativa del salmo, entre los versículos 22 y 23. Es notable el cambio de tono evidenciado por el hablante en el salmo.:

Salmo 21:22 LXX (confía mientras está desesperado): ¡Sálvame de la boca del león, y [preserva] mi vida de los cuernos de los toros salvajes!
[espacio en blanco: ¡se logra el rescate!]
Salmo 21:23-5 LXX (alabanza anticipada seguida de alabanza real): Diré tu nombre a mis hermanos; cantaré tu alabanza en medio de la congregación. Ustedes que temen al Señor, ¡alábenle!... no apartó de mí su rostro, y cuando clamé a él, me escuchó.[1]

---

[1] Aquí, asumiendo la solución teodramática, el Hijo dice que el Padre «no apartó de mí su rostro» (Sal. 21:25 LXX), que es precisamente lo contrario de lo que concluyen quienes consideran que el Padre no podía soportar mirar al Hijo cargado de pecado —véase «Interpretaciones teodramáticas del Salmo 22» en el cap. 4.

Una vez consumado el rescate, el salmista pronuncia palabras de alabanza a Dios en círculos cada vez más amplios, desde la familia hasta la congregación local, pasando por el pueblo judío y los confines de la tierra. La Iglesia primitiva no ignoraba en absoluto la progresión narrativa del salmo, y pudo llenar el vacío afirmando un tipo de rescate muy específico, la resurrección de entre los muertos.[2] Del mismo modo que habían interpretado las palabras de desesperación como pertenecientes a Jesús mediante la exégesis prosopológica, también atribuyeron a Jesús las palabras posteriores de confianza y alabanza. Como prueba de cómo la iglesia primitiva leyó el Salmo 21 LXX como si contuviera las palabras del Hijo expresando confianza y alabanza al Padre, considere la siguiente audaz maniobra interpretativa en Hebreos 2:11-12, que contiene una cita del Salmo 21:23 LXX, es decir, el versículo que sigue inmediatamente al espacio en blanco no marcado del rescate obtenido en el salmo:

Porque tanto el que santifica como los que son santificados proceden todos de uno, por lo cual *él [Jesús]* no se avergüenza de llamarlos hermanos, diciendo,

JESÚS (dirigiéndose a **DIOS PADRE**): Yo *[Jesús]* proclamaré *tu nombre [oh Padre mío]* a mis hermanos, en medio de la congregación [*en mesō ekklēsias*] cantaré *tu* alabanza [Sal. 21:23 LXX]. (Heb. 2:11-12)

En el contexto, el autor de Hebreos quiere asegurar que su audiencia es consciente de la plena humanidad de Cristo, por lo que menciona el origen humano común, diciendo que tanto Cristo el santificador como

---

[2] Sobre la conciencia de la progresión narrativa por parte de los escritores evangélicos, véase Richard Bauckham, *Jesus and the God of Israel: God Crucified and Other Studies on the New Testament's Christology of Divine Identity* (Milton Keynes: Paternoster, 2008), 255; Harold W. Attridge, «Giving Voice to Jesus: Use of the Psalms in the New Testament» en Harold W. Attridge y Margot E. Fassler (eds.), *Psalms in Community: Jewish and Christian Textual, Liturgical, and Artistic Traditions* (SBLSymS 25; Atlanta: SBL, 2003), 101-12, aquí 102. Además, Justino, *Dial.* 97-106, demuestra que el Salmo 22 era leído como una narración continua sobre Jesús por algunos a mediados del siglo II. Judith M. Lieu, «Justin Martyr and the Transformation of Psalm 22», en Hempel y Lieu (eds.), *Biblical Traditions in Transmission*, 195-211, aquí 202, hace una advertencia de precaución sobre asumir que el grito de abandono adorna la expresión de confianza en Dios al final del salmo (debido a la relativa escasez de referencias al Salmo 22:25-32 en la Iglesia primitiva), pero creo que Lieu está siendo demasiado cauto, sobre todo a la luz de la amplia muestra de pruebas citadas más adelante, incluidos Hebreos, Bernabé y, sobre todo, Justino, *Dial.* 106. 1 (cf. además Tertuliano, *Marc.* 3. 22. 6).

los humanos a los que santifica son «todos de uno» (*ex henos pantes*), lo que puede traducirse verosímilmente, «todos de un solo Dios, el Padre» o quizá, «todos de una sola familia espiritual», ya que Jesús no se avergüenza de llamar hermanos suyos a los que han sido santificados. Al dar pruebas de que Jesús y sus hermanos (y hermanas) humanos forman realmente parte de una sola familia, el autor de Hebreos nos ofrece al mismo tiempo una ventana a un diálogo divino, en el que tenemos el privilegio de escuchar cómo el Hijo habla con el Padre.

Así, cuando el autor de Hebreos cita la segunda parte del salmo 21 LXX (la parte que se pronuncia después de que el orador del salmo ya haya sido entregado), lo hace con la conciencia de que el Cristo, tomado como el Hijo a través de la exégesis prosopológica, está aquí hablando al Padre después del dramático rescate, es decir, después de la resurrección. En consecuencia, desde dentro del mundo dramático del propio salmo, el orador se anticipa ahora a alabar a Dios en medio de la congregación reunida. Así, el escenario temporal teodramático de la alabanza es apropiadamente *futuro*, tal como se expresa en el propio salmo («proclamará»/«cantará tu alabanza»), porque estas palabras se pronuncian justo después del rescate pero antes de que la alabanza se rinda públicamente. Sin embargo, *este futuro es ahora presente* para el autor de Hebreos, ya que el Hijo exaltado a través del Espíritu está expresando alabanzas al Padre en la congregación reunida, la iglesia (*hē ekklēsia*).

Alabanza desbordante en Hebreos 2:12. En este pasaje, parafraseando, vemos la estima que el Hijo tiene por el Padre en su intenso deseo de brindarle la alabanza que le corresponde por derecho: «*Yo, el Hijo*, proclamaré tu nombre, *oh Padre mío*, a mis hermanos y hermanas; en medio de la congregación *cantaré tu alabanza*» (Heb. 2:12 citando Sal. 21:23 LXX) En consecuencia, aprendemos al menos cinco cosas sobre cómo el Hijo se relaciona con el Padre a través de esta apropiación teodramática. En primer lugar, el propio Hijo, que ha sido liberado definitivamente, dice al Padre que dará *testimonio* del poder salvador del Padre exaltando el nombre del Padre: «*Proclamaré tu nombre*». Así se deleitará en ensalzar la reputación de Dios Padre. En segundo lugar, este testimonio está diseñado para dar gloria a Dios cuando la familia humana lo acepte —«*a mis hermanos (y hermanas)*». Tercero, Jesús se ocupará no sólo de testificar, sino que él mismo *cantará la alabanza del Padre* —«cantaré tu alabanza»— demostrando que es apropiado que una persona de la Divinidad alabe a otra. Cuarto, esta alabanza será pública —«en medio de la congregación». Jesús la ofrece en medio del pueblo de Dios reunido, la congregación, la *ekklēsia*, la iglesia, y la asamblea es invitada y alentada, de hecho, se espera que se una a Jesús en la alabanza al Padre. En quinto lugar, no por la cita en sí, sino por la secuencia narrativa del salmo, descubrimos también que esta congregación, reunida para alabar al Padre y dirigida por el Hijo, está abierta a círculos cada vez más amplios de miembros, ya que el mundo entero —hasta los confines de la tierra— está invitado a unirse al coro de alabanza.

La alabanza salmódica y la historia de su recepción. El autor de Hebreos, por supuesto, no fue el único en detectar la progresión narrativa del Salmo 21 LXX en la iglesia primitiva, es decir, en identificar a Jesús como líder del pueblo de Dios en la alabanza al Padre tras su dramático rescate de la tumba. Bernabé considera que estas palabras se refieren a la forma en que Cristo el Señor llega al pueblo de Dios a través del Espíritu, de modo que los corazones humanos se convierten en un santuario de morada divina, y el pueblo de Dios se convierte en un *templo santo*. En medio de este templo santo, el Señor Jesús a través del Espíritu dirige la congregación proclamando a Dios Padre, de acuerdo con las palabras del Salmo 21:23 LXX leído prosopológicamente en conjunto con el Salmo 41:3 LXX, con Jesús hablando directamente al Padre de forma muy parecida a como se hace en Hebreos 2:12. Bernabé antepone a las citas: «Porque el Señor [Jesús] dice de nuevo», tras lo cual relata:

JESÚS (hablando a **DIOS PADRE**): ¿Y de qué manera *compareceré* ante el Señor mi Dios y seré glorificado? (*Barn.* 6. 16a citando el Sal. 41:3 LXX)[3]

Después de esta aplicación encarnacional, Bernabé continúa añadiendo: «Él dice», mostrando que se está citando un nuevo pasaje, se refiere al mismo orador, Jesús:

JESÚS (dirigiéndose a **DIOS PADRE**): Te profesaré en la congregación de mis hermanos, y cantaré tu alabanza en la asamblea de los santos. (*Barn.* 6. 16b citando el Sal. 21:23 LXX)[4]

---

[3] Que Dios es el destinatario en el Salmo 41:3 LXX (a pesar de la referencia en tercera persona a «el Señor mi Dios») se hace explícito en el contexto circundante en el salmo —e.g., en el Salmo 41:2 («tú, oh Dios»).

Para Bernabé, el resultado es que «en los últimos tiempos» el pueblo de Dios ha sido modelado de nuevo como templo mediante la presencia moradora del Espíritu de alabanza al Padre de Jesús. En consecuencia, los seguidores de Jesús son los que están siendo conducidos a la verdadera tierra prometida, cumpliendo la intención original de Dios para la creación (*Barn.* 6. 16-19).

Mientras tanto, Justino Mártir también reflexiona sobre el espacio en blanco que simboliza el rescate y sobre el nuevo desplazamiento en el Salmo 21 LXX que comienza con el versículo 23, como ya se ha identificado:

> El resto del salmo muestra que él sabía que su Padre le concedería todas sus peticiones y lo resucitaría de entre los muertos. También muestra que animaba a todos los que temen a Dios a alabarle... y que estaba *en medio de sus hermanos*, es decir, de los apóstoles... El salmo muestra finalmente que *cantaba alabanzas a Dios* mientras estaba con ellos, lo que sucedió realmente, según las *Memorias* de los apóstoles. (*Dial.* 106. 1; trad. Falls)

Así, Justino afirma que el clamor de abandono de Jesús no reflejaba la desesperación final, ni era una separación real, sino que Jesús sabía que su grito de auxilio sería respondido, porque el guion predeterminado (dado por el Espíritu) que estaba representando le anunciaba de antemano lo que sucedería. Además, para Justino, la alabanza anticipada de Jesús al Padre —«Anunciaré tu nombre a mis hermanos» (Sal. 21:23 LXX)— se cumplió cuando, históricamente hablando, Jesús se reunió con los apóstoles tras su resurrección y pudo darles testimonio del rescate de Dios. Y todo ello culminó con Jesús cantando alabanzas a Dios Padre en medio de la congregación reunida —probablemente concebida por Justino como ocurrida cuando Jesús se apareció a sus once apóstoles reunidos en Jerusalén, explicándoles cómo cumplía la Ley de Moisés, los Profetas y los Salmos, con estos últimos incluyendo quizá la himnodia.[5]

---

[4] Como es característico en Bernabé, la cita bíblica del Salmo 21:23 LXX (cf. Sal. 34:18 LXX) es perifrástica y no exacta. El texto griego de *Barn.* 6. 16 dice, *Exomologēsomai soi en ekklēsia adelphōn mou kai psalō soi anameson ekklēsias hagiōn* («Te profesaré en la asamblea de mis hermanos y cantaré sobre ti en medio de la asamblea de los santos») mientras que la Septuaginta atestigua, *diēgēsomai to onoma sou tois adelphois mou en mesō ekklēsias hymnēsō se* («Relataré tu nombre a mis hermanos, en medio de la asamblea cantaré sobre ti»).

[5] Véase Lucas 24:36-49 esp. 24:44-5. Por «Memorias de los Apóstoles», Justino se refiere a los Evangelios canónicos o a una forma armonizada de los mismos (un precursor del Diatessaron de

Pondré mi confianza en Él

El autor de Hebreos tomó a Jesús como el orador último del Salmo 21:23 LXX. Es decir, en el salmo, el Jesús recién resucitado habla a su Padre de su intención de proclamarlo y alabarlo personalmente, es más, de hacerlo de tal manera que muchos otros sean invitados a participar en la alabanza en la *ekklēsia* («congregación» o «iglesia»). Sin embargo, para el autor de Hebreos, Jesús también apareció en realidad como el orador de una serie de textos de Isaías estrechamente relacionados. Una traducción literal de la cadena de citas tal como la encontramos en Hebreos 2:11-13 dice así:

> Porque tanto el que santifica como los santificados proceden todos de uno, por lo que él [Jesús] no se avergüenza de llamarlos hermanos, diciendo: «Proclamaré tu nombre a mis hermanos, en medio de la congregación cantaré tu alabanza» [Sal. 21:23 LXX]. Y de nuevo: «Confiaré en él» [Isa. 8:17 LXX]. Y otra vez: «He aquí, [aquí] estoy yo y los hijos que Dios me ha dado» [Isa. 8:18 LXX].

Es decir, inmediatamente después de citar el Salmo 21:23 LXX, el autor de Hebreos continúa en el versículo siguiente afirmando que Jesús habló además a través de Isaías («Y otra vez»):

JESÚS: Confiaré en él (*egō esomai pepoithōs ep autō*). (Hebreos 2:13a citando Isaías 8:17 LXX)

Profundizando en Hebreos 2:13, el hecho de que el mismo orador siga citando el Antiguo Testamento se indica con un segundo «Y otra vez», pero la sorpresa es que la cita se extrae de la línea siguiente de Isaías con respecto a la cita anterior:

JESÚS: He aquí que estoy yo y los hijos [*paidia*] que Dios me ha dado. (Heb. 2:13b citando Isaías 8:18 LXX; cf. *Odes Sol.* 31. 4)

Tatiano). Hay abundantes pruebas de que Justino conocía a Mateo y Lucas, algunas de que conocía a Marcos, y algunos indicios de que probablemente conocía a Juan. Sólo Lucas menciona las instrucciones posteriores a la resurrección *desde el Salterio*, por lo que probablemente sea éste el acontecimiento al que se refiere Justino (sobre la reunión de Jerusalén, cf. Jn. 20:19-29). O posiblemente Justino asumió que el canto se produciría inevitablemente cuando Jesús compartiera una comida con sus apóstoles, como en Lucas 24:41-3 y Juan 21:12-13. Tertuliano, *Marc.* 3. 22. 6, entiende el canto de Cristo como la alabanza que tiene lugar «en su nombre y en su Espíritu» en la iglesia.

Hay tres misterios que resolver en esta compleja cadena de citas de Hebreos 2:13. En primer lugar, ¿por qué nuestro autor (o su fuente) dividió un texto continuo del Antiguo Testamento en dos partes y lo trató como si fueran dos citas separadas y distintas? Justo debajo he puesto en cursiva y una línea vertical («|») para mostrar dónde el autor de Hebreos escinde lo que es un texto continuo en Isaías en dos citas:

> Entonces aparecerán los que sellan la ley para no aprender. Y uno dirá: «Esperaré a Dios, que ha apartado su rostro de la casa de Jacob, y *confiaré en él*». | «*He aquí, aquí estoy yo y los hijos que Dios me ha dado*, y servirán de signos y portentos en Israel de parte del Señor de los ejércitos, que habita en el monte Sión». (Isa. 8:16-18 LXX)

Así pues, el primer enigma se refiere al fraccionamiento de lo que es un solo texto en dos citas distintas por parte del autor de Hebreos. En segundo lugar, ¿por qué el autor de Hebreos ha asignado a Jesús como orador teodramático de Isaías 8:17-18? A diferencia del Salmo 21 de la LXX (citado en Heb. 2:12), que se leía prosopológicamente de forma bastante uniforme en la Iglesia primitiva, las señales que podrían haber desencadenado tal lectura de Isaías 8:17-18 para el autor de Hebreos en 2:13 son difíciles de discernir. Y es precisamente este tipo de lectura la que demuestra que debe estar ocurriendo algo más que una supuesta tipología davídica cuando se encuentra a Jesús hablando en la antigua Escritura judía, porque no son palabras de David, sino de Isaías.[6] Creo que se trata de otro caso de exégesis prosopológica. En tercer lugar, ¿quiénes son los destinatarios?

¿A quién se dirige? Retomando en primer lugar la última cuestión —la identidad de los destinatarios—, propondría que el autor de Hebreos determinó que Isaías se había deslizado bajo la apariencia de

---

[6] La explicación habitual de la «tipología davídica» de los discursos de Jesús en el AT se ha arraigado tanto en la erudición que incluso se importa a estos versículos a través de 2 Samuel 22:3 LXX a pesar de que la cita procede de Isaías, por lo que es evidente que David no es el orador. Por ejemplo, véase el por lo demás excelente comentario reciente de Gareth L. Cockerill, *The Epistle to the Hebrews* (NICNT; Grand Rapids: Eerdmans, 2012), 143-4, que adopta esta postura de la tipología davídica y enumera a muchos otros que también lo hacen. Para la primera cita, que el autor de Hebreos pretende Isaías 8:17 *en sí mismo* y no Isaías 8:17 (cf. también Isa. 12:2 LXX) leído a través de la lente de 2 Samuel 22:3 LXX se hace muy probable por dos factores: (1) le sigue inmediatamente Isaías 8:18; (2) el autor de Hebreos divide Deuteronomio 32:35-6 en Hebreos 10:30 de forma similar, por lo que una división aquí no significa que se estén considerando textos de diferentes fuentes. Por lo tanto, importar 2 Samuel 22:3 LXX en apoyo de una tipología davídica es de dudosa legitimidad.

Jesús el Hijo, y que por este medio el Hijo no hablaba al Padre, sino que lanzaba una advertencia a la audiencia teodramática, el antiguo pueblo de Dios. Para el autor de Hebreos, el Hijo afirma que el pueblo elegido de Dios observaría diversos portentos, cuyo significado era necesario que valorara adecuadamente. De hecho, la asignación del destinatario como el antiguo pueblo de Dios es una inferencia bastante directa a partir de señales definidas en el contexto más amplio («los que se sientan en Jerusalén» [Isa. 8:14] y «la casa de Jacob» [Isa. 8:17]), pero la asignación de Jesús como el orador por el autor de Hebreos (o su fuente) es muy enigmática.

¿Por qué asignar a Jesús como el orador? Pasemos ahora al segundo enigma: ¿qué detalles textuales de Isaías de la LXX podrían haber impulsado al autor de Hebreos a asignar el papel de orador al Jesús aún no revelado? Para el autor de Hebreos, que Isaías estuviera hablando en el prosopón de Jesús el Hijo fue sugerido, propongo, por alguna combinación de estos siete factores:

1. La identidad del orador carece de un referente claro en el texto (*erei* —«él/ella/alguien dirá»— Isa. 8:17), por lo que, en cualquier caso, un lector antiguo atento tendría que esforzarse por proporcionar una identificación plausible prestando estricta atención al contexto circundante.

2. Es muy improbable que el orador sea el Señor (Dios) porque se habla de Dios en tercera persona en el discurso («esperaré a Dios»; «los hijos que Dios me ha dado») aunque el Señor (Dios) fue el último orador identificado en 8:11.

3. Lo mismo ocurre con el discurso muy estrechamente relacionado de Isaías 12:2 —«He aquí que Dios es mi salvador, mi Señor, en él confiaré» (*pepoithōs esomai ep autō*). El Señor Dios tampoco puede ser el hablante allí.

4. No sólo *el escenario* del discurso es futuro («alguien dirá»), sino que *las acciones previstas en el discurso* son futuras incluso con respecto al *escenario futuro realizado*, como indican los múltiples tiempos futuros: «alguien dirá: "Esperaré... confiaré... servirán de señales"». Esto podría haber sugerido, creo yo, a un lector antiguo que Isaías estaba hablando bajo la apariencia de un personaje futuro, y que este personaje futuro estaba hablando de actividades en un futuro aún más lejano con respecto a su papel adoptado. Una consideración retrospectiva por parte del autor de Hebreos de la distancia sustancial

entre la profecía de Isaías y el advenimiento de Jesucristo podría haberle ayudado a sentirse seguro de que Jesús era un orador plausible.

5. En un contexto teológico-literario algo más distante, este discurso se intercala entre importantes textos mesiánicos tal como se leían en la Iglesia primitiva. Precediendo al discurso encontramos el oráculo relativo a la señal de Emanuel (Isa. 7:1-8, 10), que se tomaba como anticipo del nacimiento virginal (véase esp. Mt. 1:22-3 sobre Isa. 7:14). Tras el discurso hay un anuncio de un momento glorioso de especial favor en la tierra de Galilea en conjunto con el nacimiento de un niño «con autoridad sobre sus hombros»: un hijo davídico que será llamado «Admirable consejero, Dios poderoso, Padre eterno, Príncipe de paz» (Isa. 9:6; cf. Mt. 4:13-16).

6. En el contexto cercano, la instrucción de Isaías 8:13-14 de considerar santo al Señor (Dios en Isaías, pero probablemente incluyendo a Jesucristo para nuestro autor) para evitar que se convierta en una piedra de tropiezo, tiene fuertes conexiones en la interpretación cristiana primitiva con las propias enseñanzas de Jesús sobre sí mismo como la piedra rechazada (Mt. 21:42-5; Mc. 12:10-11; Lc. 20:17-18; cf. Sal. 117:22 LXX), especialmente porque esa tradición se refractó de formas multitudinarias en la literatura cristiana primitiva.[7] Así pues, la inferencia de que Jesús era el orador prosopológico de Isaías 8:16-18 podría haber tenido una base plausible en el contexto cercano para nuestro autor.

7. Por último, en el contexto inmediato en Isaías 8:16 LXX, el versículo justo anterior al que cita realmente el autor de Hebreos, se afirma en primer lugar que un grupo que «se cierra a sí mismo para no aprender la Ley [de Moisés]» será revelado.[8] Esto podría haber sido

---

[7] E.g., Rom. 9:32-3; He. 4:11; 1 Pe. 2:4-8; *Barn.* 6.2-4. De hecho, el topos de Jesús como piedra de tropiezo era tan popular que casi con toda seguridad circuló como una subcolección temática en forma de extracto —véase Martin C. Albl, *«And Scripture Cannot Be Broken»: The Form and Function of the Early Christian Testimonia Collections* (SupNovT 96; Leiden: Brill, 1999), 265-85. Para pruebas de que la Iglesia primitiva conocía en general el contexto literario de Isaías del que se extrae esta cita en Hebreos, véase J. Ross Wagner, «Faithfulness and Fear, Stumbling and Salvation: Receptions of LXX Isaiah 8:11-18 in the New Testament», en J. Ross Wagner, C. Kavin Rowe y A. Katherine Grieb (eds.), *The Word Leaps the Gap: Essays on Scripture and Theology in Honor of Richard B. Hays* (Grand Rapids: Eerdmans, 2008), 76-106. Las reflexiones de Wagner sobre Isaías 8:17-18 en Hebreos 2:12-13 son útiles y en varios aspectos compatibles con las mías, aunque él es partidario de tomar a Jesús como hablando «como la voz representativa de la comunidad» (véanse esp. pp. 98-104, aquí 102).

[8] La lectura en el TM de Isaías 8:16 es bastante diferente: «Ata el testimonio; sella la Torá [enseñanza, ley] entre mis discípulos». La LXX subraya la aparición futura de un grupo de personas que sellan la Torá para que, obstinadamente, no aprendan los caminos de Dios. En el TM, Isaías da instrucciones para que se selle la Torá entre sus discípulos en respuesta a la flagrante infidelidad de sus compatriotas, que se han negado a confiar en YHWH ante la crisis asiria (Isa.

interpretado en la iglesia primitiva como una referencia al aumento de prominencia de aquellos que se opondrían a la interpretación más indulgente de Jesús de la ley mosaica, y hay que recordar que el odio hasta la muerte de Jesús por parte de los fariseos y los maestros de la Ley fue instigado sobre todo por su flagrante desprecio hacia su marca de interpretación legal (e.g. Mc. 3:6; Jn. 5:15). En respuesta a la acción de este grupo de aislarse de la Ley, el orador isaiano no identificado es introducido con «y alguien dirá», y a continuación encontramos el contenido de este futuro discurso:

> «Esperaré a Dios, que ha apartado su rostro de la casa de Jacob, y *confiaré en él*». | «*He aquí que [aquí] estoy yo y los hijos que Dios me ha dado*, y ellos servirán de signos y portentos en Israel de parte del Señor de los ejércitos, que habita en el monte Sión». (Isa. 8:17-18 LXX)[9]

La porción en cursiva es la que cita el autor de Hebreos. Sin embargo, curiosamente, de acuerdo con el lugar donde he colocado la línea vertical en la cita («|»), el autor de Hebreos la divide en dos citas separadas por la frase «Y otra vez».

¿Por qué se dividió la cita? Habiendo explorado una razón plausible para la asignación prosopológica, ahora estamos en mejor posición para evaluar el significado teológico de esta cita de Hebreos 2:13. Además, se puede ofrecer una hipótesis razonable para el tercer enigma, por qué el autor dividió el texto en dos citas distintas: representan dos acontecimientos cronológicamente discontinuos en el teodrama para el autor de Hebreos, como indicaron los cambios de tiempo para el autor. Para el autor de Hebreos, Isaías, a través de la agencia del Espíritu, habló en la persona del Jesucristo aún por aparecer en el escenario del mundo (que en la época de David preexistía) sobre realidades futuras no sólo con respecto a Isaías, sino con respecto al Jesús terrenal. Pero tras el acto decisivo del rescate, el Cristo resucitado

---

8:5-11) y que, en cambio, consultan a médiums y nigromantes (Isa. 8:19). A pesar de las diferencias, la idea subyacente tanto en el TM como en la LXX implica sellar la Torá.

[9] Como consideración secundaria, este informe de Dios (el Padre) apartando su rostro de un hablante en primera persona conecta temáticamente con el abandono de Dios, la idea principal en el Salmo 21 de la LXX. Quizá esto explique (al menos en parte) no sólo por qué el Salmo 21:23 LXX e Isaías 8:17-18 han sido relacionados por el autor de Hebreos (o su fuente), sino también la identificación en primera persona del orador como Jesucristo para este último. Es decir, si Jesús es el hablante del Salmo 21:2 LXX («Dios mío, Dios mío, ¿por qué me has abandonado?»), entonces, nuestro autor puede haber razonado, ¿por qué no también estas palabras adicionales de Isaías 8: 17-18 sobre el alejamiento de Dios?

habla entonces en pasado al mirar hacia atrás y ver lo que se ha ganado, al tiempo que anuncia implicaciones futuras.

Leer en conjunto el texto y el mundo. Podríamos sintetizar parafraseando la lectura teodramática de Hebreos 2:13 y sugiriendo que el autor leyó Isaías 8:16-18 correlacionando así ciertos acontecimientos externos con acontecimientos textuales y discursos:

> ***Primer acontecimiento:*** Antes de la llegada de Jesús a la escena terrenal, surge un grupo, «los que se cierran a sí mismos para no aprender la Ley». (Isa. 8:16 LXX)
>
> ***Segundo acontecimiento:*** (supuesto más que expresado en el texto): El Jesús terrenal sufre una intensa hostilidad por parte de este grupo, hasta tal punto que percibe que su propia vida corre un grave peligro.
>
> ***Tercer acontecimiento:*** Este cierto «alguien» hablará (Isa. 8:17), el Jesús plenamente humano, cuando se enfrente a la animosidad mortal de estos oponentes legalmente equivocados. Es decir, Jesús pensará en su *futuro* curso de acción y dirá a los que le rodean como una forma de afirmar su propia determinación y la de ellos:

Discurso 1. ***JESÚS*** (dirigiéndose al ***PUEBLO DE DIOS*** antes de la crucifixión): Esperaré en Dios, que ha apartado su rostro de la casa de Jacob, y *confiaré en él*. (Isa. 8:17 LXX)

> ***Cuarto acontecimiento:*** (supuesto más que expresado en el texto, como en el «espacio en blanco» entre el Salmo 21:22 y el 21:23 de la LXX): La confianza que Jesús ejerce tiene como resultado el rescate divino al otro lado de la muerte.
>
> ***Quinto acontecimiento:*** Tras el rescate, Jesús ya no habla en tiempo futuro porque no es el Jesús terrenal el que habla ahora; sino que, el Jesús resucitado habla en presente sobre este nuevo estado de cosas mientras reflexiona en *tiempo pasado* sobre lo que se consiguió mediante el acto de liberación:

Discurso 2. ***JESÚS*** (dirigiéndose al ***PUEBLO DE DIOS*** después de la resurrección): *Heme aquí, y los hijos que Dios me ha dado...* (Isa. 8:18 LXX)

Así, para el autor de Hebreos, el Jesús resucitado da testimonio en Isaías al pueblo de Dios, afirmando no sólo que está vivo después del rescate («Aquí estoy»), sino también que a través del proceso de liberación la familia contiene ahora muchos hijos, lo que implica la inclusión de gentiles, de modo que Jesús, aquí representado como el hermano primogénito, puede informar de ello a la audiencia.

Aunque la cita formal en Hebreos 2:13 se detiene con la primera mitad de Isaías 8:18, por lo que esta sugerencia es necesariamente especulativa, podríamos conjeturar que para el autor de Hebreos el Jesús resucitado también habla de acontecimientos aún por aparecer en su propio horizonte utilizando el *tiempo futuro*, ya que el discurso del Antiguo Testamento continúa en el resto de Isaías 8:18.

Discurso 2 (continuación). *JESÚS* (dirigiéndose todavía al *PUEBLO DE DIOS* después de la resurrección): ...y ellos [los hijos] servirán como señales y portentos en Israel de parte del Señor de los ejércitos, que habita en el monte Sión. (Isa. 8:18 LXX)

Sexto acontecimiento: (Se actualiza el Discurso 2): Los «hijos» son ahora del mundo real, signos vivientes.

Si se acepta esta reconstrucción básica, entonces este discurso final, que el Cristo resucitado pronuncia en tiempo futuro, «servirán de señales», de hecho ya ha ocurrido para el autor de Hebreos (aunque no lo cite), en la medida en que los «hijos» que Dios ha dado a Jesús son ahora pruebas vivientes («señales y portentos») para cualquiera que tenga ojos para ver que la familia de Dios tiene nuevas fronteras: judíos y gentiles juntos como hermanos y hermanas. De hecho, el autor de Hebreos puede señalar la humanidad común de carne y hueso de los hijos como prueba de que Jesús, su hermano, compartía verdaderamente su humanidad de carne y hueso (Heb. 2:14).[10]

En resumen, he propuesto que la estrategia de lectura prosopológica desplegada por el autor de Hebreos en la cadena de citas de Hebreos 2: 11-13 sigue el mismo patrón repetido para el Salmo 21:23 LXX e Isaías 8:17-18 considerados individualmente. En ambas citas se ha juzgado que el profeta habla en el carácter del Jesús aún no revelado. Como tal, en ambos textos, individualmente considerados, este paso al personaje

---

[10] Podríamos especular que para el autor de Hebreos, que tenía conexiones tanto con la misión paulina como con Italia (véase Heb. 13: 23-4), la identidad gentil-inclusiva de los hijos sirve como una señal adicional para aquellos que están atrapados por una jactancia étnica, de forma parecida a lo que ocurre en Romanos 9-11, para que vean que la expansión de la familia de Dios se anticipa en las Escrituras.

presupone que cuando el teodrama se actualice, entonces el Jesús terrenal experimentará una crisis que amenace su vida; después, Jesús confiará; tercero, Jesús será rescatado de la muerte mediante la resurrección (presupuesta para explicar auténticas lagunas o espacios en blanco en las secuencias narrativas de ambos textos fuente del AT); y finalmente, el Jesús resucitado tendrá muchos hermanos o muchos hijos. En Hebreos 2:11-13 se encuentra exactamente el mismo patrón interpretativo centrado en la persona en las citas del Salterio y de Isaías.

Sin embargo, tanto el Salmo 21:23 LXX como Isaías 8:17-18 en Hebreos 2:11-13 añaden algo único y teológicamente interesante. En el salmo descubrimos que el propio Jesús le dice al Padre que aclamará públicamente al Padre, encabezando la congregación de hermanos (y hermanas) en el canto de alabanza al Padre, lo que demuestra que el deseo del Hijo es dirigir a los demás en la glorificación del Padre. Mientras tanto, la cita de Isaías 8:17-18 no es un diálogo entre el Hijo y el Padre, sino que el Hijo, Jesús durante su estancia terrenal, anuncia a la audiencia, el pueblo de Dios, su confianza en el Padre cuando experimenta oposición antes de la crucifixión (Isa. 8:17 LXX). Luego, el Jesús ahora resucitado anuncia su propia presencia renovada, presentando a los hijos que Dios le ha dado a la audiencia como una exhortación (Isa. 8:18 LXX).

Bernabé, Justino Mártir y el autor de Hebreos no fueron los únicos en identificar conversaciones en las que el Hijo pronuncia palabras de confianza y alabanza al Padre: el apóstol Pablo también identifica varios momentos así.

Confié, por eso hablé

En 2 Corintios 4:7-15 Pablo relata sus penurias ministeriales. Sin embargo, a pesar de las penurias a las que él y sus colaboradores se han enfrentado, Pablo afirma que la vida de resurrección de Jesús se revela en los cuerpos mortales de los cristianos, es decir, que aunque los cristianos son vasijas de barro profundamente débiles, tienen el privilegio de albergar un poder divino insuperable. El cristiano lleva en su cuerpo terrenal la muerte de Jesús para que la vida de Jesús pueda actuar en el desempeño del ministerio cristiano. En apoyo de este punto, Pablo ofrece una garantía bíblica críptica y extraordinariamente breve del Salterio:

Además, puesto que tenemos el mismo espíritu de fe según el cual está escrito: «Creí, por eso hablé» [Sal. 115:1 LXX], así también nosotros creemos y por eso estamos hablando, sabiendo que el que resucitó al Señor Jesús también nos resucitará con Jesús y nos presentará junto con ustedes. (2 Cor. 4:13-14)

Pablo dice que «nosotros» (él mismo y su equipo misionero) tenemos la misma creencia que el que pronunció las palabras: «Creí, por eso hablé», pero ¿quién pronunció estas palabras? La cita, que comprende sólo tres palabras en el texto griego —*episteusa, dio elalēsa*—, procede de los Salmos 114-15 LXX, que probablemente no eran dos salmos separados, sino un salmo unido en la versión griega de la Escritura que utilizó Pablo, al igual que en el TM hebreo y en la mayoría de las traducciones que se basan en el hebreo hoy en día (i. e., Sal. 114-15 LXX = Salmo 116 TM).[11] ¿Por qué ofrecería Pablo un apoyo escritural tan aparentemente endeble y trivial con sus palabras: «Creí, por eso hablé»?

La opinión tradicional ha sido que Pablo simplemente está animando a su audiencia a imitar la fe del salmista genérico o David[12] —tomando generalmente *pistis* como «fe» y *pisteuō* como «creí». Además, el «por eso hablé» ha sido juzgado en esta visión tradicional como una exhortación a hablar o predicar el evangelio —una explicación insípida y superficial que, a mi juicio, en última instancia se queda corta. La aceptación de este punto de vista tradicional (¡francamente insípido!) ha llevado incluso a algunos eruditos a concluir que Pablo no tiene conciencia del contexto narrativo más amplio del salmo.[13]

---

[11] Véase Frank-Lothar Hossfeld y Erich Zenger, *Psalms* (trad. Linda M. Maloney; vols. ii-iii de un proyecto de 3 vols.; Minneapolis: Fortress, 2011), iii. 220; Hans-Joachim Kraus, *Psalms* (trad. Hilton C. Oswald; 2 vols.; Minneapolis: Augsburg, 1989), ii. 385-6.

[12] Alfred Plummer, *A Critical and Exegetical Commentary on the Second Epistle of St. Paul to the Corinthians* (ICC; Edimburgo: T&T Clark, 1915), 133, cree que Pablo citó este texto porque «la confianza en Dios nos inspira como al salmista»; Rudolf Bultmann, *The Second Letter to the Corinthians* (trad. Roy A. Harrisville; Minneapolis: Augsburg, 1985), 121; Paul Barnett, *The Second Epistle to the Corinthians* (NICNT; Grand Rapids: Eerdmans, 1997), 241, cree que Pablo al citar este pasaje se está «basando en el ejemplo del salmista, pero en circunstancias diferentes».

[13] C. K. Barrett, *The Second Epistle to the Corinthians* (Peabody, Mass.: Hendrickson, 1997), 142-3, afirma: «Pablo no presta atención al contexto, sino que escoge las dos palabras significativas». Por su parte, Christopher D. Stanley, *Arguing with Scripture: The Rhetoric of Quotations in the Letters of Paul* (Londres: T&T Clark, 2004), 100, es aún más extremista, al afirmar que un lector antiguo competente habría determinado que «el sentido en que él [es decir, Pablo] utiliza el versículo está tan alejado del contexto original como para plantear dudas sobre la fiabilidad de Pablo como intérprete».

Una exhortación a imitar a Cristo. Sin embargo, estoy convencido, al igual que un número cada vez mayor de otros eruditos, de que la mejor explicación es que no se trata de una anodina invitación «a tener fe», sino de un preciso e inspirador llamado a la *imitatio Christi*, «a confiar», en la medida en que Pablo toma éstas como las palabras del Cristo:[14]

EL CRISTO (hablando a **DIOS PADRE** después de su entronización): Confié, por eso hablé. (2 Cor. 4:13 citando el Salmo 115:1 LXX)

De hecho, yo iría incluso más lejos que otros al afirmar que no es una interpretación tipológica sino prosopológica lo que permite a Pablo identificar esto como una conversación divina, es decir, Pablo cree que David se había deslizado en un papel que estaba representando en el teodrama, interpretando el personaje del Cristo mientras el Cristo habla con Dios Padre a través de un guion escrito por el Espíritu. Como tal, la interpretación de Pablo tiene implicaciones trinitarias.

Pablo toma al Cristo como el orador de los Salmos 114-15 LXX y el escenario es posterior al regreso del Hijo a la gloria celestial junto al Padre. Como tal, el Cristo exaltado está dialogando con el Padre, rememorando la secuencia de acontecimientos que culminaron en su regreso a la gloria. En concreto, para Pablo en el Salmo 115:1 LXX el Cristo exaltado relata al Padre su *experiencia pasada* de crisis y confianza mientras el Hijo sufría la pasión. Las palabras «confié, por eso hablé» (Sal. 115:1 LXX) dentro del mundo narrativo del salmo apuntan hacia atrás en el tiempo dentro del salmo a la crisis hasta la muerte descrita en 114:3 LXX. El orador describe la naturaleza calamitosa de su situación en un lenguaje gráfico: «Angustias de muerte me rodearon; los peligros del Hades me encontraron; hallé aflicción y dolor». Cuando el orador sintió que esta crisis tan profunda como la muerte se abatía sobre él, respondió no revolcándose en la autocompasión, sino arrojándose sobre la misericordia de Dios,

---

[14] Anthony T. Hanson, *Jesus Christ in the Old Testament* (Londres: SPCK, 1965), 145-7; Richard B. Hays, «Christ Prays the Psalms: Israel's Psalter as Matrix of Early Christology», *The Conversion of the Imagination: Paul as Interpreter of Israel's Scripture* (Grand Rapids: Eerdmans, 2005), 122-36; Thomas D. Stegman, *The Character of Jesus: The Linchpin to Paul's Argument in 2 Corinthians* (AnBib 158; Roma: Pontificio Istituto Biblico, 2005), 146-68; Kenneth Schenck, «2 Corinthians and the Πίστις Χριστοῦ Debate», *CBQ* 70 (2008): 524-37; y Douglas A. Campbell, *The Deliverance of God: An Apocalyptic Re-Reading of Justification in Paul* (Grand Rapids: Eerdmans, 2009), 914-24. Para una exposición más completa de esta postura, véase Matthew W. Bates, *The Hermeneutics of the Apostolic Proclamation: The Center of Paul's Method of Scriptural Interpretation* (Waco, Tex.: Baylor University Press, 2012), 304-25.

confiando. A esta acción de confiar le siguió hablar, clamar a Dios por su liberación, como deja claro el siguiente versículo del salmo: «E invoqué el nombre del Señor: "Señor, rescata mi alma"» (Sal. 114:4 LXX). En apoyo de esta identificación de Cristo como orador por parte de Pablo, cabe señalar que el autor de Hebreos también parece haber tomado a Cristo como el orador del Salmo 114:1-9 LXX, en la medida en que su alusión en Hebreos 5:7 prácticamente exige tal conclusión.[15]

Al interpretar que David habla por inspiración del Espíritu en el personaje del Cristo glorificado, que está rememorando con el Padre, Pablo no sólo nos ha dado una importante información trinitaria —el Hijo confiaba en su Padre, incluso cuando se enfrentaba a los peligros del Hades, y clamaba al Padre por su liberación—, sino que también ha animado eficazmente a los corintios. Lo que Pablo quiere decir con su «confié, por eso hablé» no es la obviedad de que los corintios deben «tener fe» y deben «predicar el evangelio», sino que es mucho más preciso y nítido al abogar por la imitación de Cristo. El significado de Pablo aquí se pone de manifiesto mejor con una paráfrasis:

> Tenemos la misma actitud de *confianza* que demuestra el salmista —que en realidad hablaba en carácter de Cristo— y esas palabras están escritas de la siguiente manera: «*Confié* en Dios cuando experimentaba una crisis mortal, *por lo que* elevé una súplica a Dios para que me rescatara». Debido a que tenemos esta misma actitud de confianza como el Cristo, también estamos confiando en Dios a través de nuestras dificultades ministeriales por causa de Jesús, y por lo tanto estamos hablando nuestra propia súplica a Dios para que nos rescate, reconociendo que el mismo Dios que resucitó a Jesucristo el Señor también nos resucitará con Cristo. (2 Cor. 4: 13-14a)

Es decir, Pablo está diciendo a su audiencia que cuando los cristianos pasan por dificultades ministeriales que los aplastan, los desconciertan y prácticamente los matan, deben responder como lo hizo Jesús, es decir, deben *confiar* durante toda la crisis hasta la muerte y no deben *pronunciar* tantas palabras de proclamación misionera, sino que deben invocar el nombre del Señor Dios como lo hizo Jesús: deben clamar por la liberación: «¡Oh Señor, rescata mi alma!», sabiendo que

---

[15] Hebreos 5:7 goza de un solapamiento lingüístico minucioso y específico con el Salmo 114:1-9 de la LXX, lo que hace prácticamente segura una alusión intencionada —véase Schenck, «2 Corinthians and the Πίστις Χριστοῦ Debate», 530-2.

el Dios de la vida de resurrección puede rescatarlos y lo hará, aunque, como en el caso de Jesús, ese rescate sólo llegue al otro lado de la tumba.

Te proclamaré entre las naciones

No sólo Pablo encuentra en los Salmos 114-15 LXX un discurso en el que el Hijo relata al Padre varios detalles sobre su experiencia de crisis, confianza, súplica y rescate, sino que también encontramos que Pablo realiza una lectura prosopológica similar del Salmo 17 LXX en Romanos 15:9, aunque el enfoque cambia en la cita de Pablo de la confianza y luego la súplica ante la crisis a la alabanza al Padre tras la liberación.

En Romanos 15:1-12 Pablo anima a «los fuertes» a mostrar verdadero amor cristiano a «los débiles» buscando el interés del otro por encima del propio, y todo ello a imitación de Cristo. Ya hemos analizado en detalle las implicaciones trinitarias de la lectura prosopológica que Pablo hace del Salmo 68:10 LXX en Romanos 15:3 («Los insultos de los que te insultaron cayeron sobre mí» — véase el cap. 4). Pablo ofrece un deseo-oración para que los desarmónicos grupos fuertes y débiles alcancen la verdadera unidad cristiana, todo lo cual redundará en la gloria de Dios Padre (Rom. 15:5-6). A continuación, Pablo profundiza en el tema de la alabanza unificada en lo que respecta a judíos y gentiles (15: 7-9a), ofreciendo una *cadena* de citas bíblicas en su apoyo (15:9-12). Cuando se lee en relación con los versículos que la preceden, la primera cita bíblica de la cadena se explica mejor postulando que Pablo ha interpretado prosopológicamente el Salmo 17:50 LXX, tomando teodramáticamente al Cristo como el verdadero orador.[16] Pablo exhorta a los romanos diciendo:

> Por tanto, acójanse los unos a los otros como Cristo los aceptó a ustedes para gloria de Dios. Porque yo declaro que el Cristo se ha

---

[16] Entre otros, los siguientes eruditos enfrentan enfáticamente a Cristo como el hablante del Salmo 17:50 LXX en Rom. 15:9: Hanson, *Jesus Christ and the Old Testament*, 157 («an utterance of the preexistent Christ»); Ulrich Wilckens, *Der Brief an die Römer* (3 vols.; EKKNT; Neukirchen-Vluyn: Neukirchener, 1978-82), iii. 108 («der Sprecher Christus selbst gedacht ist»); J. Ross Wagner, *Heralds of the Good News: Paul and Isaiah in Concert in the Letter to the Romans* (SupNovT 101; Leiden: Brill, 2002), 312 («Pablo ha leído este salmo como las palabras del Cristo»). Para pruebas detalladas en apoyo de esta postura, véase Bates, *The Hermeneutics of the Apostolic Proclamation*, 289-304.

hecho siervo de la circuncisión por fidelidad a Dios para asegurar las promesas de los padres; además, se ha hecho siervo de las naciones por misericordia, para glorificar a Dios, tal como está escrito: «Por eso te profesaré entre las naciones y cantaré tu nombre» [Sal. 17:50 LXX]. (Rom. 15:7-9)[17]

Intrigantemente, el Salmo 17 LXX, el salmo citado aquí, presenta prácticamente el mismo lenguaje de crisis y muerte que los Salmos 114-15 LXX, el pasaje que acabamos de examinar con respecto a la interpretación centrada en la persona de Pablo de 2 Corintios 4:13. Por ejemplo, la frase «me rodearon angustias de muerte» (*perieschon me ōdines thanatou*) en el Salmo 114:3 LXX corresponde exactamente al lamento del Salmo 17:5 LXX, «me rodearon angustias de muerte», mientras que el salmista también añade, «me asediaron torrentes de iniquidad; me rodearon angustias del Hades, me atraparon lazos de muerte» (17:5-6; cf. 17:7, 18-19). No es sorprendente que estos versículos sobre la crisis de la muerte se aplicaran en la Iglesia primitiva a la muerte de Jesús y su descenso al Hades; de hecho, existe una alusión a la huida de Jesús de estas mismas «angustias de muerte» en una interpretación teodramática que se encuentra en el sermón de pentecostés de Pedro en Hechos 2:24, un pasaje que exploraremos con más detalle en la siguiente subsección.

Si se concede que el Cristo es el orador prosopológicamente determinado del Salmo 17:50 LXX para Pablo, entonces la exhortación de Pablo hacia la aceptación mutua tiene mucho más sentido porque se fundamenta de forma específica y concreta:

EL CRISTO (hablando a *DIOS PADRE* después de su entronización):
Por eso te proclamaré entre las naciones y cantaré tu nombre. (Rom. 15:9 citando el Sal. 17:50 LXX)

Pablo afirma que el Cristo se hizo siervo de los judíos y también se hizo siervo de las naciones (gentiles), y lo prueba mostrando que el propio Cristo, a través de la agencia de David y del Espíritu, comunicó al Padre su intención de actuar como siervo de judíos y gentiles dando

---

[17] A nivel de sintaxis griega, la relación entre Rom. 15:8 y 15:9 es notoriamente difícil y, en consecuencia, las traducciones de 15:9 varían enormemente. En básico acuerdo con J. Ross Wagner, «The Christ, Servant of Jew and Gentile: A Fresh Approach to Romans 15:8-9», *JBL* 116 (1997): 473-85, tomo «las naciones» (*ta ethnē*) en 15:9 como un acusativo de respeto, creyendo que Pablo está llevando adelante la frase «el Cristo se ha convertido» de 15:8 como una elipsis que debe ser suplida por el lector en 15:9.

testimonio del Padre entre las naciones y cantando las alabanzas del Padre. Para Pablo, el Hijo en efecto declara: «Porque yo, el Hijo, como siervo tanto del judío como del gentil he sido rescatado por ti, oh Padre mío, de una crisis de muerte, te profesaré, oh Padre mío, entre las naciones, cantaré tu nombre».

El Hijo lidera mientras las naciones se unen al coro. El hilo de pensamiento de Pablo parece funcionar de esta manera: Puesto que Israel fue llamado por Dios (el Padre) para mediar en la bendición de Dios a las naciones, todo lo cual debía culminar en la alabanza a Dios por parte de judíos y gentiles por igual (cf. Rom. 15:10-11), Cristo y sus seguidores judíos cumplen esta función mediadora cuando el Cristo profesa y alaba al Padre entre las naciones, permitiendo que las naciones se unan plenamente al coro de alabanza —y a la luz de los acontecimientos actuales del mundo real y del testimonio bíblico, Pablo ha determinado que esto está ocurriendo ahora. Estos acontecimientos del mundo real incluyen, sobre todo, la acogida de las naciones, los gentiles, para unirse a los judíos en la única familia de Dios, como confirma el don del Espíritu Santo (véase Gál. 3:1-9; 4: 6; Rom. 8:14-17; 1 Cor. 12:1-3, 11-13), así como la forma en que el Espíritu de Cristo el Señor está inspirando una adoración llena de cantos en la iglesia primitiva.

El escenario teodramático más natural que Pablo habría asignado para el discurso de Cristo en Romanos 15:9, «Por eso te proclamaré entre las naciones y cantaré tu nombre», es justo después de la resurrección, al igual que en la cita similar de Hebreos 2:12, «Proclamaré tu nombre a mis hermanos, en medio de la congregación te alabaré».[18] Sin embargo, en Romanos 15:9, a diferencia de Hebreos 2:12, el escenario posterior a la resurrección es en la gloria del Padre, no en un escenario dirigido al pueblo de Dios.

Por tanto, sugiero que Pablo escucha a David hablar en el Salmo 17:50 LXX en el prosopón del Cristo recién exaltado, cuando el Cristo anuncia la acción *futura* al Padre: «Te *proclamaré*, oh Padre mío, entre las naciones» y «*cantaré* tu alabanza», es decir, el Hijo le dice al Padre que él mismo atestiguará y alabará al Padre y al hacerlo, mientras lo dirige, se le unirá un poderoso coro cuando tanto judíos como gentiles hagan suyo el estribillo.[19] Así, en el teodrama reconstruido por Pablo, el

---

[18] La íntima relación entre Rom. 15:9 y Heb. 2:12, con Cristo como interlocutor en ambos, también es señalada por Attridge, «Giving Voice to Jesus», 111.

[19] Véanse las citas bíblicas adicionales en Romanos 15:10-12, donde Pablo apuntala la noción de que judíos y gentiles alaben juntos a Dios a través de un vástago davídico: «Y de nuevo dice:

Cristo recién exaltado dice al Padre que seguirá alabándole en el futuro, todo lo cual, desde el punto de vista del mundo real de Pablo, ya no es una acción puramente futura para el Hijo, sino que, por el contrario, se está actualizando en el presente a través de las actividades misioneras de la iglesia primitiva, sobre todo a través de la propia proclamación evangélica de Pablo. Así, en el Salmo 17:50 LXX Pablo encuentra que el Cristo glorificado está anunciando una acción futura que ya ha alcanzado un grado de cumplimiento.

Un cántico trinitario de alabanza. Como reflexión final sobre Romanos 15:9, podríamos preguntarnos precisamente cómo en términos prácticos Pablo habría sentido que el Cristo estaba «profesando» al Padre y «cantando» su alabanza entre judíos y gentiles. Desde el punto de vista funcional, creo que es plausible sugerir que Pablo creía que esto se estaba actualizando o encarnando en sus comunidades mediante la expresión y el canto inspirados por el Espíritu en la iglesia cristiana primitiva (*ekklēsia*) —véase especialmente 1 Corintios 12-14.[20] Es decir, se consideraba que Cristo el Señor estaba funcionalmente presente a través del Espíritu Santo cuando la iglesia se reunía, en la medida en que el Espíritu es realmente el Espíritu del Cristo (Rom. 8:9-11) o el Espíritu del Señor (2 Cor. 3:16-17), o el Espíritu de Jesucristo (Flp. 1:19). Así pues, en última instancia, el discurso del Hijo al Padre en Romanos 15:9, «proclamaré» y «cantaré», se hizo realidad con toda probabilidad para Pablo como una profesión audible y un canto expresado a través de la agencia del Espíritu Santo que actuaba en la iglesia, de forma muy similar a lo que vimos anteriormente en *Bernabé* 6. 13-16.[21] El Espíritu facilita el discurso inicial y su realización mientras que el Espíritu también asume la tarea del Hijo de guiar a los demás para glorificar al Padre.

En consecuencia, sin duda querríamos afirmar que el método de exégesis prosopológica empleado en la Iglesia primitiva es congenial con la noción de *perichōrēsis* —la interpenetración mutua siempre

---

"Alégrense, naciones, junto con su pueblo" [Deut. 32:43], y de nuevo "Alaben al Señor, naciones todas, y alábenle en gran manera, pueblos todos" [Sal. 116:1 LXX]. Y de nuevo Isaías dice: "Vendrá la raíz de Jesé, el que se levantará para reinar sobre las naciones; las naciones esperarán en él [Isa. 11:10]"». Observe, sin embargo, que Pablo no interpreta 15:10-12 como hablado desde la persona de Cristo —contra Hanson, *Jesus Christ in the Old Testament*, 150, y Leander E. Keck, «Christology, Soteriology, and the Praise of God (Romans 15:7–13)», en R. T. Fortuna y B. R. Gaventa (eds.), *The Conversation Continues: Studies in Paul and John: In Honor of J. Louis Martyn* (Nashville: Abingdon, 1990), 85-97.

[20] Sobre el canto inspirado por el Espíritu, véase 1 Cor. 14:15, 26; He. 16:25; Col. 3:16; Ef. 5:19; Sant. 5:13.

[21] Cf. Tertuliano, *Marc.* 3. 22. 6.

circular de las personas divinas— que se desarrollaría y expresaría en el periodo patrístico tardío. Aquí, de hecho, observando todos los papeles a través del flujo del tiempo tal y como éstos fueron (con toda probabilidad) asignados por Pablo: *el Espíritu* inspiró el discurso profético *pasado* de *David* tal y como se encuentra en el Salmo 17:50 LXX, y en este discurso profético *Cristo el Hijo* se dirige directamente a *Dios Padre* en el *presente* teodramático, anunciando que *el Hijo* guiará a otros *humanos* en la rendición de alabanzas *futuras* al *Padre* — todo lo cual se realiza realmente en el escenario mundial cuando *el Espíritu del Jesús el Señor* inspira a *judíos y gentiles* en la *iglesia* primitiva a cantar jubilosamente *al Padre*. ¡Una riqueza de actuación teodramática cooperativa e interpenetrante en verdad!

En la interpretación prosopológica que hace Pablo del Salmo 17:50 LXX en Romanos 15:9, la secuencia narrativa de todo el salmo era fundamental, al igual que en la interpretación que hace Pablo del Salmo 115:1 LXX. De hecho, estos dos salmos presentan un lenguaje sobre las «angustias de la muerte» de las que el orador, determinado como el Cristo por Pablo, fue rescatado por la intervención divina. Quizá no debamos sorprendernos, pues, al descubrir que, en el discurso de pentecostés de Pedro, el autor de los Hechos también alude a la huida de Jesús de las «angustias de la muerte» (He. 2:24) al tiempo que introduce un salmo diferente que interpreta prosopológicamente.

El Padre a la diestra del Hijo

Una de las apariciones más cautivadoras de la exégesis prosopológica en el Nuevo Testamento se encuentra en el sermón de pentecostés de Pedro. En este discurso encontramos al Cristo hablando directamente al Padre en el teodrama, y aprendemos varias cosas nuevas sobre la relación interior entre Padre e Hijo. La cita del Salterio en el discurso de Pedro merece un atento escrutinio:

> Dios resucitó a este hombre, Jesús, habiéndole liberado de las angustias de la muerte, porque le era imposible ser retenido por ellas. Pues David dice respecto a él: «Continuamente veo al Señor [Dios] delante de mí, pues está a mi diestra para que yo no sea sacudido; por eso se alegra mi corazón y se regocija mi lengua; más aún, mi carne vivirá aún en la esperanza. Porque no abandonarás mi alma al Hades, ni permitirás que tu Santo vea la decadencia. Me has

dado a conocer los caminos de la vida; me llenarás de alegría en tu presencia». (He. 2:24-8 citando el Sal. 15:8-11 LXX)

Debemos observar que, aunque Pedro afirma que «David habló de él» (*Dauid gar legei eis auton*), es decir, de Jesús el Nazareno (cf. 2:22), Pedro aclara a continuación que David no se limitó a hablar *de* él, sino que este Jesús aún no revelado estaba pronunciando un discurso en el tiempo de David *a través de David*.[22]

Así lo indican tres características del sermón de Pentecostés. En primer lugar, tal y como se explica con más detalle este texto en el sermón, se informa de que Pedro dijo que David previó el cumplimiento de la promesa que Dios le hizo sobre la liberación del Hades de su propia descendencia real, incluyendo la ausencia de decadencia física y la resurrección corporal. Observe cómo el lenguaje en tercera persona de Pedro se correlaciona con el lenguaje en primera persona del propio salmo. Pedro afirma: «[David] previendo estas cosas, habló de la resurrección del Cristo, que no fue abandonado en el Hades, ni *su* carne vio corrupción (He. 2:31)». La forma en que Pedro recoge la fraseología en primera y segunda persona del salmo, «abandonado al Hades» (cf. «no *abandonarás mi alma* al Hades») y «la carne vea la corrupción» (cf. «no *permitirás* que *tu Santo* vea la corrupción») exige que interpretara al hablante último en primera persona del salmo como el Cristo y al destinatario como Dios Padre. Porque David, cuyo cuerpo permanece en la tumba, no es un personaje apropiado para estas palabras, como el propio Pedro deja claro enfáticamente (He. 2:29), por lo que estas palabras y otras («David no subió a los cielos, sino que él mismo dice...» —He. 2:34) no deben considerarse sólo de David. El punto que señala el autor de los Hechos es la *significativa disyuntiva* entre las experiencias de David y Jesús como el Cristo, todo lo cual debilita significativamente la solución tipológica de Hays y otros respecto a este tipo de exégesis antiguas, pues esta última requiere la participación en una imagen común. En segundo lugar, la misma lógica interpretativa que se encuentra aquí en el sermón de pentecostés de Pedro se expresa con respecto al Salmo 15:10 LXX en el discurso de Pablo en Antioquía de Pisidia en Hechos 13:35, que también se

---

[22] Contra Attridge, «Giving Voice to Jesus», 101-12, aquí 104. Además de las tres razones a favor de la interpretación prosopológica que doy en el cuerpo principal, también me parece que Attridge no ha considerado suficientemente que un discurso profético en personaje puede ser intencionado pero no estar marcado por una fórmula introductoria especial, como puede demostrarse mediante la comparación (véase la n. 36 del cap. 4 como prueba).

interpretó prosopológicamente, como ya se ha comentado (véase el cap. 2), lo que refuerza esa conclusión aquí. En tercer lugar, Pedro afirma que David «era profeta» (2:30),[23] lo que sugiere que el énfasis se pone en las palabras de David orientadas al futuro y no en las propias experiencias pasadas de David como justo sufriente, lo que hace aún más improbable que se nos invite a ver a David hablando por sí mismo como «tipo» del futuro Cristo.

Como tal, para el autor de los Hechos, David, previendo estas cosas, está hablando como profeta en el prosopón del mesías davídico, fruto de sus propias entrañas. Y a través de David es este Cristo, el Hijo, quien a su vez está hablando de su propia resurrección *futura*, lo que indica que el escenario teodramático del discurso asignado por el autor de los Hechos es anterior a la resurrección de Jesús. Más concretamente, el escenario teodramático presupone que el orador ha soportado hasta ahora una intensa dificultad con la ayuda de la presencia personal de Dios: el Hijo «seguía viendo» al Padre ante él[24] y, de hecho, la presencia del Padre a su diestra seguirá impidiéndole «ser sacudido». Por lo tanto, sugiero que el escenario teodramático exacto es *durante la crisis de la cruz, con la muerte acechando, pero antes de la resurrección*. Esta paráfrasis indica cómo sugiero que el autor de los Hechos interpretaba prosopológicamente el salmo en el discurso de pentecostés:

EL CRISTO (hablando a *DIOS PADRE* desde la cruz): Yo, el Hijo, seguía viendo al Señor Dios, mi Padre, continuamente delante de mí, pues Dios está a mi diestra para que yo no sea sacudido; por eso mi corazón se alegra y mi lengua se regocija; además, mi carne vivirá incluso en la esperanza. Porque tú, oh Padre mío, no abandonarás mi alma al Hades, ni permitirás que tu Santo vea la decadencia. Tú me has dado a conocer los caminos de la vida; tú, oh Padre mío, me llenarás de alegría en tu presencia. (He. 2:25-8 citando el Sal. 15:8-11 LXX)

Observe —y esto es a la vez vital y fascinante— en ese momento de necesidad más profunda del Hijo, *éste ve al Padre a su propia diestra*.

---

[23] Sobre el origen y el desarrollo del papel profético de David en el judaísmo del Segundo Templo y cómo esto influyó en los puntos de vista de los primeros cristianos, véase Joseph A. Fitzmyer, «David "Being Therefore a Prophet..." (Acts 2: 30)», *CBQ* 34 (1972): 332-9.

[24] He traducido *proorōmēn* en Hechos 2:25 como «seguía viendo al Señor [Dios] delante de mí» porque el tiempo imperfecto del verbo es muy probablemente iterativo a la luz del calificativo preposicional *dia pantos* («continuamente»).

Es decir, el Hijo está a la izquierda del Padre, ocupando metafóricamente la posición real en el centro. (Aunque no se dice que el Hijo, en su humildad, reflexione sobre esto, sino que se centra en la disposición del Padre a ayudarle). Además, puesto que el Padre está en la estación menos elevada, pero con *autoridad a la diestra del Hijo*, el Padre está dispuesto a ejercer la soberanía *en nombre del Hijo*, preparado para satisfacer su necesidad rápidamente ejecutando el mandato real del Hijo si así lo desea.

El amor mutuo y la voluntad de condescender funcionalmente para servir al otro es conmovedoramente evidente en esta visión del Padre a la diestra del Hijo, sobre todo si tenemos en cuenta que muy pronto las posiciones se invertirán y el Hijo exaltado se sentará gustosamente a la diestra del Padre al ser instalado como «Señor» celestial (He. 2:34) — todo lo cual se trata en el próximo capítulo. Sin embargo, en esta crisis en la que amenaza el Hades, debido a la presencia de Dios Padre a su diestra el Hijo no se «estremece», sabiendo que a pesar de la intensa presión del momento, Dios Padre ya ha provisto para él. Concretamente, el Padre le ha dado a conocer «las sendas de la vida». Así, puede confiar firmemente en un futuro rescate de esta crisis hasta la muerte, sabiendo que «tú, oh Padre mío, no abandonarás mi alma en el Hades», y que «tú, oh Padre mío, no permitirás que tu Santo vea la decadencia». De hecho, el Hijo le dice al Padre que está seguro de que después de recorrer los caminos de la vida que el Padre ya le ha mostrado — volviendo así al Padre— habrá un momento de mutua alegría compartida. El Hijo le dice al Padre que sabe que el Padre le dará el don de la alegría, «Tú, oh Padre mío, me llenarás de alegría en tu presencia» (parafraseando el Sal. 15:11 LXX en He. 2:28), para que el dador y el receptor puedan celebrar juntos la culminación con éxito del centro del plan divino.

* * *

En resumen, para los primeros cristianos, cuando un enemigo tan profundo y oscuro como la muerte arremetió contra el Hijo, descubrieron que hablaba muchas cosas con el Padre. Sí expresa consternación por su abandono hasta la muerte —«Dios mío, Dios mío, ¿por qué me has abandonado?»—, pero incluso esta expresión está acorralada por una escritura inspirada por el Espíritu que asegura al Hijo que la tragedia es en realidad una comedia. El héroe será rescatado, y el rescate llevará a muchos miembros de la familia humana a la salvación. El Hijo dice al Padre que atestiguará el poder salvador del Padre cuando guíe a la familia humana en la adoración al Padre: «Proclamaré tu nombre a mis hermanos, en medio de la congregación te alabaré» y «Por eso te proclamaré entre las naciones y cantaré tu nombre». Para los primeros cristianos, el Hijo pudo pasar de los sentimientos de abandono solitario a la alegría de la alabanza corporativa, y todo ello porque el Padre «seguía» apareciéndosele «continuamente» —el Padre incluso aparecía a la diestra del Hijo. Entonces, como dice el propio Hijo, «confió» en medio de una crisis hasta la muerte. El Hijo sabía que el Padre «no permitiría que su Santo viera la decadencia», por lo que el Hijo «habló» una súplica al Padre para que lo liberara. El Hijo afirmó: «Confiaré en él». El Hijo es verdaderamente liberado por el Padre —rescatado del «Hades» y de las «angustias de la muerte»— con el resultado de que el Hijo puede decir entonces: «Aquí estoy yo y los hijos que Dios me ha dado». En consecuencia, el Hijo dice al Padre que sabe que el Padre le concederá una medida especial de alegría a su regreso: «Me llenarás de alegría en tu presencia».

6

Palabras triunfantes

En el último capítulo, exploramos cómo los primeros cristianos, al leer su Antiguo Testamento, descubrieron palabras de alabanza dirigidas por el Hijo al Padre, especialmente con vistas al rescate obtenido tras la crucifixión. De hecho, los primeros cristianos descubrieron que cuando Jesús pronuncia estas palabras de aclamación, se invita a todo el género humano a unirse al resonante coro, para que la alabanza de Dios llegue hasta los confines de la tierra. Sin embargo, incluso con estas magníficas palabras de alabanza, la historia aún no está completa. Este capítulo nos lleva al gran final, cuando el Padre, el Hijo y el Espíritu —con el Espíritu apareciendo ahora ocasionalmente como personaje hablante en su propia persona— conversan juntos sobre la coronación del Hijo, la conquista final de los enemigos de Dios, la nueva creación y la consumación de los siglos.

Encarnación y entronización —Romanos 1:3-4

Romanos 1:3-4 es un texto clásico y controvertido que se refiere a la entronización del Hijo. Aunque no implica una lectura teodramática de la Escritura, resulta conveniente una breve discusión para preparar suficientemente el camino para el tratamiento de los textos teodramáticos relativos a la coronación del Hijo en las páginas siguientes. Este importante pasaje es ampliamente considerado por otros eruditos (correctamente a mi juicio) como una preservación de material prepaulino:[1]

[el evangelio] concerniente al Hijo de Dios, quien en lo que concierne a la carne vino a la existencia por medio de la simiente de David; quien en lo que concierne al Espíritu de Santidad fue nombrado Hijo de Dios en poder por medio de la resurrección de entre los muertos —Jesucristo nuestro Señor. (Rom. 1:3-4)

Sin embargo, en las últimas generaciones de erudición bíblica se ha popularizado la hipótesis de que lo que Pablo escribió en Romanos 1:3-4 fue el resultado de un proceso muy complejo. Según estas hipótesis eruditas, un fragmento prepaulino similar a un credo fue alterado por múltiples comunidades (palestina y luego helenística), y quizá también por el propio Pablo, antes de que éste lo incorporara a su carta tal y como la encontramos hoy.[2] Sin embargo, no sólo la complejidad de tales hipótesis habla en contra de su verosimilitud —¿puede alguien detectar realmente de forma fiable tres capas redaccionales en el espacio de estos dos lacónicos versículos?—, también lo hace la noción de comunidades cristianas primitivas separadas y herméticamente selladas. Es mejor considerar que Romanos 1:3-4 contiene un protocredo prepaulino unificado que se centra teológicamente en dos transiciones gemelas en la vida del Hijo de Dios, *entrar* en la existencia humana y *ser instaurado* como Hijo de Dios en Poder.

Además, contrariamente a quienes, como Robert Jewett, Bart Ehrman y otros, favorecen un adopcionismo original en este texto —es decir, la noción de que Jesús fue declarado «con poder» e «Hijo de Dios» (un título puramente mesiánico) por su resurrección de entre los muertos, y así adoptado como hijo de Dios—, esto no es defendible porque el Hijo es descrito en Romanos 1:3-4 como el Hijo de Dios ya

---

[1] En el resto de esta subsección resumo mi artículo: Matthew W. Bates, «A Christology of Incarnation and Enthronement: Romans 1:3-4 as Unified, Nonadoptionist, and Nonconciliatory», *CBQ* 77 (2015): 107-27. Para más detalles sobre la historia de la interpretación, las pruebas exegéticas y las implicaciones cristológicas, debe consultarse el artículo completo.
[2] Para la historia de la interpretación de Romanos 1:3-4, en especial la historia del desarrollo de las hipótesis redaccionales que han estado a favor desde Bultmann en adelante, véase Robert Jewett, «The Redaction and Use of an Early Christian Confession in Romans 1:3-4», en D. E. Groh y R. Jewett (eds.), *The Living Text: Essays in Honor of Ernest W. Saunders* (Lanham, Md.: University Press of America, 1985), 99-122. Para una historia más completa que incluye también interpretaciones patrísticas, véase Joshua W. Jipp, «Ancient, Modern, and Future Interpretations of Romans 1:3-4: Reception History and Biblical Interpretation», *JTI* (2009): 241-59.

preexistente.³ La preexistencia del Hijo está implícita en el «que vino a la existencia» (*tou genomenou*) de Romanos 1:3, que, contrariamente a la mayoría de las traducciones, *no* debería traducirse como «que nació» o «que descendió», dando a entender un nacimiento ordinario y natural.⁴ Pablo ya lo consideraba el Hijo de Dios enviado que descendió del cielo antes de la resurrección y entronización (Rom. 8:3; Gál. 4:4; 1 Cor. 15:47; 2 Cor. 8:9). Así pues, a la luz de este lenguaje «que en cuanto a la carne vino a la existencia», ¿no es ésta también la inferencia más razonable para este fragmento prepaulino que Pablo optó por incorporar a su carta (cf. Flp. 2:6-8)? El paralelismo entre Romanos 1:3 y Gálatas 4:4 es también especialmente llamativo. En Romanos 1:3 se afirma que, en lo que respecta a la carne, el Hijo «vino a la existencia por medio de la simiente de David» (*genomenou ek spermatos Dauid*). Mientras tanto, en Gálatas 4:4 Pablo afirma de forma similar: «*Pero cuando llegó la plenitud de los tiempos, Dios envió a su Hijo, nacido de una mujer*» (*genomenon ek gynaikos* —cf. Flp. 2:7). El paralelo nos insta a considerar que una mujer, María, está en perspectiva como la simiente de David en Romanos 1:3.⁵

Además, con motivo de su instalación en Romanos 1:4, a este Jesús no se le concedió el título de «Hijo de Dios», un título que las primeras palabras de Romanos 1:3 pueden sugerir que ya poseía («el evangelio relativo al *Hijo* de Dios») antes de esta instalación, sino que fue designado para un *nuevo cargo gobernante* portando el título (o, mejor, el cuasi-título informalmente descriptivo) de «Hijo de Dios en poder».⁶

---

³ Robert Jewett, *Romans: A Commentary* (Hermeneia; Minneapolis: Fortress, 2007), 103-8; Bart D. Ehrman, *How Jesus Became God: The Exaltation of a Jewish Preacher from Galilee* (Nueva York: HarperOne, 2014), 218-25. Cabe señalar que, en última instancia, Ehrman prefiere la etiqueta «cristología de la exaltación» a la nomenclatura de la adopción, aunque juzga que esta última es perfectamente exacta (pp. 230-2).
⁴ Excluyendo Rom. 1:3, Gál. 4:4 y Flp. 2:7 porque son las mismas instancias que se debaten, sólo hay una aparición bastante segura y una posible (pero dudosa) de *ginomai* como «reproducirse naturalmente» de 667 apariciones en el NT (Mt. 21:19 y Jn. 8:58 respectivamente). El significado más habitual es «llegar a existir» u «originarse» y señala el estado de ser. Por otro lado, hay 97 ocurrencias bastante seguras de *gennaō* como «reproducirse naturalmente» en el NT. Así pues, asumiendo por el bien del argumento que el contexto semántico en Rom. 1:3 permitiría igualmente cualquiera de las dos instancias si «nacimiento humano ordinario» fuera la intención principal, juzgo que *gennaō* tiene unas 50 veces más probabilidades de haber sido seleccionado que *ginomai*. También concluyo que lo más probable es que *ginomai* fuera elegido por el autor en lugar de *gennaō* porque el autor deseaba enfatizar el cambio en el estado del ser a través del proceso de parto humano, por lo que el primero era adecuado mientras que el segundo no lo era.
⁵ Sobre María como simiente de David, cf. Ignacio, *Ef.* 18. 2, 20. 2; Ireneo, *Haer.* 3. 16. 3; *Epid.* 36.
⁶ Lo más probable es que «Hijo de Dios en poder» se entendiera como una expresión unificada, es decir, como un título o descripción informal del nuevo cargo al que había sido designado el «Hijo

Compárese la lógica similar en Romanos 15:12 donde se cita Isaías 11:10 en apoyo de la noción de que «una raíz de Isaí», es decir, un vástago davídico, se levantará para gobernar: «uno que se levantará para gobernar sobre las naciones» (*ho anastamenos archein ethnōn*). Tanto en Romanos 1:4 como en Romanos 15:12 la resurrección conduce directamente al gobierno soberano de Jesús.[7]

¿Por qué Romanos 1:3-4 es tan significativo? Porque no sólo aporta la cristología de Pablo, el primer autor cristiano existente (que empezó a escribir menos de veinte años después de la muerte de Jesús), sino que, lo que es aún más importante, con toda probabilidad da testimonio de la tradición prepaulina, por lo que hace retroceder el horizonte aún más. Demuestra, en mi opinión, que el estrato cristológico más antiguo que podemos detectar con fiabilidad ya consideraba a Jesús como preexistente, habiendo venido a la tierra para tomar carne humana en la línea de David como Hijo real de Dios, no sólo como «hijo» de Dios a través de la adopción mesiánica. Una paráfrasis de Romanos 1:3-4 puede ayudar a poner de manifiesto la teología comprimida:[8]

> El evangelio relativo al Hijo de Dios, que fue traído de la preexistencia a la existencia humana por medio de María —la simiente de David—, pertenece a la carne, es decir, al reino carnal

---

de Dios» en su resurrección (y entronización), como puede demostrarse observando el flujo estructural de la sintaxis griega de Rom. 1:3-4:
    1:3 participio
        cláusula *ek*
        cláusula *kata*
    1:4 participio + *huiou theou* + <u>*en dynamei*</u>
        cláusula *kata*
        cláusula *ek*
Al evaluar el probable significado histórico, el juicio erudito de que Jesús fue declarado «en poder» o «con poder» para ser «Hijo de Dios» (e.g. véase Ehrman, *How Jesus Became God*, 221-2) se tambalea en parte porque esto altera el apretado patrón ABBA entre los modificadores preposicionales del texto griego. Es decir, *en dynamei* («en poder») tendría entonces que colocarse abajo en su propia línea separada en el versículo 4 como modificador adverbial de la frase participial *tou horisthentos* («designado»), pero esto es menos probable estructuralmente que una expresión unificada «Hijo de Dios en poder». Así pues, no es sólo el análisis lingüístico y la historia de la recepción, sino también la simetría estructural en el texto griego lo que sugiere que Romanos 1:3-4 no es adopcionista.

[7] Esta clara referencia davídica en Rom. 15:12 (Isaí es el Padre de David) es pasada por alto tanto por Jewett, *Romans*, 98, como por Ehrman, *How Jesus Became God*, 222, quienes afirman erróneamente que Pablo no muestra en ninguna otra parte interés por el linaje davídico de Jesús (cf. también 2 Tim. 2:8 si se considera genuinamente paulino). Sobre el vínculo entre Rom. 1:3-4 y 15:12, véase especialmente el útil tratamiento de J. R. Daniel Kirk, *Unlocking Romans: Resurrection and the Justification of God* (Grand Rapids: Eerdmans, 2008), 39-55.

[8] Esta paráfrasis está tomada textualmente de Bates, «A Christology of Incarnation and Enthronement», 126-7.

que se caracteriza por la fisicalidad humana con todas sus limitaciones. Este Hijo de Dios fue instalado en un nuevo oficio — Hijo de Dios en poder— en lo que respecta al reino dominado por la vida en el Espíritu Santo, por medio de su resurrección de entre los muertos. Este Hijo de Dios en poder es Jesucristo nuestro Señor. (Rom. 1: 3-4)

En resumen, la cristología de Pablo y también de la tradición prepaulina en Romanos 1:3-4 y Filipenses 2:6-11 (entre otros textos) es ya tan elevada como en cualquier otro lugar del Nuevo Testamento. Estos resultados deben considerarse en relación con las lecturas teodramáticas del Salterio por parte del autor de los Hechos, el autor de Hebreos y otros cristianos primitivos.

La coronación del Hijo

Teodrama y entronización en el sermón de pentecostés de Pedro

La jubilosa reunión entre el Padre y el Hijo fue anunciada con entusiasmo por la Iglesia primitiva en dos salmos que ya hemos analizado en el segundo capítulo —el Salmo 2 y el Salmo 110—, aunque todavía no hemos extraído todas sus implicaciones. De hecho, los primeros cristianos detectaron una conversación entre Dios Padre y el Hijo que tuvo lugar tras el regreso del Hijo a la esfera celestial, momento en el que el Padre habló al Hijo, invitándole exultantemente a sentarse a su diestra y gobernar.

Los primeros cristianos descubrieron que David había anticipado proféticamente la entronización del Hijo mediante un teodrama en el que el Padre habla al Hijo. Por ejemplo, el autor de Hechos afirma que Pedro, en su sermón de pentecostés, declara que el propio David «no ascendió a los cielos» (2:34) y que, sin embargo, David dijo: «El Señor dijo a mi Señor: "siéntate a mi diestra hasta que ponga a tus enemigos por estrado de tus pies"» (He. 2:34-5 citando el Sal. 109:1 LXX). Así, el autor de Hechos indica que, puesto que David «no ascendió a los cielos», no es posible que esta invitación: «siéntate a mi diestra» fuera dirigida a David.

Esto invalida la idea de que David fuera identificado como el destinatario mediante una tipología, ya que la cuestión es precisamente que las palabras pronunciadas *no* correspondían a David qua David. Más bien, las palabras debían dirigirse a Jesús, el Cristo, que ahora «ha sido elevado a la diestra de Dios» (2:33). La implicación es tan cristalina aquí como en la interpretación del Salmo 109 LXX en los Evangelios, y es aplicable la misma conclusión respecto a la preexistencia del Hijo.[9] El autor de Hechos considera que David, *en el escenario profético original*, hablaba en el carácter del Padre al Hijo unos 1,000 años antes de que el Hijo llegara a la tierra,[10] de modo que podríamos parafrasear:

El mismo DAVID (describiendo el escenario): El Señor Dios dijo a mi Señor,
*David en el prosopon de **DIOS** (hablado a **MI SEÑOR, EL CRISTO**)*: Siéntate a mi diestra, oh Cristo, Señor de David, Hijo mío, hasta que ponga a tus enemigos por estrado de tus pies.

Además, el escenario *teodramático* de estas palabras lo da explícitamente el autor de Hechos: El Padre (a través de David) pronunció estas palabras en la ocasión teodramática de la ascensión y entronización del Hijo («habiendo sido elevado a la diestra de Dios» — He. 2:33), es decir, cuando fue instalado como Señor celestial. Este acontecimiento teodramático ya ha encontrado un *escenario actualizado* en el reino celestial para Pedro, de modo que se encuentra en su tiempo pasado inmediato (cf. He. 1:9), como ha quedado demostrado por el derramamiento del Espíritu en pentecostés. Esta instalación como Señor celestial es descrita enfáticamente por Pedro (tal y como es presentado): «¡Por tanto, toda la casa de Israel debe saber que Dios ha hecho [*epoiēsen*] a este Jesús a quien ustedes cricificaron Señor y Cristo [*kai kyrion auton kai christon*]!» (He. 2:36).

De elegido a entronizado —una cristología no adopcionista

Por lo tanto, a pesar de esta afirmación «Dios ha hecho» con referencia a Jesús como «tanto Señor como Cristo» (He. 2:36), no deberíamos

---

[9] Véase el capítulo 2, especialmente la discusión de un diálogo celestial a través del Salmo 109:3 LXX en la sección «Desde el vientre materno, antes del inicio, te engendré». Las observaciones posteriores en este capítulo sobre cómo los Salmos 109 y 2:6-9 LXX se leían uno a la luz del otro en la iglesia primitiva también son pertinentes.
[10] También es probable que la defensa de Jesús en los Evangelios Sinópticos ante el sumo sacerdote judío contenga una alusión al Salmo 109:1 LXX en conjunción con Daniel 7:13-14, en el que acepta el título de «el Cristo, el Hijo del Bendito» y añade: «Y verán al Hijo del Hombre sentado a la diestra del poder y viniendo de entre las nubes del cielo» (Mc. 14:61-2; cf. Mt. 26:63-4; Lc. 22:69-70). La imaginería de fondo favorece una escena de entronización.

precipitarnos con James Dunn, Bart Ehrman y otros, a la conclusión de que este texto implica o apoya una adopción divina de Jesús predicada en la resurrección[11] —especialmente porque la preexistencia de Jesús se asume muy probablemente a través de la cita del Salmo 110 en el contexto inmediato. Tenemos a mano una solución mucho más sencilla y mejor evidenciada: el texto no detalla la adopción de un hijo por parte de Dios, sino la transición de Jesús como mesías elegido y ungido, a rey con plena autoridad. Es decir, se representa a Pedro describiendo el momento en el que Jesús, que preexistía como Hijo de Dios y que en su vida terrenal sólo era el *messias designatus* (el elegido y ungido como rey por Dios, pero carente de un trono desde el cual reinar) fue hecho a la vez el Señor y el Mesías por Dios, es decir, fue instalado en el trono celestial a la diestra de Dios como soberano y rey y ha empezado a reinar. De hecho, esto concuerda con bastante precisión no sólo con el contexto de la entronización en Hechos 2, sino también con las palabras pronunciadas cerca del inicio del Evangelio de Lucas que anticipan esta misma secuencia: «Y será grande y se le llamará *Hijo del Altísimo*, y el Señor Dios *le dará el trono* de David, su padre» (1:32), y entonces *reinará para siempre* (1:33; cf. Mt. 19:28; 25:31).[12] En resumen, sostengo que los partidarios del adopcionismo en este texto no han considerado o no han sopesado suficientemente la flexibilidad de lo que significa ser «hecho el Cristo». Al igual que en el caso del gran rey David, sostengo lo mismo con respecto a Jesús en Hechos 2:36: se puede decir que un individuo ha sido «hecho el Cristo» y se le puede llamar «el Cristo» con propiedad sobre la base de la actividad de unción (literalmente, «la cristificación») previa a la asunción del pleno reinado, pero también tras la asunción oficial de ese reinado en el momento de la entronización.[13]

Para decirlo de otra manera, tomando prestado el lenguaje de Romanos 1:4, el Hijo de Dios preexistente ha sido hecho Señor y

---

[11] Véase James D. G. Dunn, *Christology in the Making: A New Testament Inquiry into the Origins of the Doctrine of the Incarnation* (2ª ed.; Grand Rapids: Eerdmans, 1989), 35-6, 142-3; Ehrman, *How Jesus Became God*, 227-8.
[12] Para observaciones más generales sobre la relación de Hechos 2:36 con el relato cristológico de Lucas, véase C. Kavin Rowe, *Early Narrative Christology: The LORD in the Gospel of Luke* (Grand Rapids: Baker Academic, 2009), 189-96. Rowe concluye que en Hechos 2:36 el énfasis es epistemológico más que ontológico, aunque señala correctamente que «En la narración lucana, no hubo [un momento] en el que Jesús no fuera κύριος» (p. 195).
[13] En 1 Samuel 16:12 LXX David es ungido (*chrison*) como el Cristo por Samuel, lo que implica que se le puede llamar propiamente «el Cristo» (cf. 1 Sam. 16:6 LXX) antes de que alcanzara el gobierno real. Compárese esto con e.g., 2 Sam. 19:22 LXX, en el que David es llamado «el Cristo» con posterioridad a su entronización sobre la base de su actual autoridad gobernante.

mesías porque ahora está instalado a la diestra de Dios en un nuevo cargo, un cargo descrito como *Hijo de Dios en poder*. Esta solución también es coherente con la interpretación prosopológica de Lucas 3:22 y 9:35 (y paralelos) y Hechos 13:32-7 dada anteriormente (véase el cap. 2), en la que el Salmo 2:7 fue interpretado con toda probabilidad por el autor *no* como un discurso directo adopcionista del Padre al Hijo en el momento de la entronización, sino como un *discurso* teodramático informado en el momento de la entronización que remite a un escenario teodramático *anterior*. El Hijo declara que el Padre le había dicho previamente: «Tú eres mi Hijo, hoy te he engendrado». Desde esta posición a la diestra, el Hijo «ha recibido del Padre el Espíritu prometido», y el Hijo ha derramado así el Espíritu sobre sus seguidores, haciéndoles hablar en otras lenguas (He. 2:33).[14]

El apoyo a esta interpretación también procede de intérpretes cristianos ligeramente posteriores y, como se expuso en el capítulo 2, estas trayectorias interpretativas constituyen un control histórico-crítico crucial pero descuidado a la hora de fijar el significado probable. Por ejemplo, de acuerdo con la interpretación del Salmo 109:1 LXX en Hechos, Justino Mártir no sólo determina que el escenario teodramático de este discurso es posterior a la resurrección, cuando Dios Padre condujo a Cristo al cielo (*Dial*. 32. 3; 36. 5; 83. 1-4; *1 Apol.* 45. 1), sino que también lo relaciona con otro salmo que otros cristianos primitivos, como el autor de Hebreos, creían que iba dirigido a Cristo y que describe el momento de su entronización: el Salmo 44:7-8 LXX.

El Espíritu Santo como un orador distinto —Hebreos 1:8-9

Justino Mártir en *Diálogo* 56. 14-15 sostiene que hay pasajes del Antiguo Testamento en los que se llama «Dios» o «Señor» a alguien junto al Creador del universo, un hecho atestiguado no sólo en pasajes como Génesis 19:24 (e.g., «*El Señor* hizo llover sobre Sodoma azufre y fuego *del Señor* desde el cielo») sino también por David en el Salmo 109:1 LXX («El Señor dijo a mi Señor»). Al igual que Justino, Ireneo (*Epid.* 47) y el autor de Hebreos (1:8-9) creían que se describen dos

---

[14] Precisamente lo que se derrama en Hechos 2:33 es «esto que [ambos] ven y oyen» (*touto ho hymeis [kai] blepete kai akouete*). El «esto» (*touto*), sin embargo, es neutro singular, exigiendo un referente neutro singular, y el referente obvio es el «Espíritu» (*pneuma*) en la frase «del Espíritu Santo» (*tou pneumatos tou hagiou*) que se encuentra en la cláusula precedente. Así pues, cabe señalar de pasada que este pasaje parecería apoyar la procesión del Espíritu tanto desde el Padre como desde el Hijo, aunque el descuidado énfasis en las personas divinas en el diálogo es, como he venido argumentando a lo largo de este libro, aún más significativo para una síntesis trinitaria.

personas distintas como Dios en el Salmo 44:7-8 LXX, en el que se describe una coronación. En consecuencia, el autor de Hebreos afirma:

> Pero sobre el Hijo dice: «Tu trono, oh Dios, es eterno y para siempre, y el cetro de tu reino es el cetro de la justicia. Has amado la rectitud y aborrecido la iniquidad; por eso, oh Dios, tu Dios te ha ungido con el óleo de la alegría más que a tus compañeros» (Heb. 1:8-9 citando Sal. 44:7-8 LXX)[15]

En el salmo se dirige directamente a una persona designada como «Dios». Esta persona posee el cetro real, gobierna con justicia y, lo que es más importante, ha sido ungida por una segunda persona llamada «tu Dios» en el texto. Puesto que la persona designada «tu Dios» unge a la otra persona llamada «Dios», y la acción no es reflexiva, *dos personas llamadas ambas «Dios»* están necesariamente presentes en el texto. Además, la acción verbal de ungir (*echrisen*), que el etiquetado como «tu Dios» emprende y el denominado «Dios» recibe, está estrechamente asociada con el sustantivo *Christos* («Mesías» o «Cristo»), que literalmente significa «ungido». Así pues, para los primeros cristianos, el que realiza la unción en este texto es Dios Padre y aquel sobre el que se derrama el aceite es Dios Hijo, el Cristo, el ungido.[16] Pero nótese que esta última lectura no se concibió como un *diálogo entre* el Padre y el Hijo, sino que el Hijo, el Cristo, está siendo abordado teodramáticamente por alguna persona no identificada que habla directamente al Hijo, mientras que este misterioso orador describe también las actividades relacionales que caracterizan al Padre y al Hijo.[17]

---

[15] Las pruebas manuscritas de Hebreos 1:8-9 son complejas. Tomo *ho theos* como un vocativo dos veces («oh Dios»), pero el «tu Dios» final (*ho theos sou*) como una identificación en tercera persona. Esta lectura exige que la ampliamente atestiguada *sou* (A D Y 0243 0278 33 1739 1881 latt sy co) en *rabdos tēs basileias sou* («cetro de tu reino») sea la lectura correcta y no *autou*, aunque esta última goza de una fuerte atestación temprana ([46]𝔓 א B). La mayoría de los eruditos coinciden en que *sou* es la correcta en vista del criterio *lectio difficilior probabilior* y debido a su amplia atestación —véase Bruce M. Metzger, *A Textual Commentary on the Greek New Testament* (2ª ed.; Nueva York: Sociedades Bíblicas Unidas, 1994), 592-3.
[16] Cf. Justino, *Dial.* 56. 14; 63. 4; 86. 3; Ireneo, *Haer.* 3. 6. 1. Ireneo precisa además que el trono mencionado en el salmo es «del reino eterno», que el aceite de la unción es «el Espíritu» y que los compañeros son «sus discípulos» (*Epid.* 47).
[17] En cuanto al discurso directo en Hebreos 1:8, el nominativo por vocativo era común en la época del NT y está ampliamente aceptado aquí. Para el fundamento, véase Daniel B. Wallace, *Greek Grammar Beyond the Basics: An Exegetical Syntax of the New Testament* (Grand Rapids: Zondervan, 1996), 59.

¿Quién es entonces este orador enigmáticamente no identificado? El autor de Hebreos no da ninguna indicación, a excepción de cerrar ciertas posibilidades. Por ejemplo, dado que Dios (el Padre) es ciertamente el orador en última instancia en las citas de Hebreos 1:5 y 1:13, podría ser tentador sugerir que también es el orador en Hebreos 1:8-9, pero las referencias en tercera persona a Dios Padre en el propio 1:9 (es el «Dios» en la frase «nuestro Dios») hacen muy improbable que se hubiera interpretado como el orador en primera persona. Así pues, Dios Padre no es el orador.

Suponiendo una continuidad interpretativa en la Iglesia primitiva, Justino Mártir quizá nos ofrezca un poco de ayuda adicional al considerar la lectura más probable para el autor de Hebreos, y su testimonio es particularmente tentador. Justino afirma a David como orador al tiempo que afirma que el *Espíritu Santo*, que probablemente aparece aquí como un prosopón teodramático hablante por derecho propio del Espíritu, es en última instancia quien llamó «Dios» a esta persona ungida, además del Padre.[18] El hecho de que el Espíritu Santo era considerado al menos en la época de Justino Mártir (mediados del siglo II) como una persona distinta capaz de hablar en el teodrama por sí misma, y no sólo bajo la apariencia de otra, está bastante claro. Por ejemplo, en el *Diálogo* 36. 6 Justino explica la conversación del Salmo 24 (= Salmo 23 LXX) afirmando que «el Espíritu Santo les dio respuesta bien desde el prosopón del Padre, bien *en su propio prosopón*». Así pues, para Justino, el Espíritu Santo podía aparecer al menos potencialmente como un personaje hablante único por derecho propio. Al evaluar la contundencia de esta posibilidad para el autor de Hebreos, debemos considerar detenidamente Hebreos 3:7 («como dice el Espíritu Santo») y 10:15 («El Espíritu Santo también da testimonio»), ya que en estos textos el Espíritu se presenta como el orador último de varios textos del Antiguo Testamento, aunque no esté claro que los textos del Antiguo Testamento así citados estuvieran siendo interpretados prosopológicamente.

Ireneo es menos específico en su análisis del Salmo 44:7-8 LXX, diciendo simplemente que «David habla del Padre y del Hijo», refiriéndose probablemente que ve al Espíritu hablando a través de

---

[18] Justino, *Dial.* 56. 14-15 («otro fue llamado Señor por el Espíritu Santo»; «el Espíritu Santo llama a otro Dios y Señor»); cf. Tertuliano, *Prax.* 11. 7, donde se dice que el Espíritu habla «desde la tercera persona sobre el Padre y el Hijo» (*ex tertia persona de patre et filio*). Sin embargo, también es posible que en *Dial.* 56. 14-15 Justino se esté refiriendo simplemente al Espíritu como agente secundario inspirador y no como agente orador primario.

David, o tal vez mostrando que no ve a David asumiendo un personaje o disfraz en absoluto en este caso particular, sino más bien que David aparece como su propia persona en el teodrama, hablando al personaje del Hijo, ya que el Hijo se dirige en segunda persona.[19] Alternativamente, y la diferencia es sólo sutil, Ireneo puede tomar a David simplemente como hablando desde su propia persona en su papel profético ordinario, dirigiéndose al futuro Cristo mientras contempla en el ojo de su mente el futuro teodrama que llegará a suceder.[20] No podemos asegurar nada con certeza.

Sin embargo, aparte de cualquier prueba de lo contrario, dado que los primeros cristianos tomaban prestadas interpretaciones entre sí con frecuencia, la continuidad en la lógica hermenéutica entre el autor de Hebreos, Justino e Ireneo es la hipótesis histórica más probable, por lo que lo más sensato es plantear que el autor de Hebreos probablemente encontró que el Espíritu hablaba a través de David en el prosopón del propio Espíritu al Hijo sobre el Padre en el Salmo 44:7-8 LXX en Hebreos 1:8-9.[21] De este modo, es probable que las tres prosopopeyas de lo que más tarde llegaría a denominarse la Trinidad —Padre, Hijo y Espíritu inspirador— fueran individual y distintamente encontradas como «Dios» mediante una estrategia de lectura centrada en la persona por el autor de Hebreos antes del año 70 de la era cristiana.

Conquista

Como ya hemos visto, el escenario teodramático en el momento de la ascensión y entronización del Hijo para el discurso «siéntate a mi diestra» del Salmo 109:1 LXX en Hechos 2:32-7 es reafirmado por Justino Mártir y por Ireneo.[22] Sin embargo, tanto Justino como Ireneo amplían el significado del discurso para el gobierno del Hijo de formas que nos ayudan a entender, creo, cómo otros autores cristianos primitivos, como el autor de Apocalipsis, encontraron información crítica sobre la consumación final del plan de Dios en momentos de diálogo divino en la antigua Escritura judía.

---

[19] Ireneo, *Epid.* 47.
[20] Cf. He. 8:34 en su relación con Isa. 53 en el cap. 3.
[21] Como posible segundo ejemplo de que el Espíritu habla en su propio prosopón, cf. Heb. 1:10-12 citando el Sal. 101:26-8 LXX, tal y como se comenta posteriormente en este capítulo.
[22] El escenario teodramático del Sal. 109:1 LXX en Heb. 1:13, 1 *Clem.* 36. 5, y *Barn.* 12. 10 no se especifica, aunque un escenario de entronización es congenial a todos estos textos.

Gobernarás sobre tus enemigos

Justino Mártir ha determinado que el Salmo 109:2 LXX —«El Señor [Dios Padre] enviará un cetro de *poder* para ti [el Hijo] desde Jerusalén, y tú reinarás sobre tus enemigos» (como se cita en 1 *Apol.* 45. 3)— anunciaba de antemano que el Cristo haría efectivo su reinado sobre sus enemigos enviando desde Jerusalén heraldos apostólicos que proclamarían por todas partes «el poderoso mensaje» de las buenas nuevas del reinado de Jesucristo (1 *Apol.* 45. 5). Justino aclara aún más la naturaleza de los enemigos aterrados por este anuncio. Pues no sólo el llanto y los gemidos de Jesús en Jerusalén (para Justino, obviamente en la cruz) apartaron a los que querían luchar contra Dios (*Dial.* 83. 3), sino que el envío del cetro de poder es en realidad «el mensaje de llamamiento y arrepentimiento emitido a todas las naciones donde *los demonios* gobernaban antes sobre el pueblo» (*Dial.* 83. 4). Así, para Justino el Salmo 109:2 LXX describe la forma en que la victoria sobre los demonios lograda en la cruz penetrará finalmente en todas las naciones. Mientras tanto, Clemente de Roma es más general en su interpretación del Salmo 109:2 LXX, declarando que los enemigos son «aquellos que son malvados y se resisten a la voluntad» del Hijo (1 *Clem.* 36. 6).

Sin embargo, resulta aún más sorprendente la interpretación que hace Ireneo del modo en que el diálogo divino del Salmo 109 LXX (= Sal. 110) anuncia el reinado triunfante del Hijo sobre los enemigos de Dios cuando se combina con el Salmo 2. Ireneo avala explícitamente que su lectura de este texto es prosopológica, certificando que David no pronunció estas palabras desde sí mismo, sino que el Espíritu Santo las pronunció «conformándose a la persona en cuestión» (*Epid.* 49). Para Ireneo, el Salmo 109 de la LXX no sólo demuestra que el Hijo era antes de todas las cosas, es decir, preexistente (véase el cap. 2), sino también que incluso ahora gobierna y juzga a las naciones, especialmente a sus enemigos: los reyes y otros seres humanos que actualmente le odian y persiguen su nombre. Como señala Ireneo, el salmo habla del Hijo diciendo: «ha aplastado a los reyes en el día de su ira» y «juzgará a las naciones» y «aplastará las cabezas de muchos sobre la tierra».[23] Ireneo combina los diálogos entre el Padre y el Hijo del Salmo 109 LXX con el Salmo 2:7-8 LXX, ambos leídos prosopológicamente, para desentrañar cómo surgirá en el futuro el pleno triunfo del Hijo. En

---

[23] Ireneo, *Epid.* 49; cf. Sal. 109:5-6 LXX.

apoyo de la noción de que el Cristo es declarado por el Espíritu Hijo de Dios y rey de las naciones, Ireneo cita el Salmo 2:7-8: «David dice así: "El Señor me dijo: Tú eres mi Hijo, <hoy> te he engendrado; pídeme y te daré las naciones por herencia y los confines de la tierra como posesión"». (*Epid.* 49). E Ireneo explica aún más el significado de esta cita del Salmo 2:7-8 LXX, y así vemos cómo ha vinculado su interpretación con la del Salmo 109:1 LXX:

> Estas cosas no fueron dichas a David, porque él no gobernaba sobre las naciones ni sobre los confines de la tierra, sino sólo sobre los judíos. Así pues, es evidente que la promesa hecha al Ungido, de reinar sobre los confines de la tierra, es al Hijo de Dios, a quien el propio David confiesa como su Señor, diciendo de esta manera: «El Señor dice a mi Señor: siéntate a mi diestra», y lo que sigue, como hemos dicho antes. (*Epid.* 49, modificando ligeramente la traducción de Behr)

Ireneo ha observado que tanto el Salmo 109 de la LXX como el Salmo 2 contienen un *discurso informado,* en el que oímos hablar de lo que el Padre le *había dicho previamente* al Hijo. Además, ambos salmos hablan de la forma en que el Hijo vendrá a reinar sobre las naciones *en el futuro*, especialmente sobre los reyes u otros gobernantes que pretendan oponerse a Dios.

En resumen, los dos salmos fueron leídos de forma bastante similar por Ireneo y otros en la iglesia primitiva. El *escenario profético* de ambos discursos es la época de David. El *escenario teodramático «B»* es la entronización del Hijo, momento en el que habla el Padre (e.g., «Siéntate a mi diestra»; «Domina en medio de tus enemigos»; «Antes de que apareciera el lucero del alba, yo te engendré») y en el que *se dan los informes de los discursos anteriores.* Los primeros discursos del Padre al Hijo ocurrieron en algún momento anterior a estos informes —los informes miran hacia atrás a un momento mucho anterior en el teodrama—, el tiempo antes del tiempo, el *escenario teodramático «A»*, cuando las cosas tanto presentes con respecto a ese escenario —«hoy te he engendrado»; «pídeme»; «eres sacerdote para siempre en el orden de Melquisedec»— como las cosas futuras —«haré de las naciones tu heredad, de los confines de la tierra tu posesión»— fueron discutidas por el Padre y el Hijo. Los escenarios teodramáticos «B» y «A» se han actualizado, es decir, estos diálogos divinos ya se han producido —por ejemplo, Jesús se erige como el engendrado antes de los tiempos, ha sido declarado sacerdote eterno en el orden de Melquisedec y ha sido entronizado a la diestra—, pero las acciones mencionadas como futuras en estos diálogos, como la donación de las naciones como herencia y el reinado pleno del Hijo sobre sus oponentes, aún están en proceso de realizarse. De hecho, esta comprensión ayudó a alimentar las visiones apocalípticas que se encuentran en el libro del Apocalipsis, cuando el Hijo lleva la historia ordinaria a un clímax cataclísmico.

Los gobernará con cetro de hierro

Ya se ha presentado una plétora de pruebas de la centralidad de las lecturas teodramáticas del Salmo 2 para los desarrollos trinitarios en la Iglesia primitiva. Dado que contiene discursos relatados, los primeros lectores cristianos discernían múltiples escenarios teodramáticos. En consecuencia, en las primeras interpretaciones cristianas de este salmo, en el momento de la entronización del Hijo, éste no sólo informó de que el Padre le había hablado previamente de su engendramiento antes de que comenzara el tiempo —«El Señor [Dios] me dijo: "Tú eres mi Hijo, hoy te he engendrado"» (Sal. 2:7 LXX)—, sino que el Hijo también informa que en esta conversación previa el Padre también le anunció la futura actividad gobernante que tendría lugar *después* de su entronización (parafraseo):

EL PADRE (hablando con *EL HIJO*): Pídeme, hijo mío, y yo, tu Padre, te daré como herencia las naciones y como posesión tuya los confines de la tierra. *Las gobernarás con cetro de hierro*; las aplastarás como a una vasija de barro. (Sal. 2:8-9 LXX)

Aunque no se hace explícita, se presume una lectura prosopológica de este pasaje en la interpretación que se da en la magnífica visión de Apocalipsis del regreso de Jesucristo a la tierra como un guerrero triunfante sobre un caballo blanco, al frente de los ejércitos del cielo.[24] Este jinete, cuyo nombre es Rey de Reyes y Señor de Señores, cuyo nombre es también Fiel y Verdadero, juzga y declara la guerra a la bestia *y a los reyes de la tierra* y a sus ejércitos (cf. Sal. 2:2, 10 LXX), ejecutando el juicio por medio de la afilada espada que sale de su boca. Juan declara entonces: «y él *"los gobernará con cetro de hierro"*, y pisará el lagar del furor de la ira de Dios Todopoderoso» (Ap. 19:15)

---

[24] Para otras aplicaciones, considérese el *Sal. Sol.* 17. 21-5; *Sib. Or.* 8. 248.

Aunque Juan ha hecho una aplicación en tercera persona del Salmo 2:9 LXX, lo ha hecho presuponiendo que el Padre es el orador teodramático del salmo y el «*Tú*» al que se dirige el salmo es Jesucristo, el Hijo (cf. Ap. 12:5).

Anticipándose a esta escena climática, Juan describe a Cristo resucitado mientras exhorta a la iglesia de Tiatira en un lenguaje que evoca esta imaginería del salmo 2:9 la LXX, aunque el texto ha sido reimaginado de forma caleidoscópica. Las palabras de Cristo resucitado muestran que si la iglesia es capaz de triunfar, de vencer evitando las tentaciones de la idolatría y la inmoralidad sexual concomitante, entonces la iglesia llegará a participar en la vida divina trina de una forma totalmente nueva. Aunque no llama la atención sobre la maniobra prosopológica, Greg Beale designa acertadamente el uso que hace aquí Apocalipsis del término «vencer» (*nikaō*) como irónico, ya que la conquista inicial se logra mediante la disposición a aceptar el sufrimiento y el martirio en asociación con Cristo,[25] y es esta conquista inicial la que permite la participación en la conquista final. En consecuencia, las palabras que el Padre dirigió al Hijo en el teodrama del Salmo 2 se convierten en las palabras del Hijo a la Iglesia:

EL HIJO (hablando a la *IGLESIA EN TIATIRA):* Al que venza y conserve mis obras hasta el fin le daré autoridad sobre las naciones, *y las gobernará con cetro de hierro, las destrozará como vasijas de barro.* (Ap. 2:26-7)

Las implicaciones trinitarias y eclesiales de esta interpretación y aplicación prosopológica del Salmo 2 son sobrecogedoras, en la medida en que el mensaje pronunciado en el teodrama antes de que comenzara el tiempo por el Padre al Hijo, en el que se explicaba la naturaleza del futuro reinado del Hijo, es convertido por el Hijo mediante sustitución en una palabra dirigida a la iglesia para el escatón final. En efecto, *la iglesia se convierte en el destinatario teodramático primordial* al que habla el Padre, y la autoridad para reinar otorgada por el Padre al Hijo *recae en la iglesia escatológica*, ya que la iglesia llega a participar plenamente en el reinado triunfante del Hijo (cf. 2 Tim. 2:12; Ap. 5:10; 20: 6). Como se prevé en Apocalipsis 2:26-7, la iglesia triunfante asumirá el papel gobernante y de sometimiento (*prosōpon*) del Hijo a

---

[25] Véase Greg K. Beale, *The Book of Revelation: A Commentary on the Greek Text* (NIGTC; Grand Rapids: Eerdmans, 2001), 269-72.

medida que se actualice el teodrama, y esto junto al Hijo (cf. Ap. 19:15); de hecho, todo esto ha sido ordenado como parte de la economía divina antes de la fundación del mundo.

Así, emprendiendo una síntesis teológica más amplia, el Hijo debe reinar hasta que todos sus enemigos hayan sido puestos bajo sus pies (1 Cor. 15:25 citando Sal. 110:1), pero este reinado se realiza junto con la iglesia cuando ésta, al igual que el Hijo, vence mediante el sufrimiento. Y esto hasta que el enemigo final, la muerte misma, habiendo sido ya derrotada en la cruz, es totalmente vencida (1 Cor. 15:26). Por lo tanto, la iglesia (como parte del «todo») gobernará junto al Hijo, pero en sumisión a él (15:27), y el Hijo al Padre, para que «Dios sea todo en todos» (15:28). De hecho, como veremos, no sólo el autor de Apocalipsis sino también el de Hebreos descubre que el Padre habla al Hijo sobre este mismo proceso de consumación final, contrastando la naturaleza eterna del Hijo con la transitoriedad del presente orden creado.

Consumación

El autor de Hebreos, que está ansioso por demostrar que el Hijo es muy superior a los ángeles, ofrece una larga cadena de textos del Antiguo Testamento en Hebreos 1:5-14, muchos de los cuales, según ha determinado el autor, implican discursos en los que el Padre u otra persona se dirige directamente al Hijo. Por ejemplo, en esta cadena, como ya hemos descubierto, el Padre habla al Hijo sobre su engendramiento antes de la encarnación (Heb. 1:5 citando el Sal. 2:7 LXX), el Padre habla al Hijo sobre su entronización (Heb. 1:13 citando el Sal. 109:1 LXX), y el Espíritu habla al Hijo sobre su instalación (Heb. 1:8-9 citando el Sal. 44:7-8 LXX).

Ellos serán transformados —tú permanecerás inmutable

El autor de Hebreos también cree que alguien (cuya identidad no está determinada) se dirigió teodramáticamente al Hijo en el Salterio en relación con su papel en la creación, tanto antigua como nueva:

ALGUIEN (dirigiéndose *al HIJO*): Tú, Señor, al principio fundaste la tierra, y los cielos son obra de tus manos; ellos perecerán, pero tú permaneces; y todo se envejecerá como un vestido, y como un manto los enrollarás, y serán cambiados. Pero tú mismo eres el mismo, y tus años no cesarán. (Heb. 1:10-12 citando Sal. 101:26-8 LXX)

A diferencia de los ángeles, que son siervos del Señor Cristo, criaturas sujetas a cambios sin fin, como el viento o las llamas de fuego, el Hijo es eterno, fundamentalmente inmutable, e íntimamente involucrado en la creación. Y como en la cita de Hebreos 1:8-9 examinada anteriormente, aunque está claro que el Hijo es aquí el destinatario teodramático, no se sabe con certeza con exactitud quién se imagina que habla con el Hijo.

Ireneo, el único otro autor del siglo I o II, que yo sepa, que cita este pasaje no identifica a ningún interlocutor aparte de David qua David y no da ninguna pista sobre un posible escenario teodramático (*Haer.* 4. 3. 1). Sin embargo, la interpretación de Ireneo es afín a la que se encuentra en Hebreos, aunque la haya utilizado para desbaratar a sus oponentes gnósticos del siglo II. Los gnósticos, alega Ireneo, afirman que, si el cielo y la tierra están destinados a desaparecer, entonces el Dios del Antiguo Testamento también debe estar destinado a desaparecer. Y si el Dios del Antiguo Testamento va a desvanecerse, entonces no debe ser el Dios altísimo después de todo. Esta exégesis gnóstica implica que debe haber un Dios más elevado que este Dios destinado a desaparecer. Ireneo reprende a los gnósticos por su lectura errónea, argumentando que la «desaparición» mencionada por Pablo (e.g., 1 Cor. 7:31) no incluye a Dios mismo, sino que Dios permanecerá después de esta desaparición, al igual que los verdaderos siervos de Dios. En su apoyo, Ireneo cita Isaías 51:6, así como el texto citado por el autor de Hebreos, el Salmo 101:26-8 LXX, aunque Ireneo extiende la cita una línea más, señalando también que el salmo menciona la permanencia de los siervos de Dios después de la re-creación: «Los hijos de tus siervos perdurarán, y su descendencia será establecida para siempre».[26]

Tal vez la identidad exacta del orador de esta cita en particular, en efecto, no fue de suma importancia para el autor de Hebreos, al considerarla como el discurso de David inspirado por el Espíritu Santo y dirigido al Hijo, independientemente de si David había adoptado o no un carácter distinto o un prosopón diferente al dirigirse al Hijo. Así pues, dadas las referencias en tiempo pasado a la primera creación y los apuntes en tiempo futuro a la consumación, probablemente lo mejor sea

---

[26] Ireneo, *Haer.* 4. 3. 1; trad. ANF (ligeramente modificado).

interpretar el escenario teodramático como idéntico al escenario profético, con este discurso de alabanza dirigido al Hijo en el tiempo de David, ya sea por el Espíritu en su propio prosopón, como parece más probable, o por David en su propio carácter.[27] El punto absolutamente esencial para nuestros propósitos es que para el autor de Hebreos y otros miembros de la iglesia primitiva, en el Salmo 101: 26-8 la LXX el Hijo es abordado teodramáticamente por alguien, quienquiera que sea, como el que ha sido autor de la creación y quien la consumará, trascendiendo su voluble mutabilidad.

A lo largo de este libro he tratado de desplegar la dinámica interior de la relación interpersonal entre el Padre, el Hijo y el Espíritu tal como la imaginó la Iglesia primitiva en su interpretación escrituraria de los discursos, alocuciones y conversaciones divinas. De hecho, he argumentado que en ellos pueden obtenerse atisbos de la gama completa de la vida divina vivida en común, desde antes de que comenzara el tiempo hasta la consumación final. De ahí que un análisis más completo de este pasaje, el Salmo 101:26-8, sirva como una *inclusio* adecuada, que cierra el círculo de la parte descriptiva del libro, ya que en él se habla del Hijo como una persona divina, activa en los momentos inaugurales de la creación hasta la transformación final de la creación en la consumación de la historia ordinaria.

Creación y nueva creación

Al comienzo de su mensaje exhortativo, el autor de Hebreos ofrece a su audiencia un marco para recibir la enseñanza posterior del Salmo 101:26-8 LXX sobre el papel del Hijo en la creación, afirmando que el universo fue creado por Dios *mediante la agencia* del Hijo (Heb. 1:2). Poco después se nos dan a conocer los detalles de cómo se actualizó precisamente la agencia del Hijo. Para el autor de Hebreos, el orador del salmo se dirige directamente al Hijo: «Tú, Señor, fundaste la tierra (*tēn gēn*) en el principio (*kat archas*), y los cielos (*hoi ouranoi*) son obra de tus manos» (Heb. 1:10 citando el Sal. 101:26 LXX).

Las superposiciones en el vocabulario preciso utilizado muestran que se nos invita deliberadamente a remontarnos a Génesis 1:1, en el que se nos dice: «En el principio creó Dios los cielos y la tierra» (*en archē epoiēsen ho theos ton ouranon kai tēn gēn*). Y el autor de

---

[27] Compárese mi discusión anterior en este capítulo sobre la identidad del orador en Hebreos 1:8-9 (citando el Salmo 44:7-8 LXX).

Hebreos ha determinado con precisión cómo es que Dios hizo los cielos a través del Salmo 101:26-8 LXX —al Hijo se le dice en el salmo, «los cielos son obra de tus manos»— como si el Hijo fuera un pincel viviente descansando en los dedos del Padre, salpicando el cielo y las esferas celestes más profundas. ¿Y cómo fue creada la tierra? De nuevo, se le recuerda al Hijo a través de una oración-discurso dirigida a él: «¡Al principio, Señor, fundaste la tierra!» —describiendo al Hijo como un dinámico y gigantesco martillo en las manos del Padre, colocando firmemente la piedra angular de la tierra en medio del arremolinado caos acuoso. Para el autor de Hebreos, el discurso de alabanza teodramática dirigido al Hijo en el Salmo 101:26-8 LXX confirma que Dios Padre creó verdaderamente el universo *por medio del Hijo*.

En su introducción, el autor de Hebreos orienta al lector sobre cómo interpretar el papel del Hijo en la primera creación, de modo que cuando el autor cita el Salmo 101: 26-8 LXX, el lector está preparado para recibirlo como una declaración de la agencia personal del Hijo. Sin embargo, no se nos ofrece tal orientación inicial sobre cómo interpretar el lenguaje que contiene este salmo en relación con la consumación de la creación. En el transcurso de todo el libro de Hebreos, sin embargo, se dan algunas directrices. Queda claro que la primera creación no perecerá por completo, como si fuera fundamentalmente despreciable o mala, sino que será radicalmente rehecha, purificada, sacudida hasta su núcleo mismo, de modo que lo que quede sea de duración permanente y valor eterno. El autor recuerda al lector que cuando Dios advirtió a los israelitas en el monte Sinaí, la primera creación tembló violentamente. Sin embargo, eso fue trivial comparado con el proceso de intensa sacudida y refinamiento que se espera en el futuro:

> En aquel momento la voz [de Dios] sacudió la tierra, pero ahora ha prometido: «Aún una vez más sacudiré no sólo la tierra sino también el cielo» [*Hag.* 2:6]. Esto, «aún una vez más», indica la remoción [*metathesin*] de lo que es sacudido, es decir, las cosas que han sido hechas [*pepoiēmenōn*], para que las cosas que no han sido sacudidas permanezcan. Por lo tanto, ya que estamos recibiendo un reino inconmovible, demos gracias, y adoremos así de manera agradable a Dios, con reverencia y temor; porque ciertamente nuestro Dios es un fuego consumidor. (Heb. 12:26-9)

Como el autor de Hebreos ha recordado conmovedoramente al lector, la teofanía del monte Sinaí fue aterradora —llena de fuego ardiente, oscuridad, tinieblas, viento poderoso y una voz como de trompeta que emitía órdenes; de hecho, los israelitas suplicaron a Moisés que intercediera por miedo a ser destruidos si se encontraban directamente con Dios mismo o incluso si oían sus palabras. ¡Incluso Moisés se estremeció de miedo! (Heb. 12:18-21; cf. Éx. 19:16-20; 20:18-19; Deut. 9:19). Sin embargo, por muy intenso que fuera el compromiso de Dios con la creación y con su pueblo en aquel momento, Dios (el Padre) no ha terminado. Dios ha prometido: «Todavía una vez más haré temblar no sólo la tierra, sino también el cielo» (Heb. 12:26 citando Hag. 2:6).[28]

Refinamiento y nueva creación. Esta sacudida del actual orden creado, la decadente primera creación, no conlleva una aniquilación del mismo, sino que la sacudida es un proceso de cribado. Se recogen los objetos de valor —en el contexto inmediato del Antiguo Testamento esto se refiere a que Dios hace que los objetos escogidos de entre todas las naciones entren en su templo para que esté lleno de gloria cuando Dios mismo regrese a él (véase Hag. 2:7). Para el autor de Hebreos, se eliminan las impurezas para que en esta creación cuidadosamente refinada sólo permanezcan las cosas inconmovibles, como el Hijo, su reino y los que perseveran para recibirlo. Con respecto al orden creado, entonces, Dios es en verdad «un fuego consumidor» (Heb. 12:29), una llamarada que devora sin piedad el rastrojo sin valor y la escoria impura hasta que sólo queda la pureza prístina (cf. 1 Cor. 3:11-13). Aunque evidentemente «lo que queda» en esta drástica recreación surge de la primera creación y tiene continuidad con ella, se trata de una purga tan ardiente e intensa que otros autores cristianos primitivos se ven obligados a llamar a lo que surge cielos nuevos y tierra nueva (2 Pe. 3:13; Ap. 21:1-2; cf. Isa. 66:22).

El Hijo permanecerá. Es en el contexto de esta dramática fusión entre la primera creación y la formación de una nueva creación pura que debemos interpretar el discurso de alabanza dirigido al Hijo, citando el Salmo 101:26-8 LXX en Hebreos 1:10-12. Al continuar el discurso de alabanza, se le dice directamente al Hijo que su obra en la primera creación «perecerá», aunque «tú permanecerás». De hecho, el salmista subraya enfáticamente que la primera creación está sujeta a los efectos del tiempo, desgastándose hasta convertirse en una amalgama triste y flácida, «todo envejecerá como un vestido».

---

[28] Anthony T. Hanson, *Jesus Christ in the Old Testament* (Londres: SPCK, 1965), 75-82, toma a Jesucristo como el orador de estas palabras en lugar de Dios (el Padre), pero no aporta ninguna prueba contundente a favor de este punto de vista.

En consecuencia, según el autor de Hebreos, la primera creación acabará en desuso terminal por elección deliberada del Hijo, «y como un manto los enrollarás», es decir, se le dice al Hijo que se llevará la desgastada primera creación, como si la estuvieran enrollando para guardarla en estado de deterioro para algún oscuro uso futuro. Sin embargo, este oscuro uso futuro es en realidad la confección de un maravilloso vestido nuevo. Toda la primera creación es como una chaqueta deportiva querida pero deshilachada, cuyas mejores hebras permanecerán para ser tejidas en un nuevo y vibrante esmoquin. En resumen, los trabajos manuales de la primera creación «serán cambiados» de manera fundamental: el material corrupto será desechado, pero una vez completado el cernido, el material verdaderamente incorruptible será retejido e hilado de nuevo.

El Hijo, sin embargo, no será alterado en este proceso junto con la primera creación, pues, contra el muy posterior Arrio, no es una criatura sino el Hijo (Heb. 1:5). No es el vestido sino el sastre, el agente personal divino a través del cual el Padre creó el universo (Heb. 1:3). Por eso el salmista le dice a través del Espíritu: «Pero tú mismo eres el mismo, y tus años no cesarán». Así, para el autor de Hebreos, a Jesús el Hijo, cuya vida es indestructible (7:16) y que no necesita ser purificado (7:26-7), se le dice a través del discurso de alabanza en primera persona del Salmo 101:26-8 LXX que es superior a los ángeles efímeros, criaturas que envejecerán y comenzarán a desintegrarse junto con el resto de la creación. Se dirige directamente al Hijo como agente personal intermedio en la creación y la recreación, mientras que el Padre es el agente último. De este modo —«ellos perecerán, *pero tú, el Hijo*, permanecerás»— se alcanza la consumación de la historia de Dios, con el discurso divino enmarcando el conjunto, desde la creación hasta la nueva creación.

7

Interpretando a Dios correctamente

Las interpretaciones de las Escrituras que hemos ido recopilando son como las teselas de un mosaico que se combinan para mostrar el rostro del Dios trino. Cada tesela tiene un diseño propio, complejo pero separado, pero cuando se juntan forman una imagen más grande y gloriosa. Debido al ilimitado número de interpretaciones artísticas a lo largo de los muchos siglos de historia, el rostro trino de Dios se ha vuelto bastante familiar —quizás exista incluso el peligro de una cansada sobrefamiliaridad, especialmente para aquellos exclusivamente familiarizados con un retrato representado en los tonos monocromos de la procesión y la subordinación. Es de esperar que la recuperación y restauración de las teselas específicas reunidas en este libro hayan contribuido en alguna pequeña medida a refrescar la visión trinitaria de Dios tal y como la contemplaron los primeros cristianos.

La preocupación primordial de este libro ha sido la exploración y la descripción históricas. Es decir, cuando los antiguos cristianos leían sus Escrituras, ¿cómo las leían? ¿Por qué leían de ese modo? ¿Cuáles son las implicaciones para la forma en que surgió la doctrina de la Trinidad tal y como se consideró históricamente? Reconozco que las primeras experiencias cristianas de Jesús y el Espíritu, así como los desarrollos filosóficos y las categorías mediadoras como el Logos y la Sabiduría, fueron sin duda fundamentales para los desarrollos trinitarios y cristológicos. Sin embargo, he argumentado que la exégesis prosopológica del Antiguo Testamento, evidente en el Nuevo Testamento y en la Iglesia primitiva, también tuvo una importancia determinante. Por lo tanto, no es inapropiado hablar de su presencia en los primeros escritos cristianos como esencial para el nacimiento de la Trinidad. La exégesis prosopológica permitió a la iglesia emergente leer al Dios único como múltiples personas en la Escritura antigua: Padre, Hijo y Espíritu inspirador. También terminó otorgando a la metáfora de «persona» (*prosōpon*; *persona*) incrustada en sus supuestos un estatus privilegiado como categoría principal para conceptualizar y expresar la diferenciación dentro del Dios único, hasta tal punto que este lenguaje acabaría convirtiéndose en normativo para la iglesia a raíz de los concilios de Nicea y Constantinopla del siglo IV: Dios es tres «personas» (*prosōpa* o *hypostaseis*) que subsisten en una sola esencia o sustancia divina. Además, al considerar cómo llegó Jesús a ser considerado divino, la exégesis prosopológica era vital. La exégesis prosopológica no sólo está bien atestiguada en los estratos más antiguos de la literatura cristiana existente, sino que es probable que el propio Jesús histórico incluso utilizara esta estrategia de lectura al considerar su relación con el Dios de Israel, su Abba-Padre. En resumen, cuando la iglesia primitiva se preguntaba: ¿Quién es Jesús?, la respuesta se fijaba hasta un punto sorprendente evaluando quién era él en relación con Dios (el Padre) y el Espíritu, tal y como se descubrió que conversaban entre sí en lo que llegaría a denominarse el Antiguo Testamento. Por ello, actualmente me parece más apropiado hablar de una cristología de las personas divinas que de una cristología de la identidad divina.

Sin embargo, a pesar del enfoque histórico de este libro, no cabe duda de que la mayoría de los lectores están interesados en la antigua Escritura judía (el Antiguo Testamento), el Nuevo Testamento y el desarrollo del dogma trinitario no simplemente como una serie de notas a pie de página sobre la historia muerta, sino más bien como parte integrante y fundacional de las tradiciones religiosas vivas del judaísmo, el cristianismo y, en menor medida, el islam, tradiciones que en conjunto reclaman la lealtad de aproximadamente la mitad de la población del mundo. Así pues, este capítulo final aborda un tema de suma importancia, pero que hasta ahora se ha descuidado deliberadamente: Cuando los primeros cristianos interpretaron la antigua Escritura judía de forma teodramática —asignando varias personas divinas para explicar los cambios dialógicos—, ¿se trataba de una *buena* lectura de la Escritura? Dicho de un modo más técnico, ¿las exégesis prosopológicas que desplegaron los primeros cristianos se basaban en una hermenéutica válida?

Al plantearse esta pregunta, gran parte del propio cristianismo queda suspendido sobre un precipicio, pendiendo de un delgado hilo, ya que la cuestión afecta a asuntos de suprema preocupación para todo lo que aprecia. Si la tesis argumentada a lo largo de este libro es correcta, que una técnica específica de lectura teodramática, la exégesis prosopológica, fue irreductiblemente esencial para el desarrollo de la doctrina de la Trinidad, entonces, si este método no puede encontrar un fundamento hermenéutico adecuado, el dogma trinitario, tan central como es para cada dimensión del cristianismo tal y como se concibe actualmente, podría verse socavado. Además, también se interrelaciona con una cuestión más amplia que se encuentra en una línea divisoria entre el cristianismo y el judaísmo: ¿Puede la antigua Escritura judía considerarse realmente Escritura *cristiana,* de modo que sea apropiado que los cristianos la llamen «Antiguo Testamento», o es tal perspectiva ineludiblemente supersesionista, de modo que debe preferirse una nomenclatura como Biblia hebrea, Tanaj o Escritura judía?[1]

Si los modernos (o posmodernos) somos muy conscientes de las disputas sobre cómo las comunidades creyentes posteriores pueden apropiarse legítimamente de la antigua Escritura judía, la situación no era diferente en los siglos I y II, cuando el cristianismo, el judaísmo y las diversas sectas se basaron en la antigua Escritura judía para forjar sus identidades frente a los demás. De hecho, la legitimidad de la exégesis prosopológica fue incluso discutida de forma abstracta y teórica como un subconjunto de lo que constituye una hermenéutica escrituraria válida, especialmente por varios de los llamados grupos

---

[1] Estos tres términos —la Biblia hebrea, el Tanaj y la Escritura judía— también son problemáticos para el estudio del cristianismo primitivo. La Biblia hebrea es inexacta porque los primeros cristianos (que eran, por supuesto, judíos) preferían la versión griega y otras versiones. Mientras tanto, el Tanaj está tan comprometido perspectivamente como el Antiguo Testamento en sentido contrario porque afirma la validez y el orden de la división canónica judía (Torá, Profetas y Escritos) en lugar de la cristiana. El término «Escritura judía» es quizá un poco más neutral en la medida en que no se compromete abiertamente con un orden canónico específico y reconoce correctamente la matriz judía en la que surgió el cristianismo, pero no concuerda bien con las normas contemporáneas de la lengua española que sitúan al judaísmo y al cristianismo como religiones separadas, haciendo que parezca como si este cuerpo literario perteneciera exclusivamente a la comunidad judía pero no a la cristiana. Gran parte del debate anterior sobre la «cristianización del Antiguo Testamento» y otras cuestiones judeo-cristianas son rastreadas y sintetizadas por James Barr, *The Concept of Biblical Theology: An Old Testament Perspective* (Minneapolis: Fortress, 1999), 252-311; para una destacada contribución reciente, considere Christopher R. Seitz, «Old Testament or Hebrew Bible? Some Theological Considerations», *Word Without End: The Old Testament as Abiding Theological Witness* (Grand Rapids: Eerdmans, 1998), 61-74.

gnósticos e Ireneo. Y como resultará evidente, es conveniente que hayamos ido recopilando a lo largo de este volumen teselas individuales de interpretación prosopológica de las Escrituras que se combinan para formar un retrato fresco del Dios trino, pues la sofisticada respuesta de Ireneo sobre lo que constituye una *buena* lectura se refiere precisamente a la manera en que las teselas individuales se combinan para formar un mosaico. Sostengo que es prudente escuchar lo que estos primeros intérpretes tienen que decir mientras tratamos de formular nuestras propias respuestas respecto a lo que constituye una lectura adecuada, incluso si nosotros, como lectores contemporáneos de la antigua Escritura judía, en última instancia podemos querer presionar más allá de ellos en la formulación de nuestras propias respuestas a esta pregunta. De hecho, en su momento daré una lista de principios rectores que me han resultado útiles.

Exégesis teodramática gnóstica

El gnosticismo hace referencia a un amplio y fluido movimiento intelectual y religioso cuyos adeptos compartían en general la convicción de que la salvación, entendida como escape del malvado orden material, estaba supeditada a la obtención de un conocimiento esotérico. Prosperó especialmente durante los siglos II y III de la era actual.[2] Los gnósticos se dedicaron con frecuencia a la interpretación prosopológica de las antiguas Escrituras judías y, para comprender sus maniobras, es imprescindible tener al menos una idea rudimentaria de su sistema de creencias.

Una historia gnóstica

Para muchos devotos, los principios centrales del gnosticismo podían explicarse a través de una historia —y existían multitudinarias variaciones de la historia— sobre un Dios altísimo del que emanaba un contingente de dioses menores.[3] Estos dioses se acoplaban y producían

---

[2] La validez del gnosticismo como descripción de una categoría general ha sido puesta en duda por (entre otros) Michael A. Williams, *Rethinking «Gnosticism»: An Argument for Dismantling a Dubious Category* (Princeton: Princeton University Press, 1996). Aunque Williams señala provechosamente la gran diversidad existente entre tales movimientos sectarios, el término «gnosticismo» —en mi opinión— conserva su utilidad al referirse, aunque de forma imprecisa, a una variedad de cosmovisiones antiguas que tenían mucho en común.

[3] Quizá la mejor forma de acceder al mito gnóstico básico sea a través de *The Apocryphon of John* y *The Hypostasis of the Archons* descubiertos en Nag Hammadi. Para una excelente introducción al

aún más dioses menores hasta alcanzar la plenitud. Sin embargo, una de estas diosas menores, Sofía, se reprodujo separada de su consorte masculino, dando a luz a una deidad malformada, lo que provocó que tanto Sofía como su descendencia fueran apartadas de la plenitud. A Sofía, arrepentida, se le permitió regresar a la plenitud, pero a su vástago malformado no; de hecho, en su soledad y arrogancia llegó a considerarse el Dios más elevado y procedió, con la ayuda de poderes espirituales malignos subordinados, a crear el universo físico.

A este dios malformado y arrogante se le llamó con diversos nombres, como el Demiurgo («el artesano») e Ialdabaoth, y con frecuencia se le identificó como equivalente al Dios de las antiguas Escrituras judías. En otras palabras, según la versión básica judeocristiana del mito gnóstico, Ialdabaoth, el Dios del Antiguo Testamento, es el creador del orden material, pero no es ni el Dios altísimo, ni el único Dios, ni un dios competente, y el universo material es una fuerza malévola y esclavizadora que utiliza para controlar las almas humanas.

En varias versiones del mito gnóstico, los humanos fueron creados primero como seres espirituales no físicos y sólo posteriormente fueron aprisionados en un cuerpo físico por Ialdabaoth. Sin embargo, los dioses que residían en la plenitud se preocuparon por esta situación. Fueron proactivos y concedieron a algunos humanos especiales (comúnmente los de la línea de Seth, tal y como se presenta en Génesis) un poder espiritual latente que podía volver a despertarse. De hecho, en última instancia, los dioses que residían en la plenitud enviaron a un embajador, el Salvador, Jesús el Cristo en las versiones cristianizadas del mito, para que transmitiera el conocimiento (*gnōsis*) a la humanidad, de modo que aquellos que tuvieran este poder espiritual latente pudieran ser despertados. Al tomar conciencia de la verdadera situación humana-divina, estos humanos especialmente dotados podrían escapar en última instancia del orden material y de los malvados poderes celestiales que los mantenían esclavizados.

---

gnosticismo, incluida una reconstrucción de los rasgos más comunes del mito gnóstico, véase Bentley Layton, *The Gnostic Scriptures: A New Translation with Annotations and Introductions* (ABRL; Nueva York: Doubleday, 1987), 5-22. En esta edición también se pueden encontrar traducciones al inglés de todos los principales textos antiguos, y en lo que sigue me baso en las traducciones de Layton para los textos de Nag Hammadi.

Interpretaciones gnósticas centradas en la persona

Muchos líderes gnósticos encontraron abundantes pruebas de su sistema de creencias en las antiguas Escrituras judías, y una de sus técnicas interpretativas favoritas era la exégesis prosopológica. Por ejemplo, en un texto descubierto en Nag Hammadi, *Hipóstasis de los Arcontes*, al arrogante dios artesano Ialdabaoth, creyéndose el único y altísimo Dios, se le hace tomar prestadas las palabras del Señor en Isaías 46:9 para decir:

IALDABAOTH (hablando *consigo mismo*): Yo soy dios; no hay nadie [aparte de mí]. (*Hyp. Arch.* 86)

Ialdabaoth es entonces reprendido por una voz que emana de las altas esferas celestiales, quizá pronunciada por su madre Sofía o tal vez por otra (cf. Ireneo, *Haer.* 4. 35. 4), pero, al ignorar esta voz, sólo consigue volverse cada vez más ciego a cualquier realidad superior mientras persigue el poder propio. Ialdabaoth y los gobernantes espirituales menores sobre los que es jefe, todos ellos juntos, dicen entonces,

IALDABAOTH Y SUS SECUACES (hablándose a *SÍ MISMOS*): *Vamos* a crear un ser humano que será suelo de la tierra. (*Hyp. Arch.* 87)

Se trata de una asignación prosopológica que toma prestado el lenguaje «Hagamos a los humanos a nuestra imagen» de Génesis 1:26 y lo combina con la descripción de la creación de Adán a partir del polvo de la tierra en Génesis 2:7.[4] Para el autor de *Hypostasis*, Ialdabaoth y sus secuaces se han postulado como el «nosotros» que realmente habló cuando los humanos fueron creados a partir de la materia, la tierra. Además, Ireneo informa de que lecturas prosopológicas esencialmente idénticas de estos pasajes específicos del Antiguo Testamento —Isaías 46:9 y Génesis 1:26— eran mantenidas en común por varios otros líderes y subgrupos gnósticos: Tolomeo y los valentinianos (*Haer.* 1. 5. 4), Satorninos (*Haer.* 1. 24. 1) y otros gnósticos (*Haer.* 1. 30. 6; cf. 1. 29. 4).

---

[4] Cf. la reelaboración de Gén. 6:7 para que no sea un discurso del Señor solo, sino que se haga pasar por un anuncio colectivo de Ialdabaoth y sus secuaces: «Vamos, provoquemos un diluvio con nuestras manos y borremos toda carne, desde el ser humano hasta la bestia» (*Hyp. Arch.* 92).

Descripciones de las estrategias de lectura gnósticas

Según relatan los primeros padres, que se opusieron estridentemente a sus interpretaciones, estos diversos individuos y grupos gnósticos tenían una estrategia de lectura autoconsciente mediante la cual trataban de justificar la validez de sus asignaciones prosopológicas.[5] Por ejemplo, Ireneo atestigua que los valentinianos asignaron las profecías del Antiguo Testamento a tres personajes principales diferentes. Es decir, interpretaban como si algunos de los discursos del Antiguo Testamento hubieran sido pronunciados por la madre (i.e., la Sabiduría o Sofía), otros por la semilla (i.e., aquellos humanos dotados de una sustancia espiritual especial) y otros por el Demiurgo.[6] Así, por ejemplo, los valentinianos afirman que cuando Jesús gritó: «Dios mío, Dios mío, ¿por qué me has abandonado?» (Mc. 15:34; Mt. 27:46; citando el Sal. 22:1), en realidad estaba dando voz teodramática a las palabras de Acamoth, que en la versión valentiniana del mito es el producto del pensamiento de Sofía y la madre del Demiurgo. Al describir con más detalle la hermenéutica gnóstica, Ireneo informa también de la proclividad de un tal Satorninos a asignar personajes alternativos para explicar el Antiguo Testamento. Satorninos afirma que «algunas de las profecías fueron pronunciadas por los ángeles que crearon el mundo, otras por Satanás» (*Haer.* 1. 24. 2). El heresiólogo posterior (del siglo IV) Epifanio describe la propensión gnóstica a hacer asignaciones de papeles teodramáticos en términos más generales, diciendo:

> Siempre que encuentran un pasaje capaz de describir algo en oposición a ellos mismos, dicen que ha sido dicho por el espíritu [malévolo] del mundo. Pero si alguna afirmación... puede ser adaptada de modo que se asemeje a su deseo (sexual), la transforman para que se ajuste a su deseo (sexual) y dicen que ha sido pronunciada por el espíritu de la verdad.[7]

De este modo, Epifanio afirma que los gnósticos toman cualquier texto que pueda oponerse a su estilo de vida preferido y argumentan que

---

[5] Dada la propensión gnóstica a la exégesis prosopológica, puede que Ireneo fuera más reacio a utilizar este método en comparación con sus predecesores, como ha especulado Stephen O. Presley, «Irenaeus and the Exegetical Roots of Trinitarian Theology», en Paul Foster y Sara Parvis (eds.), *Irenaeus: Life, Scripture, Legacy* (Minneapolis: Fortress, 2012), 165-71, aquí 166.
[6] Ireneo, *Haer.* 1. 7. 3.
[7] Epifanio, *Pan.* 26. 6. 1-2; trad. Layton.

las palabras fueron *pronunciadas en realidad* por un ser espiritual maligno, y así afirman que cuando el texto se interpreta correctamente, en realidad apoya su estilo de vida elegido, y viceversa. Según Epifanio, pues, la exégesis gnóstica es en realidad *eiségesis* (lectura impuesta sobre un texto), ya que los gnósticos utilizan su mito preferido para asignar *prosopas* hablantes a los diálogos escriturales con el único fin de promover el libertinaje.

E incluso si sospechamos que Epifanio, en su prisa por derribar a sus oponentes gnósticos, puede haber exagerado o malinterpretado su codicia sexual al hacer sus asignaciones prosopológicas, al mismo tiempo es evidente que las asignaciones prosopológicas gnósticas, extraídas de sus mitos gnósticos y aplicadas a los diálogos escriturales, dan como resultado una lectura inválida de la Escritura. Pero, ¿por qué? ¿No es cierto que los primeros padres protoortodoxos hacen más o menos lo mismo, extrayendo de un mito cristiano trino y aplicándolo al asignar la prosopa? Comenzamos a ver cómo los padres protoortodoxos podrían responder a esta acusación en el fascinante debate exegético entre Orígenes y Heracleón.

Heracleón y Orígenes sobre la interpretación teodramática

El Comentario de Orígenes sobre Juan está salpicado a lo largo de toda su obra con sus respuestas a la exégesis de un gnóstico del siglo II llamado Heracleón. Hay un ejemplo especialmente esclarecedor en relación con la exégesis prosopológica y la cuestión de una hermenéutica válida. Heracleón, al interpretar a Juan, había leído las palabras del Salmo 68:10 LXX citadas en Juan 2:17, «El celo por tu casa me devorará» (Sal. 68:10 LXX), de forma teodramática. Orígenes es muy crítico con la asignación prosopológica realizada por Heracleón:

> Sin embargo, es especialmente descuidado por parte de Heracleón pensar que la afirmación: «El celo por tu casa me devorará» se pone en boca de los poderes que fueron expulsados y destruidos por el Salvador [*ek prosōpou tōn ekblēthentōn kai analōthentōn hypo tou sōtēros dynameōn legesthai*], ya que no es capaz de conservar la secuencia de la profecía en el Salmo [*mē dynamenos ton heirmon tēs en tō psalmō prophēteias tērēsai*] cuando supone que fue puesta en boca de los poderes que fueron expulsados y destruidos.[8]

---

[8] Orígenes, *Comm. Jo.* 10. 223; texto griego en Blanc, SC 157; trad. Heine, FOTC.

Orígenes se opone aquí a la asignación de un papel teodramático por parte de Heracleón no porque desapruebe el método prosopológico en general, al contrario, Orígenes mismo ha determinado que estas palabras han sido pronunciadas por un prosopón diferente: aquí, David habla «desde el carácter del Cristo» (*ek prosōpou tou Christou*). Orígenes señala que la única forma en que Heracleón ha podido plantear «los poderes» como un personaje teodramático colectivo es *ignorando la secuencia narrativa del salmo*. En lo que respecta a Orígenes, para que la exégesis prosopológica sea sólida, no se puede seleccionar a capricho cualquier personaje arbitrario, sino que el exégeta debe prestar atención tanto a *la línea argumental secuencial* del texto escriturario que se interpreta como a *las palabras exactas* utilizadas.[9] Sin embargo, incluso cuando se presta atención a la línea argumental básica de este salmo concreto, no se menciona directamente a Cristo en ninguna parte, por lo que ¿no es cierto que la asignación prosopológica de Orígenes es igualmente sospechosa?

Orígenes trata de salvaguardarse contra esta acusación probando en primer lugar si unas líneas concretas dentro del contexto más amplio del Antiguo Testamento, para él todo el salmo, pueden explicarse razonablemente por una referencia histórica a David en relación con el desarrollo argumental del propio salmo. Si las líneas *no pueden* interpretarse razonablemente como pertinentes a lo que se sabe (o puede suponerse razonablemente) sobre la vida de David, entonces Orígenes pasa a considerar soluciones teodramáticas, como plantear que David podría estar adoptando un *personaje* alternativo como el de Cristo, y luego contrastar esa teoría con lo que se sabe sobre la vida de Jesús por los Evangelios.[10] Así pues, aunque no se haga referencia a Cristo en el Salmo 68 LXX, numerosas líneas del salmo, según Orígenes, no pueden referirse al David histórico —después de todo, ¿cuándo se le dio a David «hiel por comida» (Sal. 68:22 LXX)—, pero estos detalles sí encajan con detalles idiosincrásicos específicos de la vida de Jesús (Mt.

---

[9] Sobre la importancia de fijar las referencias basándose en las palabras exactas, cf. la crítica de Orígenes en *Comm. Jo.* 6. 108-11 de las asignaciones prosopológicas de Heracleón para Isaías 40:3 en Juan 1:23 —«Soy "voz de uno que clama en el desierto"».

[10] Para consultar ejemplos útiles que explican el método prosopológico de Orígenes aplicado al Salterio, véase Ronald E. Heine, *Reading the Old Testament with the Ancient Church: Exploring the Formation of Early Christian Thought* (Grand Rapids: Baker Academic, 2007), 159-63. Sobre Orígenes como intérprete de las Escrituras, véase Peter W. Martens, *Origen and Scripture: The Contours of the Exegetical Life* (Oxford Early Christian Studies; Oxford: Oxford University Press, 2012).

27:34, 48; Mc. 15:23, 36; Lc. 23:36; Jn. 19:28-9), por lo que, desde el punto de vista de Orígenes, la asignación no es arbitraria.

Podríamos describir la hermenéutica de Orígenes para fijar lo que él considera una asignación prosopológica válida como si tuviera tres dimensiones.

1. *Secuencia literaria.* Una designación prosopológica válida no puede violar la secuencia de la profecía en el contexto inmediato. Aunque debemos señalar que los límites de lo que constituye el contexto inmediato pueden no ser siempre evidentes.

2. *La primacía del entorno propio del profeta antiguo.* La identidad del orador o destinatario debe buscarse en primer lugar en el horizonte profético a nivel histórico-literario.[11] Es decir, si es razonable suponer sobre la base de las palabras exactas pronunciadas que el antiguo profeta hablaba desde su propia persona, entonces no debe asignarse ninguna persona teodramática alternativa.

3. *Si no es el profeta antiguo, entonces un personaje teodramático.* Si un lector de la Escritura judía no puede suponer razonablemente que un antiguo profeta (e.g., Isaías o David) estaba hablando en su propia persona, entonces es posible que el profeta se hubiera deslizado hacia un papel teodramático y estuviera hablando como ese personaje en el drama divino. En tales casos, la identidad del orador teodramático y el escenario del discurso deben fijarse comparando los detalles del discurso con los detalles histórico-literarios de otros personajes conocidos que aparecen en el gran drama divino. Cabe señalar que Pedro y Pablo aparecen utilizando exactamente esta misma lógica de «si no es el profeta hebreo, entonces un personaje teodramático» en Hechos 2:29-31 (cf. 2:34) y Hechos 13:36 respectivamente. Además, la lógica «si no es el profeta antiguo, entonces un personaje teodramático» característica de la exégesis prosopológica es lo que más perjudica a la explicación tipológica estándar de cómo es que Jesús fue encontrado por los primeros cristianos como la voz que oraba los salmos. ¿Por qué? Porque compartir un tipo exige que los respectivos pasajes del Antiguo Testamento y del Nuevo Testamento participen de una imagen común (mímesis icónica), y el razonamiento prosopológico es precisamente que los actores *no* comparten adecuadamente esa imagen.[12]

---

[11] Sobre los diversos horizontes y escenarios aquí tratados, véase «Tres escenarios dentro del Teodrama» en el cap. 1.

[12] Para un debate más rico sobre la relación entre la exégesis prosopológica y la llamada tipología, véase Matthew W. Bates, *The Hermeneutics of the Apostolic Proclamation: The Center of Paul's*

La estrategia interpretativa de Ireneo

Con la respuesta de Orígenes a Heracleón hemos empezado a ver los contornos del debate que tuvo lugar en la Iglesia primitiva sobre lo que constituye una hermenéutica válida en lo que respecta a la interpretación teodramática de la antigua Escritura judía. Los primeros cristianos reconocían, y la interpretación gnóstica así lo hizo ver, que el método prosopológico era peligroso en la medida en que las asignaciones de personajes podían ser arbitrarias y de muy dudosa validez. Sin embargo, al igual que Orígenes, Ireneo estaba convencido de que la técnica prosopológica podía desplegarse con fiabilidad si, y sólo si, se enraizaba en una evaluación adecuada de las macro-características de la Escritura.

Al igual que las variedades de gnosticismo exploradas anteriormente, la mayor parte de la interpretación bíblica contemporánea actual, tanto a nivel erudito como popular, localiza predominantemente la verdad por medio de la referencialidad externa. Es decir, se inclina por encontrar alguna «x» más allá del texto bíblico como la realidad última de la que el texto da testimonio, ya sea esa «x» la historia, la psicología, la ciencia o, como en el gnosticismo, una historia fundacional externa a la propia Escritura. La importancia genuina de las palabras de la Escritura se encuentra en su capacidad para señalar *a través* del texto y dar testimonio de algún sistema externo que se considera la realidad más profunda: «este pasaje cuenta lo que realmente sucedió» o «este texto realmente nos habla de las estructuras profundas de la psique humana». Así utilizada, la Escritura es un vehículo que apunta a otras realidades, independientemente de si lo hace verdaderamente, como proclaman los devotos, o falsamente, como concluyen los escépticos.

Por el contrario, para los primeros padres como Ireneo, la Biblia era verdadera no sólo por su capacidad de señalar verdades externas al mundo del texto, sino también por su capacidad, como dicen O'Keefe y Reno, de «iluminar y revelar el orden y el modelo de todas las cosas».[13] Como tal, la Biblia para los padres no es principalmente una ventana *a través* de la cual se contemplan verdades más primigenias, como si «lo

---

Method of Scriptural Interpretation (Waco, Tex: Baylor University Press, 2012), 133-48, 248-53 y 340-1.
[13] John J. O'Keefe y R. R. Reno, *Sanctified Vision: An Introduction to Early Christian Interpretation of the Bible* (Baltimore: Johns Hopkins University Press, 2005), 7-13, aquí 13, han resultado útiles para solidificar mis ideas sobre este tema.

que realmente ocurrió» debería aislarse, abstraerse y erigirse en la realidad última por la que todo lo demás se mide y se somete. Más bien, los acontecimientos externos y los sucesos descritos en las Escrituras se interpretan como parte de una realidad sin fisuras, holística y en desarrollo, de la que vive el intérprete.

Desde este marco, Ireneo explica su sistema para medir cómo es que ciertas asignaciones prosopológicas son válidas y otras, como las propuestas por los gnósticos, son dudosas. Así, basándose en la teoría literaria antigua, Ireneo explica con precisión lo que cree que ha fallado en las lecturas prosopológicas gnósticas y establece principios hermenéuticos que, en su opinión, pueden sustentar una estrategia interpretativa prosopológica válida.

Versos homéricos reordenados

Los gnósticos se asemejan, según Ireneo, a aquellos que, «después de haber fabricado por completo su propio sistema», trasladan los dichos y nombres que se encuentran dispersos de aquí para allá en un corpus literario y los reordenan según convenga a sus propios propósitos: «actúan como quienes proponen hipótesis que se les ocurren por casualidad y luego tratan de ponerlas en verso a partir de poemas homéricos, de modo que los inexpertos piensan que Homero compuso los poemas con esa *hipótesis*, poemas que en realidad son de composición reciente».[14] Ireneo sugiere que algunos de sus contemporáneos tienen la costumbre de seleccionar fragmentos de Homero a su antojo, tras lo cual combinan los versos para formar un argumento global completamente nuevo o un plan maestro para los poemas de Homero. Luego intentan engañar a los desprevenidos haciéndoles creer que su nueva amalgama es enteramente composición del propio Homero. Ireneo reconoce que este reordenamiento podría engañar a un tonto, pero desde luego no resultaría convincente para un lector experimentado de Homero:

> ¿Acaso un ingenuo no se dejaría engañar por estos versos y creería que Homero los compuso de esa manera por esa misma *hipótesis*? Sin embargo, quien conozca bien la *hipótesis* de Homero reconocerá los versos, pero no reconocerá la *hipótesis*, pues sabe que algunos de los versos fueron pronunciados por Ulises, otros por

---

[14] Ireneo, Haer. 1. 9. 4; *trad.* Unger (ligeramente modificado).

el propio Hércules, otros por Príamo, otros por Menelao y Agamenón.[15]

El lector experimentado de Homero, a través de un conocimiento profundo de la verdadera hipótesis adquirido mediante una lectura secuencial, puede identificar esta disposición defectuosa y demostrar que el conjunto es una interpretación poco plausible de Homero. Así también, afirma Ireneo, el intérprete de la Escritura puede hacer lo mismo frente a la Biblia y las reordenaciones gnósticas.

Sin embargo, si el lector de Homero toma cada verso y lo vuelve a colocar en su propio contexto, hará desaparecer el tema [*hipótesis*] fabricado. Del mismo modo, cualquiera que mantenga inmutable en sí mismo la Regla de la Verdad [latín: *regulam veritatis*; griego: *ton kanona tēs alētheias*] recibida por el bautismo reconocerá los nombres y dichos y parábolas de las Escrituras, pero este tema blasfemo de ellos no lo reconocerá.[16]

A medida que Ireneo despliega más su hermenéutica, queda claro que para él cualquier lectura válida de una obra literaria, la Escritura incluida, necesita que el lector sea consciente de la *hipótesis*, la *economía* y la *reconciliación* de la obra en cuestión.[17]

Hipótesis. Tal y como se empleaba el término en las escuelas retóricas grecorromanas, la *hipótesis* es la esencia de una obra literaria, el plan maestro mediante el cual se ordena la secuencia de los acontecimientos.[18] De forma bastante sucinta, Sexto Empírico dice que, cuando se utiliza en sentido literario, se refiere a «la *peripeteia*, (o "argumento" o "trama") de un drama».[19] Para Ireneo, la hipótesis de la Escritura tomada en su conjunto es la regla de la verdad (*kanōn tēs alētheias*), que el propio Ireneo afirma haber recibido en línea ininterrumpida de los apóstoles. Aunque el uso que Ireneo hace de la frase no se presta fácilmente a una definición precisa, esta regla de la verdad para Ireneo probablemente se describa mejor como un

---

[15] Ireneo, Haer. 1. 9. 4; *trad.* Unger (ligeramente modificado).
[16] Ireneo, *Haer.* 1. 9. 4; *trad.* Unger (ligeramente modificado).
[17] En adelante me basaré en parte en Robert Grant, *Irenaeus of Lyons* (Londres: Routledge, 1997), 46-53; Frances M. Young, Biblical *Exegesis and the Formation of Christian Culture* (Peabody, Mass.: Hendrickson, 2002), 19-21; y O'Keefe y Reno, *Sanctified Vision,* 33-41.
[18] Grant, *Irenaeus*, 46, define hipótesis como «la presentación (a veces resumida) de una trama o estructura pretendido por un autor como Homero».
[19] Sexto Empírico, *Adv. math.* 3. 3; trad. Bury, LCL.

compendio de la línea argumental principal de la Escritura, tal como puede encontrarse en *Contra las herejías* 1. 10. 1 (aunque aquí se confunde con el término «economías»), y que también puede encontrarse fuera del corpus de Ireneo en las condensaciones de la predicación apostólica en Hechos caps. 2 y 13, Romanos 1:3-4, y 1 Corintios 15:3-5, todos los cuales alimentaban o se aproximaban a los primeros credos bautismales como el Credo de los Apóstoles.[20] De hecho, todo el tratado de Ireneo *La demostración de la predicación apostólica*, o al menos el esquema que sigue, es una excelente aproximación a lo que Ireneo entiende por hipótesis y regla de verdad.[21]

Algunos, como O'Keefe y Reno, definirían aún más la hipótesis escrituraria para Ireneo como «la fe en Jesucristo como Hijo de Dios» o, más sencillamente, sólo «Jesucristo», pero esto me parece comprimir demasiado e invadir la reconciliación (tal como se describe posteriormente).[22] Frances Young, en su libro *Biblical Exegesis and the Formation of Christian Culture*, capta admirablemente bien el modo en que la regla de la verdad (i.e., la hipótesis) funcionaba dentro de la hermenéutica de Ireneo: «Ni la regla de la fe ni el credo eran, de hecho, un resumen de toda la narración bíblica..... Proporcionaban, más bien, la lectura adecuada del principio y el final, el enfoque de la trama y las relaciones de los personajes principales, permitiendo así que el "medio" se escuchara a trozos como algo significativo».[23] Ireneo creía que era adhiriéndose a la trama dominante de la Escritura, la regla de la verdad o hipótesis, como se podía dar sentido a las partes subsidiarias (véase *Haer*. 2. 27. 1).

Economía. Economía (*oikonomia*) denota la disposición adecuada de los asuntos, y se aplicaba en la antigüedad tanto a un hogar bien llevado como a una narración o pieza retórica bien elaborada. Si la hipótesis es el plan maestro de toda una obra literaria, las economías son los límites y la secuenciación de los elementos específicos por los que ese plan maestro se desarrolla realmente. Los antiguos retóricos e historiadores como Quintiliano, Diodoro Sículo y Dionisio de

---

[20] Véase la contribución obsoleta pero aún útil de Valdemar Ammundsen, «The Rule of Truth in Irenaeus», *STC* 13 (1912): 574-80; para una síntesis reciente, véase John Behr, *The Way to Nicaea: The Formation of Christian Theology, Volume i* (Crestwood: NY: St Vladimir's Seminary Press, 2001), 33-43.
[21] Véase Ireneo, *Epid.* 1, 3 y 52, así como las observaciones de John Behr (trad. e intro.) *St. Irenaeus of Lyons: On the Apostolic Preaching* (Crestwood, NY: St Vladimir's Seminary Press, 1997), 102 n. 1.
[22] O'Keefe y Reno, *Sanctified Vision*, 40–1.
[23] Young, *Biblical Exegesis*, 21.

Halicarnaso hacían hincapié en la necesidad de una cuidadosa secuenciación de los acontecimientos, el establecimiento de una economía o economías, a la hora de elaborar un discurso o una narración literaria.[24] Puesto que la antigua Escritura judía articula un relato, para Ireneo la economía divina es la ordenación de los acontecimientos descritos en ella (*Haer.* 1. 10. 1; 3. 16. 6; cf. Ef. 1:10; 3:9; Filón, *Dec.* 53). Según Ireneo, pues, una buena lectura de la Escritura fijará el sentido y el significado de cualquier acontecimiento individual situándolo dentro de la secuencia de toda la economía tal como Dios la ha dispuesto a propósito, y ésta es en gran medida la razón por la que fracasa la interpretación gnóstica (*Haer.* 5. 19. 2). Por ejemplo, dentro de la economía divina el acontecimiento de la liberación en el Mar Rojo sólo puede entenderse plenamente como parte de una secuencia de acontecimientos que comienza con el diluvio y es seguida por el bautismo cristiano. Buscar el significado de lo que ocurrió en el Mar Rojo de forma aislada o fuera de la secuencia viola la economía divina.[25]

Reconciliación. En la retórica grecorromana, la *reconciliación* (latín: *recapitulatio*; griego: *anakephalaiōsis*) se refiere al final de un discurso, cuando el orador hace hincapié en el punto con un resumen de los argumentos más sólidos. Ireneo habla de ello cuando describe la venida de Cristo, «desde el cielo en la gloria del Padre para *recapitular* todas las cosas» (*Haer.* 1. 10. 1). Para Ireneo, la recapitulación de la Escritura implica los acontecimientos crísticos más centrales (la encarnación del Logos, la muerte en la cruz, la resurrección, la ascensión), en los que Cristo llevó a su punto culminante todo lo que había ocurrido hasta entonces dentro del drama divino, representando la historia *in nuce* en una virtuosa actuación en solitario, resumiéndola expresamente.[26] Él sirve de principio unificador, uniendo con fuerza y

---

[24] Véase Quintiliano, *Inst.* 3. 3. 9; para más referencias, véase Grant, *Irenaeus*, 49. Dentro de la formación retórica, la disposición (comúnmente denominada *taxis*) era de suma importancia como uno de los cinco pasos principales para pasar de la invención a la exposición.

[25] Sin embargo, como señala Kathy Eden (*Hermeneutics and the Rhetorical Tradition: Chapters in the Ancient Legacy and the Humanist Reception* [New Haven: Yale University Press, 1997], 27-32 esp. 28), los intérpretes antiguos eran muy conscientes de que cualquier disposición literaria podía no ser natural (cronológica), sino más bien artificial (e.g., comenzar *in medias res* en lugar de al verdadero principio) para suscitar una respuesta emocional en el público. Sin embargo, aunque la composición comience *in medias res*, el público sigue dependiendo de las señales cronológicas incrustadas por el autor que luego son secuenciadas por el lector a la hora de considerar el significado de la obra en su conjunto.

[26] Para un tratamiento más completo de la reconciliación en Ireneo, véase Behr, *The Way to Nicaea*, 122-33.

cohesión toda la economía divina como una trama resuelta. Ireneo utiliza dos analogías para aclarar cómo la hipótesis, la economía y la reconciliación se entrelazan para proporcionar un método válido de interpretación de las Escrituras, todo lo cual ayuda a mostrar por qué piensa que la exégesis prosopológica cristiana protoortodoxa es válida, mientras que la versión gnóstica fracasa.

Un rey y un edificio

El mosaico de un rey. Para Ireneo, una *hipótesis* literaria es como la imagen en la mente del artista que proporciona el plan y el impulso para crear el mosaico de un rey. La *economía* es la disposición bien ordenada de todo el proyecto, desde el armazón hasta la colocación adecuada de las teselas individuales, ejecutado de acuerdo con la hipótesis. Así pues, la economía está determinada por la hipótesis. La *reconciliación* es el bello rostro del rey, la porción más vívida e importante dentro de la economía del retrato, que desvela plenamente la hipótesis del artista para construir el retrato de un rey. El problema es que alguien puede introducir una hipótesis contraria al objetivo del artista original, con la intención, sugiere Ireneo a modo de ejemplo, de reordenar las piedras y elaborar un perro. Esta hipótesis ajena destruye la economía original mediante la reordenación, dando lugar a una reconciliación totalmente diferente en el centro de la imagen: el rostro gruñón de un mestizo en lugar del noble semblante de un rey. Esto es precisamente, según Ireneo, lo que han hecho los gnósticos mediante su dudosa interpretación de las Escrituras: Cristo, el rey, ha sido transformado en un chucho sarnoso (*Haer.* 1. 8. 1; 1. 9. 4).

Un edificio. Ireneo nos invita a considerar la interpretación de las Escrituras como un edificio (*Haer.* 2. 27. 3). Podríamos teorizar, pues, para Ireneo que la *hipótesis* es como el plano arquitectónico de un palacio, mientras que la *economía* consiste en las paredes, los suelos, el tejado y el armazón básico de la casa. La *reconciliación*, entonces, afirma Ireneo, es la piedra angular,[27] que se sitúa en el centro del plano arquitectónico (hipótesis) y determina las características estructurales (economías) de la casa. En retrospectiva, un inspector de edificios sabría que la piedra angular (reconciliación) es el elemento que orienta y, por tanto, determina toda la estructura (economía) de la casa y que

---

[27] Sobre Cristo como piedra angular y la recapitulación, véase Ireneo, *Haer.* 3. 5. 3; cf. 3. 12. 4; 4. 25. 1; O'Keefe y Reno, *Sanctified Vision*, 41.

fue diseñada para desempeñar este papel central por el plan arquitectónico (hipótesis). Como tal, la piedra angular de la reconciliación, una vez encontrada, puede servir como la «llave» que explica todo el edificio de la manera más sucinta posible.

Ireneo sobre la correcta interpretación de las Escrituras

En resumen, podríamos seleccionar esto como la autoexpresión más compacta que Ireneo da respecto a sus principios hermenéuticos: «Hay, pues, como hemos mostrado, un solo Dios Padre y un solo Cristo Jesús, nuestro Señor, que viene a través de toda economía y recapitula en sí mismo todas las cosas».[28] Es decir, toda la Escritura se refiere a un solo Dios, el Padre, y a un solo Señor, Jesucristo, tal como se desprende de la hipótesis.[29] Este Cristo aparece como un componente dentro de los arreglos y ordenamientos (economías) que participan en el conjunto de la historia divina, y los lleva enérgicamente a un punto culminante como el elemento crucial, reuniendo todas las economías a un foco colectivo en los acontecimientos centrales de su vida encarnada, muerte, resurrección y entronización (como la reconciliación).

Todo esto determina la forma en que Ireneo realiza sus asignaciones prosopológicas cuando lee un momento de diálogo en su Antiguo Testamento. En primer lugar, cuando Ireneo se encuentra con una conversación en el Antiguo Testamento, lleva a cabo un procedimiento similar a los tres pasos anteriormente esbozados para Orígenes, culminando también con la conclusión de «*si no es el antiguo profeta, entonces es un personaje teodramático*». Por ejemplo, al tratar el diálogo del Salmo 110 (109 de la LXX), Ireneo exclama: «Estas cosas no fueron dichas a David» (*Epid.* 49), antes de pasar a plantear un prosopón alternativo. En segundo lugar, sin embargo, parece que Ireneo ha añadido comprobaciones adicionales para asegurarse de que la interpretación no se vuelve arbitraria, preguntándose: ¿Se alinea la asignación de este personaje con el «plan maestro» básico (hipótesis) de Dios tal y como vemos ese plan maestro incrustado en disposiciones

---

[28] Ireneo, *Haer.* 3. 16. 6; trad. Unger.
[29] Cf. el lenguaje «un Dios» y «un Señor» de Ireneo aquí con 1 Cor. 8:6, que a su vez reelabora la expresión más central del monoteísmo judío, el «Escucha Israel, el Señor tu Dios, el Señor es uno» (Deut. 6:4) del Shemá, moviéndolo en direcciones prototrinitarias. Para un análisis especialmente destacado de cómo Pablo reelabora interpretativamente el Shema, véase Gordon D. Fee, *Pauline Christology: An Exegetical-Theological Study* (Peabody, Mass.: Hendrickson, 2007), 88-94; N. T. Wright, *Paul and the Faithfulness of God* (2 vols. en 4 partes; Minneapolis: Fortress, 2013), ii. 3. 661-70.

secuenciales específicas (economías) de la historia divina, sabiendo que la historia ha llegado a su culminación (reconciliación) en la encarnación, muerte por los pecados, resurrección al tercer día y ascensión de Jesús? Para Ireneo, si una asignación prosopológica propuesta viola la trama general de la Escritura, su disposición consecutiva o su culminación en Cristo, entonces no es válida.

Oscilación prosopológica

Como se ha descrito anteriormente, las asignaciones prosopológicas realizadas por Orígenes e Ireneo están arraigadas en detalles textuales específicos y controladas por una lectura secuencial. Sin embargo, existe otra extensión del método teodramático, empleada por Tertuliano, Orígenes, Jerónimo, Agustín y otros, que podríamos denominar *oscilación prosopológica*. A veces, estos intérpretes explicaban un texto del Antiguo Testamento designando a una persona teodramática como único referente, al tiempo que permitían de algún modo un deslizamiento dentro de esa única persona, de modo que se introducía otro referente. Este segundo referente suele estar estrechamente relacionado con el primero, de modo que se siente que la identidad de los dos referentes anida de algún modo (como un subconjunto dentro de un conjunto en matemáticas) o se solapa de otro modo. La persona real seleccionada entonces como referente inmediato por el intérprete puede ir y venir entre los dos referentes (oscilar) según el intérprete lo considere necesario al intentar dar una explicación convincente del pasaje en cuestión.

Por ejemplo, un intérprete puede designar a Cristo como el orador, al tiempo que asigna parte del discurso al propio *Cristo como cabeza* y otra parte a *Cristo como cuerpo, es decir, a Cristo como iglesia*. Por ejemplo, puesto que Cristo es el novio, Tertuliano considera que la novia, la iglesia, está contenida en él, hasta tal punto que la propia iglesia puede convertirse en destinataria. Por ejemplo, Tertuliano afirma: «Él [Cristo] considera que la iglesia *está en él mismo*, y respecto a ella el mismo Espíritu le dice: "Te revestirás de todos ellos, como un adorno sobre una novia"» (*Marc.* 4. 11. 7 citando Isa. 49:18). El «tú» al que se refiere Isaías según Tertuliano es Cristo la esposa, es decir, la iglesia. Del mismo modo, Orígenes interpreta el Salmo 30:2, «Señor,

Dios mío, clamé a ti y me sanaste», como dicho por el Cristo no en su calidad de cabeza, sino más bien en la persona del cuerpo, la iglesia.[30] Esta oscilación centrada en la persona fue incluso discutida teóricamente por Ticonio (c.380), un laico donatista, en su *Liber Regularum*, que trata siete principios místicos de interpretación. Aunque reprocha ligeramente a Ticonio su arrogante exageración del poder explicativo de sus reglas y su ocasional mala aplicación, Agustín, no obstante, da a los siete principios de Ticonio un rotundo respaldo, proporcionando una larga revisión y explicación de los mismos en *De Doctrina Christiana* (3. 30-7 [42-56]). Ticonio llama a su primera regla «relativa al Señor y a su cuerpo» e ilustra bien la oscilación teodramática. Ticonio señala que el «lleva nuestros pecados» de Isaías 53:4 es reconocido universalmente por la iglesia como perteneciente al Señor Cristo, pero que a su juicio las palabras que siguen, «Y Dios quiere... hacerle ver la luz y modelarle en sabiduría», pertenecen no al Señor Cristo como cabeza, sino al cuerpo del Señor Cristo, ya que es la iglesia y no Jesucristo la que necesita mayor luz y sabiduría.[31] De forma similar, en el Salmo 90:11 LXX, Ticonio asigna a Cristo la cabeza como el destinatario al que se dirige el salmista: «A sus ángeles ha dado órdenes sobre ti, para que te guarden en todos tus caminos», pero lo que sigue se interpreta como dirigido a Cristo el cuerpo, es decir, la iglesia: «Le mostraré mi salvación» (Sal. 90:16 LXX), porque esta última frase se considera más apropiada para la iglesia que para el Señor Jesús.[32] Comentaré más específicamente la viabilidad de la oscilación prosopológica como estrategia exegética legítima después de sintetizar el debate general.

Interpretación teodramática y normatividad

Basándome en el debate sobre la normatividad hermenéutica en la antigüedad, pero yendo también más allá, como reflexión final me gustaría traspasar los límites de la descripción histórica de las prácticas

---

[30] Orígenes, *Sel. Sal.* 29. 3 (PG 1292D-1293A). Este ejemplo de Orígenes es según Heine, *Reading the Old Testament*, 163, que a su vez depende de Marie-Josèphe Rondeau, *Les Commentaires patristiques du Psautier (3e-5e siècles)*: i. *Les Travaux des Pères grecs et latins sur le Psautier. Recherches et bilan; ii Exégèse prosopologique et théologie* (2 vols.; Orientalia Christiana Analecta 220; Roma: Institutum Studiorum Orientalium, 1982-5), ii. 123.
[31] Isaías 53:11 citado en Ticonio, *Reg.* 1. 1; trad. Froehlich. Algunas de las demás reglas de interpretación escrituraria de Ticonio también propician el deslizamiento en la identidad específica del orador prosopológico: «sobre el cuerpo bipartito del Señor», «sobre las especies y el género» y «sobre el Diablo y su cuerpo».
[32] Ticonio, *Reg.* 1. 3; trad. Froehlich.

interpretativas de los primeros cristianos y ofrecer al lector los frutos de mi propio esfuerzo metodológico. Propongo las siguientes tesis sobre la validez de la interpretación teodramática cristiana primitiva de la antigua Escritura judía, animando al lector a involucrarse críticamente con mi propia postura al desarrollar o evaluar su propia hermenéutica.[33] Soy consciente de que muchos lectores no estarán de acuerdo con mis conclusiones, pero espero que estimulen un debate más profundo. He organizado las tesis en tres categorías: presuposiciones habilitadoras, bloqueos absolutos y controles críticos.

Presuposiciones habilitadoras

Dejando a un lado la cuestión última: ¿apuntó el propio Jesús en la dirección de los desarrollos trinitarios posteriores?, la validez de la exégesis prosopológica cristiana primitiva (y de cualquier reapropiación contemporánea de la técnica) de la antigua Escritura judía depende de las siguientes presuposiciones. La aceptación o no de estas presuposiciones por parte de cualquier lector moderno específico de este libro dependerá de la cosmovisión o metanarrativa más amplia en la que se encuentre el lector en ese momento. Sin embargo, el uso del método prosopológico basado en estas presuposiciones en la Iglesia primitiva es un hecho que el lector intelectualmente virtuoso tendrá en cuenta mientras su cosmovisión sigue evolucionando, por lo que este dato, como cualquier otra información importante, podría influir en su cosmovisión. El conocimiento verdadero del todo depende de los detalles particulares, y viceversa. A medida que refinamos nuestras hipótesis sobre la vida a la luz de nuevos datos, avanzamos en espiral hacia la verdad, siempre y cuando seamos epistemológicamente virtuosos, es decir, honorables buscadores de la verdad.[34] Entonces, aunque lo siguiente podría considerarse mejor como las presuposiciones de la interpretación teodramática, su validez también podría potencialmente confirmarse mediante una inspección posterior de cómo funciona elegantemente esta interpretación en las fuentes antiguas, cuando se considera junto con otras pruebas.

---

[33] Para un conjunto de tesis ligeramente diferente, pero en gran medida complementario sobre cómo debe leerse la Escritura en la iglesia, considere los resultados redactados en equipo por los quince eruditos convocados por el Center of Theological Inquiry de Princeton, Nueva Jersey: The Scripture Project, «Nine Theses on the Interpretation of Scripture», en Ellen F. Davis y Richard B. Hays (eds.), *The Art of Reading Scripture* (Grand Rapids: Eerdmans, 2003), 1-5.

[34] Para un manual accesible sobre el conocimiento virtuoso, véase W. Jay Wood, *Epistemology: Becoming Intellectually Virtuous* (Downers Grove, Ill.: InterVarsity, 1998).

Independientemente de ello, si las siguientes presuposiciones *no* son ciertas, entonces la interpretación teodramática tal y como se practicaba en la Iglesia primitiva *no puede* afirmarse como un método adecuado para leer partes de la antigua Escritura judía, lo que comúnmente (pero de forma anacrónica) se denomina Antiguo Testamento. Si son ciertas, entonces puede ser una estrategia de lectura válida para un pasaje determinado si se cumplen otros controles y condiciones.

1. *La realidad de una economía divina.* La interpretación teodramática presupone que Dios orquesta providencialmente y de forma predeterminada todos los asuntos humanos relacionados con la historia de la salvación: el pasado, el presente y el futuro. Esto incluye los acontecimientos pasados, presentes y futuros externos a la antigua Escritura judía, los acontecimientos internos y el proceso literario de la inscripturación.

2. *Autoría divina de la antigua Escritura judía.* Dios es el autor último de la antigua Escritura judía, trascendiendo pero no negando la autoría humana. Esto se ha llamado tradicionalmente la inspiración de la Escritura.

3. *La unidad y la disposición argumental de la antigua Escritura judía.* En la interpretación teodramática, no sólo el autor divino está detrás de los diversos libros de la antigua Escritura judía, sino que este autor divino ha inventado una trama maestra (hipótesis) para el corpus, de modo que los diversos libros participan y contribuyen a una historia cohesivamente interconectada. En otras palabras, las diversas escrituras son en realidad una Escritura singular y de autoría divina, elaborada con intenciones autoriales divinas que en principio son descubribles por un lector. No considero que las disputas entre católicos, protestantes y judíos ortodoxos sobre los límites del canon de la antigua Escritura judía, es decir, sobre si los llamados libros deuterocanónicos o apócrifos (e.g., Tobías, Judit) deben incluirse o no en el canon, obstaculicen seriamente la noción de una trama maestra inventada divinamente, ya que la inclusión o exclusión de estos libros sólo tiene un impacto marginal en la trama general básica del corpus cuando se reconstruye dicha trama.

4. *La participación profética en la economía divina.* Esta tesis es en realidad un subconjunto de las tesis 1 y 2, pero es tan fundamental que merece una mención aparte. La interpretación teodramática presupone: (1) que un profeta puede recibir una auténtica revelación divina; (2) el mundo teodramático como una manifestación visionaria u oracular en la

que el profeta puede entrar y asumir un personaje;[35] y (3) la actualización última del teodrama, ya que no la realiza el profeta, sino las correspondientes personas humanas o divinas del mundo real. La participación profética en la economía divina no garantiza, sin embargo, que el propio profeta o los autores o redactores posteriores que inscribieron un oráculo determinado comprendieran plenamente la intención divina al conceder una visión u oráculo. Al contrario, incluso para el profeta que participaba en una representación teodramática, algunas de las palabras pronunciadas mientras estaba «en personaje» podrían haber seguido siendo enigmas y ambigüedades en ese momento (cf. Ireneo, *Haer.* 4. 26. 1). Lo que se exigía del profeta no era una comprensión total de la visión recibida, sino una participación voluntaria: dejarse llevar por el Espíritu (cf. 2 Pe. 1:20-1) a medida que se daban y adoptaban los diversos papeles hablados.

En consecuencia, si se conceden estos presupuestos, al buscar el «significado» legítimo que puede tener cualquier enunciado profético dado, el significado no se limita al *Sitz im Leben* («escenario en la vida») histórico del profeta, ni al contexto literario del propio libro, ni al autor antiguo que inscribió el oráculo, ni a la intención de los editores canónicos. Más bien, puesto que el autor divino ha inspirado el oráculo, el «significado» puede y debe evaluarse a la luz de las intenciones de

---

[35] Para una declaración sobre el estatus ontológico del mundo teodramático, véanse mis observaciones en el cap. 1 n. 61 (cf. cap. 1 n. 59 sobre la necesidad de la nomenclatura etic). Además, quien se muestre cauto sobre la validez de la exégesis prosopológica cristiana primitiva podría preguntarse: Incluso si afirmamos que muchos lectores griegos cristianos primitivos creían realmente que los antiguos profetas hebreos habían pronunciado oráculos teodramáticos, ¿podría darse el caso de que esta creencia fuera simplemente errónea? Podría argumentarse, por ejemplo, que los antiguos profetas hebreos nunca asumieron realmente algo parecido a un papel teodramático, sino que los primeros cristianos simplemente aplicaron de manera anacrónica una estrategia de lectura helenística tardía y ajena a las Escrituras judías, que son mucho más antiguas. De hecho, tal afirmación tiene cierto peso, especialmente para quienes se inclinan por el escepticismo respecto a la superintendencia divina de la economía divina, ya que la exégesis prosopológica parece haber surgido principalmente de los desarrollos del drama y la retórica griegos que son posteriores a gran parte de la antigua Escritura judía. Sin embargo, dado que la lectura prosopológica suele estar arraigada en auténticos cambios dialógicos en medio de los antiguos enunciados israelitas, y dado que los antiguos profetas hebreos eran conocidos por realizar con frecuencia acciones simbólicas físicamente como complemento de su mensaje verbal (e.g., Isa. 20:1-4; Jer. 19:1-11; Ez. 4:1-5: 4; Os. 1:2-3), quizá la distancia entre la antigua entrega oracular israelita y las tempranas apropiaciones teodramáticas cristianas no sea tan grande como podría parecer a primera vista. En otras palabras, a pesar de las raíces helenísticas de las descripciones teóricas de la exégesis prosopológica, ésta recurre a patrones de comunicación transculturales y transtemporales (como el habla, el diálogo y la representación). Así que, a mi juicio, descartar precipitadamente la validez de la exégesis prosopológica cristiana primitiva de la antigua Escritura judía por considerarla un anacronismo sería demasiado simplista, incluso para quienes trabajan únicamente dentro de un marco interpretativo histórico-crítico.

Dios para el oráculo en relación con toda la economía divina en los horizontes profético, teodramático y actualizado (sobre estos tres niveles, véase el cap. 1). Así, por ejemplo, si se concede la posibilidad del teodrama profético, *no se puede* decir: «Isaías no podía estar hablando literalmente en la persona de Jesús de Nazaret porque Jesús no era conocido por el Isaías histórico y no se menciona en ninguna parte de Isaías; por lo tanto, ni Isaías el profeta, ni el autor o autores, ni los editores canónicos podrían haber imaginado a Jesús como el orador, todo lo cual excluye este posible significado».

Cuando se hace una asignación prosopológica para explicar un giro dialógico en la Escritura, el lector que postula este enunciado teodramático no está afirmando que se trate de un «sentido espiritual» adicional construido sobre el «sentido histórico», sino que *el contexto que suministra el «sentido literal» para el autor divino es nada menos que toda la economía divina*. Esto se acerca mucho a una afirmación de lo que los teólogos católicos han designado el *sensus plenior*, el sentido más pleno. Es decir, tras una inspección posterior a veces se puede encontrar un sentido más profundo en el Antiguo Testamento pretendido por Dios, pero no necesariamente pretendido por el autor humano. La diferencia es que en la interpretación teodramática se preserva la intencionalidad humana en la medida en que el lector cree que el participante profético y el autor o autores humanos participaron voluntariamente en una representación discursiva teodramática, aunque es posible que simplemente no hayan comprendido plenamente el significado de la representación o el sentido pleno del enunciado profético a la luz de toda la economía divina.[36]

En resumen, si la interpretación escrituraria teodramática, ya sea antigua o contemporánea, se juzga en última instancia como una técnica de lectura válida frente a la antigua Escritura judía, entonces sostengo que es porque los cuatro presupuestos que acabamos de discutir son ciertos sobre Dios, el mundo y la Escritura.

---

[36] El *sensus plenior* es definido por Raymond E. Brown y Sandra M. Schneiders, «Hermeneutics», en Raymond E. Brown, Joseph A. Fitzmyer y Roland E. Murphy (eds.), *The New Jerome Biblical Commentary* (Englewood Cliffs, NJ: Prentice Hall, 1990), 1146-65, aquí 1157, de la siguiente manera: «*Sensus plenior* es el significado más profundo pretendido por Dios pero no claramente intencionado por el autor humano, que se revela en las palabras de la Escritura cuando se estudian a la luz de revelaciones posteriores o de un desarrollo en la comprensión de la revelación».

Bloqueos absolutos

Sin embargo, incluso si se concede el valor de verdad de las presuposiciones anteriores, como haría este autor, sostengo que la interpretación teodramática no es, no obstante, una buena lectura en las siguientes circunstancias:

1. *La asignación de papeles se basa en una corrupción textual.* Algunas asignaciones de personajes teodramáticos en el cristianismo primitivo fueron fijadas por los lectores sobre la base de manuscritos defectuosos, como cuando Isaías 45:1 fue leído prosopológicamente por Bernabé, Ireneo y otros como relativo a «mi mesías, el Señor» en lugar de «mi mesías, Ciro» debido a la corrupción de *kyros* («Ciro») en *kyrios* («Señor») en algunos manuscritos primitivos. En tales casos, la lectura teodramática no es ni válida ni adecuada.[37]

2. *La asignación o aplicación del papel se basa en un grave error de traducción.* En ocasiones, una lectura centrada en la persona lograda en la iglesia naciente depende de rasgos únicos en la antigua traducción griega de la Escritura judía, la Septuaginta, y estos rasgos característicos no pueden ser apoyados por una reconstrucción de la más probable *Vorlage* hebrea («precursora») de la Septuaginta, o tal vez la traducción de la Septuaginta es posible pero sigue siendo una interpretación altamente improbable. Por ejemplo, el hebreo de Isaías 50:7 se traduce mejor, «He puesto mi rostro como pedernal» mientras que Bernabé lo transforma, «Y él [Dios] me estableció como una roca firme» (*Barn.* 6. 3). Observe que el actor ha cambiado. En el hebreo y en la Septuaginta griega, el hablante habla en primera persona: «He puesto mi rostro», pero Bernabé lo estructura: «*Dios* me estableció», y

---

[37] Existen pruebas manuscritas antiguas decisivas de que gran parte de la Biblia se sometió a un largo y complejo proceso autoral, redaccional y canónico, y de que a veces incluso pueden haber existido tipos de texto y ediciones literarias rivales de ciertos libros desde el principio del proceso (o al menos muy al principio). Así pues, no estoy sugiriendo que la inspiración resida únicamente en la fuente del proceso. Más bien, la mayoría de los que afirman la inspiración hoy en día ven la mano superintendente de Dios actuando en todo momento. Al utilizar la expresión «corrupción textual», estoy suponiendo que un texto dado puede alcanzar algo cercano a la estabilidad como Escritura autorizada para la comunidad, de modo que las desviaciones se consideran problemáticas, es decir, que ciertas alteraciones de los escribas en el texto no son aceptadas por el pueblo de Dios como ordenadas por Dios. Se trata de una cuestión sumamente compleja que no puede tratarse aquí en su totalidad. Incluso la noción de estabilidad textual es bastante difícil, especialmente para el AT. Sobre la falta de estabilidad textual completa y las múltiples ediciones literarias, véase Emanuel Tov, *Textual Criticism of the Hebrew Bible* (3ª ed. rev. y exp.; Minneapolis: Fortress, 2012), 174-90, 283-326; para un intento serio de tener en cuenta esta evidencia al considerar cuestiones de canon y autoridad, véase Lee M. McDonald, *The Biblical Canon: Its Origin, Transmission, and Authority* (Grand Rapids: Baker Academic, 2007).

este cambio en el sujeto verbal es crucial para la aplicación hecha por Bernabé, en la que *Dios dota* al hablante, el Hijo, de un cuerpo capaz de soportar las dificultades. Aunque la asignación de funciones en sí no se basa en una traducción errónea o en una interpretación excesivamente libre, la aplicación concreta sí depende en gran medida de ella, por lo que concluyo que no es una buena lectura.[38]

Para quienes aceptan la presuposición de la autoría divina de la antigua Escritura judía, la gravedad de una posible traducción o aplicación errónea en la Iglesia primitiva debe evaluarse, en mi opinión, comparando el sentido subyacente de la traducción utilizada (e.g., la Septuaginta griega) con el del probable *Vorlage* hebreo, lo mejor que pueda reconstruirse.[39] En términos generales, en el cristianismo primitivo se consideraba que la inspiración profética se producía en el nivel del contenido visionario u oracular, mientras que la redacción precisa seleccionada para albergar ese contenido divinamente dado era determinada libremente por el profeta humano,[40] de modo que una traducción puede desviarse sustancialmente de la redacción exacta del *Vorlage*, pero aun así captar el sentido inspirado subyacente.

Por ejemplo, en Hebreos 10:5 se designa a Cristo como el orador de las palabras «un cuerpo que preparaste para mí» (una forma desviada del Salmo 39:7a LXX), pero el texto hebreo en su lugar dice: «oídos que has cavado para mí». Dejando a un lado, al menos por ahora, la cuestión adicional de la naturaleza autorizada de las interpretaciones que se encuentran en el libro de Hebreos como parte del Nuevo

---

[38] También es remotamente posible que en 6. 3 Bernabé trabajara con un texto corrupto de la Septuaginta, ya que su texto está claramente corrupto en otros lugares, pero se acerca más al texto estándar cuando cita Isaías 50:7 en 5. 14, y según la edición crítica de Gotinga de la Septuaginta, no hay más indicios de tal corrupción de Isaías 50:7 en los testigos existentes.

[39] Mi postura actual, provisional, es que el antiguo texto consonántico hebreo, una vez que alcanzó una forma (relativamente) estable que posteriormente llegaría a considerarse canónica, debería considerarse más autorizado que las posteriores traducciones griegas del AT, aunque la LXX fuera considerada divinamente inspirada, y por tanto fuera muy utilizada, por la Iglesia primitiva. (Sobre la complejidad de identificar una forma canónica tan estable, véase la n. 37 de este capítulo). Esto supone aceptar la postura básica defendida por Jerónimo en su debate con Agustín; también es el punto de vista adoptado por casi todos los eruditos en la actualidad. Sin embargo, aún estoy reflexionando sobre estas cuestiones; de ahí la advertencia «provisional». Para un excelente debate sobre las complejidades teológicas e históricas que rodean la relación entre la Biblia hebrea y la Septuaginta, véase Timothy M. Law, *When God Spoke Greek: The Septuagint and the Making of the Christian Bible* (Oxford: Oxford University Press, 2013).

[40] Sobre la interacción entre el contenido visionario y el encuadre lingüístico en la Antigüedad, véase Plutarco, *Pyth. orac.* 5 [396c]; 7 [397c]; 21 [404b-c]; Dio Crisóstomo, *Or.* 36. 1; Robert M. Grant, *The Letter and the Spirit* (Nueva York: Macmillan, 1957), 5, 13-14; Bates, *The Hermeneutics of the Apostolic Proclamation*, 188-92.

Testamento para los cristianos,[41] al evaluar la calidad de esta lectura prosopológica de la antigua Escritura judía por parte del autor de Hebreos, el teólogo contemporáneo debe evaluar si la idea básica del texto desviado utilizado por el autor de Hebreos representa o no adecuadamente la del *Vorlage* hebreo, dándose cuenta de que las palabras precisas utilizadas para revestir esas ideas eran secundarias. Puesto que «un cuerpo me preparaste» y «oídos me has cavado» se refieren en ambos casos a la cuidadosa elaboración del cuerpo físico o de algún aspecto del mismo por parte de Dios, la asignación prosopológica encarnacional que hace el autor de Hebreos de «un cuerpo me preparaste» no viola, al menos para mí, la idea del texto hebreo, aunque se base en una traducción cuestionable del hebreo. Así pues, algunos errores de traducción o imprecisiones en la traducción, aunque no todos, son bloqueos absolutos para una interpretación teodramática adecuada, y debe evaluarse la fidelidad al significado subyacente, ya que la inspiración reside en este nivel.

Controles críticos

Si se reconocen los presupuestos y no hay bloqueos absolutos, no existe, sin embargo, ninguna garantía de que una determinada lectura teodramática sea una *buena* lectura de la antigua Escritura judía. Después de todo, tanto las interpretaciones gnósticas como las oscilaciones prosopológicas de los últimos padres de la Iglesia concederían esencialmente todos estos presupuestos y excluirían estos bloqueos, pero junto con Ireneo, creo que muchas de esas lecturas fracasan porque se han sobrepasado los controles críticos prudentes. A mi juicio personal, una buena lectura teodramática de un pasaje concreto de la antigua Escritura judía se produce cuando se cumplen estas condiciones:

---

[41] Para la mayoría de los cristianos, si un determinado autor del NT realiza una lectura teodramática específica del AT, entonces esa lectura es prima facie válida y buena, ya que el NT también está inspirado divinamente. Sea como fuere, al evaluar lo que constituye una buena lectura teodramática de la antigua Escritura judía enfocada en primer lugar en sus propios términos, como intento hacer aquí, prefiero desautorizar ese cierre autoritario preliminar a la hora de interpretar una lectura concreta como creíble. Como muestra mi discusión posterior, creo que el cierre hermenéutico para la antigua Escritura judía debería establecerse primero midiendo el ajuste entre su hipótesis y las posibles continuaciones de esa historia más allá de los límites de la propia antigua Escritura judía. Una evaluación de la naturaleza inspirada del NT tiene lugar posteriormente.

1. *Las asignaciones de carácter prosopológico están arraigadas en auténticos lugares de desplazamiento dialógico, conversación, discurso o alocución en la antigua Escritura judía* —lugares en los que plantear un orador o un destinatario sobre la única base del horizonte profético resulta problemático. Esto encierra la regla de Orígenes e Ireneo —que de hecho se remonta al libro de los Hechos— de que si el oráculo contiene palabras habladas que son difíciles de interpretar en el horizonte profético en el contexto histórico-literario del propio libro (e.g., «no me abandonarás en la tumba» —Salmo 15:10 LXX en Hechos 2:27), entonces quizá el profeta se ha deslizado bajo la apariencia de un personaje alternativo y está hablando teo-dramáticamente. Si uno cree en la realidad de la inspiración profética y en la economía divina, no es irracional pensar que ciertos actores clave de la economía, como el Mesías esperado, podrían haber hecho una entrada anticipada en el escenario teatral en anticipación a su actuación actualizadora en el escenario mundial. La gran mayoría de las interpretaciones teodramáticas que hemos explorado en este libro entran en esta categoría. Por ejemplo, en el Salmo 110:1, cuando David dice: «El Señor dijo a mi Señor», como señala hábilmente Jesús (Mc. 12:37), el Señor Dios *debe estar* hablando con alguien distinto de David, ya que el propio David llama a esta persona «mi Señor». En mi opinión, cualquier lectura aceptable de este texto, ya sea judía, gnóstica, cristiana o de otro tipo, requiere que el lector intente averiguar la identidad de la persona a la que habla el Señor Dios; es decir, el propio texto prácticamente exige una asignación prosopológica.

2. *La hipótesis y la economía divina de la antigua Escritura judía se disciernen sobre la base de la secuencia cronológica de los acontecimientos en el conjunto de la antigua Escritura judía*. La consideración de este principio muestra por qué las lecturas gnósticas de la antigua Escritura judía son evidentemente inverosímiles: (1) la economía divina utilizada por los gnósticos se deriva principalmente fuera de la Escritura y no dentro de la Escritura; (2) la economía divina utilizada por los gnósticos generalmente ignora la secuencia de los acontecimientos en la Escritura.

Mirando ahora desde un ángulo teológico más amplio y constructivo, también hay que reconocer que la economía divina dentro de la antigua Escritura judía incluye promesas claras y multitudinarias de un heredero davídico que traerá la restauración futura, una restauración que ocurrirá más allá de los límites del marco temporal cubierto por la propia antigua Escritura judía (e.g., Isa. 55:3; Jer. 23:5-

6; 30:9; 33:14-22; Ez. 34:23-4; 37:24-5; Os. 3:5; Zac. 12:8, 13:1 et al.). Es decir, la economía escritural queda sin resolver, lo que obliga al lector a ensayar posteriormente continuaciones apropiadas de la historia o finales en busca de uno que se ajuste con la hipótesis y la economía establecidas. Así, por ejemplo, al leer el Salmo 2:7, que el heredero davídico prometido, el mesías, pueda ser el destinatario al que se dice que Dios habla exige una seria consideración *desde los límites de la propia Escritura judía antigua*, no sólo cuando la Escritura se evalúa a la luz postcristiana.

Estoy en desacuerdo aquí con Margaret Mitchell, aunque su obra en conjunto es útilmente estimulante, cuando objeta la afirmación de Ireneo donde asegura que él ha *descubierto* la hipótesis en su Antiguo Testamento mientras que sus oponentes se han limitado a *inventar* una hipótesis ajena. Mitchell preferiría enmarcar todo esto en términos de una competición retórica/exegética, con ambos bandos presentando hipótesis contendientes, argumentando que tanto Ireneo como los gnósticos *inventan* una hipótesis, ya que cualquier hipótesis afirmada es una construcción crítico-literaria humana. Así pues, para Mitchell, cuando los eruditos contemporáneos se ponen del lado de Ireneo en contra de los gnósticos, están replicando inútilmente sus etiquetas apologéticas.[42] Está afirmando, si la leo correctamente, que de alguna manera es más caritativo o justo ver a Ireneo y a los gnósticos simplemente como si ofrecieran construcciones humanas en competencia, aparte de cualquier apelación a una hipótesis divina real.

Pero la posición de Mitchell no está impregnada de valores en mayor ni menor medida que la de Ireneo o la de sus partidarios modernos. Cuando Mitchell afirma que tanto Ireneo como los gnósticos inventan una hipótesis para la antigua Escritura judía, esto es por supuesto correcto, pero no se toma en serio la posibilidad de que la invención de la hipótesis humana pueda estar realmente informada por un descubrimiento reconstructivo de la auténtica hipótesis divina. Y para los que aceptan la unidad y la inspiración de la antigua Escritura judía, el mérito de cualquier descubrimiento reconstructivo puede probarse contra una realidad públicamente disponible (es decir, las señales que apuntan a las intenciones de Dios disponibles en los propios textos).[43] Como se discutió anteriormente, obviamente la interpretación

---

[42] Margaret M. Mitchell, *Paul, the Corinthians, and the Birth of Christian Hermeneutics* (Cambridge: Cambridge University Press, 2010), 25-6, 129-30.
[43] Como prueba de que la hipótesis/economía de la antigua Escritura judía debe tratarse como una construcción humana en lugar de divinamente dada, Mitchell, *Paul*, 26, afirma que si estuviera

teodramática por sí sola no puede probar la existencia de una hipótesis divinamente implantada en la antigua Escritura judía, sino que ésta es una presuposición contingente a la unidad y la naturaleza inspirada de la antigua Escritura judía concebida holísticamente, y su validez debe sopesarse como un dato a considerar en el nivel de la formación y el refinamiento de la cosmovisión.

3. *La proclamación apostólica, entre otras posibilidades, se pone a prueba como una recapitulación potencialmente adecuada, una piedra angular de la hipótesis y la economía divina establecidas en la antigua Escritura judía.* Hay muchos horizontes contextuales en los que se puede leer, pero ¿da la propia Escritura judía antigua alguna pista sobre qué contexto podría ser el más adecuado? La historia de la antigua Escritura judía es una historia que termina insatisfactoriamente *in medias res*, con el pueblo de Dios anémicamente reducido devuelto a la Tierra Prometida, pero el retorno está muy lejos de la gloriosa restauración futura anunciada por los profetas. La línea argumental establecida suplica un final adecuado, por lo que el contexto más apropiado para el conjunto será uno que busque «leer» la historia posterior más allá del horizonte de la propia Escritura judía antigua. Hay varias posibles prolongaciones de la historia, todas las cuales deben sopesarse, incluyendo el intento de revolución judía en la guerra contra los romanos, el movimiento rabínico y la proclamación apostólica de la iglesia primitiva.

4. *A la luz de la validez de la proclamación apostólica como reconciliación, especialmente cuando se demuestra que Jesús resucitó de entre los muertos, la hipótesis y la economía divina, tal como se derivan de la antigua Escritura judía, se amplían para incluir la*

---

divinamente dada, entonces «todos los intérpretes "ortodoxos" estarían siempre de acuerdo, lo que por supuesto no es así», pero este razonamiento me parece engañoso. Considere una analogía de la ciencia. Cuando una plétora de científicos, todos trabajando con virtud epistémica, adquieren datos relevantes y formulan una teoría descriptiva, sus conclusiones de que $e = mc^2$ deberían converger. Sin embargo, si algunos científicos no llevan a cabo su trabajo de forma epistémicamente honorable, es decir, dejan de observar inadvertidamente algunos de los datos, o hacen caso omiso de los datos inconvenientes para su explicación preferida, o se niegan a considerar que una teoría establecida como $F = ma$ podría necesitar complementación, o ignoran accidentalmente el modo en que sus propias mediciones han afectado al proceso, y entonces concluyen falsamente que $e^2 = mc$ o $e = m^2c^3$, entonces, eso no refuta de algún modo que los datos, cuando se estudian con plena virtud epistémica, arrojarían en última instancia la conclusión $e = mc^2$ (o aproximaciones cercanas a ella). Del mismo modo, dada la complejidad de los datos, cuando varios lectores localizan hipótesis literarias divergentes en la antigua Escritura judía, no podemos concluir que no exista una única hipótesis literaria descubrible y de intención divina. Pues todos los lectores (el presente autor ciertamente incluido) tienen niveles imperfectos y variables de virtud epistémica al abordar los mismos datos públicamente disponibles.

proclamación apostólica. No todos los lectores encontrarán en esto un control crítico legítimo para determinar una *buena* interpretación teodramática de la antigua Escritura judía, prefiriendo ubicarlo con los presupuestos o descartarlo todo junto como un disparate cristiano supersesionista y arrogante. Así como Ireneo, no estoy de acuerdo. Para los que afirman que Dios ha sido autor de una economía divina que incluye tanto la antigua Escritura judía como acontecimientos externos a la Escritura, una interpretación virtuosa tendrá en cuenta todos los datos potencialmente relevantes, incluso los que van más allá de los que se encuentran en la propia antigua Escritura judía, ya que ese relato indica que la orquestación divina de todos los asuntos humanos continuará *en el futuro*. Los apóstoles hacen una afirmación de verdad sobre la forma en que la historia de Cristo completa la antigua Escritura judía, y esa afirmación, entre otras muchas, debe ser puesta a prueba por el lector/conocedor virtuoso.

La proclamación apostólica, que pretende ampliar y cumplir la línea argumental maestra establecida en la antigua Escritura judía, afirma que (1) Jesús preexistió con el Padre, (2) tomó carne humana en la línea de David, (3) murió por los pecados de la humanidad «de acuerdo con las Escrituras», (4) fue sepultado, (5) resucitó al tercer día «de acuerdo con las Escrituras», (6) se apareció a muchos, (7) ascendió, (8) se sentó a la diestra de Dios como Señor, y (9) vendrá de nuevo como juez.

Dados los presupuestos esbozados anteriormente, creo que *la mejor* lectura de la antigua Escritura judía es que esta historia de Jesucristo es la consumación adecuada de la economía divina establecida: él es el heredero davídico que cumple las promesas, la reconciliación, y por tanto una lectura de la antigua Escritura judía que ignore su fuerza consumadora no será la mejor interpretación de la trama maestra codificada. Por supuesto, puesto que soy un cristiano confeso no es sorprendente que haya llegado a esta conclusión y respeto que otros discrepen, incluso aquellos que han explorado diligentemente y de buen corazón el mismo conjunto de datos. Sin embargo, quiero enfatizar que no se trata de una opinión meramente privada desconectada de los datos del mundo real ni de un solipsismo, ya que la conclusión se basa en información disponible en el ámbito público: cualquiera puede evaluar su viabilidad.

Además, afirmaría que si la antigua Escritura judía se interpreta por sí misma, al margen de poner a prueba si la proclamación apostólica sobre Cristo es o no la verdadera piedra angular de la hipótesis y la economía divina que en ella se encuentran, no exige un desenlace cristiano *exclusivo*. Sin embargo, la historia interna de la propia Escritura judía insta enérgicamente a que se realicen pruebas adicionales para la continuación y el cierre de la trama más allá de sus propios límites, y una vez que el valor de verdad de la proclamación apostólica se pone a prueba a la luz de otras posibles extensiones o finales de la historia, se puede llegar a una resolución justificada de la trama. Independientemente de si el lector está de acuerdo o no con el desenlace cristiano específico que personalmente encuentro convincente, quiero afirmar con firmeza que la tendencia posmoderna a *evitar* buscar una resolución definitiva de la trama en cualquier dirección —aunque pueda ser en aras de la tolerancia, el diálogo interreligioso o el ecumenismo— no es intelectualmente honesta a la luz de las propias demandas del texto y, en última instancia, es una muestra de antirrealismo insulso.[44]

Los primeros cristianos, pero sobre todo el apóstol Pablo y Lucas el evangelista, sostengo, estarían ambos de acuerdo en que la antigua Escritura judía sólo podía entenderse plenamente a raíz de los acontecimientos que rodearon a Jesucristo. Para Pablo, el velo se retira para el lector solo cuando este se adhiere a la proclamación apostólica y comprende cómo Jesucristo lleva la antigua Escritura judía a su punto culminante, no antes (2 Cor. 3:16; cf. 1 Cor. 15:3-5; Rom. 1:2-4).[45] Del mismo modo, para Lucas, aunque «a partir de Moisés y de todos los profetas» Jesús resucitado ya ha interpretado para los dos viajeros de Emaús «lo que se refiere a sí mismo en todas las Escrituras» (24:27), sólo cuando los dos viajeros ven por fin a Jesús resucitado al partir el pan se les abren los ojos y pueden exclamar: «¿No ardía nuestro corazón dentro de nosotros cuando nos hablaba por el camino, cuando nos exponía las Escrituras?» (24:32). Las escrituras por sí solas no bastaban aparte de la realidad verificadora de la resurrección, la piedra angular dentro de la proclamación apostólica. Del mismo modo, cuando Jesús se presenta ante los once, afirma: «es necesario que se cumplan todas las cosas que están escritas sobre mí en la ley de Moisés, en los profetas y en los salmos» (24:44), pero para que los discípulos vean el patrón latente en las escrituras, Jesús debe hacer algo más, debe abrir las mentes de los discípulos (la traducción tradicional), o quizá mejor,

---

[44] Sobre la virtud y su relación con la adquisición de conocimientos, véase Wood, *Epistemology*, 9-76.
[45] Ya he escrito extensamente sobre esto en Bates, *The Hermeneutics of the Apostolic Proclamation*, esp. pp. 160-81.

como he argumentado en otro lugar, debe explicar a los discípulos el *nous* divinamente implantado de las escrituras, su «mente», es decir, su «sentido unitivo» tal y como lo concibió el autor divino: «Entonces Jesús expuso las Escrituras para que los discípulos pudieran comprender la mente [*nous*] de las mismas» (Lc. 24:45).[46] De cualquier modo, los discípulos no podían desentrañar el significado divinamente dado de la antigua Escritura judía sin recibir primero del Cristo resucitado, lo que indica que las verdades encapsuladas en la proclamación apostólica se consideraban en la iglesia primitiva como una llave *posthoc* necesaria para descifrar lo que llegaría a denominarse el Antiguo Testamento.

Al considerar la base de mi conclusión, ¿la proclamación apostólica sustenta la exégesis prosopológica o la exégesis prosopológica forma parte de la porción «de acuerdo con las Escrituras» de la proclamación apostólica que certifica la veracidad del testimonio cristiano primitivo? Para el presente autor, no puede hacerse una elección entre ambas, ya que se refuerzan mutuamente cuando, partiendo de cualquiera de ellas, se emprende un proceso en espiral de formulación de tesis y búsqueda de verificaciones.

5. *Toda la economía divina apostólica ampliada (la antigua Escritura judía más la proclamación apostólica) es, por tanto, el horizonte histórico-literario del que un lector puede extraer un personaje teodramático válido sin dejar de respetar el texto antiguo; sin embargo, para una buena lectura, debe existir una correspondencia entre la descripción del orador o destinatario en el texto antiguo y lo que se sabe sobre el personaje teodramático propuesto tal y como ese personaje se revela en otras partes de la economía divina.* Una vez que la proclamación apostólica ha sido probada y verificada como la clave recapitulativa que resume la hipótesis y la economía de la antigua Escritura judía, entonces —y esto es crítico— los personajes que aparecen sólo dentro de la extensión de esa historia (e.g., Jesús de Nazaret o los apóstoles) son reconocidos como parte del horizonte metatextual histórico-literario dentro de cuyos límites podría transpirar una exégesis prosopológica válida. Así, cuando descubrimos que el orador del Salmo 69:10 dice: «El celo por tu casa me consumió», y determinamos que las palabras son algo inadecuadas si se restringen

---

[46] Matthew W. Bates, «Closed-Minded Hermeneutics? A Proposed Alternative Translation for Luke 24:45», *JBL* 129 (2010): 537–57.

únicamente al horizonte profético de David (de acuerdo con la tesis 2), deberíamos reflexionar sobre la descripción del personaje en el contexto inmediato dentro del Salmo 69, así como sobre la historia vital de otras figuras importantes dentro de la economía divina, especialmente Jesús de Nazaret, dada la fuerza recapitulativa de su personaje dentro de la trama maestra, para ver si el profeta podría haberse metido en un personaje teodramático alternativo mientras pronunciaba su discurso. Cuanto mejor encaje la corroboración, más plausible será la lectura prosopológica propuesta. Así pues, el «sentido literal» de estos textos proféticos del Antiguo Testamento debe buscarse dentro de los límites de toda la economía divina, incluida la proclamación apostólica sobre Jesús, aunque la proclamación apostólica no se encuentre, estrictamente hablando, en el propio Antiguo Testamento.

6. *A la luz de esta economía divina apostólica ampliada, los personajes prosopológicos asignados deberían restringirse por los límites plausibles de la visión profética teodramática.* Una dificultad con lo que he denominado «oscilación prosopológica», tal y como la describió Ticonio y la practicaron Tertuliano, Orígenes, Agustín y otros (como se ha comentado anteriormente en este capítulo), es que resulta difícil comprender cómo podría funcionar como un auténtico acontecimiento profético. Si un profeta está recibiendo un contenido visionario, y está entrando en un papel de actuación teodramática (o está informando de un teodrama observado como espectador externo), es difícil imaginar que el *personaje* que el profeta está habitando u observando oscile entre, por ejemplo, Cristo cabeza y Cristo cuerpo, como querrían estos padres. En otras palabras, concedida la presuposición de que un enunciado teodramático implica un acontecimiento profético genuino, sugiero que cualquier asignación de funciones explicativas propuesta se ponga a prueba formulando la pregunta: ¿Qué probabilidad hay de que un profeta pudiera haber visto o habitado la secuencia teodramática propuesta en una visión? Al menos en mi opinión, resulta difícil imaginar que la oscilación entre distintas voces en un solo individuo sea un suceso más probable dentro de los límites de una visión profética legítima dada por Dios que la consistencia. Por lo tanto, la solución que proponen autores como Orígenes, Tertuliano, Ticonio, Jerónimo, Agustín y muchos otros padres, aunque pueda ser caprichosamente entretenida y edificante, es una estrategia de lectura defectuosa frente a la antigua Escritura judía.

* * *

La interpretación cristiana primitiva de los diálogos del Antiguo Testamento abarca todo el espectro de la vida divina, desde antes de la creación hasta la consumación final. Este último capítulo aborda la cuestión de la normatividad interpretativa mediante una exploración de la exégesis prosopológica gnóstica y la respuesta de Ireneo y otros padres primitivos. Obviamente, la validez de la exégesis prosopológica está ligada a cuestiones relativas a lo que constituye una buena interpretación del Antiguo Testamento en general. Las observaciones de Ireneo sobre la hipótesis, la economía y la reconciliación de las Escrituras resultaron ser una guía inicial útil. He argumentado que, aunque no todos los ejemplos concretos de exégesis prosopológica en la Iglesia primitiva son igualmente convincentes, los textos del Antiguo Testamento así interpretados presentan en general dificultades legítimas «centradas en la persona» que no pueden resolverse desde los límites de los propios textos, lo que hace que las asignaciones de personajes propuestas por los primeros cristianos sean plausibles si se conceden ciertos presupuestos. Se ha sugerido que cuando un lector trata de hacer asignaciones prosopológicas de papeles, el horizonte contra el que mejor se interpreta el sentido literal es toda la economía divina. Es de esperar que las tesis adicionales que he ofrecido con respecto a la interpretación escrituraria teodramática —tesis relativas a las presuposiciones habilitadoras, los bloqueos absolutos y los controles críticos— generen más reflexión y debate.

EPÍLOGO:
el Dios interpretado

Cuando los primeros cristianos estudiaron detenidamente la antigua Escritura judía a la luz de su propia realidad experimentada de la muerte, resurrección y ascensión de Jesucristo, por no mencionar el derramamiento del Espíritu Santo en pentecostés, descubrieron que ciertos lugares de diálogo en la Escritura exigían que el Dios único fuera identificado como diferenciado por múltiples personas. De hecho, dado que los escritores de los Evangelios retratan al propio Jesús utilizando la exégesis prosopológica en numerosas ocasiones, es al menos plausible que este proceso en la Iglesia primitiva fuera una continuación de la propia interpretación escritural teodramática y actualización performativa de Jesús de Nazaret. Para estos primeros intérpretes, al asumir un profeta un papel teodramático, era capaz de hablar desde la *prosōpa* (personas, personajes dramáticos) de Dios (el Padre), el Hijo y, más raramente, el Espíritu, con todo ello facilitado a través del agente inspirador, descrito habitualmente como el Espíritu. Ampliando la trama maestra y la economía divina del antiguo texto judío a la luz de la predicación apostólica sobre Cristo, los primeros cristianos emplearon esta proclamación apostólica como una herramienta clave para desentrañar los enigmas dialógicos que encontraron en lo que posteriormente denominarían como el Antiguo Testamento.

El nacimiento trinitario a través del diálogo del Antiguo Testamento

A medida que estos diálogos fueron leídos por los primeros cristianos, la metáfora de *prosōpon* o *persona* («persona»), y más tarde *hipóstasis* («ser individual discreto»), fue tomada como la principal forma divinamente autorizada de analizar y diferenciar identidades y relaciones con respecto al Dios único, y así nació la doctrina de la Trinidad de forma irreductiblemente esencial a través de la lectura interpretativa, ya que esta estrategia de lectura se combinó con otros factores (véase el cap. 1). Por ello, cuando los teólogos contemporáneos se apartan del término «persona» al hablar de la Trinidad o de los orígenes cristológicos (e.g. el *Seinsweise* de Barth o la cristología de la identidad divina de Bauckham), corren el riesgo de desvincular la doctrina de su fundamento en la interpretación del Antiguo Testamento en el Nuevo Testamento y en la Iglesia primitiva. Por ello, prefiero hablar de una *cristología de las Personas Divinas*. Intento señalar que la exégesis prosopológica, entre otros factores, fue esencial para la forma en que Jesucristo fue entendido desde nuestras primeras fuentes cristianas como divino —a saber, como el Hijo que conversa con la persona del Padre a través del Espíritu de una forma que trasciende el tiempo (con el Espíritu también hablando ocasionalmente de forma directa como persona). Creo que queda más trabajo por hacer para averiguar con precisión cómo una cristología de las personas divinas orientada prosopológicamente podría interactuar con una cristología de la identidad divina y otros modelos posibles, pero esto debe dejarse para futuros estudios.

En las páginas precedentes hemos intentado adentrarnos en la historia de las personas divinas tal y como se revela en sus diálogos escriturales. Es una historia que se extiende a través del lienzo del tiempo, remontándose hasta antes de la creación, envolviendo la encarnación, la crucifixión y la entronización del Hijo, y culminando con conversaciones que anticipan la futura nueva creación. Como hemos observado en repetidas ocasiones, la estrategia de lectura teodramática empleada por los primeros cristianos no se prestaba inmediatamente a conceptualizar a las personas del Dios trino en términos de subordinación y procesión, aunque tampoco las personas así descritas son contrarias a tales términos relacionales; más bien, las personas divinas así reveladas muestran una incesante preocupación personal mutua. Además, creo que los supuestos, detalles e implicaciones de la exégesis prosopológica socavan sustancialmente las tesis eruditas que sugieren un retroceso de la cristología, es decir, socavan la idea de que los primeros cristianos no consideraban a Jesús como el Hijo preexistente de Dios, sino que sólo llegaron a considerarlo como tal cuando fue adoptado como Hijo en su resurrección, retrotrayéndose entonces la filiación de Jesús en el tiempo. Por el contrario, la exégesis prosopológica ayuda a demostrar que la cristología de nuestras fuentes cristianas más antiguas es tan elevada como la de nuestras fuentes posteriores. Quienes empleaban la exégesis prosopológica consideraban a Jesús como una *persona* preexistente, el Hijo, y como tal se le consideraba capaz de conversar con Dios Padre antes de su encarnación.

Como resumen teológico recapitulativo, tal vez se capture mejor la vida interior de entrega sin límites de las personas de la Trinidad en la iglesia primitiva con las siguientes palabras que el autor de Hechos tomó como pronunciadas por David a través del Espíritu, quien se había introducido en el carácter del Cristo:

EL CRISTO (hablando a **DIOS PADRE**): Yo, el Hijo, seguía viendo al Señor Dios, mi Padre, continuamente delante de mí, porque Dios está a mi diestra para que yo no sea sacudido... Porque tú, oh Padre mío, no abandonarás mi alma al Hades, ni permitirás que tu Santo vea la decadencia. Tú me has dado a conocer los caminos de la vida; tú, oh Padre mío, me llenarás de alegría en tu presencia. (He. 2:25-8 citando el Sal. 15:8-11 LXX, parafraseado)

Así, el Hijo recuerda el momento en que el Padre apareció humildemente a su diestra, una inversión de las posiciones tradicionales, cuando el Hijo se encontraba en su hora de más oscura necesidad. El Hijo sabía que el Padre no le abandonaría, sino que llevaría al Hijo jubiloso y lleno de vida a su propia presencia. Y así el Padre entrega al Hijo, pues las tres personas están unidas en una espiral interpenetrante e interminable de amor divino que se entrega a sí mismo: Padre, Hijo, Espíritu —Un Dios por los siglos de los siglos.

Referencias

Fuentes primarias: ediciones y traducciones seleccionadas

Aland, Barbara, Kurt Aland, Eberhard Nestle, y Erwin Nestle (eds.), *Novum Testamentum Graece*. 27th rev. edn. Stuttgart: Deutsche Bibelgesellschaft, 2000.

The Ante-Nicene Fathers. 10 vols. Ed. Alexander Roberts y James Donaldson. 1885–7. Repr. Peabody, Mass.: Hendrickson, 1994.

Behr, John (trad. e intro.), *St. Irenaeus of Lyons, On the Apostolic Preaching*. Crestwood, NY: St Vladimir's Seminary Press, 1997.

Blanc, Cécile (ed. y trad.), *Origène. Commentaire sur sain Jean*. 3 vols. Sources chrétiennes. Paris: Cerf, 1966–75.

Charlesworth, James H. (ed.), *The Old Testament Pseudepigrapha*. 2 vols. New York: Doubleday, 1983.

Evans, Ernest (ed. y trad.), *Q. Septimii Florentis Tertulliani Adversus Praxean, Tertullian's Treatise against Praxeas*. London: SPCK, 1948.

Falls, Thomas B. (trad.), *St. Justin Martyr: Dialogue with Trypho*. Revisado con nueva introducción por Thomas P. Halton. Fathers of the Church 3. Washington, DC: Catholic University Press of America, 2003.

Froehlich, Karlfried (ed. y trad.), *Biblical Interpretation in the Early Church*. Sources of Early Christian Thought. Philadelphia: Fortress, 1984.

Hall, Stuart G. (ed. y trad.), *Melito of Sardis On Pascha and Fragments*. Oxford Early Christian Texts. Oxford: Clarendon, 1979.

Heine, Ronald E. (trad.), *Origen, Commentary on the Gospel According to John*. Fathers of the Church 80, 89. Washington, DC: Catholic University of America Press, 1989, 1993.
Hill, Edmund (trad., intro., y notas), *The Trinity: The Works of Saint Augustine: A Translation for the 21st Century*. Hyde Park, NY: New City Press, 1991.
Holmes, Michael W. (ed. y rev.), *The Apostolic Fathers*. 2nd edn. Ed. y trad. J. B. Lightfoot and J. R. Harmer. Grand Rapids: Baker, 1992.
Irénée de Lyon: Contre les hérésies. Ed. y trad. Adelin Rousseau et al. 10 vols. Sources chrétiennes. Paris: Cerf: 1965–79.
Kennedy, George A. (trad.), *Progymnasmata: Greek Textbooks of Prose Composition and Rhetoric*. SBL Writings from the Greco-Roman World 10. Atlanta: Society of Biblical Literature, 2003.
Layton, Bentley, *The Gnostic Scriptures: A New Translation with Annotations and Introductions*. Anchor Bible Reference Library. New York: Doubleday, 1987.
Loeb Classical Library. Ed. Jeffrey Henderson et al. Cambridge, Mass.: Harvard University Press, 1911–.
Marcovich, Miroslav (ed.), *Iustini Martyris Apologiae pro Christianis*. Patristische Texte und Studien 38. Berlin: Walter de Gruyter, 1994.
Marcovich, Miroslav (ed.), *Iustini Martyris Dialogus cum Tryphone*. Patristische Texte und Studien 47. Berlin: Walter de Gruyter, 1997.
Nickelsburg, George W. E., y James C. VanderKam (trad.), *1 Enoch: A New Translation*. Minneapolis: Fortress, 2004.
Parry, Donald W., y Emanuel Tov (eds.), *The Dead Sea Scrolls Reader*. 6 vols. Leiden: Brill, 2004–5.
Patrologia graeca. Ed. J.-P. Migne. 162 vols. Paris, 1857–86.
Rusch, William G. (trad. y ed.), *The Trinitarian Controversy*. Philadelphia: Fortress, 1980.
Scheck, Thomas P. (trad.), *Origen, Commentary on the Epistle to the Romans*. Fathers of the Church 103-4. Washington, DC: Catholic University of America Press, 2001–2.
Schneemelcher, Wilhelm (ed.), *New Testament Apocrypha*. 2 vols. Trad. R. McL. Wilson. Rev. edn. Louisville, Ky.: Westminster John Knox, 1991.
Septuaginta, Vetus Testamentum Graecum. Ed. Alfred Rahlfs et al. 24 vols. Societatis Litterarum Gottingensis editum. Göttingen: Vandenhoeck & Ruprecht, 1931–.
Spengel, Leonardus (ed.), *Rhetores Graeci*. 3 vols. Leipzig: Teubner, 1854–6.

Unger, Dominic J. (trad. y anot.), *St. Irenaeus of Lyons: Against the Heresies*, con revisiones de John J. Dillon y Irenaeus M. C. Steenberg. Ancient Christian Writers. Vols. i–iii of a projected 5 vols. Mahwah, NJ: Newman, 1992–.

Fuentes secundarias: obras citadas

Albl, Martin C. *"And Scripture Cannot Be Broken": The Form and Function of the Early Christian Testimonia Collections*. Supplements to Novum Testamentum 96. Leiden: Brill, 1999.
Alexander, Patrick H., et al. (eds.), *The SBL Handbook of Style*. Peabody, Mass.: Hendrickson, 1999.
Allison, Dale C., Jr. *Constructing Jesus: Memory, Imagination, and History*. Grand Rapids: Baker Academic, 2010.
Anatolios, Khaled. *Retrieving Nicaea: The Development and Meaning of Trinitarian Doctrine*. Grand Rapids: Baker Academic, 2011.
Anderson, R. Dean, Jr. *Glossary of Greek Rhetorical Terms Connected to Methods of Argumentation, Figures and Tropes from Anaximenes to Quintilian*. Contributions to Biblical Exegesis and Theology 24. Leuven: Peeters, 2000.
Andresen, Carl. "Zur Entstehung und Geschichte des trinitarischen Personbegriffes." *Zeitschrift für die neutestamentliche Wissenschaft und die Kunde der älteren Kirche* 52 (1961): 1–39.
Attridge, Harold W. *The Epistle to the Hebrews*. Hermeneia. Minneapolis: Fortress, 1989.
Attridge, Harold W. "Giving Voice to Jesus: Use of the Psalms in the New Testament," in Harold W. Attridge and Margot E. Fassler (Eds.), *Psalms in Community: Jewish and Christian Textual, Liturgical, and Artistic Traditions*. SBL Symposium Series 25. Atlanta: Society of Biblical Literature, 2003, 101–12.
Aune, David E. *The New Testament in Its Literary Environment*. Library of Early Christianity 8. Philadelphia: Westminster, 1987.
Ayres, Lewis. *Nicaea and Its Legacy: An Approach to Fourth-Century Trinitarian Theology*. Oxford: Oxford University Press, 2004.
Balthasar, Hans Urs von. *Theo-Drama: Theological Dramatic Theory*. Trad. Graham Harrison. 5 vols. San Francisco: Ignatius, 1988–98.
Barnett, Paul. *The Second Epistle to the Corinthians*. New International Commentary on the New Testament. Grand Rapids: Eerdmans, 1997.

Barr, James. *The Concept of Biblical Theology: An Old Testament Perspective*. Minneapolis: Fortress, 1999.
Barrett, C. K. *A Critical and Exegetical Commentary on the Acts of the Apostles*. 2 vols. International Critical Commentary. Edinburgh: T&T Clark, 1994–8.
Barrett, C. K. *The Second Epistle to the Corinthians*. Peabody, Mass.: Hendrickson, 1997. Repr. from Black's New Testament Commentaries. London: A&C Black, 1973.
Barth, Karl. *Church Dogmatics*. 4 vols. Edinburgh: T&T Clark, 1956–75.
Bates, Matthew W. "Beyond Hays's *Echoes of Scripture in the Letters of Paul*: A Proposed Diachronic Intertextuality with Romans 10:16 as a Test-Case," en Christopher D. Stanley (ed.), *Paul and Scripture: Extending the Conversation*. Early Christianity and Its Literature 9. Atlanta: Society of Biblical Literature, 2012, 263–92.
Bates, Matthew W. "Beyond Stichwort: A Narrative Approach to Isa 52, 7 in Romans 10,15 and 11Q Melchizedek (11Q13)." *Revue biblique* 116 (2009): 387–414.
Bates, Matthew W. "A Christology of Incarnation and Enthronement: Romans 1:3–4 as Unified, Nonadoptionist, and Nonconciliatory." *Catholic Biblical Quarterly* 77 (2015): 107–27.
Bates, Matthew W. "Closed-Minded Hermeneutics? A Proposed Alternative Translation for Luke 24:45." *Journal of Biblical Literature* 129 (2010): 537–57.
Bates, Matthew W. "Cryptic Codes and a Violent King: A New Proposal for Matthew 11:12 and Luke 16:16–18." *Catholic Biblical Quarterly* 75 (2013): 74–93.
Bates, Matthew W. *The Hermeneutics of the Apostolic Proclamation: The Center of Paul's Method of Scriptural Interpretation*. Waco, Tex.: Baylor University Press, 2012.
Bates, Matthew W. "Prosopographic Exegesis and Narrative Logic: Paul, Origen, and Theodoret of Cyrus on Psalm 69:22–23," en Vasile Mihoc y Daniel Patte (eds.), *The Greek Fathers' and Eastern Orthodox Interpretations of Romans*. Romans through History and Culture 9. London: Bloomsbury (T&T Clark), 2013, 105–34.
Bauckham, Richard. *God Crucified: Monotheism and Christology in the New Testament*. Grand Rapids: Eerdmans, 1998.
Bauckham, Richard. *Jesus and the God of Israel: God Crucified and Other Studies on the New Testament's Christology of Divine Identity*. Milton Keynes: Paternoster, 2008.

Beale, Greg K. *The Book of Revelation: A Commentary on the Greek Text*. New International Greek Testament Commentary. Grand Rapids: Eerdmans, 2001.

Beale, Greg K. *Handbook on the New Testament Use of the Old Testament: Exegesis and Interpretation*. Grand Rapids: Baker Academic, 2012.

Beale, Greg K., y D. A. Carson (eds.), *Commentary on the New Testament Use of the Old Testament*. Baker Academic: Grand Rapids, 2007.

Behr, John. *The Way to Nicaea: The Formation of Christian Theology, Volume i*. Crestwood, NY: St Vladimir's Seminary Press, 2001.

Bird, Michael F. *Are You the One Who Is To Come? The Historical Jesus and the Messianic Question*. Grand Rapids: Baker Academic, 2009.

Blackwell, Ben C. *Christosis: Pauline Soteriology in Light of Deification in Irenaeus and Cyril of Alexandria*. Wissenschaftliche Untersuchungen zum Neuen Testament. Second Series 314. Tübingen: Mohr (Siebeck), 2011.

Bockmuehl, Markus. *Seeing the Word: Refocusing New Testament Study*. Grand Rapids: Baker Academic, 2006.

Bousset, Wilhelm. *Kyrios Christos: A History of the Belief in Christ from the Beginnings of Christianity to Irenaeus*. Trad. John E. Steely. Nashville: Abingdon, 1970.

Boyarin, Daniel. *Border Lines: The Partition of Judeo-Christianity*. Philadelphia: University of Pennsylvania Press, 2004.

Boyarin, Daniel. *The Jewish Gospels: The Story of the Jewish Christ*. New York: New Press, 2012.

Brown, Raymond E. *The Death of the Messiah: From Gethsemane to the Grave: A Commentary on the Passion Narratives in the Four Gospels*. 2 vols. Anchor Bible Reference Library. New York: Doubleday, 1994.

Brown, Raymond E., y Sandra M. Schneiders. "Hermeneutics," in Raymond E. Brown, Joseph A. Fitzmyer, and Roland E. Murphy (eds.), *The New Jerome Biblical Commentary*. Englewood Cliffs, NJ: Prentice-Hall, 1990, 1146–65.

Bruce, F. F. *The Acts of the Apostles: The Greek Text with Introduction and Commentary*. 3rd edn. Grand Rapids: Eerdmans, 1990.

Bultmann, Rudolf. *The Second Letter to the Corinthians*. Trad. Roy A. Harrisville. Minneapolis: Augsburg, 1985.

Bultmann, Rudolf. *Theology of the New Testament*. Trad. Kendrick Grobel. London: SCM, 1952–5.
Campbell, Douglas A. *The Deliverance of God: An Apocalyptic Re-Reading of Justification in Paul*. Grand Rapids: Eerdmans, 2009.
Capes, David B. *Old Testament Yahweh Texts in Paul's Christology*. Wissenschaftliche Untersuchungen zum Neuen Testament. Second Series 47. Tübingen: Mohr (Siebeck), 1992.
Chester, Andrew. "Jewish Messianic Expectations and Mediatorial Figures and Pauline Christology," in Martin Hengel and Ulrich Heckel (eds.), *Paulus und das antike Judentum*. Wissenschaftliche Untersuchungen zum Neuen Testament. Second Series 58. Tübingen: Mohr (Siebeck), 1991, 17–89.
Childs, Brevard S. *Isaiah*. Old Testament Library. Louisville, Ky.: Westminster John Knox, 2001.
Childs, Brevard S. "The *Sensus Literalis* of Scripture: An Ancient and Modern Problem," in Herbert Donner, Robert Hanhart, and Rudolf Smend (eds.), *Beiträge zur Alttestamentlichen Theologie: Festschrift für Walther Zimmerli zum 70. Geburtstag*. Göttingen: Vandenhoeck & Ruprecht, 1977, 80–93.
Cockerill, Gareth L. *The Epistle to the Hebrews*. New International Commentary on the New Testament. Grand Rapids: Eerdmans, 2012.
Collins, John J. "A Herald of Good Tidings: Isaiah 61:1–3 and Its Actualization in the Dead Sea Scrolls," en Craig A. Evans y Shemaryahu Talmon (eds.), *The Quest for Context and Meaning: Studies in Biblical Intertextuality in Honor of James A. Sanders*. Biblical Interpretation Series 28. Leiden: Brill, 1997, 225–40.
Collins, John J. *The Scepter and the Star: Messianism in Light of the Dead Sea Scrolls*. Anchor Bible Reference Library. 2nd edn. Grand Rapids: Eerdmans, 2010.
Crossan, John D. *The Historical Jesus: The Life of a Mediterranean Jewish Peasant*. San Francisco: HarperSanFrancisco, 1991.
Dachs, Hans. *Die λύσις ἐκ τοῦ προσώπου: Ein exegetischer und kritischer Grundsatz Aristarchs und seine Neuanwendung auf Ilias und Odyssee*. Erlangen: Junge & Sohn, 1913.
Davies, W. D., y Dale C. Allison, Jr. *A Critical and Exegetical Commentary on the Gospel According to Saint Matthew*. 3 vols. International Critical Commentary. Edinburgh: T&T Clark, 1988–97.

Dawson, David. *Allegorical Readers and Cultural Revision in Ancient Alexandria*. Berkeley: University of California Press, 1992.

Denton, Donald L., Jr. *Historiography and Hermeneutics in Jesus Studies: An Examination of the Work of John Dominic Crossan and Ben F. Meyer*. Journal for the Study of the New Testament: Supplement Series 262. New York: T&T Clark, 2004.

Dillard, Annie. *Pilgrim at Tinker Creek*. New York: Bantam Books, 1975.

Dodd, C. H. *According to the Scriptures: The Sub-Structure of New Testament Theology*. New York: Scribner's, 1953.

Downs, David J. "Prosopological Exegesis in Cyprian's *De opere et eleemosynis*." *Journal of Theological Interpretation* 6 (2012): 279–93.

Drobner, Hubertus R. *Person-Exegese und Christologie bei Augustinus: Zur Herkunft der Formel Una Persona*. Leiden: Brill, 1986.

Dunn, James D. G. *Christology in the Making: A New Testament Inquiry into the Origins of the Doctrine of the Incarnation*. 2nd edn. Grand Rapids: Eerdmans, 1989.

Dunn, James D. G. *Did the First Christians Worship Jesus?: The New Testament Evidence*. Louisville, Ky.: Westminster John Knox, 2010.

Dunn, James D. G. *Jesus Remembered*. Grand Rapids: Eerdmans, 2003.

Dünzl, Franz. *A Brief History of the Doctrine of the Trinity in the Early Church*. Trad. John Bowden. London: T&T Clark, 2007.

Eden, Kathy. *Hermeneutics and the Rhetorical Tradition: Chapters in the Ancient Legacy and the Humanist Reception*. New Haven: Yale University Press, 1997.

Ehrman, Bart D. *How Jesus Became God: The Exaltation of a Jewish Preacher from Galilee*. New York: HarperOne, 2014.

Ellingworth, Paul. *The Epistle to the Hebrews: A Commentary on the Greek Text*. New International Greek Testament Commentary. Grand Rapids: Eerdmans, 1993.

Emery, Gilles, and Matthew Levering (eds.), *The Oxford Handbook of The Trinity*. New York: Oxford University Press, 2011.

Evans, Craig A. "Jesus' Action in the Temple: Cleansing or Portent of Destruction?," en Bruce Chilton y Craig A. Evans (eds.), *Jesus in Context: Temple, Purity, and Restoration*. Arbeiten zur Geschichte des antiken Judentums und des Urchristentums 39. Leiden: Brill, 1997, 395–439.

Fee, Gordon D. *Pauline Christology: An Exegetical-Theological Study*. Peabody, Mass.: Hendrickson, 2007.

Fitzmyer, Joseph A. *The Acts of the Apostles: A New Translation with Introduction and Commentary*. Anchor Bible 31. New York: Doubleday, 1998.

Fitzmyer, Joseph A. "David 'Being Therefore a Prophet...' (Acts 2:30)." *Catholic Biblical Quarterly* 34 (1972): 332–9.

Fitzmyer, Joseph A. "Further Light on Melchizedek," in *The Semitic Background of the New Testament*. Grand Rapids: Eerdmans, 1997, 245–67. Repr. from *Journal of Biblical Literature* 86 (1967): 25–41.

Frei, Hans W. *The Eclipse of Biblical Narrative: A Study in Eighteenth and Nineteenth Century Hermeneutics*. New Haven: Yale University Press, 1974.

Gathercole, Simon J. *The Preexistent Son: Recovering the Christologies of Matthew, Mark, and Luke*. Grand Rapids: Eerdmans, 2006.

Gorman, Michael J. *Inhabiting the Cruciform God: Kenosis, Justification, and Theosis in Paul's Narrative Soteriology*. Grand Rapids: Eerdmans, 2009.

Grant, Robert M. *Irenaeus of Lyons*. London: Routledge, 1997.

Grant, Robert M. *The Letter and the Spirit*. New York: Macmillan, 1957.

Grenz, Stanley J. *Rediscovering the Triune God: The Trinity in Contemporary Theology*. Minneapolis: Fortress, 2004.

Grillmeier, Aloys. *Christ in Christian Tradition: From the Apostolic Age to Chalcedon (451)*. Trad. John Bowden. 2nd rev. edn. Atlanta: John Knox, 1975.

Hafemann, Scott J. "Eschatology and Ethics: The Future of Israel and the Nations in Romans 15:1–13." *Tyndale Bulletin* (2000): 161–92.

Hanson, Anthony T. *Jesus Christ in the Old Testament*. London: SPCK, 1965.

Harnack, Adolf von. *History of Dogma*. Trad. Neil Buchanan. Boston: Little, Brown, & Co., 1896–1905.

Hay, David M. *Glory at the Right Hand: Psalm 110 in Early Christianity*. Society of Biblical Literature Monograph Series 18. Nashville: Abingdon, 1973.

Hayes, John H. "The Resurrection as Enthronement and the Earliest Church Christology." *Interpretation* 22 (1968): 333–45.

Hays, Richard B. "Christ Prays the Psalms: Israel's Psalter as a Matrix of Early Christology," en Richard B. Hays, *The Conversion of the Imagination*. Grand Rapids: Eerdmans, 2005, 101–18. Repr. from "Christ Prays the Psalms: Paul's Use of Early Christian Exegetical

Convention," in Abraham J. Malherbe and Wayne A. Meeks (eds.), *The Future of Christology*. Minneapolis: Fortress, 1993, 122–36.

Hays, Richard B. *Echoes of Scripture in the Letters of Paul*. New Haven: Yale University Press, 1989.

Heine, Ronald E. *Reading the Old Testament with the Ancient Church: Exploring the Formation of Early Christian Thought*. Grand Rapids: Baker Academic, 2007.

Helberath, Bernd J. *Der Personbegriff der Trinitätstheologie in Rückfrage von Karl Rahner zu Tertullians "Adversus Praxean"*. Innsbruck; Vienna: Tyrolia, 1986.

Hengel, Martin. *Judaism and Hellenism: Studies in Their Encounter in Palestine During the Early Hellenistic Period*. Trad. John Bowden. 2 vols. Philadelphia: Fortress, 1974.

Hillar, Marian. *From Logos to Trinity: The Evolution of Religious Beliefs from Pythagoras to Tertullian*. Cambridge: Cambridge University Press, 2012.

Holmes, Stephen R. *The Quest for the Trinity: The Doctrine of God in Scripture, History and Modernity*. Downers Grove, Ill.: IVP Academic, 2012.

Horsley, Richard A. (ed.), *Hidden Transcripts and the Arts of Resistance: Applying the Work of James C. Scott to Jesus and Paul*. Semeia Studies 48. Atlanta: Society of Biblical Literature, 2004.

Horsley, Richard A. *Jesus and the Powers: Conflict, Covenant, and Hope of the Poor*. Minneapolis: Fortress, 2011.

Horsley, Richard A., y John S. Hanson, *Bandits, Prophets, and Messiahs: Popular Movements at the Time of Jesus*. San Francisco: HarperSanFrancisco, 1985.

Hossfeld, Frank-Lothar, y Erich Zenger. *Psalms*. Trad. Linda M. Maloney. Vols. ii–iii de 3 vols planeados. Hermeneia. Minneapolis: Fortress, 2005–.

Hurtado, Larry W. *Lord Jesus Christ: Devotion to Jesus in Earliest Christianity*. Grand Rapids: Eerdmans, 2003.

Hurtado, Larry W. *One God, One Lord: Early Christian Devotion and Ancient Jewish Monotheism*. Philadelphia: Fortress, 1988.

Jewett, Robert. "The Redaction and Use of an Early Christian Confession in Romans 1:3–4," en D. E. Groh y R. Jewett (eds.), *The Living Text: Essays in Honor of Ernest W. Saunders*. Lanham, Md.: University Press of America, 1985, 99–122.

Jewett, Robert. *Romans: A Commentary*. Hermeneia. Minneapolis: Fortress, 2007.

Jipp, Joshua W. "Ancient, Modern, and Future Interpretations of Romans 1:3–4: Reception History and Biblical Interpretation." *Journal of Theological Interpretation* (2009): 241–59.

Juel, Donald. *Messianic Exegesis: Christological Interpretation of the Old Testament in Early Christianity*. Philadelphia: Fortress, 1988.

Kampling, Rainer. *Israel unter dem Anspruch des Messias: Studien zur Israelthematik im Markusevangelium*. Stuttgart: Katholisches Bibelwerk, 1992.

Keck, Leander E. "Christology, Soteriology, and the Praise of God (Romans 15:7–13)," en R. T. Fortuna y B. R. Gaventa (eds.), *The Conversation Continues: Studies in Paul and John: In Honor of J. Louis Martyn*. Nashville: Abingdon, 1990, 85–97.

Keener, Craig S. *The Historical Jesus of the Gospels*. Grand Rapids: Eerdmans, 2009.

Keith, Chris, y Anthony LeDonne (eds.), *Jesus, Criteria, and the Demise of Authenticity*. London: T&T Clark, 2012.

Kirk, J. R. Daniel. *Unlocking Romans: Resurrection and the Justification of God*. Grand Rapids: Eerdmans, 2008.

Koch, Dietrich-Alex. *Die Schrift als Zeuge des Evangeliums: Untersuchungen zur Verwendung und zum Verständnis der Schrift bei Paulus*. Beiträge zur historischen Theologie 69. Tübingen: Mohr (Siebeck), 1986.

Köstenberger, Andreas J. "John," en Greg K. Beale y D. A. Carson (eds.), *Commentary on the New Testament Use of the Old Testament*. Grand Rapids: Baker Academic, 2007, 415–512.

Kraus, Hans-Joachim. *Psalms*. Trad. Hilton C. Oswald. 2 vols. Minneapolis: Augsburg, 1988–9.

Kugel, James L. *Traditions of the Bible: A Guide to the Bible as It Was at the Start of the Common Era*. Cambridge, Mass.: Harvard University Press, 1998.

Law, Timothy M. *When God Spoke Greek: The Septuagint and the Making of the Christian Bible*. Oxford: Oxford University Press, 2013.

Lebreton, Jules. *History of the Dogma of the Trinity: From Its Origins to the Council of Nicæa*, i. *The Origins*. Trad. Algar Thorold. London: Burns Oates & Washbourne, 1939.

Lee, Aquila H. I. *From Messiah to Preexistent Son: Jesus' Self-Consciousness and Early Christian Exegesis of Messianic Psalms*. Wissenschaftliche Untersuchungen zum Neuen Testament. Second Series 192. Tübingen: Mohr (Siebeck), 2005.

Lewis, C. S. *Mere Christianity*. Rev. edn. New York: Touchstone, 1996.

Lieberman, Saul. *Hellenism in Jewish Palestine: Studies in the Literary Transmission, Beliefs and Manners of Palestine in the I Century B.C.E–IV Century C.E*. New York: Jewish Theological Seminary of America, 1962.

Lieu, Judith. *Image and Reality: The Jews in the World of the Christians in the Second Century*. London: T&T Clark, 1996.

Lieu, Judith. "Justin Martyr and the Transformation of Psalm 22," in Charlotte Hempel and Judith M. Lieu (eds.), *Biblical Traditions in Transmission: Essays in Honour of Michael A. Knibb*. Leiden: Brill, 2006, 195–211.

Lindars, Barnabas. *New Testament Apologetic: The Doctrinal Significance of the Old Testament Quotations*. Philadelphia: Westminster, 1961.

Luz, Ulrich. *Matthew*. Trad. James E. Crouch. 3 vols. Hermeneia. Minneapolis: Fortress, 2001–7.

McCready, Douglas. *He Came Down from Heaven: The Preexistence of Christ and the Christian Faith*. Downers Grove, Ill.: InterVarsity, 2005.

McDonald, Lee M. *The Biblical Canon: Its Origin, Transmission, and Authority*. Grand Rapids: Baker Academic, 2007.

McGrath, James F. *The Only True God: Early Christian Monotheism in Its Jewish Context*. Urbana, Ill.: University of Illinois Press, 2009.

Malina, Bruce J. y Jerome H. Neyrey. *Portraits of Paul: An Archaeology of an Ancient Personality*. Louisville, Ky.: Westminster John Knox, 1996.

Martens, Peter W. *Origen and Scripture: The Contours of the Exegetical Life*. Oxford Early Christian Studies. Oxford: Oxford University Press, 2012.

Meier, John P. "From Elijah-Like Prophet to Royal Davidic Messiah," en James D. G. Dunn et al. (eds.), *Jesus: A Colloquium in the Holy Land*. New York: Continuum, 2001, 45–83.

Meier, John P. *A Marginal Jew*. 4 vols. Anchor Bible Reference Library. New York: Doubleday, 1991–2009.

Metzger, Bruce M. *A Textual Commentary on the Greek New Testament*. 2nd edn. New York: United Bible Societies, 1994.

Meye Thompson, Marianne. *The Promise of the Father: Jesus and God in the New Testament*. Louisville, Ky.: Westminster John Knox, 2000.

Meyer, Ben F. *Critical Realism and the New Testament*. Allison Park, Pa.: Pickwick, 1989.
Meyer, Ben F. *Reality and Illusion in New Testament Scholarship*. Collegeville, Minn.: Michael Glazier, 1994.
Mitchell, Margaret M. "Patristic Rhetoric on Allegory: Origen and Eustathius Put 1 Samuel 28 on Trial." *Journal of Religion* 85 (2005): 414–45.
Mitchell, Margaret M. *Paul, the Corinthians, and the Birth of Christian Hermeneutics*. Cambridge: Cambridge University Press, 2010.
Moltmann, Jürgen. *The Crucified God: The Cross of Christ as the Foundation and Criticism of Christian Theology*. Trad. R. A. Wilson y John Bowden. New York: Harper & Row, 1974.
Noble, Paul R. "The 'Sensus Literalis': Jowett, Childs, and Barr." *Journal of Theological Studies* NS 44 (1993): 1–23.
Novenson, Matthew V. *Christ among the Messiahs: Christ Language in Paul and Messiah Language in Ancient Judaism*. Oxford: Oxford University Press, 2012.
Offermanns, Helga. *Der christologische und trinitarische Personbegriff der frühen Kirche: ein Beitrag zum Verständnis von Dogmenentwicklung und Dogmengeschichte*. Berne: Herbert Lang; Frankfurt am Main: Peter Lang, 1976.
O'Keefe, John J., y R. R. Reno. *Sanctified Vision: An Introduction to Early Christian Interpretation of the Bible*. Baltimore: Johns Hopkins University Press, 2005.
Parsons, Mikeal C., y Martin M. Culy. *Acts: A Handbook on the Greek Text*. Waco, Tex.: Baylor University Press, 2003.
Peppard, Michael. *The Son of God in the Roman World: Divine Sonship in Its Social and Political Context*. New York: Oxford University Press, 2011.
Pervo, Richard I. *Acts: A Commentary*. Hermeneia. Minneapolis: Fortress, 2009.
Plummer, Alfred. *A Critical and Exegetical Commentary on the Second Epistle of St. Paul to the Corinthians*. International Critical Commentary. Edinburgh: T&T Clark, 1915.
Presley, Stephen O. "Irenaeus and the Exegetical Roots of Trinitarian Theology," in Paul Foster and Sara Parvis (eds.), *Irenaeus: Life, Scripture, Legacy*. Minneapolis: Fortress, 2012, 165–71.
Puech, Émile. "Notes sur la manuscript de XIQMelchîsédeq." *Revue de Qumran* 12/48 (1987): 483–513.

Rahner, Karl. *The Trinity*. Trad. Joseph Donceel. New York: Seabury, 1974.
Ratzinger, Cardinal Joseph. "Concerning the Notion of Person in Theology." *Communio* 17 (1990): 439–54.
Rondeau, Marie-Josèphe. *Les Commentaires patristiques du Psautier (3e–5e siècles) i. Les Travaux des Pères grecs et latins sur le Psautier. Recherches et bilan; ii. Exégèse prosopologique et théologie*. 2 vols. Orientalia Christiana Analecta 220. Rome: Institutum Studiorum Orientalium, 1982–5.
Rowe, C. Kavin. *Early Narrative Christology: The LORD in the Gospel of Luke*. Grand Rapids: Baker Academic, 2009. Repr. from Berlin: de Gruyter, 2006.
Sanders, E. P. *Jesus and Judaism*. London: SCM, 1985.
Schenck, Kenneth. "2 Corinthians and the Πίστις Χριστοῦ Debate." *Catholic Biblical Quarterly* 70 (2008): 524–37.
Schreiber, Johannes. *Die Markuspassion: Eine redaktionsgeschichtliche Untersuchung*. Beihefte zur Zeitschrift für die neutestamentliche Wissenschaft 68. Berlin: de Gruyter, 1993.
The Scripture Project, "Nine Theses on the Interpretation of Scripture," in Ellen F. Davis and Richard B. Hays (eds.), *The Art of Reading Scripture*. Grand Rapids: Eerdmans, 2003, 1–5.
Seitz, Christopher R. "The Trinity in the Old Testament," en Gilles Emery y Matthew Levering (eds.), *The Oxford Handbook of The Trinity*. New York: Oxford University Press, 2011, 28–39.
Seitz, Christopher R. *Word Without End: The Old Testament as Abiding Theological Witness*. Grand Rapids: Eerdmans, 1998.
Shotwell, Willis A. *The Biblical Exegesis of Justin Martyr*. London: SPCK, 1965.
Skarsaune, Oskar. *The Proof from Prophecy: A Study in Justin Martyr's Proof-Text Tradition: Text-Type, Provenance, Theological Profile*. Supplements to Novum Testamentum 56. Leiden: Brill, 1987.
Slusser, Michael. "The Exegetical Roots of Trinitarian Theology." *Theological Studies* 49 (1988): 461–76.
Small, Brian C. "The Characterization of Jesus in the Book of Hebrews." Ph.D. diss., Baylor University, 2012.
Stanley, Christopher D. *Arguing with Scripture: The Rhetoric of Quotations in the Letters of Paul*. London: T&T Clark, 2004.
Stegman, Thomas D. *The Character of Jesus: The Linchpin to Paul's Argument in 2 Corinthians*. Analecta biblica 158. Rome: Pontifico Istituto Biblico, 2005.

Stowers, Stanley K. *The Diatribe and Paul's Letter to the Romans.* Society of Biblical Literature Dissertation Series 57. Chico, Calif.: Scholars Press, 1981.
Stowers, Stanley K. "Romans 7:7–25 as Speech-in-Character (προσωποποΐα)," in T. Engberg-Pederson (ed.), *Paul in His Hellenistic Context.* Edinburgh: T&T Clark, 1994, 180–202.
Studer, Basil. "Zur Entwicklung der patrististichen Trintitätslehre." *Theologie und Glaube* 74 (1984): 81–93.
Theissen, Gerd, y Dagmar Winter. *The Quest for the Plausible Jesus: The Question of Criteria.* Trad. M. Eugene Boring. Louisville, Ky.: Westminster John Knox, 2002.
Tilling, Chris. *Paul's Divine Christology.* Wissenschaftliche Untersuchungen zum Neuen Testament. Second Series 323. Tübingen: Mohr (Siebeck), 2012.
Tov, Emanuel. *Textual Criticism of the Hebrew Bible.* 3rd rev. and exp. edn. Minneapolis: Fortress, 2012.
Trier, Daniel J. *Introducing Theological Interpretation of Scripture: Recovering a Christian Practice.* Grand Rapids: Baker Academic, 2008.
Turner, Max, y Joel B. Green (eds.), *Between Two Horizons: Spanning New Testament Studies and Systematic Theology.* Grand Rapids: Eerdmans, 2000.
Vanhoozer, Kevin J. *The Drama of Doctrine: A Canonical Linguistic Approach to Christian Theology.* Louisville, Ky.: Westminster John Knox, 2005.
Wagner, J. Ross. "The Christ, Servant of Jew and Gentile: A Fresh Approach to Romans 15:8–9." *Journal of Biblical Literature* 116 (1997): 473–85.
Wagner, J. Ross. "Faithfulness and Fear, Stumbling and Salvation: Receptions of LXX Isaiah 8:11–18 in the New Testament," en J. Ross Wagner, C. Kavin Rowe, y A. Katherine Grieb (eds.), *The Word Leaps the Gap: Essays on Scripture and Theology in Honor of Richard B. Hays.* Grand Rapids: Eerdmans, 2008, 76–106.
Wagner, J. Ross. *Heralds of the Good News: Paul and Isaiah in Concert in the Letter to the Romans.* Supplements to Novum Testamentum 101. Leiden: Brill, 2002.
Wainwright, Arthur W. *The Trinity in the New Testament.* London: SPCK, 1962.
Wallace, Daniel B. *Greek Grammar Beyond the Basics: An Exegetical Syntax of the New Testament.* Grand Rapids: Zondervan, 1996.

Watson, Francis. "The Triune Divine Identity: Reflection on Pauline God Language, in Disagreement with J. D. G. Dunn." *Journal for the Study of the New Testament* 80 (2000): 99–124.
Watts, Rikk E. "Consolation or Confrontation? Isaiah 40–55 and the Delay of the New Exodus." *Tyndale Bulletin* 44 (1990): 31–59.
Watts, Rikk E. "Mark," en Greg K. Beale y D. A. Carson (eds.), *Commentary on the New Testament Use of the Old Testament*. Grand Rapids: Baker Academic, 2007, 111–249.
Wenham, Gordon J. *Genesis*. 2 vols. Word Biblical Commentary 1–2. Dallas: Word, 1987–94.
Westermann, Claus. *Genesis*. Trad. John J. Scullion. 3 vols. Minneapolis: Augsburg, 1984–6.
Wilckens, Ulrich. *Der Brief an die Römer*. 3 vols. Evangelisch-katholischer Kommentar zum Neuen Testament. Neukirchen-Vluyn: Neukirchener, 1978–82.
Williams, Michael A. *Rethinking "Gnosticism": An Argument for Dismantling a Dubious Category*. Princeton: Princeton University Press, 1996.
Wimsatt, W. K. y Monroe D. Beardsley. "The Intentional Fallacy," in William K. Wimsatt (ed.), *The Verbal Icon: Studies in the Meaning of Poetry*. Lexington: University of Kentucky Press, 1954, 3–18.
Wood, W. Jay. *Epistemology: Becoming Intellectually Virtuous*. Downers Grove, Ill.: InterVarsity, 1998.
Wright, N. T. *Jesus and the Victory of God*. Minneapolis: Fortress, 1996.
Wright, N. T. *The New Testament and the People of God*. Minneapolis: Fortress, 1992.
Wright, N. T. *Paul and the Faithfulness of God*. 2 vols. in 4 parts. Minneapolis: Fortress, 2013.
Yarbro Collins, Adela, y John J. Collins. *King and Messiah as Son of God: Divine, Human, and Angelic Messianic Figures in Biblical and Related Literature*. Grand Rapids: Eerdmans, 2008.
Young, Frances M. *Biblical Exegesis and the Formation of Christian Culture*. Peabody, Mass.: Hendrickson, 2002. Repr. from Cambridge: Cambridge University Press, 1997.
Young, Frances M. "The 'Mind' of the Scripture: Theological Readings of the Bible in the Fathers." *International Journal of Systematic Theology* 7 (2005): 126–41.
Zizioulas, John D. *Being as Communion: Studies in Personhood and the Church*. Crestwood, NY: St Vladimir's Seminary Press, 1985.

MÁS LIBROS DE **Publicaciones kerigma**

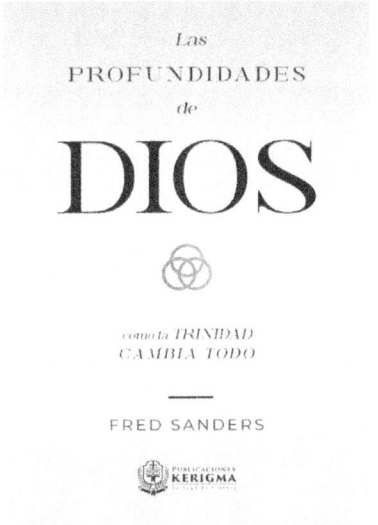

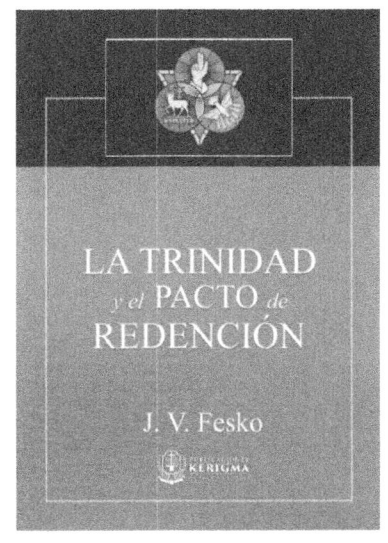

Para una lista completa del catálogo de Publicaciones Kerigma, y además obtener más información sobre nuestras próximas publicaciones, por favor visita: www.publicacioneskerigma.org
www.facebook.com/publicacioneskerigma

Made in the USA
Middletown, DE
06 May 2024